بِسْمِ اللّٰهِ الرَّحْمٰنِ الرَّحِيْمِ

# ÉLOGES DU LIVRE : LES *SECRETS* DE *L'AMOUR DIVIN*

«Le parfum du Bien-aimé imprègne chaque passage de ce magnifique livre, ouvrant délicatement les portes du cœur et invitant le lecteur à faire l'expérience de ce que l'auteur évoque si joliment. Que vous vous identifiiez comme un musulman dont la foi a pu s'essouffler au fil du temps ou comme quelqu'un qui voudrait goûter à l'essence même d'une tradition que vous ne comprenez pas, *Les secrets de l'amour divin* est une cartographie magistrale de l'âme dans son voyage retour vers Celui qui à la fois transcende et habite tout ce qui existe.»

— MIRABAI STARR

Auteur de *God of Love: A Guide to the Heart of Judaism, Christianity and Islam* et *Wild Mercy: Living the Fierce & Tender Wisdom of the Women Mystics*

«*Les secrets de l'amour divin,* le livre de A. Helwa est un magnifique accomplissement. On nous demande très souvent où et comment on accède au cœur même de la tradition islamique ; le voici ! Helwa effectue un travail remarquable pour nous guider à travers le Coran, les enseignements du Prophète, Rumi et d'autres sommités mystiques, et ce, quelles que soient nos croyances. Elle le fait avec douceur et bonté, sans jamais prêcher et toujours dans la bienveillance. *Les secrets de l'amour divin* est un livre magnifique et une contribution majeure. Je le recommande de tout cœur aux itinérants spirituels de toutes les voies !»

— OMID SAFI

Professeur spécialiste du Moyen-Orient à l'Université Duke et auteur de *Radical Love : Teachings from the Islamic Mystical Tradition*

«Voici un manifeste pour l'Amour, notre amour de Dieu, l'amour de Dieu envers nous, notre amour envers nous et envers toute la création, un manifeste pour l'espoir et contre le désespoir. Helwa puise dans diverses sources littéraires et dans la sagesse de plusieurs auteurs pour illustrer des enseignements spirituels universels... Sa prose est captivante, poétique et laisse transparaître la passion et la vitalité qu'elle incarne elle-même... Pour le lecteur, ce livre insuffle l'étincelle de la vie en nous et fait naître le désir profond de vivre ces vérités par nous-mêmes. »

—NURA LAIRD

Diplômée en sciences de l'éducation, professeure à l'Université du Soufisme, présidente du Département de Conciliation Spirituelle, médiatrice, guérisseuse et conseillère soufie

«Je suis simplement envoûté par les métaphores et les perceptions de Helwa. La majorité de ses phrases sont une véritable poésie en mouvement, constellées de perles de sagesse. Parfumées de beauté. De nombreuses phrases sont musicales, vous pouvez rapper avec elles. C'est enchanteur ! La créativité avec laquelle Helwa a intégré sa connaissance du cœur dans sa compréhension de l'islam est éblouissante.»

—IMAM JAMAL RAHMAN

Auteur de *Spiritual Gems of Islam: Insights & Practices from the Qur'an, Hadith, Rumi & Muslim Teaching Stories*

«*Les secrets de l'amour divin* est le produit de la plus sincère recherche de la vérité et du sens d'A. Helwa. C'est aussi l'invitation qu'elle nous adresse à nous, lecteurs, de voir ce qu'elle a vu. C'est un livre fascinant qui offre de nombreuses perspectives profondes et une vision de l'islam, et du Divin, que beaucoup de lecteurs trouveront certainement enrichissante et inspirante.»

—MOHAMMAD KHALIL

Professeur d'Études Islamiques à l'Université d'État du Michigan

«*Les secrets de l'amour divin* s'ouvre sur un mot : « L'amour ». Ce mot apparaît encore et encore, jusqu'à ce que le lecteur comprenne une fraction seulement des différentes manières dont Dieu répand Sa lumière sur lui. Helwa guide le lecteur à travers un cheminement spirituel en soulignant des aspects de la spiritualité islamique, des pratiques et des principes de la foi. Ce livre peut servir d'introduction contemporaine à l'islam, il mêle des passages du Coran à des réflexions et des invitations à la discussion pour le lecteur. On y trouve régulièrement des exemples de la compassion de Dieu, de sa douceur, de sa miséricorde, de sa patience, et de la consolation divine. C'est un livre merveilleux, écrit avec soin et précision, nous tissant dans la magnifique tapisserie de Dieu»

—DR. NAZITA LAJEVARDI
Professeure associée à l'Université d'État du Michigan et auteure de
*Outsiders at Home: The Politics of American Islamophobia*

«*Les secrets de l'amour divin* remédie à mes angoisses existentielles les plus profondes en me rappelant ma valeur intrinsèque en tant qu'être qui est aimé de manière inconditionnelle. Il puise dans des sources que l'on connaît bien, mais aussi d'autres moins connues, fournissant des preuves pour calmer l'esprit et apaiser le cœur. Ce contenu soigneusement recueilli touche des cordes sensibles. Je me suis retrouvée irrésistiblement amoureuse de Dieu et de l'Islam.»

—MAHYA SHAMAI
Artist pluridisciplinaire

«*Les secrets de l'amour divin* est un bijou ! Il est accessible et agréable à lire qu'on se considère comme "croyant" ou qu'on ait du mal à se considérer comme tel, ou qu'on fasse partie de ceux qui se trouvent entre les deux. Avec douceur et compassion, Helwa nous guide à travers le voyage pour retrouver notre connexion à l'amour d'Allah.»

—LEILA ENTEZAM
Thérapeute conjugal et familial,
MBA, Leader d'opinion sur l'Intelligence émotionnelle

«Cette œuvre a une façon particulière de parler au cœur. Cette lecture offre des nuances spirituelles remarquables sur l'essence même des croyances et des pratiques islamiques. Nous avons plus que jamais besoin de contenu comme celui-là, qui met en lumière une foi qui est fréquemment incomprise.»

—SEYED MAHDI AL-QASWINI

Éducateur au Centre éducatif islamique du comté d'Orange

«Un livre merveilleux qui donne une compréhension saine de cette grande religion, et la nourriture pour le cœur dont nous avons profondément besoin. Ce livre est source de grandeur et de beauté.»

—DR. FAWZIA AL-RAWI

Auteure de *Divine Names: The 99 Healing Names of the One Love* et fondatrice du Center for Feminine Spirituality and Sufism

Une publication de Naulit Publishing House,
Un département de Naulit Inc.

Imprimé aux États-Unis

Conception graphique de la couverture : Adji D.H., Anton Wardana, A. Helwa
Conception graphique intérieure : David Miles
Concepteurs graphiques des illustrations de chapitre : Adji D.H., Anton Wardana, Muhammad Al-Shaikh, Qasim Arif
Relecteurs : Heydieh S., Sanam S., Teja Watson
Directeurs artistiques : Amir Y., Mahya S., Heydieh S.

Naulit Publishing House
P.O. Box 7375
Capistrano Beach, CA 92624

ISBN livre Poche : 978-1-957415-00-0
ISBN livre Relié : 978-1-957415-01-7
ISBN livre Électronique : 978-1-957415-02-4

# LES SECRETS DE L'AMOUR DIVIN

*Voyage spirituel au cœur de l'Islam*

## A. HELWA

*TRADUIT PAR*
BASMA NEHNOUH

**Naulit**
PUBLISHING

«Ô mon Seigneur ! Fais-moi entrer dans la vérité et fais-moi sortir avec la vérité. Et accorde-moi de Ton essence, une aide.»

CORAN 1 7 : 8 0

«Au nom d'Allah, le Tout Miséricordieux, le Très Miséricordieux.
Louange à Allah, Seigneur de l'univers.
Le Tout Miséricordieux, le Très Miséricordieux,
Maître du Jour de la Rétribution.
C'est Toi seul que nous adorons, et c'est Toi seul dont nous implorons le secours.
Guide-nous dans le droit chemin.
Le chemin de ceux que Tu as comblés de faveurs, non pas de ceux qui ont encouru Ta colère, ni des égarés.»

CORAN 1 : 1 - 7

# Remerciements

*Au nom d'Allah, dont l'amour a rendu ce livre possible. Que la bénédiction soit sur le Prophète Mohammed ﷺ dont la douce miséricorde m'a enseigné comment cheminer dans la foi. Je suis profondément reconnaissante envers tous les prophètes dont les exemples me guident sur la voie de l'amour divin. À Sidi qui m'a appris à entendre la musique de mon âme. À ma mère dont la douceur et les prières ont changé le cours de ma destinée. À mon père, qui incarne ce que cela signifie d'être un serviteur de Dieu sincère et généreux. À Amir, dont le grand cœur et la belle âme m'enseignent comment aimer. À mon grand-père, dont les histoires spirituelles remplissent les pages de ce livre. À ma famille qui m'a toujours apporté un soutien inconditionnel. À mes amis de l'âme dont la sagesse et l'amour m'inspirent et m'élèvent. À ma communauté spirituelle, et en particulier aux professeurs qui m'ont enseigné comment aimer Dieu et connaître sa paix infinie. Aux centaines de milliers de belles âmes de notre magnifique communauté en ligne, qui m'apprennent ce que cela signifie d'être vulnérable et sincère. À mes éditeurs et designers pour avoir guidé ce livre vers son plus grand potentiel. À la mémoire de Esmat, qui incarnait la joie, la gentillesse et l'altruisme. À vous tous je dédie ce livre, et à tous ceux qui ont soif de spiritualité et qui sont à la recherche du chemin de l'amour divin et de la vérité. Louanges à Dieu.*

**AL HAMDULLILAH**

# TABLE DES MATIÈRES

*«Au nom d'Allah, le Tout
Miséricordieux, le Très
Miséricordieux.»*

CORAN 1 : 1

# INTRODUCTION

L'amour. C'est la raison pour laquelle il y a quelque chose plutôt que rien. C'est du terreau de l'amour que fleurit l'ensemble de l'existence. L'amour est la raison pour laquelle nous sommes ici. L'amour est la raison pour laquelle vous tenez ces mots entre vos mains, que vous les prononcez du bout des lèvres ou que vous les entendez de vos oreilles. Ce livre ne vous a pas appelé ou trouvé à cause de qui je suis, mais grâce à l'amour de Dieu. Dieu est aimant.

Les mots que je m'apprête à vous offrir n'ont rien de neuf, mais je crois que bon nombre de ces enseignements d'amour et de miséricorde ont été oubliés. L'islam ne doit pas changer, nous devons simplement revenir au cœur spirituel et à l'âme de son message intemporel d'amour, de miséricorde, de paix, de liberté, de justice et d'unité.

Même si ce livre traite de spiritualité et de pratiques islamiques, je crois que Dieu est plus grand que toute religion ou philosophie. J'ai choisi l'islam pour foi, mais je vous offre ces mots du Coran non pas pour vous changer, mais pour vous rappeler à quel point vous êtes aimé de Dieu. Je crois que tout comme les enseignements de sagesse d'autres croyances ont enrichi ma relation à Dieu, les dimensions profondes de l'islam peuvent aussi vous inspirer, quel que soit le chemin que vous choisissez de suivre. Je prie pour que ces mots éveillent votre cœur et l'inspirent à tomber plus profondément amoureux d'Allah, Dieu, Élohim, Yahweh, quel que soit le nom par lequel vous choisissez d'appeler l'Être suprême éternel, qui a une infinité de noms, mais une seule essence.

Personne n'a le pouvoir de véritablement changer un cœur. Je crois que Dieu seul peut décider quel chemin nous emprunterons sur cette vaste et magnifique Terre. Dieu est intentionnel et rien n'arrive par hasard. Je suis un flocon de neige en plein soleil, voué à fondre et retourner à la terre qui m'a jadis formé, mais Dieu et ses mots sont éternels et immuables.

Je suis heureuse que vous ayez trouvé ce livre, et ma profonde prière est qu'à travers ses mots vous puissiez retrouver des parties de vous-même que vous avez oubliées. Vous êtes un palais de joyaux cachés et le plus grand trésor que vous puissiez découvrir se trouve déjà en vous. L'or finira par fondre, l'argent par brûler, mais vous portez en vous le souffle mystérieux et éternel de Dieu, et personne ne peut vous le retirer. Votre connexion à Dieu est innée, car c'est son amour qui vous a donné la vie, et son amour qui vous maintient en vie. Si vous cherchez à raviver la profonde connexion que vous avez déjà avec votre Seigneur, alors je prie pour que ce livre vous aide à retrouver le chemin de l'amour divin.

*Les secrets de l'amour divin* a été écrit pour les cœurs nostalgiques, pour ceux qui sont à la recherche de quelque chose qu'ils ne sont pas parvenus à trouver. Pour ceux qui peuvent parfois s'enfoncer dans le désespoir et ne peuvent s'empêcher de se sentir trop imparfaits pour qu'un Dieu parfait les aime. Ce livre est destiné à ceux qui se trouvent aux limites de leur foi, qui ont jusque-là vécu la religion comme un hiver rigoureux au lieu d'être le printemps porteur de vie que Dieu leur a envoyé.

Que vous soyez sur le chemin de l'islam ou que vous cherchiez simplement à connaître Dieu, *Les secrets de l'amour divin* utilise le langage de la spiritualité pour transformer votre relation à Dieu, à vous-même et au monde qui vous entoure. En plus d'offrir des perspectives sur la théologie musulmane, *Les secrets de l'amour divin* vous guide à travers des exercices pratiques qui inspirent l'amour, renforcent la foi, augmentent la confiance en Dieu et le sentiment d'intimité avec Lui. En s'appuyant sur les mots inspirants du Coran et du Prophète Mohammed ﷺ en explorant la poésie spirituelle et en apprenant à travers les histoires des plus grands maîtres spirituels du monde, ce livre aspire à connecter le cœur du lecteur à Dieu.

*Les secrets de l'amour divin* vous emmène dans un voyage à travers la nature mystérieuse de Dieu, Sa miséricorde et Son amour inconditionnel pour vous. Ce livre explore également la personne que vous êtes et la façon dont le Coran peut être utilisé comme une feuille de route afin de faire émerger votre plein potentiel. En dévoilant les secrets spirituels cachés au cœur des principes, des pratiques et des piliers de l'islam, ce livre vous invite à contempler la beauté divine incrustée dans chaque atome d'existence. *Les secrets de l'amour divin* est un rappel : qui que vous soyez, l'amour de Dieu est pareil à un baume apaisant, capable de réparer votre âme et de raviver en vous l'étincelle de la foi.

L'éveil à la foi n'est pas un événement unique et ponctuel, mais une réalité qui se développe en permanence. Le chemin de la foi n'est pas une course, mais un marathon d'amour que chaque personne effectue à un rythme différent. Même si chaque relation à Dieu est unique, en écrivant ce livre je me suis sentie guidée pour partager mon histoire avec vous, comme pour témoigner que l'amour et la miséricorde de Dieu ont le pouvoir de changer tous les cœurs qu'ils touchent.

## Mon cheminement de la peur à l'amour

Je suis née musulmane, mais durant mon enfance on ne m'a pas enseigné comment aimer et être aimée de Dieu. À l'adolescence, j'ai fini par abandonner la prière, et durant la décennie qui a suivi j'ai erré à la recherche de ce qui pourrait combler le vide de mon âme. J'ai visité des mosquées à travers le monde, vécu dans un monastère, eu différentes expériences spirituelles, j'ai médité avec des moines bouddhistes, j'ai étudié le taoïsme et la kabbale, sans pour autant parvenir à trouver la paix intérieure recherchée.

Au début de ma vingtaine, je voyageais dans une région de Turquie appelée la Cappadoce lorsque l'étincelle divine de la foi s'est ravivée en moi comme un éclair. Il a suffi que mes yeux croisent une femme totalement absorbée par son adoration de Dieu. Je l'ai regardée prier dans une vieille étable du 17e siècle, comme si rien n'existait en dehors de son Amant divin.

Elle ne répétait pas mécaniquement les mots de sa prière comme une formule, chaque mot qu'elle prononçait était accompagné par un « Je t'aime, mon Seigneur bien-aimé » silencieux. Ses mots étaient comme des danseurs synchronisés nageant à l'unisson dans l'océan d'amour qui se déversait d'elle. Elle était la première personne que je voyais qui ne se contentait pas de prier, elle était elle-même devenue la prière.

J'ai su instantanément qu'elle avait tout ce que mon âme recherchait, mais je n'avais toujours aucune idée de ce que c'était, ni de comment l'atteindre. Le fait que je me sente soudainement chez moi sur une terre étrangère que je ne connaissais absolument pas me laissait perplexe. Ce n'est que des années plus tard que j'ai fini par comprendre que notre véritable foyer n'est pas la maison dans laquelle nous avons grandi, en fait la maison de nos âmes est faite de briques et de mortier d'adoration divine.

Je sais que la beauté que j'ai observée en Turquie n'était pas seulement une femme amoureuse de Dieu, mais aussi l'amour inconditionnel de Dieu se déversant sur elle. C'était le parfum de cet amour divin qui a réveillé le lion de la foi qui dormait en moi.

Une fois que la lampe à huile de mon coeur s'était allumée de nouveau, tout s'est enchaîné jusqu'à ce que je rencontre un imam de la sainte mosquée Al-Aqsa à Jérusalem, qui m'a enseigné comment arroser les graines d'amour et de foi qui se trouvaient en moi. C'est grâce aux conseils de ce vieil homme de Palestine, que j'appellerai affectueusement « Sidi », que ma vie allait changer à jamais.

Sidi était un maître en sciences spirituelles islamiques et le premier professeur que j'ai eu et qui m'a appelée à Dieu à travers la porte de Son amour. Sidi nous a dit « Sachez, mes bien-aimés, que l'amour entre Allah et Sa création est éternel et Son amour s'écoule en toute chose. Sans quoi rien de ce qui bouge ne bougerait ; rien de ce qui vit ne vivrait. Chaque planète dans son orbite et chaque cellule dans son cycle est témoin de l'amour d'Allah et constitue un signe de sa sagesse. Gardez cet amour en vous et utilisez-le pour aimer tout le temps, car dès l'instant où vous le perdez, vous vous perdez; et c'est Lui que vous perdez. » Plus je plongeais dans le Coran, le cœur des prophètes et les enseignements des innombrables sages de l'histoire islamique, plus je découvrais que l'amour avait toujours été l'essence même de l'islam, c'était seulement mon cœur qui y avait été aveugle.

Lorsque j'ai commencé à chercher plus profondément, en jeûnant, en priant et méditant sur la parole de Dieu, j'ai commencé à toucher des parties de mon cœur dont j'ignorais jusque-là l'existence. Lentement, mon cœur endurci s'est adouci, restorant ainsi ma vision spirituelle. La coquille extérieure de la personne que je pensais être a commencé à se briser et le masque de mon ego s'est mis à fondre, dévoilant un esprit que j'avais ressenti de temps en temps sans jamais pleinement l'embrasser.

Lorsque j'ai commencé à ressentir la joie de mon moi authentique, qui, je l'apprendrai plus tard, est la *fitra* ou la bonté originelle qui existe en chaque personne, je me suis sentie appelée à écrire à ce sujet. Mais ce n'est qu'il y a quelques années que cet appel est devenu si fort que je ne pouvais plus l'ignorer. Le message était clair : écrire un livre à propos du cœur aimant de l'islam. Les instructions étaient, on ne peut plus claires, mais des doutes attisaient les flammes de mon insécurité. Je me sentais alors indigne de ce que je pensais que Dieu attendait de moi.

## «Je ne suis pas assez bien»

J'avais l'impression de ne pas connaître grand-chose de l'islam et la petite voix qui me disait « Je ne suis pas assez bien » a commencé à danser dans mon esprit comme un milliard de papillons battant des ailes en rythme sur la bande sonore de mon anxiété. Je ne cessais de me tourner vers Dieu en disant « Je ne suis pas digne de cette tâche » encore et encore, jusqu'à ce qu'un jour mon cœur entende Dieu répondre dans un murmure *«Je sais que tu n'es pas assez forte. C'est exactement la raison pour laquelle je t'ai choisie. Détache-toi encore plus. Ce n'est pas quelque chose que tu vas faire, c'est quelque chose que Je vais faire à travers toi.»*

Soudain, il me paraissait clair que tout l'objet de la foi ne réside pas dans le fait d'être «assez bien» avant de s'engager dans le chemin de Dieu, mais de venir à Dieu avec toutes nos faiblesses en sachant qu'Il est le Seul à pouvoir combler nos lacunes par Sa miséricorde.

Je réalise maintenant que ce que Dieu nous appelle à faire en Son nom n'est pas basé sur nos capacités actuelles, mais sur ce qu'il est possible d'atteindre à travers le plein potentiel que Dieu nous a accordé. Lorsque j'ai détourné mon attention de mes capacités limitées pour me focaliser sur l'infinie grandeur de Dieu, mon anxiété s'est dissipée comme les nuages en présence de Sa lumière. Comme le bâton de Moïse, cette épiphanie a frappé la mer Rouge de peur en moi, dévoilant un chemin à travers les limitations que j'avais créées.

À cet instant, j'étais prête à être façonnée, je me sentais comme de l'argile entre les mains du Créateur. J'étais confiante, Dieu me montrerait la voie, pas à cause de qui je suis, mais parce qu'Il est miséricordieux et aimant.

## La puissante prière d'un(e) inconnu(e)

Un soir, après avoir passé des heures à effectuer des recherches et à écrire, Dieu a ouvert les oreilles de mon cœur afin qu'il entende la prière d'une fille ou d'un garçon, quelque part dans le monde, qui lui demandait quelque chose que j'étais destinée à fournir. C'est difficile à expliquer, mais j'ai eu l'impression que Dieu me montrait que ce livre n'était pas seulement quelques mots sur du papier. Ce livre est un doigt pointé sur un Dieu vivant qui se soucie et écoute avec compassion chacune des prières que nous faisons. À ce moment, j'ai senti l'humilité m'envahir. J'avais passé des milliers d'heures en contemplation puis enfin, à mettre en mots ce livre, tout cela afin de répondre à *une* prière sincère. Je me suis dit:

> *Qui est cette personne? Qui possède un cœur si beau pour*
> *faire une prière si puissante?*

Qui que vous soyez, je suis sûre que vous trouverez ce livre un jour et j'aimerais que vous sachiez que Dieu vous aime. Votre prière a tellement compté pour Dieu qu'Il a fait en sorte que des dizaines de personnes se rencontrent et consacrent leurs vies à créer cette oeuvre pour répondre à votre appel sincère. Je pense souvent à vous et au fait que ce livre vous appartient. Après tout, c'est votre amour et votre profond désir qui a mis en mouvement quelque chose qui me dépasse.

Je ne suis pas une écrivaine. Je suis une rêveuse qui aime Dieu. Ces mots ont trouvé leur place sur la page, car Dieu l'a écrit de cette manière.

## *Alhamdullilah*, Louange à Dieu

Si quelque chose dans ce livre vous inspire, ne m'en attribuez pas le mérite. Je n'ai fait que cueillir des fleurs, je n'ai pas planté ces idées. Si vous ressentez la vie au fond de vous, c'est grâce à tout ce que Dieu a déjà planté en vous. Si vous tombez sur une erreur dans ces mots, sachez que c'est mon humanité qu'il faut blâmer.

Ce livre est censé vous rappeler tout ce que vous êtes déjà, ce que vous avez toujours été, vous rappeler que vous êtes important(e) et que Dieu vous aime d'un amour inconditionnel, que vous avez été créé(e) intentionnellement avec un but dans le dessein divin et que vous avez déjà en vous tout ce dont vous avez besoin pour éveiller votre cœur et votre âme sur le chemin qui mène à Dieu. Placez votre confiance dans le Divin et laissez-Le vous guider pour retrouver l'étreinte de Son amour éternel.

Dans l'amour et la lumière,

A. Helwa

*« Un cœur pur, ouvert à la
Lumière, sera rempli de
l'élixir de Vérité. »*

**RUMI**

# LIRE À
# CŒUR OUVERT

Lorsque nous ouvrons nos cœurs à la lumière de Dieu, les réponses à nos questions les plus déconcertantes commencent à éclore. Mon souhait est qu'à travers cette lecture à cœur ouvert, vous puissiez vivre *l'expérience* de Dieu plutôt que simplement acquérir de nouvelles informations à propos de Dieu.

Il existe de nombreuses techniques et expériences qui invitent à l'ouverture du cœur spirituel. L'une d'elles consiste à prendre quelques inspirations profondes, à placer vos mains sur votre poitrine et à suivre votre respiration jusqu'à votre cœur. Cela peut être suivi de l'intention d'écouter et de lire ces mots non seulement avec votre esprit, mais avec les yeux et les oreilles de votre cœur.

Même si nos doutes sont aussi vastes qu'un océan, la lumière de la sagesse de Dieu peut s'élever au-delà des horizons les plus lointains et illuminer nos cœurs de contentement. Ma prière sincère est que ce livre vous permette de goûter à ce sentiment.

## Quelques éléments à prendre en considération

Ce livre vous guidera à travers des concepts majeurs de la spiritualité islamique, cependant, ce n'est pas un traité sur l'islam. Plutôt que mettre l'accent sur tous les aspects de la pratique spirituelle du musulman, il met en lumière les enseignements concrets et inspirants du Coran et de la tradition islamique.

Néanmoins, avant de plonger dans l'océan de l'amour divin, j'aimerais clarifier quelques points stylistiques afin d'éviter toute confusion.

1. J'utilise Allah et Dieu sans distinction afin de mettre en avant aux yeux des lecteurs francophones que Dieu, la réalité transcendante, omniprésente et unique, et Allah ne sont qu'Un. En arabe, le mot *Allah* a de nombreuses connotations dont le mot français Dieu n'est pas pourvu, cependant il me semblait important d'utiliser les deux mots puisque la majorité des musulmans ne sont pas nés arabophones. De plus, puisque Allah transcende tout langage, je parlerai souvent de manière métaphorique en exprimant différents aspects de ses attributs sacrés en utilisant des symboles et des métaphores.

2. Après les mots «Prophète Mohammed», «Prophète», ou «Mohammed», vous trouverez en arabe la formule suivante : ﷺ, qui peut se lire comme suit *«salla Allahu 'alayhi wa-sallam»* et peut se traduire par «Que la paix et la bénédiction de Dieu soient sur lui». Cette formule est incluse dans le texte, car Allah dit dans le Coran de prier sur le Prophète ﷺ chaque fois que son nom est mentionné. Le Coran dit : «Allah et ses anges prient sur le Prophète. Ô vous les croyants, priez sur lui et appelez sur lui le salut». En un sens, lorsque nous prions sur le Prophète ﷺ nous suivons la voie sacrée, *sunna* d'Allah et de Ses anges.

3. En dehors de la récitation des mots du Coran, lorsque le Prophète Mohammed ﷺ parlait, on se référait à ses paroles comme étant des *Hadiths*. Ces «paroles prophétiques» associées aux observations écrites des pratiques quotidiennes du Prophète

ﷺ constituent la *sunna* ou « l'exemple de la voie prophétique ». Après le Coran, la sunna du Prophète ﷺ, telle qu'elle a été relayée et préservée par sa famille et ses nobles compagnons, est l'un des guides principaux pour les musulmans. Il existe de nombreux Hadiths certifiés authentiques, cependant il existe également des Hadiths inventés qui à travers le temps ont été faussement attribués au Prophète ﷺ. Les Hadiths cités dans ce livre ont été méticuleusement choisis, de sources fiables, ils reprennent des principes qui sont au cœur du message du Coran et sont cités dans les notes de fin d'ouvrage comme point de référence pour des études approfondies.

4. Les traductions du Coran que j'utilise sont issues du travail d'un grand nombre de traducteurs, dont les suivants : Mohamed Chiadmi, Denise Masson, Jacques Berque, Muhammad Hamidullah. J'ai également été influencée par des traductions anglophones dont celles signées par : Muhammad Asad, Muhammad Sarwar, Yusuf Ali, A.J. Arberry, Mohsin Khan, Muhammad Pickthall, Yahya Emerick, et Laleh Bakhtiar, le Dr Hossein Nasr et l'équipe derrière *The Study Qur'an*, et la célèbre *Sahih International Translation*, traduite par les Américaines Emily Assami, Amatullah Bantley, et Mary Kennedy. Occasionnellement, j'ai aussi apporté des corrections grammaticales pour les traductions du 19e siècle pour les rendre plus compréhensibles aux francophones contemporains.

5. À chaque référence directe à une révélation particulière du Coran, la phrase en question sera suivie par deux nombres séparés par deux points, par exemple « (57:4) ». Le premier nombre, dans ce cas « 57 », fait référence au chapitre (*sourate*) ; le second nombre, après les deux points, dans ce cas « 4 » fait référence au verset (*ayat*) au sein du 57e chapitre. Une citation de « (1:5-7) » signifie simplement que le texte cité provient du premier chapitre, comme indiqué par le « 1 » et fait référence aux versets 5 à 7. J'ai également noté ces nombres après mes propres phrases directement

inspirées par un verset particulier du Coran.

6.  Lorsque j'utilise le mot « mystiques » dans le texte, je fais référence aux maîtres spirituels dans la tradition islamique qui ont dépassé le littéralisme religieux pour explorer le domaine du cœur. Un mystique n'est pas une personne qui ignorait les règles du Coran et de la tradition prophétique, mais quelqu'un qui cherchait à apprendre les enseignements ésotériques de la foi en partant de l'amour et de la joie. En fait, la majorité des paroles des mystiques musulmans sont directement inspirées du Coran et du Prophète ﷺ, ou inspirées par la famille du Prophète ﷺ et ses plus proches compagnons.

7.  Je m'appuie largement sur la profonde sagesse d'Ali ibn Talib, sage du monde islamique du septième siècle, que beaucoup appellent affectueusement Imam Ali. Le maître spirituel Imam Ali, qu'Allah soit satisfait de lui et lui accorde la paix, était le cousin et le gendre du Prophète ﷺ et la première personne, après l'épouse du Prophète ﷺ, à se convertir à l'islam. Le Prophète Mohammed ﷺ a dit de l'Imam Ali : « Je suis la cité du savoir et Ali en est la porte[1] ». L'Imam Ali est connu comme étant le symbole même d'unification et de paix, puisque les sunnites, les chiites et les soufis le reconnaissent comme un exemple de bravoure, de leadership et de savoir spirituel. Je m'appuie également sur les magnifiques contemplations de Jalaluddin Rumi, théologien de l'islam et poète, dont le livre le plus célèbre, Le Masnavi, est un chef-d'œuvre poétique directement inspiré par le Coran.

8.  Lorsque des mots en arabe ne peuvent pas être traduits correctement en français, la translittération du mot arabe apparaîtra entre parenthèses, comme point de référence.

9.  Bon nombre de citations, récits spirituels et paraboles figurant dans ce livre ne sont pas cités, car ce sont des histoires orales qui sont transmises de génération en génération à travers différentes cultures et religions. Je suis éternellement reconnaissante envers tous mes amis, professeurs, et tout particulièrement mon

grand-père, pour avoir pris le temps de partager avec moi ces précieuses histoires et pour m'avoir permis de pouvoir à mon tour les partager avec vous.

10. À la fin de chaque chapitre, vous trouverez une méditation, conçue pour vous aider à mettre en application au quotidien les enseignements du chapitre. Il m'a semblé important d'inclure ces sections, car le Coran utilise l'image d'un « âne portant des livres » (62:5) en référence à l'acquisition de savoir sans assimilation de la sagesse et de sa mise en pratique. La finalité de ces pratiques est de promouvoir la lecture active du texte, au cours de laquelle le lecteur va non seulement comprendre intellectuellement le contenu, mais aussi l'absorber et l'incorporer à la pratique de sa foi. Avant d'aborder ces pratiques, il est recommandé de définir son intention ou de faire deux unités (rakaat) de prière rituelle (*salat*), car lorsque nous sommes dans l'intention et spirituelle-ment conscient, notre expérience des pratiques devient profonde et plus significative. Certaines pratiques suggérées doivent être effectuées tous les jours pendant une semaine, alors que d'autres peuvent être réalisées au besoin. Donnez-vous le droit de vous diriger vers les pratiques qui éveillent et inspirent votre cœur.

## Le domaine *Intra*confessionnel : célébrer nos similarités spirituelles

Ce livre n'aborde pas de manière approfondie l'histoire et l'évolution de la théologie islamique, mais il cherche à créer un pont, non seulement entre l'islam et les autres croyances par le biais de vérités spirituelles uni-verselles, mais également entre les nombreux musulmans dont la pratique diffère les uns des autres.

De manière générale, il existe deux écoles de pensées majeures au sein de l'islam : les musulmans sunnites, qui constituent environ 80 à 85 pour cent des musulmans, et les musulmans chiites qui représentent 10 à 13 pour cent de la population musulmane mondiale ; ainsi qu'une poignée d'autres perspectives spirituelles au sein de l'islam, dont de nombreuses s'identifient au Soufisme[2]. Si les musulmans soufis se considèrent générale-ment sunnites ou chiites, ils ont tendance à focaliser leur attention sur la dimension intérieure de l'islam. Les différences entre sunnites et chiites sont principalement des divergences historiques, cependant, au fil du temps elles se sont transformées en différences théologiques.

J'ai réalisé qu'au sein des milieux musulmans, il est souvent plus aisé de bâtir des ponts avec des personnes de croyances différentes que de créer un lien avec une personne musulmane qui pratique différemment de nous. Il existe de nombreux mythes et malentendus qui se perpétuent à cause d'un manque d'engagement entre les différentes écoles de pensée.

Le but de ce livre n'est pas de se livrer à des débats historiques, mais plutôt d'offrir une vision spirituelle inspirante des croyances, pratiques et principes que des millions de musulmans partagent. En tant que croyants, nous pouvons toujours trouver une base commune à travers notre désir commun de Dieu.

> « Attachez-vous tous fermement au pacte d'Allah ;
> ne vous divisez pas. »
>
> CORAN 3:103

Souvent, lorsqu'il s'agit d'interreligieux ou d'intraconfessionnel nous parlons d' « être tolérant » à propos des opinions religieuses et théologiques différentes, mais le Coran nous appelle à être bien plus que tolérants, il nous appelle à la connexion dans l'ouverture d'esprit[3]. Le Coran nous ap-pelle à nous connaître les uns les autres et à trouver des moyens de faire de la place aux expériences des autres, sans pour autant faire de compromis ou sacrifier la singularité et la nature suprême de Dieu (58:11).

Lorsque nous jugeons une personne en nous basant seulement sur une étiquette, qui peut avoir des significations différentes selon les per-sonnes, nous perdons l'opportunité d'apprendre à connaître une personne telle qu'elle est réellement. Comme le dit le Coran « Ô humanité ! Nous vous avons créés d'un mâle et d'une femelle, et nous avons fait de vous des nations et des tribus pour que vous puissiez vous connaître. Le plus noble d'entre vous aux yeux d'Allah est le plus pieux» (49:13). Nous pouvons ne pas toujours être d'accord en ce qui concerne l'interprétation de certains événements historiques ou certains points théologiques, mais afin de se conformer à ce verset du Coran, nous devons sortir de notre zone de confort et apprendre à connaître les personnes de tous horizons, sans discrimination.

Je ne dis pas que nous devons ignorer nos différences, mais plutôt qu'il est important de se souvenir que la façon dont nous vivons et manifestons notre foi en dit bien plus sur notre relation avec Allah qu'une simple étiquette. Il est arrogant de penser que nous savons tout d'une personne ou de sa foi parce qu'on a lu un article en ligne ou entendu un prêche. De plus, la vérité n'aura jamais l'occasion d'éclore si nous continuons à écarter des gens de notre vie ou de notre religion, simplement parce que nous ne sommes pas d'accord avec eux. Après tout, Dieu seul sait ce que renferment les cœurs, Dieu seul sait qui croit sincèrement. Ce n'est pas une décision qui nous appartient.

L'Histoire a montré que la famille du Prophète ﷺ et les plus pieux de ces compagnons ont fait de grands pas afin d'établir et de préserver l'unité lors des différents conflits que la première communauté musulmane a dû traverser. Puissions-nous suivre les vertueux exemples laissés par ceux que notre Prophète ﷺ aimait. Puissions-nous nous efforcer de créer des ponts là où il n'y a que des murs et œuvrer à établir la paix sur cette Terre. Puissions-nous répondre à l'appel de Dieu et vivre la meilleure vie possible en nous accrochant fermement au Coran et aux exemples du Prophète ﷺ, et en partageant humblement notre foi à travers des actes de bonté, d'amour et de miséricorde envers l'ensemble de l'humanité.

Je crois que la communication intraconfessionnelle ou le fait d'établir des passerelles au sein de la communauté musulmane n'est pas seulement possible, mais ce procédé est facilement réalisable si nous nous focalisons sur les principes moraux que nous partageons, si nous utilisons le Coran comme boussole, et que nous prenons le Prophète Mohammed ﷺ comme guide. Afin d'être aussi inclusif que possible, ce livre se focalisera sur les cinq piliers que suivent les musulmans sunnites, l'ensemble de ces

principes fondamentaux faisant également partie des doctrines chiites
« les fondements de la religion » (*usool-ad-deen*) et « les branches de la religion » (*furo-ad-deen*). Le livre sera articulé autour des vérités universelles
de la foi musulmane : l'attestation de l'unicité de Dieu et que Mohammed
☙ est son Prophète (*shahadah*), la prière rituelle (salat), le jeûne (*sawm*),
l'aumône légale (*zakat*), et le pèlerinage à la Mecque (*Hajj*).

Ce livre n'abordera pas spécifiquement les pratiques et les principes
supplémentaires qui sont considérés comme des éléments de base dans
la branche chiite de l'islam, cependant, dans l'intérêt de la prise de conscience intraconfessionnelle, il semble important d'en partager certains
ici. En plus des principes fondamentaux que l'ensemble des musulmans
embrassent, les musulmans chiites considèrent les pratiques et les principes suivants comme des pierres angulaires de l'expérience de leur foi :
la croyance en la justice divine (*adl*), la croyance au jour du jugement et
la résurrection (*mi'ad*), la croyance en la guidance (*imamah*). L'accent est
également mis sur le fait de tirer profit de ce qui est bien (*amr-bil-ma'roof*),
d'interdire le mal (*nahi-anil-munkar*), payer un impôt sur les biens supplémentaires de 20 pour cent pour les nécessiteux (*khums*), œuvrer pour
Allah soi-même ou avec son argent (*jihad*), aimer les croyants et les amis
d'Allah (*tawalla*), se dissocier de ceux qui n'honorent pas le chemin de
bonté que le Prophète ☙ a pavé (*tabarra*).

Bon nombre de ces principes se base directement sur des versets du
Coran et sont donc suivis par de nombreux musulmans de manière universelle, même s'ils ne sont pas toujours interprétés et conceptualisés de
la même manière. Il existe des différences entre les musulmans sunnites,
chiites et soufis, mais il y a également de nombreuses similarités spirituelles qui peuvent élever et inspirer les musulmans, ainsi que tous ceux qui
s'engagent sincèrement dans un chemin spirituel, quel qu'il soit.

## Imams sunnites, chiites, et soufis

Pour vous assurer que ce livre est en alignement avec le sens profond
du Coran et de la tradition prophétique, j'ai sollicité l'aide de différents

imams ou figures religieuses. Dans une volonté d'unification, j'ai recherché l'aide d'imams sunnites, chiites et soufis. Mon espoir était que si des imams de différents horizons pouvaient attester de la fiabilité théologique de ce livre, alors il pourrait servir de point de rencontre entre ces trois perspectives au sein de l'islam.

> « *Les croyants ne sont que des frères. Établissez la concorde entre vos frères et craignez Allah afin qu'on vous fasse miséricorde.* »
>
> CORAN 49:10

Ce livre n'affirme pas quelle voie est la plus ou la moins correcte, il aspire à rappeler à la communauté musulmane que le Coran et le Prophète ﷺ sont nos points communs et que, si Dieu veut, nous pouvons utiliser Son extraordinaire révélation et Son messager comme une passerelle de compréhension et d'amour les uns envers les autres.

## Je suis musulmane

À tous ceux qui m'ont demandé si j'étais sunnite, chiite ou soufie, je réponds : «Je suis musulmane». Le Prophète Mohammed ﷺ était un musulman. Les membres de sa famille, comme l'Imam Ali, étaient musulmans. Ses fidèles compagnons s'appelaient eux-mêmes musulmans. Sa fille, la chère Fatima Zohra, était musulmane. En tant que personne qui suit les traditions du Prophète ﷺ, personne qui suit l'exemple de la famille du Prophète ﷺ, et des compagnons du Prophète ﷺ, et en tant qu'étudiante auprès de professeurs extraordinaires et d'amis de Dieu, je ne peux choisir de m'appeler autrement que musulmane.

J'aime toutes les personnes droites et sincères que mon Prophète ﷺ aimait profondément. J'aime toutes les personnes à travers le monde qui font de leur mieux pour faire preuve de plus de bonté, pour être plus aimantes et être meilleures qu'hier. J'aime ceux qui luttent, qui essaient de trouver leur voie, qui essaient de trouver la foi et n'ont pas encore atteint la paix recherchée. Si le Créateur de l'univers vous a vu comme étant assez digne d'intérêt pour vous créer, alors comment pourrais-je ne pas vous aimer? Comment pourrais-je ne pas aimer ce que l'Amour lui-même a créé? Je respecte votre liberté de choisir le cheminement spirituel vers lequel vous vous sentez appelé et j'aime votre âme sacrée que je sois en accord avec votre choix ou non. Lorsque je vous regarde, je ne vois que la beauté de la créativité d'Allah et son amour.

> *Si vous êtes sunnite, vous êtes le bienvenu ici.*
> *Si vous êtes chiite, vous êtes le bienvenu ici.*
> *Si vous êtes soufi, vous êtes le bienvenu ici.*
> *Si vous avez une autre croyance ou philosophie, vous êtes le bienvenu ici.*
> *Si vous essayez encore de donner du sens à tout ça, vous êtes aussi le bienvenu ici.*

Comme cela a été si joliment dit, « Venez tel que vous êtes, à l'islam tel qu'il est ». Le but de ce livre n'est pas de changer l'islam, mais de redéfinir la façon dont il est ressenti en portant un regard inspirant sur la théologie islamique classique.

Je suis une musulmane qui sait ce que c'est que d'être perdue puis guidée de nouveau vers l'amour. J'ai parcouru des centaines de livres, passé des milliers d'heures à écouter des conférences et voyagé à travers le monde pour interroger des maîtres mystiques et religieux afin d'écrire ce livre pour la personne qui se sent perdue et ne semble pas trouver ce qu'elle recherche. Les secrets spirituels qui se trouvent entre les pages de ce livre sont de petits indices et de petites balises permettant de retourner à l'Unique, qu'il nous arrive parfois de perdre de vue, mais qui ne nous perd jamais de vue.

« Il est Allah, unique ! Allah, Le seul à être imploré pour ce que nous désirons. Il n'a jamais engendré, n'a pas été engendré non plus, et nul n'est égal à Lui. »

CORAN 112 : 1-4

« C'est lui Allah, nulle divinité autre que Lui, le Connaisseur de l'invisible tout comme du visible. C'est Lui le Tout Miséricordieux, le Très Miséricordieux. C'est Lui, Allah. Nulle divinité autre que Lui ; le Souverain, le Pur, l'Apaisant, le Rassurant, le Prédominant, le Tout Puissant, le Contraignant, l'Orgueilleux. Gloire à Allah ! Il transcende ce qu'ils Lui associent. C'est Lui Allah, le Créateur, celui qui donne un commencement à toute chose, le Formateur. À Lui les plus beaux noms. Tout ce qui est dans les cieux et la terre Le glorifie. Et c'est Lui le Puissant, le Sage. »

CORAN 59 : 22-24

# 1

# ALLAH : L'ORIGINE DE L'AMOUR

Allah est le créateur de l'univers, de la lumière des cieux et de la terre. Il est la Réalité transcendante, unique et absolue qui unit toutes les différences dans l'océan de Son amour. Il est la lumière qui inspire l'éclosion des fleurs. Il est le souffle d'amour derrière le vent déshabillant les arbres en hiver et les ornant de fleurs au printemps. Il est la puissance responsable de l'élévation des montagnes. Il est l'artiste qui peint les couleurs dans les cônes de nos yeux. Il est la vie derrière la nature tout entière. Il est Celui qui presse la graine pour en créer un arbre, il est Celui dont l'amour change les pierres en or « Et Allah vous a fait sortir des ventres de vos mères, dénués de tout savoir, et vous a donné l'ouïe, les yeux et les cœurs, afin que vous soyez reconnaissants » (16:78). Allah est le créateur de toutes les lois scientifiques, Il est Celui qui a donné à chaque chose sa propre nature » puis l'a guidée au sein de Son plan parfait (20:50).

Allah est *As-Samad*, ce qui ne signifie pas seulement « qui se suffit à lui-même », mais vient également d'une racine signifiant « solide, impénétrable, non creux »[1]. Allah est celui qui est entier, Il n'a ni parties ni séparations. Métaphoriquement, Allah est entier, alors que nous ne sommes que des espaces vides. Nous sommes faits d'atomes, qui sont faits à 99,999 99 pour cent d'espace vide[2]. En substance, chaque fois que nous recherchons un autre qu'Allah, nous recherchons en fait du vide. Dans cette vie, rien ne peut nous combler, car tout est constitué d'atomes vides. Ce n'est que lorsque l'on recherche Allah que nous sommes spirituellement satisfaits et comblés, car Il est *Al-Ahad*, l'unique, l'absolu, l'essence indivisible qui transcende les nombres et les parties.

Allah est le maître du temps, le sculpteur de l'espace, le tisserand des âmes, Celui qui fait tourner les cœurs, Celui qui crée chaque chose par phases successives et qui est pourtant hors des limites du temps. La vie est créée de Son souffle, c'est de la vibration de Sa parole que se forme le cosmos et du ventre de Sa miséricorde que naît l'amour. Il est Celui qui a dit « Sois ! » au vaste néant, et l'existence a germé avant de prendre vie. Ses mots inspirent la lumière pour qu'elle rompe l'obscurité du néant, créant l'aube de la vie.

Lorsque le soleil se couche, lorsque les étoiles deviennent timides, lorsque la lune se cache derrière les nuages, Il est la lumière qui ne meurt jamais. Il n'est pas l'univers, mais le souffle derrière l'expansion de l'espace et du temps. Nos yeux ne voient pas Dieu, mais Il est ce qui leur donne la vue. La main ne peut Le toucher, mais Il est ce qui nous inspire au contact. Dieu est la force derrière tout mouvement, car « Ceux qui sont dans les cieux et la terre L'implorent. Chaque jour, Il accomplit une œuvre nouvelle ». Il est celui qui a « créé un couple de chaque chose » (51:49), afin que nous puissions réaliser que Lui seul est un. Il est l'Indépendant dont tout dépend. Dieu est Celui qui ne meurt jamais, mais se charge de la mort ; Celui qui n'a jamais été créé, mais qui crée la vie ; celui qui n'engendre pas, mais « sait ce qu'il y a dans les matrices » (31:34).

> Il est Celui qui n'a pas de début, mais par qui tout commence ; Celui qui n'a pas de fin, mais à qui tout revient.

Dieu ne vous a pas seulement créés, Il vous recrée et vous soutient perpétuellement (10:4). Comme les bras d'une galaxie, Il enveloppe de Son amour chaque âme qui vient à Lui et Le recherche ; nos cellules trouvent une harmonie par Son chant et Il donne le rythme aux battements de nos cœurs. Il est celui qui nous a créés d'eau et d'argile (23:12), Celui qui nous a préférés à Ses anges (7:11), Celui qui a semé le reflet de l'ensemble de son univers dans le terreau de nos esprits. Tout ce qui existe se trouve entre Ses doigts de miséricorde[3]. « Il sait ce qui pénètre dans la terre et ce qui en sort, ce qui descend du ciel et ce qui y remonte. Et c'est Lui le miséricordieux, le pardonneur. » (34:2)

Que vous soyez dans un avion dans le ciel, en plein milieu du désert ou dans les profondeurs d'une mer qu'aucune lumière ne peut atteindre, Dieu est avec vous. Tous peuvent vous quitter et tout peut être brisé, mais Allah sera toujours votre ami le plus intime et le plus fidèle.

Allah est l'inspiration au cœur de chaque amoureux, la beauté derrière le chant d'un rossignol, le mathématicien derrière la symétrie parfaite des fractales de la nature et la lumière reflétée dans le cœur du Prophète Mohammed ﷺ. C'est par la majesté de Dieu que les paroles de Jésus ont ramené les morts à la vie (5:110). C'est par Sa puissance que la mer Rouge a été séparée pour Moïse (20:77-78). Nous n'en sommes souvent pas conscients, mais Dieu répond constamment à nos prières et nous bénit de Ses miracles.

Nous n'avons pas besoin d'antenne-relais pour joindre Dieu, il suffit de nous connecter à notre cœur, car « Il est avec vous où que vous soyez » (57:4), du plus proche des atomes à l'étoile la plus lointaine. À côté de l'amour de Dieu, l'océan, malgré sa profondeur, devient timide, et Sa miséricorde peut accueillir chaque pécheur qui se présente repentant devant Sa porte[4]. Lorsque le monde s'endort, Dieu est Celui qui est éveillé à nos côtés. Dieu voit les larmes cachées derrière nos sourires et Il comprend la douleur que nous pensions incompréhensible. « Rien ne Lui échappe, fût-il du poids d'un atome dans les cieux, comme sur la terre. » (34:3) Comme l'a dit poétiquement un mystique anonyme : « Dieu voit une fourmi noire sur une pierre noire dans la nuit noire, alors comment pourrait-Il ne pas voir la souffrance d'un croyant dévoué ?[5] »

De sa vision parfaite, Allah nous voit, nous et tout ce qui existe. Le Coran dit « C'est Lui qui détient les clefs de l'inconnaissable. Nul autre que Lui ne les connaît. Et Il connaît ce qui est dans la terre ferme, comme dans la mer. Et pas une feuille ne tombe sans qu'Il ne le sache. Et pas une graine dans les ténèbres de la terre, rien de frais ou de sec, qui ne soit consigné dans un livre explicite » (6:59). Alors, si une feuille ne peut tomber sur l'ensemble de la surface de la Terre sans que Dieu le sache, comment nos cœurs pourraient-ils se briser sans que nous soyons couverts de Sa présence, source de guérison ?

> *« Dieu envoie l'espoir dans les moments les plus désespérés. N'oublie pas, la pluie la plus abondante vient des nuages les plus sombres. »*
>
> RUMI

La miséricorde divine est plus grande que nos péchés ou les situations que nous rencontrons. Son amour bienveillant embrasse nos épines, parties de notre être que nous pensions impossible à enlacer. Sa grâce honore les parties de nous que personne n'applaudit. Dieu nous aimait déjà avant notre création, avant même que nous Le connaissions. Comme le dit le Coran «C'est Lui qui a fait descendre la quiétude dans les cœurs des croyants afin qu'ils ajoutent une foi à leur foi. À Allah appartiennent les armées des cieux et de la terre ; et Allah est Omniscient et Sage» (48:4).

## Le mystère d' « Allah »

Il y a d'innombrables voiles entre nous et Dieu, mais il n'y en a aucun entre Lui et nous[6]. Les voiles que nous voyons entre nous et Dieu viennent souvent de fausses perceptions qui remontent à notre enfance, causant une vision déformée de la réalité. Lorsque quelque chose nous arrive, que ce soit en bien ou en mal, en tant qu'êtres humains, nous avons tendance à habiller cette expérience d'une interprétation. La manière dont nous interprétons les événements dans notre vie affecte le regard que nous portons sur notre réalité. Puisque nos interprétations viennent de nous et sont totalement subjectives, si elles sont modifiées, notre façon de voir le monde et Dieu se trouvera modifiée également. Notre expérience du monde a très peu à voir avec ce qui nous arrive, mais elle dépend de la façon dont nous choisissons, consciemment ou inconsciemment, d'interpréter nos expériences.

Par conséquent, nos interprétations et les croyances qui y sont associées deviennent des obstacles qui nous empêchent d'observer Dieu pleinement. Cependant, rien n'est caché à la perception de Dieu. Dieu n'a ni angle mort ni frontières. Ce n'est pas la distance de Dieu qui Le voile à notre vue, mais plutôt Sa proximité[7]. Tout comme la vie qui nous donne notre souffle, si proche de nous que nous ne pouvons la voir ni la toucher, le Coran déclare que malgré Son essence transcendante, Dieu est plus proche de nous que notre « veine jugulaire » (50:16).

L'amour de Dieu est étroitement tissé au sein de chacun des battements de nos cœurs. En fait, le mot arabe pour désigner Dieu, « Allah », débute par le son « Ahh », qui dans les théories des sons sacrés est le son de la manifestation, le son que l'on est supposés émettre lorsque nous ouvrons nos cœurs. Symboliquement, ce son représente l'être humain qui jaillit du néant du silence vers une existence manifestée grâce à la parole de Dieu.

Le mot « Allah » peut être vu comme le même Dieu unique qui est désigné par *Élohim* en hébreu dans la Torah ou celui évoqué en araméen par Jésus à l'aide d'un nom remarquablement semblable : Allaha. Allah n'est ni féminin ni masculin, car Il est au-delà de toute la création et transcende toutes les limites que l'esprit humain peut concevoir. Dans la langue arabe, il n'existe pas de pronom dit neutre (comme le « it » anglais), Allah utilise donc *huwa* ou « Il » lorsqu'il fait référence à Lui car la forme du genre masculin en arabe est inclusive, elle n'exclut pas le féminin.

Nous pouvons également observer que dans le Coran, Allah parle à la première personne du pluriel, Il fait référence à Lui-même comme « Nous ». Cela ne signifie pas que Dieu est pluriel; en effet, en arabe et dans de nombreuses langues cet usage est la marque de la majesté, il correspond au « nous de majesté » utilisé par les rois lorsqu'ils s'adressent à leurs sujets. Par exemple, un roi pourrait dire « Nous avons décrété l'ordre suivant », et ce même s'il fait seulement référence à Lui-même. Certains commentateurs ont aussi suggéré que lorsque Allah dit « Nous avons créé », Il fait référence au fait qu'Il a ordonné aux anges de créer, ensemble.

Cependant, quand Dieu utilise le mot « Nous » dans le Coran, Il fait souvent suivre un mot au singulier pour se désigner Lui-même, comme un moyen de réitérer Son unicité[8].

Allah est le point de rencontre de toutes les dualités et différences, car Il est une réalité unique. Certains savants avancent que le mot « Allah » est un nom propre que Dieu s'est donné et que par conséquent, le mot ne peut être décortiqué linguistiquement. Selon d'autres savants, le mot « Allah » est dérivé de *ilah*, qui signifie « dieu » en arabe, auquel est ajouté l'article défini *al*, qui crée alors *al-ilah*, que l'on traduit par « Le Dieu ».

Indépendamment de l'origine linguistique du mot, Allah est ce qui réunit *le oui et le non*, car dans Sa singularité, toutes les dualités se trouvent mystérieusement conjuguées. Allah est à la fois le pont entre les domaines du visible et du caché, et le point de rencontre entre l'existant et le non-existant. Cependant, paradoxalement, Allah est aussi le fondement de la polarité, à la fois la manifestation pleine et entière de l'intérieur (*Al-Batin*) et la manifestation pleine et entière de l'extérieur (*Az-Zahir*).

> « *Dieu est en dehors de toute chose, mais pas dans le sens où Il en est étranger, et Il est en toute chose, sans être identique à elles.* »
>
> IMAM ALI

Ces déclarations, qui peuvent sembler contradictoires, montrent qu'Allah est, par définition, ce qui met en difficulté l'esprit. Comme le disent les mystiques « Seul Dieu peut connaître Dieu », car « Nul n'est égal à Lui » (112:4). Par conséquent, par définition, Allah n'a pas d'opposé et puisque l'esprit humain appréhende et comprend le monde à travers l'association et la comparaison, Il se trouve incapable de comprendre un Dieu unique, qui ne peut être divisé en différentes parties, et différent de toute autre chose connue de l'être humain.

> « *Les regards ne peuvent l'atteindre cependant Il saisit tous les regards. Et Il est le Doux, le parfaitement Connaisseur.* »
>
> CORAN 6:103

Nous ne pouvons exprimer la nature transcendante et éternelle d'Allah avec nos langues mortelles. Nous ne pouvons pas faire tenir l'infini dans les bras finis de 26 lettres. C'est pourquoi Abu Bakr, le compagnon du Prophète Mohammed ﷺ, a dit : « Notre incapacité à comprendre Dieu est notre compréhension de Dieu. » Notre incapacité à concevoir la nature infinie de Dieu ne signifie pas que nous ne pouvons pas avoir une relation avec Dieu, elle signifie plutôt que notre expérience de Dieu commence lorsque nous admettons notre ignorance devant Son savoir qui englobe toute chose.

Ce n'est que lorsque l'on fait preuve d'humilité que nous pouvons commencer à ressentir une connexion avec Dieu. Comme le célèbre romancier Léon Tolstoï l'a écrit dans *Guerre et Paix* : « Tout ce que nous savons, c'est que nous ne savons rien. C'est là la grandeur de la sagesse humaine. » Ce n'est que lorsque nous mettons de côté notre ego et que nous voyons la nature limitée de notre intellect que nous pouvons commencer à marcher sur le chemin de la foi. Comme l'a si bien dit Rumi « Vends ton intelligence, achète l'égarement », car à la fin de tout ce que tu sais, il y a le début de ton cheminement vers Allah.

## La porte divine est toujours ouverte

Allah n'est pas un vieil homme dans le ciel ; Il n'est pas Zeus, assis sur un nuage attendant de vous punir. Allah n'est pas le père Noël avec une liste de ceux qui n'ont pas été sages avec l'impossibilité de se racheter. Allah est le Créateur du cosmos, Celui dont la miséricorde embrasse toute chose, Celui dont l'amour embrasse tous les cœurs, Celui dont les *mains* guérissent toutes les blessures, Celui dont la *face* est partout, où que vous vous tourniez, car Il est avec vous où que vous soyez.

> « S'il se rapproche de Moi d'un empan, Je me rapprocherai
> de lui d'une coudée; s'il se rapproche de Moi d'une coudée,
> Je Me rapprocherai de lui d'une brasse et s'il vient vers Moi
> à petits pas, J'irai vers lui à toute vitesse »[9]

**ALLAH**

Il se peut que nous soyons lents à nous repentir, mais Dieu est prompt dans Sa miséricorde, Sa générosité, Son pardon et Sa grâce. Cette interaction entre deux maîtres mystiques articule magnifiquement la miséricorde de Dieu:

> Salih de Qazvin, le sage du huitième siècle, a dit à ses étudiants : «Continuez de frapper à la porte d'Allah sans vous arrêter, car, par Sa miséricorde, Allah finira par ouvrir Sa porte à ceux qui Le recherchent sincèrement. ». En passant près de la mosquée, la mystique Rabia Al-Adawiyya entendit cette déclaration et dit : «Ô, Salih, qui dit que la porte d'Allah est fermée? »

Rabia avait compris que l'amour d'Allah ne dépend pas de nos actions, dès le départ c'est Son amour qui nous inspire à frapper à Sa porte. Tout comme le soleil pousse les plantes à se tourner vers Lui en soumission à Sa lumière, Dieu nous appelle à nous tourner vers Lui pour que nous puissions grandir à travers Lui. Allah est Celui dont la parole fait sortir les morts de leurs tombes, Celui qui peut séparer les mers avec un bâton, Celui qui se sert de vos situations sans issues pour accomplir Son prochain miracle. Il est Celui qui transforme votre confusion en message, Celui qui transforme vos épreuves en triomphe, Celui qui fait de la victime un vainqueur (30:5). Dieu est avec vous, au commencement, à la fin et à chaque instant entre les deux. C'est pourquoi le petit-fils bien-aimé du Prophète ﷺ, l'Imam Hussein a dit: «Ô Allah, qu'a donc trouvé celui qui T'a perdu et qu'a donc perdu celui qui T'a trouvé? »

Nous n'adorons pas Dieu parce qu'Il en a besoin, nous adorons Dieu parce que *nous* en avons besoin. Lorsque vous priez, ce n'est pas vous qui cherchez à atteindre Dieu, en fait, vous répondez à Dieu qui est venu à votre rencontre en premier. Ce n'est que lorsque les jeunes plants de nos cœurs se soumettent à la lumière de Dieu que nous pouvons récolter les fruits d'amour qu'Il avait planté dans notre esprit. Comme le dit le Coran, «Et quiconque lutte, ne lutte que pour lui-même, car Allah peut Se passer de tout l'univers » (29:06). Peu importe si nous nous éloignons de Dieu de centaines de millions de pas, il suffit d'une seule pensée pour revenir à Lui.

Comme le dit Rumi, « Chaque moment contient cent messages de Dieu. À chaque appel "Ô Allah", Il répond cent fois "Je suis là." ». Ne pensez jamais que parce que vous ne pouvez voir Dieu, Il ne peut vous voir. «Ne perdez pas courage, ne vous affligez pas» (3:139), car même dans les profondeurs de vos nuits les plus sombres, votre Seigneur est toujours présent, vous disant «Je suis tout proche» (2:186).

Il n'est qu'un, pourtant nous l'oublions souvent ; alors qu'Il a des milliards de créatures et n'oublie jamais un seul d'entre nous. L'amour de Dieu n'a ni barrière ni frontière. Son amour n'a aucune condition. Son amour n'est pas dans un paradis lointain, mais avec vous, dans la sainteté de ce moment même.

*Alors que nous brisons nos promesses des milliers de fois,*
*Dieu est toujours constant.*

C'est seulement en apprenant à quel point Dieu nous aime que nous pouvons nous libérer de notre anxiété et de la peur d'un futur inconnu et sur lequel nous n'avons pas de contrôle. Plus nous avons confiance en la parfaite sagesse de Dieu, plus nous aurons un sentiment d'harmonie dans nos vies. La sérénité totale que l'on ressent en s'en remettant entièrement à Dieu est magnifiquement illustrée par cette histoire japonaise :

> Un samouraï et l'amour de sa vie, tout juste mariés, voyageaient en bateau pour leur lune de miel lorsqu'une énorme tempête éclata. La femme du samouraï commença alors à trembler de peur, il n'y avait aucune rive en vue et leur bateau semblait sur le point de chavirer. Elle se mit à courir pour rejoindre son mari et le trouva regardant paisiblement la mer, comme si le soleil brillait et que les vagues étaient calmes. Elle se précipita vers lui et cria : «Comment peux-tu être si calme alors que nous sommes sur le point de mourir ? N'accordes-tu donc aucune valeur à ta vie ?» En entendant ces mots, le samouraï sortit son épée pour la mettre au cou de sa femme. Celle-ci commença alors à rire. Il lui dit : «Pourquoi ris-tu ? N'as-tu pas peur ?» Elle lui répondit : «Parce que je sais que tu m'aimes et que tu ne me ferais

jamais de mal. » Le samouraï sourit et lui dit « Eh bien, moi aussi, je suis entre les mains de Celui qui m'aime, comment pourrais-je avoir peur ? ».

Lorsque nous réalisons qu'Allah nous aime au-delà de ce que nous pouvons concevoir et qu'Il sait toujours ce qui est mieux pour nous, notre peur de l'inconnu se transforme alors en foi. Après tout, comme le dit le Coran : « Il détient les clefs des cieux et de la terre. » (39:63) Lorsque nous nous soumettons à la volonté de Dieu même quand rien ne se passe comme prévu, nous sommes tout de même reconnaissants, car nous savons que le plan de Dieu sera toujours meilleur que les plus beaux de nos rêves. Tant que nous demeurons enchaînés à ce monde et à ce qu'il contient, y compris nos propres désirs, nous ne pourrons nous sentir pleinement libres. C'est seulement en faisant confiance au Divin et en devenant un serviteur d'Allah que l'âme éprouve une véritable liberté.

## *Ar-Rahman* et *Ar-Rahim* : les secrets spirituels de la Miséricorde divine

> *« Invoquez Allah, ou invoquez le Tout Miséricordieux (Ar Rahman), quel que soit le nom par lequel vous L'appelez, Il a les plus beaux noms. »*
>
> CORAN 17 : 110

Allah nous appelle à Lui par une miséricorde et une grâce sans limites qui embrassent l'ensemble de la création sans discrimination. Cette compassion divine transcende le temps et l'espace apportant le bien, le mal et tout ce qui se trouve entre les deux. Dans les 114 chapitres du Coran, Allah dit *Bismillahi Ar-Rahman Ar-Rahim* à 114 reprises, ce qui peut être traduit par « Au nom de Dieu, Le Tout Miséricordieux, Le Très Miséricordieux[10] ». En arabe, ces deux mots ne désignent pas seulement la miséricorde, ils portent également les notions d'amour, de pardon, d'assistance, de compassion, d'ardeur, de protection, de préoccupation et de tendresse.

*Ar-Rahman et Ar-Rahim* dérivent tous deux du verbe *rahima*, qui signifie « être miséricordieux, aimant et bienveillant d'une manière qui profite à l'objet de l'affection ». En d'autres termes, Dieu fait de nous, Sa création, le point central de Sa grâce et de Ses qualités les plus aimantes. *Ar Rahim* peut être vu comme les qualités d'amour de Dieu et de Sa miséricorde en action, alors que *Ar-Rahman* est la nature miséricordieuse, aimante et pleine de grâce de Dieu. *Ar-Rahim* est une forme de miséricorde spécifique accordée à ceux qui ouvrent leur cœur à Dieu et qui aspirent à recevoir la lumière de Son amour ; alors que *Ar-Rahman* rayonne sur l'ensemble de la création sans distinction.

*Ar-Rahim et Ar-Rahman* trouvent tous deux leur origine dans le mot arabe *rahm* qui signifie « utérus ». Cela implique que nous ne pouvons faire l'expérience de la véracité du message de Dieu que depuis la matrice universelle de Sa miséricorde, Son amour, Sa compassion et Sa grâce.

> *Ar-Rahman est considéré comme la mère de tous les noms divins, car c'est par le biais de la matrice du Rahman de Dieu que l'univers a été créé.*

En arabe, le mot *Rahman* est connu comme étant ce qu'on appelle *sigatul mubaalagha* ou une hyperbole, qui désigne une forte exagération. Par exemple, *a'tash* est un mot utilisé typiquement pour dire que l'on a soif, mais la forme *a'tshan* signifie en réalité le fait d'être désespérément assoiffé. Le mot *ghadhib* peut en être un exemple. Il est utilisé pour dire que l'on est en colère, mais la forme *ghadhban* signifie en fait que vous êtes absolument furieux. Dans notre cas, *rahma* signifie miséricorde, mais la forme *Rahman* est une forme de miséricorde extrême et infinie au-delà de ce que peut comprendre l'esprit humain. Certains grammairiens ont avancé que linguistiquement, le mot *Rahman* implique que cela a lieu ici et maintenant[11]. En d'autres termes, Allah est aimant, bienveillant et miséricordieux pas seulement au sens général, mais en ce moment même[12].

Allah insiste et met en avant Son nom Le Tout Miséricordieux (*Ar-Rahman*), plutôt que Son nom Le Bien-aimant, Le Tout-Affectueux (*Al-Wadud*), car *Rahman* englobe tout et Il est présent en tout lieu et tout temps. L'amour n'en est pas séparé, il est englobé dans la signification de *Rahman*.

> « *Votre Seigneur est Détenteur d'une immense miséricorde* »
> CORAN 6 : 1 4 7

Le *Rahman* d'Allah est comparable au ciel qui recouvre tout ce qui existe, nous et les plus grands de nos péchés compris. Nous avons été créés par la clémence d'Allah, et le Coran nous a été envoyé, du paradis vers la Terre, comme une échelle, afin que nous puissions nous rapprocher du Divin. Allah nous a ouvert la porte, il ne dépend que de nous de franchir son seuil et de choisir d'entrer dans le palais de Sa clémence et de Son amour.

## L'importance de la justice divine

Il est important de comprendre que la clémence de Dieu et Sa justice vont de pair. Le mot qui désigne la justice en arabe est Adl, dont la racine signifie « proportionner, créer la symétrie, être équitable ». En d'autres termes, l'harmonie et l'équilibre dépendent de la justice. Les mystiques juifs décrivent de manière métaphorique la justice divine comme une eau bouillante qui, si elle était versée seule dans un récipient en argile, le briserait. La clémence divine, elle, est décrite comme une eau glaciale, qui versée seule dans un récipient en argile le briserait également. Mais en versant ces eaux ensemble, un équilibre neutre se créé, empêchant alors le récipient de se briser.

Dans cette histoire, le récipient en argile est une métaphore du cœur humain qui est incapable de ne contenir que la clémence divine, ou seulement la justice de Dieu. Si Dieu ne faisait preuve que de clémence, alors personne ne serait tenu de rendre des comptes et d'être responsable de ses actes, il y aurait du chaos sur Terre. Cependant, si Dieu n'appliquait que Sa justice, alors il n'y aurait personne sur Terre, car aucun être humain n'est parfait. Comme le dit le Coran, « Si Dieu s'en prenait aux hommes pour ce qu'ils commettent , Il ne laisserait aucun être vivant sur la surface de la Terre. Il leur accorde cependant un délai, jusqu'à un terme fixé ; mais qu'ils sachent, quand leur terme arrivera, que Dieu voit parfaitement Ses serviteurs » (35:45). C'est par l'union de la justice divine et de la clémence divine que la possibilité de l'harmonie est créée.

## La miséricorde de Dieu nous donne plus que ce que nous méritons

Si la justice consiste à vous donner ce que vous méritez, la miséricorde, elle, commence lorsque vous recevez plus que ce que vous méritez ou que ce que vous pourriez mériter. En vertu de Son infinie générosité, Allah cherche constamment à multiplier les récompenses pour nos bonnes actions et minimiser nos torts. Comme le dit le Coran : « Quiconque viendra avec le bien, aura dix fois autant ; et quiconque viendra avec le mal ne sera rétribué que par son équivalent. Et on ne leur fera aucune injustice. » (6:160) Malgré les innombrables démonstrations de la miséricorde divine infinie, certaines personnes continuent à proclamer que Dieu est injuste. Cependant, Dieu, par définition même, ne peut être injuste envers nous.

> La justice, c'est obtenir exactement ce que l'on mérite, mais que peut-on mériter vis-à-vis d'un Dieu qui n'a besoin de rien et nous donne tout ? Peut-on prier suffisamment Celui qui nous a donné une langue, une bouche, un corps et une existence ? Comment Dieu pourrait-Il être injuste en nous retirant quelque chose alors qu'Il est le propriétaire de toute chose existante, nous y compris ?

Dieu n'est pas injuste, c'est nous qui le sommes. Nous sommes ceux qui retiennent de Dieu ce qu'Il possède déjà. Comme le dit le Coran, c'est nous qui « nous faisons du tort à nous même » avec nos propres choix. (7:23) Dieu ne nous opprime pas. Dieu est clair dans le Coran lorsqu'Il dit « Ô mes serviteurs, Je Me suis interdit l'injustice à Moi-même et Je l'ai rendue illicite entre vous, ne soyez donc pas injustes les uns envers les autres[13] ».

Nous devons nous rappeler que tout ce que nous faisons, disons ou donnons à Dieu Lui appartient déjà. Dieu ne nous doit absolument rien, et pourtant Il nous donne constamment, nous insuffle la vie, nous aime et se préoccupe de nous, pas à cause de qui nous sommes, mais de par Sa nature miséricordieuse et aimante.

## Allah est Amour

Allah est la source et la cause de l'amour. Allah ne cesse de nous aimer, car Son amour n'a ni commencement ni fin. L'amour n'est pas une chose qu'Allah fait, c'est ce qu'Il est.

> On ne peut séparer l'amour de Dieu, pas plus que l'on ne
> peut séparer l'eau de l'océan.

Nous pouvons répondre à l'amour d'Allah en L'aimant et en L'adorant, mais notre réticence à honorer Allah n'affecte en aucun cas Ses qualités divines, car Allah « Se suffit à Lui-même » (3:97). L'être humain peut faire preuve de bonté, tandis que Dieu est la Bienveillance (Ar-Ra'uf); nous pouvons faire preuve de miséricorde, mais Dieu, Lui, est la Miséricorde (Ar-Rahman). Dieu n'est pas seulement pacifique, Il est la Paix (As-Salam). Les qualités aimantes de Dieu ne changent pas en fonction de nos choix, car Dieu n'est pas réactif. Il est la cause de tout ce qui existe[14].

Le Prophète ﷺ explique que si chaque être humain sur terre atteignait le plus haut degré de piété spirituelle, ou que chacun d'entre eux choisissait le chemin inverse, cela n'ajouterait ni n'enlèverait rien à la souveraineté d'Allah. Le Prophète ﷺ continue en disant que si Allah choisissait d'exaucer les prières de chaque être humain simultanément, cela ne diminuerait en rien ce qu'Allah possède « pas plus que l'aiguille n'enlève quoi que ce soit à l'océan en y pénétrant[15] » . Comme le dit C.S Lewis, le théologien du vingtième siècle: « Un homme ne peut pas plus diminuer la gloire de Dieu en refusant de l'adorer, qu'un fou ne peut éteindre le soleil en griffonnant le mot " obscurité " sur les murs de sa cellule. »

L'amour d'Allah envers nous ne diminue jamais. C'est notre capacité à être réceptif à cet amour divin qui varie. En fait, le mot «haine» ou «détester» en relation à Allah n'existe pas dans le Coran. Les occurrences de traductions «Dieu déteste» peuvent être traduites de manière plus fidèle sous la forme «Dieu n'aime pas», ce qui implique que notre expérience d'Allah se situe toujours dans la palette de l'amour[16]. Les différentes variations dans cette palette ne surviennent pas parce qu'Allah nous refuse Son amour, mais à cause de notre distraction et des voiles résultant de nos mauvaises perceptions, nos fausses identités et nos péchés. Le soleil n'arrête pas de briller lorsque nous fermons les yeux. De la même manière, si nous commettons des péchés, cela ne signifie pas que Dieu nous déteste, c'est plutôt nous qui nous sommes fermés à l'expérience de Son amour.[17]

> « Le clair de lune inonde tout le ciel d'un horizon à l'autre ;
> la quantité de lumière qu'il peut remplir dans votre chambre
> dépend de ses fenêtres. »
>
> RUMI

Allah aime et donne sa subsistance à qui Il veut « sans compter » (3:37), donc si nous ressentons des limitations, elles existent dans la retenue avec laquelle nous recevons et non pas dans l'abondance de Son don.

Selon certains linguistes, le mot «Allah» est basé sur le mot «wa liha», qui traduit un amour si passionné et extatique qu'il transcende tous les sens[18]. Cela implique que pour connaître Dieu nous devons renoncer à notre esprit, ce que nous sommes et tout ce que nous savons en échange de l'amour, car s'en remettre à l'amour divin est la seule voie vers Dieu. Contrairement aux anges, nous avons reçu le don de ne pas seulement connaître l'amour, mais aussi de le devenir. Puisque Allah est la source de tout amour, pour Le connaître il nous faut nous noyer dans l'essence de l'amour. Pour le connaître, nous devons nous vider entièrement de nous-mêmes, car l'amour ne laisse aucun témoin. Comment peut-on être deux avec L'Unique ? Nous devons cesser d'essayer de comprendre avec notre esprit limité ce que le cœur connaît déjà. Comme le dit Rumi : « J'ai cherché dans les temples, les églises et les mosquées. Mais c'est dans mon cœur que j'ai trouvé le Divin. » Dans ce poème, Rumi nous rappelle que c'est dans le miroir du cœur spirituel que Dieu est le plus brillamment reflété, dans le siège de la conscience.

## Dieu transcende l'esprit humain

Dieu ne connaît pas de limites. C'est notre vision de Dieu qui est limitée aux qualités que nous recherchons dans le monde et que nous reflétons dans notre propre existence. Comme nous voyons le monde à travers le filtre de l'image que nous avons de nous-mêmes, nous apprenons à connaître Dieu à travers Ses qualités, que nous matérialisons à travers Lui, dans notre propre être.

Allah dit, « Je suis selon l'opinion que mon serviteur se fait de Moi[19] » car nous voyons Allah non pas comme Il est, mais à travers le prisme de notre esprit fini. Si nous nous mettons à l'écoute de l'amour, de la miséricorde, de la compassion et de la bienveillance de Dieu, alors nous pouvons mettre en application ces qualités et voir Dieu au travers de ces faces. Le Créateur nous rencontre avec les qualités avec lesquelles nous rencontrons Sa création. Par conséquent, désormais, plutôt que de prier seulement pour obtenir justice lorsqu'on vous fait du tort, envisagez également de prier pour qu'Allah fasse preuve de miséricorde envers eux.

> « *Soyez miséricordieux avec ceux qui sont sur terre et Celui qui est dans les cieux sera miséricordieux avec vous[20].* »
>
> **PROPHÈTE MOHAMMED** 

Même si, en tant qu'êtres humains, nous recevons le cadeau d'être une réflexion de Dieu sur Terre, l'expérience que nous faisons d'un nom divin reste infiniment différente de Dieu. Par exemple, nous ne pouvons comprendre la nature clairvoyante de Dieu, Celui qui voit tout (*Al-Basir*) qu'à travers notre propre capacité à voir, mais la vision de Dieu nous est complètement incompréhensible. Comme l'Imam Ali le dit « Il voit même lorsqu'il n'y a personne à regarder parmi Sa création ». Allah voit toute chose qui existe sans yeux, sans avoir besoin de lumière, ni de cornée, ni de couleurs, ni d'iris. Il voit sans avoir besoin de contraste ou de dualité. Il voit les sons, les odeurs et l'amour. Alors que notre audition nécessite un tympan et de l'air pour transporter le son, l'audition d'Allah (*As-Sami*) transcende les ondes sonores. Notre vie dépend d'un cœur qui bat et d'un cerveau qui fonctionne, Allah Lui n'a ni commencement ni fin. Allah a allumé la bougie de notre existence mortelle, mais la lumière de Son Être dépasse l'existence. La nature d'Allah et Ses qualités dépassent les possibilités de la parole humaine.

> *« Quoi que vous pensiez d'Allah, sachez qu'Il est différent de*
> *ce que vous croyez ! »*
>
> IBN ATA ALL AH AL-ISKANDARI, MYSTIQUE DU 13e SIÈCLE

La vie d'Allah va au-delà du souffle, au-delà de ce qui peut être capturé par des mains mortelles ou calculé par des cerveaux humains. Comme Rumi le dit : « Le silence est le langage de Dieu, tout le reste n'est que mauvaise traduction. » Les mots limitent l'interprétation de Dieu aux confins du langage, alors que le silence porte des possibilités infinies.

Comme le dit le professeur de Rumi, le mystique Shams Tabrizi, « L'intellect vous mène à la porte, mais il ne vous fait pas entrer dans la maison ». Les prophètes, envoyés de Dieu, n'ont eu de cesse d'appeler l'humanité à ne pas chercher Dieu uniquement à travers la raison, cependant, les êtres humains n'ont jamais arrêté de chercher un Dieu qu'ils pourraient toucher et voir de manière directe. L'islam n'ignore pas cette inclination, mais utilise cette même pensée rationnelle pour la contester.

On a un jour demandé à un maître mystique « Comment puis-je voir Dieu ? » Le maître a répondu à celui qui l'interrogeait : « Regarde le soleil. » Il regarda alors vers le soleil, mais au bout de quelques secondes il dut fermer les yeux de douleur, « Je ne peux pas, cela me brûle les yeux ». Le maître lui répondit : « Tu ne peux même pas regarder le soleil sans être aveuglé et tu voudrais voir le Créateur du soleil ? »

Le chercheur spirituel demanda ensuite : «Dis-moi alors, grand maître, où est Dieu?» Le maître demanda à son tour «Sais-tu à quel endroit dans la galaxie la Terre est en orbite en ce moment même? Sais-tu au moins où tu es pour demander où réside Celui qui a tout créé? Quand nous ne pouvons même pas nous situer par rapport à l'univers, comment pouvons-nous essayer de situer un Dieu sans forme, par rapport à une existence qu'Il transcende complètement?»

Nos yeux ne peuvent se voir eux-mêmes, nos dents ne peuvent se mordre elles-mêmes; nous ne pouvons même pas expérimenter nos sens pleinement, comment peut-on s'attendre à être en mesure de faire pleinement l'expérience de Celui qui a créé ces sens? L'esprit humain s'aventurera toujours à limiter la nature omniprésente, transcendante et mystérieuse de Dieu à une forme ou une formule compréhensible. Rumi évoque métaphoriquement ce penchant dans le poème suivant : «La vérité est un miroir tombé de la main de Dieu et qui s'est brisé. Chacun en ramasse un fragment et dit que toute la vérité s'y trouve.»

Il n'y a ni images ni idoles en islam afin que l'homme ne limite pas Dieu à une forme. Toutefois, le véritable monothéisme ne se cantonne pas seulement à la croyance en un Dieu unique, il inclut également la capacité à voir une réflexion de Dieu en toute chose, car tout est imprégné et animé par l'amour de Dieu. Le Coran fait référence au savoir infini et indécelable de Dieu dans le passage suivant :

> *« Quand bien même tous les arbres de la terre se changeraient en calames [plumes pour écrire], quand bien même l'océan serait un océan d'encre où conflueraient sept autres océans, les paroles d'Allah ne l'épuiseraient pas. Car Allah est Puissant et Sage. »*

CORAN 31 : 27

## Comment l'univers pointe vers Dieu

Puisque l'univers a un commencement et qu'une chose qui a un commencement ne peut venir du néant, il est rationnel de croire que l'univers a un Créateur[21]. Les anciens Bédouins avaient pour habitude de dire que tout comme les excréments de chameaux indiquaient que des chameaux étaient passés là, comme les traces dans le sable étaient une preuve du passage d'une créature, les nombreuses vallées de la Terre, ses montagnes, ses océans et ses constellations étaient autant de preuves pointant vers l'existence d'un Créateur. Comme le dit le Coran : « Ne considèrent-ils donc pas comment les chameaux ont été créés ; comment le ciel a été élevé ; comment les montagnes ont été placées ; comment la terre a été aplanie ? » (88:17-20)

Lorsque nous regardons un livre, un avion, un édifice ou même une montre, nous y voyons un signe d'intelligence bien au-delà du simple hasard. Notre planète est spécialement conçue pour accueillir la vie, avec une telle précision qu'il est scientifiquement improbable qu'un tel ordre puisse émerger du chaos dans le hasard le plus total. La possibilité de la vie repose sur des paramètres étonnamment minces.

> *Notre vie dépend de la proximité de la Terre au soleil, l'inclinaison de la Terre et la vitesse à laquelle elle tourne, le taux d'oxygène dans l'air, l'existence de notre atmosphère, l'épaisseur de la croûte terrestre, et d'innombrables autres équations qui dans certains cas doivent être aussi précises que 120 décimales[22].*

En fait, les constantes de ces équations sont si finement ajustées que le physicien-théoricien de renommée mondiale Stephen Hawking a déclaré dans son livre *Une brève histoire du temps* que « les lois scientifiques telles que nous les connaissons aujourd'hui comptent de nombreux nombres fondamentaux, comme la taille de la charge électrique de l'électron et le rapport des masses du proton et de l'électron... le fait remarquable est que les valeurs de ces nombres semblent avoir été très finement ajustées pour rendre possible le développement de la vie[23] »

Aussi brillantes et impressionnantes que soient les découvertes scientifiques, elles ne font que nous renseigner sur *comment* les choses fonctionnent dans notre univers, alors que Dieu s'intéresse à la raison d'être des choses. Cependant, la science peut être considérée comme une grande alliée de la foi, car la méthode scientifique, dont le pionnier était le physicien musulman Ibn Al-Haytham, aide à dévoiler la puissance et la sagesse de Dieu, cachée au sein du monde créé, à travers l'intellect, donné à l'homme par Dieu. Toutefois, l'homme ne peut aller plus loin dans l'explication du monde dans lequel nous vivons. La citation suivante explique magnifiquement cette notion :

> « *La première gorgée du verre des sciences naturelles fera de vous un athée, mais au fond du verre, Dieu vous attend.* »

WERNER HEISENBERG, PIONNIER DE LA PHYSIQUE QUANTIQUE

Ce n'est qu'au vingtième siècle que la communauté scientifique a confirmé certaines affirmations présentées dans le Coran il y a plus de 1 400 ans. Par exemple, le Coran aborde le fait que l'eau est la substance principale de tous les organismes vivants (21:30), le développement embryonnaire humain (23:12-14), l'univers étant en expansion et non statique (51:47), et le fait que le soleil et la lune ont leurs propres orbites (21:33).

Cependant, il est important de comprendre que les scientifiques n'étant pas en mesure de justifier chacune des variables dans une expérience donnée, la science ne peut que faire des prédictions et suggérer des théories à propos de l'univers et le monde créé. La croyance en Dieu est considérée comme un penchant naturel inné de chaque être humain, la science est, quant à elle, traditionnellement basée sur la spéculation et ne peut prouver quelque chose avec cent pour cent de certitude[24]. Dans le Coran, Allah nous appelle constamment à contempler et méditer sur la nature, mais nous devons être prudents et ne pas faire de notre intellect une idole devant Dieu. Le fait que l'univers ait une origine, la nature finement ajustée de l'existence, les exactitudes scientifiques présentes dans le Coran sont de puissantes vérités à constater, mais la foi en Dieu ne peut s'acquérir seulement au travers de la lecture ou de la compréhension intellectuelle.

Le Coran affirme que la croyance en Dieu a été placée dans le cœur de chaque être humain ; nous n'avons pas à trouver Dieu, il suffit d'être réceptif à Sa vérité, avec un esprit ouvert et un cœur humble.

*« Dieu guide vers Lui celui qui revient à Lui repentant »*

CORAN 13 : 27

La soumission sincère est la seule voie vers Dieu. Si nous recherchons Dieu en faisant preuve d'arrogance, en nous pensant supérieurs par notre savoir, notre réussite ou notre richesse, non seulement les signes de Dieu nous seront voilés, mais nous trouverons aussi des justifications à notre non-croyance. L'arrogance mène à l'aveuglement spirituel et crée de la séparation et de la hiérarchisation. Par conséquent, une personne arrogante ne peut atteindre Dieu, car on ne peut Le connaître que par la porte de l'unicité. Comme le dit Dieu Lui-même : « J'écarterai de Mes signes ceux qui, sans raison, s'enflent d'orgueil sur terre. Même s'ils voyaient tous les miracles, ils n'y croiraient pas. Et s'ils voient le bon sentier, ils ne le prennent pas comme sentier. Mais s'ils voient le sentier de l'erreur, ils le prennent comme sentier. C'est qu'en vérité ils traitent de mensonges Nos preuves et ils ne leur accordaient aucune attention. » (7:146)

L'information sous forme de mots ne conduit pas à pas la croyance, la vérité de la foi est dévoilée lorsque, par humilité, nous ouvrons les yeux de notre cœur à la lumière de Dieu. La lumière de la vérité est cachée au sein des mots de la révélation et des signes divins reflétés dans la création, et nous y accédons par la gratitude et l'humble révérence envers Dieu. C'est au travers de la grâce divine et l'entretien de la gratitude et de l'humilité que notre vision s'élargit, nous rendant ainsi aptes à recevoir l'inspiration divine derrière les nombreux miracles de Dieu qui nous entourent déjà.

Après tout, nous vivons sur une planète dotée de mers, d'arbres, flottant dans l'espace autour d'une boule de feu qui crée le jour et une lune qui crée les vagues, et pourtant, nous avançons parfois que Dieu n'existe pas. Le Coran demande : « Qui donc vous procure la nourriture du ciel et de la terre ? Qui dispose de l'ouïe et de la vue ? Qui fait sortir le vivant du mort ? Qui fait sortir le mort du vivant ? Qui dirige toute chose avec attention ? Ils répondront : "Allah!" Dis : "Ne le craignez-vous donc pas ?" » (10:31)

> *Si chaque livre a un auteur et que chaque édifice a un architecte, comment pouvons-nous regarder cette perfection aux détails complexes et dire qu'elle n'a pas de Créateur ?*

Comme le dit le Coran : « Celui qui a créé sept cieux superposés sans que tu voies de disproportion en la création du Tout Miséricordieux. Ramène [sur elle] le regard. Y vois-tu une brèche quelconque ? » (67:03) Le Coran nous invite à contempler les phénomènes naturels, afin qu'en observant le mystère complexe de la création, nous puissions conclure logiquement qu'une telle précision ne peut être le fruit du hasard. La plus grande preuve de Dieu ne réside pas dans ce que les yeux peuvent capturer, mais dans ce qui surprend et transcende notre regard. Nous ne pouvons pas voir directement les trous noirs dans l'espace, mais nous avons des preuves de leur existence grâce à la manière dont leur gravité affecte la matière et la lumière environnantes ; de la même manière, nous ne pouvons voir Allah, mais la plus grande preuve de Son existence est notre existence. Rien ne peut engendrer que le rien. Après tout, 0 + 0 + 0 ne donnera jamais 1 (52:35-36).

> *À travers le temps, les mystiques ont dit qu'ils croyaient en Dieu comme ils croyaient à la lumière, non pas parce qu'ils peuvent voir la lumière, mais parce que grâce à elle, ils voient tout le reste.*

## Qui a créé Dieu ?

Il est important de ne pas tomber dans le piège de penser « Si Dieu a créé l'univers, alors qui a créé Dieu ? », car cela entraîne une régression infinie[25]. Il nous faut comprendre que Dieu et l'univers sont radicalement différents. Du point de vue de notre réalité physique, le temps, la matière et l'espace sont considérés comme un continuum dans la mesure où ils sont apparus simultanément. Si vous aviez de la matière, mais pas d'espace, où mettriez-vous la matière ? Si vous aviez de la matière, mais pas de temps, quand la placeriez-vous ? Puisque le temps, la matière et l'espace ont vraisemblablement été créés ensemble, ce qui a créé l'univers doit, par définition, transcender toutes les limitations du monde créé. Le Coran l'illustre parfaitement, car Allah Se décrit Lui-même comme Celui qui est au-delà du temps, de l'espace et toute forme de limitations, car « Allah est Omnipotent » (24:45). Puisque Dieu est éternel et n'a pas de commencement, nous pouvons donc penser qu'Il n'a pas de Créateur, car il n'y a eu aucun moment où Dieu n'était pas présent pour pouvoir avoir été créé. Ainsi, Lui Seul est le Créateur incréé, sans qui rien n'aurait été créé.

## Comment avoir une relation étroite avec Dieu

Dans un monde en perpétuel changement, il est réconfortant de savoir que notre Dieu est le même aujourd'hui, comme Il l'était hier et comme Il le sera demain. En acceptant l'essence de Dieu, indifférencié, infini et n'ayant nul pareil dans la création, nous ne devons pas commettre l'erreur de penser que Dieu est trop grand ou transcendant pour avoir une relation étroite avec un être aussi petit que nous.

La question devient alors, comment peut-on avoir une relation avec un Dieu qui ne peut être connu, vu et touché directement ? Nous ne pouvons connaître Dieu tel qu'Il est, mais nous pouvons connaître Ses qualités indirectement à travers les créations qu'Il a choisi de créer. Comme ce qui se passe lorsque la lumière blanche touche un prisme et se déploie pour dévoiler le spectre des couleurs, lorsque la lumière du nom d'Allah transperce le prisme dense de la création, apparaît alors le spectre des noms divins. Tout comme la lumière blanche porte toutes les couleurs dans sa singularité, le nom d'Allah porte l'infinité de noms divins dans son unicité. Cependant, la singularité, l'unité et l'unicité ne pouvant être pleinement compris par l'esprit humain, Allah a reflété Sa singularité dans la multiplicité de la création à travers la manifestation de Ses noms divins. Toute chose dans la création est créée à partir d'une recette unique des noms d'Allah.

> *De la même façon que toute matière physique peut être décomposée en éléments chimiques organisés dans un tableau périodique, les noms divins forment un tableau spirituel qui nous permet de faire l'expérience d'un Dieu infini, un nom à la fois.*

Dans le Coran, à de nombreuses reprises Allah Se décrit Lui-même par des noms qui peuvent paraître contradictoires. Il Se présente comme Le Vivant (*Al-Hayy*), Le Très Bienveillant (*Ar-Ra'uf*), et Le Tout Généreux (*Al-Karim*). Il Se présente également comme Celui qui donne la mort (*Al-Mumit*), Celui qui abaisse et châtie (*Al-Khaafid*), et Celui qui déshonore (*Al-Mudhil*). Les noms d'Allah ne sont pas contradictoires, mais se complètent.

Allah est Celui qui étend Sa générosité (*Al-Basit*), Celui qui ouvre nos cœurs à la lumière de la grâce; et Il est aussi Celui qui retient (*Al-Qabid*), Celui qui ferme les portes qui pourraient nous détourner du droit chemin. Il est Le Vengeur (*Al-Muntaqim*), Celui qui confronte nos egos et cherche à équilibrer la balance de l'injustice par la responsabilité. Il est Le Grand Pardonneur (*Al-Ghaffur*), Celui qui couvre nos péchés du voile de Sa perfection et nous protège des conséquences de nos choix. Il est Celui qui peut nuire (*Ad-Darr*), Celui qui rompt les liens que nous avons tissés avec les désirs autodestructeurs. Il est Le Bienfaiteur (*An-Nafi*), Celui qui répand Sa lumière sur les graines de foi en nous, nous aidant à éclore et nous épanouir dans la meilleure version possible de nous-mêmes.

Les attributs d'Allah peuvent généralement être catégorisés comme attribut Jamal ou Jalal. *Jamal*, ou les attributs Beauté d'Allah, correspondent le plus souvent à l'aisance qui découle de Ses bénédictions. *Jalal*, ou les attributs de Majesté d'Allah se rapportent aux difficultés et à la peine que nous ressentons lorsqu'Allah purifie et polit le miroir de nos cœurs. Bien que de nombreuses personnes rencontrent des difficultés avec les facettes Jalal de Dieu, elles sont nécessaires sur le chemin du cheminement spirituel. Tout comme l'être humain ne peut voir dans la lumière absolue ou dans l'obscurité absolue, la lumière et l'obscurité doivent se mélanger et s'entrelacer pour que la vision s'éveille, les aspects Jamal et Jalal se complètent l'un l'autre sur le chemin de la connaissance et de l'expérience de Dieu.

> « Dis : " O Allah, Maître de l'autorité absolue. Tu donnes l'autorité à qui Tu veux, et Tu arraches l'autorité à qui Tu veux ; et Tu donnes la puissance à qui Tu veux, et Tu humilies qui Tu veux. Le bien est en Ta main et Tu es Omnipotent. Tu fais pénétrer la nuit dans le jour, et Tu fais pénétrer le jour dans la nuit, et Tu fais sortir le vivant du mort, et Tu fais sortir le mort du vivant. Et Tu accordes la subsistance à qui Tu veux, sans compter." »
>
> CORAN 3 : 26 - 27

Les attributs de Dieu s'équilibrent parfaitement. Lorsque nous nous cassons un os, le médecin peut être amené à le casser à nouveau pour une meilleure réparation ; de la même manière, Allah peut choisir de casser certains aspects de notre ego à travers Ses attributs Jalal, afin de créer les bonnes conditions pour la guérison à travers Ses attributs Jamal. On peut aussi dire que les attributs de Majesté d'Allah, *Jalal*, polissent le cœur afin que Ses attributs de Beauté, *Jamal*, puissent s'y refléter. Nous pouvons avoir une préférence pour la facilité, mais au sens spirituel, il n'y a aucune différence entre Jamal et Jalal, car chacun de ces deux aspects représente une facette de Dieu.

Il est important de se souvenir que que nous ne faisons pas l'expérience des attributs d'Allah sur le plan spirituel seulement, ils se manifestent également dans l'ensemble de la création physique. Nous pouvons voir la puissance d'Allah (*Al-Jabbar*) reflétée dans l'océan, nous pouvons ressentir Sa miséricorde (*Ar-Rahman*) à travers la pluie, nous pouvons faire l'expérience de Son amour (*Al-Wadud*) à travers une mère tenant son enfant dans ses bras, nous pouvons voir Sa majesté (*Al-Jalil*[26]) réfléchie dans les étoiles, nous pouvons voir Sa délicatesse (*Al Latif*) dans les pétales d'une rose. À chaque fois que nous voyons, nous faisons l'expérience d'un élément de la vision infinie de Dieu (*Al-Basir*). À chaque fois que nous entendons, nous faisons l'expérience de la qualité de l'audition de Dieu qui englobe tout (*As-Sami'*). À la naissance, nous voyons l'attribut Divin de la vie (*Al-Hayy*) et dans la mort nous sommes témoins du pouvoir de Dieu de prendre la vie (*Al-Mumit*). De l'intérieur de nos personnes aux confins de l'univers, nous voyons les visages infinis de la grâce de Dieu, peints aux couleurs de Ses noms, dans chaque atome qu'Il a choisi de créer[27]. Tout comme chaque artiste est reflété dans ses œuvres sans être l'œuvre elle-même, Dieu est reflété dans ce qu'Il crée, sans être limité à Sa création.

> « *À Allah seul appartiennent l'Est et l'Ouest. Où que vous vous tourniez, la Face d'Allah est donc là.* »
>
> CORAN 2 : 115

Ici, le mot « face » ne signifie pas que Dieu a un visage comme un être humain, car Dieu n'a pas de forme et Il est au-delà du temps et de l'espace. Le mot « face » dans ce verset est métaphorique et fait référence à l'essence de Dieu (*adh-dhat*) et la façon dont elle est mystérieusement reflétée dans l'ensemble de la création. L'omniprésence d'Allah en toute chose est réitérée lorsque le Coran dit « C'est Lui le Premier et le Dernier, l'Apparent et le Caché et Il est Omniscient » (57:03).

À tout moment, ce dont nous faisons l'expérience dans ce monde de formes est un reflet tridimensionnel des noms de Dieu, projeté à travers le miroir de nos existences. En substance, les êtres humains et toute la création, du visible et du caché, existent comme une réflexion des attributs de Dieu dans le miroir de l'univers. Si Allah détournait la face de Sa miséricorde du miroir ne serait-ce qu'un instant, tout disparaîtrait, car rien n'existerait sans qu'Il le maintienne continuellement. Allah est *Al-Hayy*, Le Vivant, Celui qui inspire toute vie à l'existence. Allah est *Al-Qayyum*, Celui qui subsiste par Lui-même, Celui dont tout dépend.

Nous ne sommes pas Dieu, tout comme l'image dans un miroir n'est pas celle qui lui fait face, mais comme un miroir, notre existence pointe vers le Divin. Comme le soleil se lève sur l'horizon, mais ne fait pas partie de l'horizon, la lumière de Dieu est reflétée dans la création, mais elle n'appartient pas à la création. Chaque arbre, enfant, étoile, galaxie et atome porte une réflexion des attributs de Dieu au-delà de la limite de sa forme. Puisque tout vient d'Allah et que tout retourne à Allah, rien n'est fondamentalement séparé de la connaissance et de l'amour d'Allah, car l'ensemble de la création est complètement dépendant d'Allah et maintenu par Lui.

> « Rien de ce que je dis ne peut expliquer l'amour divin,
> pourtant toute la création ne cesse d'en parler. »
>
> RUMI

Tout comme l'amour ne peut pas être vu ou vraiment connu, mais est indéniablement ressenti, nous pouvons faire l'expérience de notre Seigneur dans des endroits où notre esprit ne peut se rendre ni concevoir. Recherchez ces endroits « sans lieux » où réside l'inconnu. Méditez les mystères de la vie, voyagez vers des espaces qui ne vous sont pas familiers, aventurez-vous dans un monde où les boussoles ne peuvent vous mener, entrez dans le monde quantique, où les lois scientifiques semblent ne pas s'appliquer, et ressentez toute la vulnérabilité de votre ignorance.

Penchez-vous sur la divinité qui est cachée en toute chose. Brisez tous les murs de la connaissance connue ; ne cherchez pas à savoir, cherchez à être émerveillé par la nature infinie de Dieu. C'est là que vous pourrez faire l'expérience de votre Seigneur ; c'est là que vous serez le plus conscient que vous ne connaîtrez jamais Allah tel qu'Il est réellement, et pourtant à chaque instant de chaque jour, c'est Son souffle qui crée mystérieusement la vie en vous.

> Mon seigneur, aide-moi à renoncer à tout ce que je suis afin
> que je puisse recevoir tout ce que Tu cherches à me donner.
> Allah, aide-moi à déposer le fardeau du doute et à marcher
> librement dans la foi, en ayant confiance que Tes plans pour
> moi seront toujours meilleurs que les plus grands de mes

*rêves. Allah, pardonne-moi les erreurs que j'ai faites et celles que je ferai. Mon Seigneur, rappelle-moi que Ta bonté sera toujours plus grande que mes fautes, et que Ton amour sera toujours plus grand que ma honte. Oh Allah, éclaire-moi de Ta lumière afin que mes yeux s'éveillent à Ta vérité et que mon cœur puisse être illuminé de la réflexion de Ta beauté. Je prie en Tes noms sublimes, Amine.*

## Méditation : le mystère de la respiration

Lorsque nous nous connectons à notre respiration, nous nous connectons mystérieusement à l'esprit divin que Dieu a insufflé en nous. L'exercice qui suit est un moyen simple, mais profond de lier la conscience de Dieu à votre respiration :

• Soyez attentif à votre respiration. Respirez naturellement.

• Observez comment vous ne respirez pas, mais plutôt comment vous êtes respiré.

• Observez votre respiration, comme si vous regardiez le va-et-vient des vagues sur le rivage de l'océan. Inspirez…*retenez votre respiration* …expirez… *retenez*…inspirez…*retenez* …expirez.

• N'essayez pas de gérer la longueur ou la profondeur de vos respirations.

• Pendant que vous inspirez naturellement par le nez, laissez votre langue monter jusqu'au palais, permettant à votre souffle de dire « Al ». En expirant par la bouche, laissez retomber votre langue, permettant à ce souffle expiré de dire « lah ». Pendant les 3 à 5 minutes suivantes, asseyez-vous en méditation silencieuse et dites Al-lah avec votre souffle.

• Remarquez comment vous vous sentez, avant et après cette pratique.

## Méditation : où que vous regardiez, là se trouve la face d'Allah

Lorsque nous sommes dans un état constant d'observation de Dieu, nous concrétisons ce qu'être réellement humain signifie. Comme mentionné précédemment, le Coran parle directement de l'Omniprésence de Dieu : «*Où que vous vous tourniez, la Face d'Allah est donc là*» (2:115). Le Prophète ﷺ dit : «Allah a quatre-vingt-dix-neuf noms et quiconque les énumère, entrera au Paradis[28].» En d'autres termes, lorsque nous apprenons, méditons et incarnons les attributs divins, nous nous rapprochons du Divin. Bien que nous ne puissions pas connaître l'essence de Dieu, nous pouvons connaître les réflexions des attributs de Dieu. L'exercice qui suit est un bon moyen pour apprendre à le faire :

- Prenez un carnet de notes et un stylo et allez vous promener dans la nature. Vous pouvez vous rendre sur la plage, dans le désert, les montagnes, la forêt, la jungle, sur le bord d'une rivière ou d'un lac, n'importe quel endroit sur Terre qui vous parle particulièrement.

- Permettez à votre cœur de choisir quelque chose autour de vous pour méditer ou simplement l'observer. Cela peut être les vagues de l'océan, un arbre, une montagne, un animal, une fleur, une dune, un coquillage ou même une pierre.

- Prenez un moment pour écrire certaines qualités de l'objet naturel que vous observez. Est-ce majestueux, beau, doux, fort ? A-t-il l'air gentil, ou complexe ? Ce que vous avez choisi peut-il se déplacer ? Est-ce que cela peut créer la vie ou prendre la vie ? Si cette chose pouvait parler, que dirait-elle ? Écoutez vraiment. Notez ce qui vous vient à l'esprit.

- Rendez vous à l'annexe aux annexes, dans la section « Les 99 noms Divins d'Allah » et choisissez les noms d'Allah qui se rapprochent le plus de ce que vous avez écrit. Par exemple, si vous avez décrit une fleur comme étant vivante, délicate et belle, les noms divins correspondants pourraient être Le Vivant (Al-Hayy), Le Doux (Al-Latif), et Celui qui façonne la beauté (Al-Musawwir).

- Une fois que vous avez trouvé les noms divins correspondants, passez 3 à 5 minutes à répéter chacun d'entre eux en observant l'objet qui porte une réflexion de ces noms. Par exemple, afin de constater l'attribut de bienveillance de Dieu, vous pouvez chanter Ya Allah, en combinaison avec le nom de Dieu Ar-Ra'uf qui signifie « Le Très Bienveillant ». Dans ce cas, le chant serait « Ya Allah, Ya Ra'uf ». Le mot « Ya » désigne une supplication et est utilisé lorsque vous aspirez à obtenir l'attention de quelqu'un. La traduction la plus proche de Ya Allah serait « Oh Allah ».

- Après avoir répété les différents noms, prenez un moment pour contempler la réalité selon laquelle tout ce qui existe est maintenu par les attributs de Dieu.

- À quoi pensez-vous lorsque vous méditez cette vérité ? Auriez-vous un regard différent sur le monde si vous aviez conscience que tout est une réflexion de Dieu ?

« *Nous avons certes créé l'homme dans la forme la plus parfaite.* »

CORAN 95 : 04

« *Je n'ai créé les djinns et les hommes que pour qu'ils M'adorent.* »

CORAN 51:56

# 2

# QUI ÊTES-VOUS ?

Vous êtes une création intentionnelle d'un Dieu parfait. Vous n'êtes pas le fruit du hasard. Comme le dit le Coran : « Ce n'est pas par jeu que Nous avons créé le ciel et la terre et ce qui est entre eux. » (21:16) Il n'y a pas de vie accidentelle. Allah a écrit votre histoire avec la plume de la miséricorde, Il a versé Son amour dans chaque cellule qui danse et tournoie en vous, et Il a insufflé Son souffle de vie dans votre moule d'argile, faisant de vous un pont entre les Cieux et la Terre (15:29). Comme une légère brise, Dieu insuffle la lumière de Son amour dans votre sol de poussière, redonnant la vie à une terre autrefois morte (30:19).

Vous êtes bien plus beau que ce que les miroirs peuvent chanter, vous êtes bien plus complexe que ce que le langage peut tisser en mots, car vous êtes le produit d'un amour divin, si sacré et infini que des mains finies ne sauraient peindre votre vérité en lui faisant honneur. L'amour de Dieu s'est délibérément déversé pour vous créer, vous et toute la création.

> « Le Dieu qui a créé les étoiles, les mers, les montagnes et leurs sommets, l'univers et ses galaxies a estimé que ce monde serait incomplet sans vous et sans moi. Voyez-vous comment vous êtes une pièce du puzzle dans le tout - comment sans vous ici, il y aurait un trou ? Votre corps n'est

*pas seulement une tente d'argile dans laquelle vous vivez,*
*c'est un morceau de l'univers qui vous a été donné. Vous*
*n'êtes pas une petite étoile, mais la réflexion du cosmos*
*tout entier. Entendez-vous le big bang dans votre cœur?*
*Dieu frappe à la porte de votre poitrine quatre-vingts*
*fois par minute pour vous rappeler qu'Il ne vous a jamais*
*quitté et qu'Il est plus proche que la veine jugulaire de votre*
*cou (50:16). Chaque moment est divinement béni, car en*
*ce moment même Dieu insuffle la vie dans 8 milliards de*
*poitrines humaines différentes. Vous n'êtes pas seulement*
*de la poussière d'étoiles, vous êtes la réflexion de la beauté*
*de Dieu sur Terre. Vous n'êtes pas ce corps mortel que la*
*mort prendra un jour. Vous êtes une âme éternelle tenue*
*dans l'étreinte mortelle de l'argile. Vous n'êtes pas un être*
*humain destiné à être spirituel, vous êtes un être spirituel*
*qui vit ce miracle humain.* »

ARU BARZAK, POÈTE

## Qui êtes-vous pour Dieu ?

Vous n'êtes pas seulement la somme de vos réussites auxquelles vous avez soustrait vos échecs. Votre valeur n'est pas seulement une équation de ce que vous pouvez offrir au monde. Votre valeur ne vient pas seulement de ce que vous donnez, dites ou faites; vous ne vous résumez pas à vos résultats. Le soleil n'a pas à faire des tours d'horizon, vous n'avez pas à attendre que les jours passent pour avoir de la valeur, vous n'avez pas à attendre un certain point dans le futur pour avoir de la valeur. Vous n'avez pas seulement de la valeur dans l'innocence de votre passé, car ce n'est pas ce que vous avez fait ou ce que vous faites qui fait votre valeur. Votre valeur ne vient pas simplement de vos actes, elle vient de ce Dieu parfait qui vous a créé.

Arrêtez de calculer votre valeur en vous basant sur des nombres finis alors même que vous avez été créé par un Dieu infini qui vous a donné la vie avec un esprit de lumière éternel. Arrêtez de diviser l'être que vous êtes par le dénominateur de l'opinion des autres. Rappelez-vous, l'infini divisé par n'importe quel nombre sera toujours infini. Rappelez-vous, l'éternité ne peut être réduite, quelle que soit la quantité que vous soustrayez. Rappelez-vous que vous n'êtes pas une monnaie dont la valeur peut baisser ou augmenter.

*Vous ne vous appartenez pas pour pouvoir dicter le prix auquel vous êtes digne d'être vendu. Arrêtez de fixer un prix à la marchandise de Dieu.*

Tout comme une émeraude parfaite ne nécessite pas un décor magnifique pour justifier sa valeur, la valeur de votre esprit est intrinsèque, car elle appartient à Dieu. Vous n'êtes pas défini par les opinions des Hommes, ni par les miroirs, ni par les compliments.

Bien que vos péchés puissent voiler votre cœur et l'empêcher d'être témoin du divin, rien de ce que vous pouvez faire ne peut changer la façon dont Dieu vous voit. Vos péchés et vos cicatrices ne peuvent retirer la présence de Dieu de votre cœur, car indépendamment de qui vous êtes ou de qui vous avez été, la miséricorde de Dieu vous embrassera toujours. Votre valeur n'est pas définie par des étiquettes profanes, car bien que Dieu ait créé ce monde pour vous, Il dit : « Je t'ai choisi pour Moi-même. » (20:41)

Notre mission sur Terre n'est pas de devenir quelque chose de différent, mais de sortir de l'illusion selon laquelle nous sommes séparés de ce que nous recherchons. Nous portons déjà la foi en nous, nos âmes sont et seront toujours en communion avec Dieu. L'âme humaine n'a pas été créée pour devenir parfaite, mais pour être consciente de sa connexion avec une puissance supérieure.

*« L'illumination, c'est lorsqu'une vague réalise qu'elle est l'océan. »*

THICH NHAT HANH, MAÎTRE ZEN

Ce n'est pas seulement au travers de nos efforts que nous progressons spirituellement, mais lorsque nous abandonnons tout ce qui nous empêche de voir, sous la poussière de l'oubli, que nous sommes déjà tout ce que nous aspirons à devenir. Nous sommes déjà aimés de Dieu.

> « *Vous errez de pièce en pièce à la recherche du collier de diamants qui est déjà à votre cou.* »
>
> RUMI

Ce n'est donc pas une surprise que dans la langue arabe, le mot pour désigner un être humain est « *insan* » et de nombreux savants suggèrent qu'il est formé à partir des racines « nisyan », qui signifie « oubli », et « *unsiyah* », qui signifie « intimité, aimer, être aimé et devenir proche de ». À la racine même de l'être humain, nous pouvons voir que nous n'avons pas été créés pour trouver Dieu, mais pour nous souvenir et retourner à la relation étroite que nous avons déjà avec Lui. Notre voyage sur terre n'est pas seulement vers Dieu, mais de Dieu, avec Dieu et dans l'amour de Dieu. Le chemin vers Dieu est moins un cheminement spirituel qu'un déshabillage spirituel de tout ce qui nous empêche de voir qu'en ce moment même, Dieu est avec nous, où que nous soyons (57:4).

## Les Faces infinies de Dieu

Sur terre, tout pointe vers Dieu. Ici-bas, tout a une fragrance divine. Comme le dit le Coran, « Nous leur montrerons Nos signes dans l'univers et en eux-mêmes, jusqu'à ce qu'il leur devienne évident que c'est cela la vérité » (41:53), confirmant ainsi l'idée qu'un signe divin réside au cœur de toutes les créations, et une unité fondamentale existe parmi toute la multiplicité de la création. Comme le dit Allah « n'ont-ils pas vu que les cieux et la terre formaient une masse compacte ? Ensuite Nous les avons séparés » (21:30). Le Coran dit que l'ensemble de l'humanité était uni au sein d'une seule âme avant de se voir donner une existence humaine séparée (39:06).

En substance, Dieu nous dit que l'ensemble du visible et du caché vient d'une seule et même source Comme le fer dans notre sang vient de la fusion des étoiles et nos os portent en eux la poussière des galaxies, nous n'avons pas seulement été créés dans les cieux, nous avons été créés des cieux. Nous ne vivons pas simplement dans l'univers, nous vivons en tant que partie de cet univers.

« *Tout comme des couleurs infinies éclosent de la lumière d'un seul soleil, que ce soit un atome ou un Adam, il fut un temps où tout ne faisait qu'un.* »

ARU BARZAK, POÈTE

L'être humain est le microcosme du macrocosme, le pont entre les Cieux et la Terre, avec un corps mortel et une âme immortelle, à la fois enclin au bien et au mal (91:7-10). C'est la double nature de l'homme qui fait de lui le réceptacle idéal des qualités de Dieu, c'est pourquoi Allah nous a choisis afin d'être Ses représentants de l'amour sur cette Terre. Même si les anges sont en constante adoration et observation de Dieu, leur perfection et leur manque de libre arbitre les empêchent de faire l'expérience de l'ensemble des attributs de Dieu. Après tout, comment pourriez-vous faire l'expérience du pardon de Dieu si vous ne faites jamais d'erreurs ?

« *Si vous ne commettiez pas de péchés, Allah vous aurait fait disparaître et remplacer par un peuple qui commettrait des péchés et demanderait le pardon d'Allah et il le leur accorderait*[1] »

PROPHÈTE MOHAMMED ﷺ

En tant qu'êtres humains, nous avons reçu le don du libre arbitre et de l'intelligence afin que, grâce à cette liberté de choix, nous puissions connaître et faire l'expérience de l'amour de Dieu. Allah dit dans le Coran « Nous avions proposé aux cieux, à la terre et aux montagnes la responsabilité (de porter les charges de faire le bien et d'éviter le mal). Ils ont refusé de la porter et en ont eu peur, alors que l'homme s'en est chargé ; car il est très injuste [envers lui-même] et très ignorant » (33:72). Notre méconnaissance de Dieu ainsi que les penchants de notre ego pour la cupidité nous rendent souvent injustes et nous empêchent de porter légitimement la sainte responsabilité d'être les justes représentants de

Dieu sur Terre. Nous ne devons pas tenir pour acquis le statut que Dieu nous a accordé en tant qu'êtres humains, c'est un cadeau que nous avons l'opportunité de manifester et nous devrions en être reconnaissants.

## La distinction de l'être humain

Le Coran nous invite à réfléchir au respect que Dieu nous porte en nous demandant : «Ne voyez-vous pas qu'Allah vous a assujetti tout ce qui est dans les cieux et sur la terre? Et Il vous a comblé de Ses bienfaits apparents et cachés.» (31:20) Malgré tout ce que Dieu nous donne, il y a des jours où notre liberté nous mène au désespoir, nous tentons de nager à contre-courant de la volonté de Dieu et nous ressentons les frictions entre ce que nous voulons et ce dont Allah sait que nous avons besoin. Malgré tous nos accomplissements et nos réussites, nous continuons à nous demander «Comment se fait-il que je ne me sente jamais assez bien? Comment se fait-il que, quoi que j'accomplisse, je ne sois jamais pleinement satisfait?»

Souvent, nous avons le sentiment que nous ne sommes pas assez bien, car nous ne pouvons pas atteindre la véritable paix, le contentement et la satisfaction en étant séparés de Dieu. C'est en retournant à Dieu que nous pouvons avoir le sentiment de suffire, et pas par le biais de nos actions. Ce vide que nous portons en nous, et que nous cherchons si désespérément à combler, vient du fait qu'il fut un temps, nous ne faisions qu'un avec l'ensemble de la création. Après tout, comment pouvons-nous aspirer à l'unité et à l'harmonie si nous n'avons jamais été qu'un corps séparé? Comment pourrions-nous aspirer à la perfection si nous n'en avions jamais fait l'expérience? Comment pourrions-nous aspirer à un amour universel si nous ne l'avions jamais goûté?

> «Si le prisonnier n'avait pas vécu à l'extérieur, il ne détesterait pas le cachot.»
>
> RUMI

Notre désir de quelque chose que ce monde n'a pas été en mesure de satisfaire est la plus grande preuve de l'existence d'un monde au-delà du monde ici-bas. Le Coran nous rappelle une réalité subtile où Dieu a planté les graines de foi, d'amour et d'unité dans les cœurs fertiles de l'ensemble de l'humanité, connu comme étant l'Alast, le pacte primordial. Dans un monde pré-éternel, avant le monde tel qu'on le connaît, chaque âme qui viendrait à exister un jour sous forme humaine sur terre s'est vue demander par Dieu : « Ne suis-Je pas ton Seigneur ? » Ce creuset d'âmes a vibré en une symphonie d'affirmations alors que chaque être répondait « Oui, oui, nous attestons » de l'unicité de Dieu. Grâce à ce pacte, nous pouvons dire que chaque personne, du point de vue de son âme, indépendamment de ses croyances conscientes, est pleinement alignée avec le Divin (7:172).

En raison de l'amour inconditionnel de Dieu, la foi est un don divin, qui vous revient de droit à la naissance. Tout comme nous ne pouvons contrôler les battements de notre cœur ou la division de nos cellules, nos âmes sont plantées dans le terreau de la conscience de Dieu, que nous choisissions ou non d'arroser ces graines. L'islam voit la croyance en l'unicité de Dieu comme une partie innée de ce que cela signifie d'être humain. C'est pourquoi l'attestation de foi est considérée comme le commencement de notre voyage vers la réalisation de notre but sur Terre.

## La *Fitra* et la bonté innée de l'Homme

L'alignement au Divin inné qui se trouve au cœur de l'être humain est souvent appelé « la nature primordiale » ou la *fitra* en arabe. Le mot *fitra* vient d'un mot racine signifiant « séparer ou faire naître ». Cela implique que notre but sur cette Terre est de fendre la coquille de notre ego pour faire place aux graines divines que Dieu a déjà plantées dans le jardin de nos âmes par la générosité de Son amour.

La *fitra* est la disposition innée à croire en Dieu, à L'adorer et à croire en Son unicité. Le Prophète Mohammed ﷺ a dit que tous les enfants viennent au monde avec l'inclination de l'adoration de Dieu et d'une vie dans la soumission à Dieu[2]. Si on laisse un enfant évoluer, il manifestera une tendance naturelle à croire en Dieu. Lorsqu'une personne rejette l'amour divin et entreprend le mal, ce n'est pas le résultat de sa nature, mais celui de l'influence des parents ou de l'environnement dans lequel cette personne a été éduquée. Le Coran invite les croyants à honorer leurs parents, Dieu dit aussi : « Et Nous avons enjoint à l'homme de bien traiter ses père et mère, et si ceux-ci te forcent à M'associer, ce dont tu n'as aucun savoir, alors ne leur obéis pas. Vers Moi est votre retour, et alors Je vous informerai de ce que vous faisiez. » (29:8)

Indépendamment de ce que nos parents ou toute autre personne choisissent de croire, la fitra, ou la croyance en l'unicité de Dieu (*tawhid*) fait partie de la carte-mère de chaque être humain. Le logiciel de nos esprits peut être codé différemment selon nos expériences de vie et notre environnement, mais la carte-mère de la *fitra* ne peut être modifiée. Comme le dit le Coran « Dirige tout ton être vers la religion exclusivement [pour Allah], telle est la nature qu'Allah a originellement donnée aux hommes » (30:30). Nous reconnaissons naturellement la lumière de Dieu, car nous portons une empreinte de cette lumière dans notre esprit. Dans son essence, la foi ne consiste pas à mettre de côté toute rationalité, mais plutôt à revenir à la personne que nous sommes vraiment, la personne que nous avons toujours été. C'est pourquoi de nombreux mystiques ont affirmé que notre objectif sur Terre n'est pas d'atteindre un sommet métaphysique de spiritualité, mais plutôt de retrouver notre pureté et notre état de *fitra* originel d'enfant.

Rumi décrit l'importance de l'épanouissement de notre foi innée et de la manifestation de notre but sur Terre à travers la métaphore suivante :

> « *Une seule chose ne doit pas être oubliée. Oublie tout le reste en te rappelant de cette chose et tu n'auras pas de regrets. Rappelle-toi et préoccupe-toi de tout le reste en ignorant cette chose et tu n'auras rien accompli. Comme si un roi t'avait envoyé dans un autre pays pour mener à bien une tâche particulière. Tu t'y rends et effectues cent autres tâches, mais si tu n'accomplis pas cette mission particulière, c'est comme si tu n'avais rien fait du tout.* »
>
> **RUMI**

Notre tâche est de devenir un arbre sacré de bonté et d'amour et de partager les fruits de notre *fitra* avec le monde entier. C'est n'est que lorsque nous croyons sincèrement en Dieu et que nous nous soumettons à Lui que nous sommes capables de manifester notre plein potentiel en tant que représentants de l'amour de Dieu sur Terre.

## Adam, Eve et le diable

L'histoire d'Adam et Eve n'est pas un mythe ancien ; c'est notre histoire. Nous avons été créés de poussière et d'eau, et nous avons été envoyés dans ce monde non seulement pour adorer Dieu puis retourner au paradis, mais également pour devenir une manifestation des Cieux sur Terre en reflétant les qualités d'amour et de miséricorde de Dieu sur l'ensemble de la création[3]. Comme le Prophète Mohammed ﷺ l'a dit : « Parez-vous des qualités divines[4]. »

Les femmes et les hommes sont appelés à être les miroirs de Dieu sur Terre et à travailler ensemble à créer l'harmonie et la paix pour tous. Tout comme une grenade ne peut pousser sur un arbre sans terre, et sans graine, la terre à elle seule ne peut donner naissance à une grenade, le divin masculin et le divin féminin se complètent sur la voie de l'épanouissement de l'âme.

Les femmes et les hommes ne sont pas identiques physiquement, mais ils sont égaux en valeur aux yeux de Dieu, car l'âme n'a pas de genre[5]. Comme le Prophète Mohammed ﷺ, l'a dit : « Les femmes sont les moitiés jumelles des hommes[6]. » En fait, le mot arabe pour « Eve » est le même que le mot hébreu *Hawwaah*, qui vient d'une racine qui signifie « source de vie[7] ». En substance, chaque fois que nous faisons référence à Eve, c'est un rappel que, bien que les Prophètes de Dieu mentionnés dans le Coran soient des hommes, sans les femmes, aucun prophète n'aurait vu le jour sur Terre. C'est pourquoi les femmes sont considérées comme les ponts de la création entre les Cieux et la Terre[8].

Le Coran ne se contente pas d'honorer la sainteté des femmes et des hommes comme étant les représentants de Dieu sur Terre, il nous enseigne également comment vaincre notre plus grand ennemi, le diable. Le diable, ou Satan, est appelé *Shaytan* en arabe, on fait aussi référence à lui sous le nom d'*Iblis*. Le mot Iblis est considéré comme le véritable nom du diable, il vient d'une racine qui signifie «perdre espoir, désespérer, être sans espoir[9]». En substance, *Iblis* est celui qui incite au désespoir en tentant de nous tromper en nous faisant croire que nous sommes mauvais et qu'en raison de nos actions, on ne peut nous aimer. Dans la théologie islamique traditionnelle, Iblis n'est pas considéré comme un ange déchu, car les anges n'ayant pas de libre arbitre, ils ne peuvent pécher ni désobéir à Allah[10].

Le Coran décrit Shaytan comme un *djinn*, une création de Dieu faite de feu sans fumée faisant partie du *ghayb* ou du monde de l'invisible[11]. Bien que nous ne puissions les voir, les djinns ont reçu tout comme les êtres humains, un libre arbitre; en d'autres termes, il existe de bons et de mauvais djinns. Le diable n'est pas l'opposé de Dieu, mais une création de Dieu. Alors que certaines voies spirituelles suggèrent qu'ils sont des dieux différents, de la lumière et de l'obscurité qui s'équilibrent l'un l'autre, le Coran affirme qu'Allah est Unique, qu'Il n'a aucun opposé égal et qu'Il possède des qualités infinies de pure bonté qui se complètent parfaitement.

Le Shaytan n'a aucun pouvoir, sauf celui qu'Allah lui a permis d'avoir (38:82-83). Bien que le Shaytan soit considéré comme «l'ennemi déclaré de l'Homme» (17:53), sa création a un objectif sacré. Tout comme la découverte du trou dans un bateau qui fuit est une bénédiction, car elle nous montre ce qui doit être réparé, la miséricorde divine derrière l'existence de Shaytan est qu'il nous montre où nos cœurs ne sont pas alignés avec Dieu. En effet, le maître spirituel du 20e siècle, Sheikh Sidi Muhammad Al-Jamal fait référence à Shaytan comme «le feu à l'entrée du jardin», car sa raison d'être est de confronter et de purifier nos qualités primaires. Comme le dit le Coran : «Le Diable vous fait craindre l'indigence et vous commande des actions honteuses; tandis qu'Allah vous promet pardon et faveur venant de Lui. La grâce d'Allah est immense et Il est Omniscient.» (2:268) Certains mystiques appellent Shaytan le «guide de l'obscurité» ou encore «le gardien du paradis», car c'est sa voix qui nous tente vers les qualités inférieures de l'ego telles que l'envie, la luxure, la cupidité et la jalousie, nous montrant ainsi les endroits à polir et à purifier. C'est en faisant l'expérience de la distance avec Allah que nous commençons à voir la bénédiction inestimable de la proximité avec le Divin. Bien que Shaytan ait sa place dans la création, il est important de se rappeler qu'il est un menteur malfaisant, son existence ne doit donc pas être prise à la légère.

Iblis n'était pas un djinn lambda ; selon des récits de sages spirituels à travers l'histoire islamique, Iblis a adoré Dieu pendant mille ans avec une telle ferveur et une telle passion qu'il a été élevé pour être élevé au rang des anges les anges[12]. Bien que n'étant pas réellement un ange, Iblis a profité de son rang céleste jusqu'à ce qu'un jour, Allah déclare avoir donné jour à une nouvelle création une nouvelle création répondant au nom d'« Adam » pour être son représentant sur Terre. Allah insuffla Son esprit (*ruh*) en Adam et ordonna aux anges et à Iblis de se prosterner devant Sa nouvelle création. Iblis a regardé la forme d'argile creuse d'Adam et a refusé l'ordre de Dieu en déclarant : « Je suis meilleur que lui : Tu m'as créé de feu, alors que Tu l'as créé d'argile. » (7:12) Tout comme une allumette doit être craquée pour dévoiler le feu qu'elle porte en elle, la création d'Adam a créé assez de friction pour que le feu de l'arrogance, jusque-là présent au sein d'Iblis sans être manifesté, soit allumé. Bien que les anges se soient interrogés sur la création d'Adam, ils ont tout de même suivi l'ordre d'Allah et se sont prosternés ; mais Iblis, lui, était incapable de voir la réflexion du Divin cachée au-delà de la forme physique de l'être humain.

La supposition du diable selon laquelle la valeur dépend du physique est une erreur que nous commettons toujours de nos jours. D'une certaine manière, nous pouvons dire que Satan a été le premier raciste notoire. En réalité, notre valeur n'est basée ni sur la richesse, ni la gloire ou la beauté extérieure, elle s'appuie sur nos bonnes actions, Le Dieu parfait qui nous a créés intentionnellement et les graines de bonté que nous semons dans le jardin de nos vies. Notre expérience de Dieu, de nous-mêmes et du monde dépend du degré de polissage de nos cœurs. Comme le dit le Coran : « Quiconque craint Allah cependant, Il lui efface ses fautes et lui accorde une grosse récompense. » (65:5) En d'autres termes, notre valeur est innée, mais nous ne pouvons faire l'expérience de notre valeur profonde qu'à travers la porte des bonnes actions.

Le Coran dit : « Le plus noble d'entre vous, auprès d'Allah, est le plus pieux. » (49:13) Puisque nous savons que Dieu n'est pas affecté par nos actions, nous pouvons comprendre que ce verset implique que lorsque nous faisons de bonnes actions, nous dévoilons la noblesse et l'honneur dont Dieu a déjà doté chaque être humain.

Le diable n'a pas compris que ce qu'Allah a donné à Adam ne peut être détruit par les péchés, car notre valeur innée ne découle pas de nos bonnes actions. Adam a été honoré avant même d'avoir effectué une seule bonne action, car son honneur initial en tant qu'être humain n'était pas basé sur ses actions, mais sur le souffle de Dieu (*ruh*) insufflé en lui et la bonté innée (*fitra*) que Dieu a placée en lui. Après que les anges se soient inclinés devant Adam, Allah lui dit : « O Adam, habite le Paradis toi et ton épouse, et nourrissez-vous-en de partout à votre guise ; mais n'approchez pas de l'arbre que voici : sinon vous seriez du nombre des injustes. » (2:35) Adam et Eve ont reçu de Dieu l'ensemble du Paradis, mais le diable était déterminé à prouver que l'humain ne méritait pas un tel honneur de la part de Dieu, alors il leur murmura : « Votre Seigneur ne vous a interdit cet arbre que pour vous empêcher de devenir des Anges ou d'être immortels. Et il leur jura : Vraiment, je suis pour vous deux un bon conseiller. » (7:20-21)

Après qu'Adam et Eve aient mangé de l'arbre défendu, Allah a dit « Descendez, vous serez ennemis les uns des autres. Et il y aura pour vous sur terre séjour et jouissance, pour un temps » (7:24). À ce stade de la révélation, nous voyons que la véritable différence entre le diable et Adam se résume à la responsabilité. Lorsque Adam et Eve désobéissent à Dieu, ils ne blâment ni Dieu ni le diable ; ils ne s'en prennent qu'à eux-mêmes et cherchent à obtenir le pardon de Dieu à travers la prière suivante :

> « Ô notre Seigneur, nous avons fait du tort à nous-mêmes.
> Et si Tu ne nous pardonnes pas et ne nous fais pas
> miséricorde, nous serons très certainement du nombre des
> perdants. »

CORAN 7:23

Manger de l'arbre interdit était un moyen pour Adam et Eve de recevoir l'enseignement du repentir. Contrairement au diable, dont l'arrogance a été accueillie par la colère divine, l'humilité d'Adam et Eve a été accueillie par la miséricorde divine, le pardon et l'orientation[13].

Lorsque le diable a désobéi à Dieu, il a blâmé Dieu et a répondu en se vengeant de l'humanité en disant : « Puisque Tu m'as induit en erreur, je m'assiérai pour eux sur Ton droit chemin, puis je les assaillirai de devant, de derrière, de leur droite et de leur gauche. Et, pour la plupart, Tu ne les trouveras pas reconnaissants. » (7:16-17) Cette déclaration du diable est incroyablement profonde, car en plus de dévoiler son arrogance, il nous dit que la racine de la non-croyance et de la dépravation morale est l'ingratitude. Les dimensions plus profondes de ce verset dévoilent les tactiques secrètes du diable et nous enseignent finalement comment surmonter ces tentations par la gratitude.

Remarquez comment Shaytan a dit qu'il nous piégerait « sur le droit chemin ». Tout comme un voleur ne cambriole que les maisons contenant des biens de valeur, Shaytan poursuit avec plus de force ceux qui se trouvent sur le chemin de la spiritualité et qui cultivent leur sens de la foi. Un autre commentaire de ce verset suggère que lorsque Shaytan dit qu'il nous attaquera par « derrière », cela signifie qu'il essaiera de nous tromper concernant notre origine divine en nous suggérant que nous ne sommes qu'une création accidentelle dans un univers sans Dieu. Cela suggère également qu'il nous éloignera du moment présent au profit d'un passé que nous ne pouvons changer, en attisant les flammes du regret et en nous incitant à ressentir du désespoir. Lorsque Shaytan dit qu'il nous attaquera « de devant », cela implique qu'il nous trompera concernant le Jour du jugement dernier en essayant de nous convaincre que dans le futur, nous ne serons pas tenus responsables de nos actions, bonnes ou mauvaises[14].

Ensuite, il est dit que Shaytan viendra de notre droite et de notre gauche, essayant de nous pousser à l'erreur à travers nos désirs et nos croyances. Notez que Shaytan n'a pas dit qu'il nous approcherait du dessus, car seule la révélation nous descend du ciel. Il ne peut pas non plus nous approcher d'en dessous, car lorsque nous inclinons nos têtes vers la

Terre, nous sommes alors en position de soumission et d'humilité, alors que Shaytan se place dans une position d'arrogance. Cela nous enseigne un secret d'une grande importance. Lorsque nous nous tournons vers la révélation, nous sommes dans un état d'humilité et nous sommes alors protégés des tentations de Shaytan. Après tout, le diable lui-même dit à Allah «Par Ta puissance ! Je les séduirai assurément tous, sauf Tes serviteurs élus parmi eux» (38:82-83). Les «élus» sont ceux que Dieu bénit avec les qualités de la foi, de la sincérité, de la gratitude et de l'humilité.

## Le pouvoir de la gratitude

Le mot «gratitude» vient de la racine grecque *gratus*, qui signifie «reconnaissant et plaisant», mais on dit aussi qu'il est vaguement lié au mot «grâce». En substance, la gratitude est directement liée à Allah, car c'est par la porte de la gratitude que nous faisons l'expérience de la grâce et de la générosité d'Allah. Comme le déclare Allah :

> *« Si vous êtes reconnaissants, très certainement J'augmenterai*
> *[Mes bienfaits] pour vous. »*
>
> CORAN 14:7

La véritable reconnaissance ou *shukr* n'est pas basée sur les conjectures et votre situation, mais sur l'état de votre esprit. Notre gratitude ne rend pas Dieu plus généreux; en réalité, notre gratitude nous rend plus réceptifs afin de recevoir tout ce que Dieu nous donne continuellement. Être dans un état de gratitude c'est se rappeler que Dieu nous a aimés avant même que nous L'aimions. Lorsque nous sommes reconnaissants, nous vibrons à une fréquence plus élevée, avec plus de clarté et nous sommes plus conscients de notre alignement inné avec Allah.

La gratitude n'est pas une émotion, c'est plutôt un état d'esprit et du cœur. Les états d'esprit sont différents des émotions, ils sont semblables à des canaux que nous choisissons consciemment d'emprunter. Si nous ne sommes reconnaissants que lorsque nous obtenons ce que nous voulons, alors notre gratitude est le produit de notre ego. La véritable gratitude s'épanouit à travers la pratique de la louange du Divin, indépendamment du résultat que nous désirons. La gratitude sincère naît des entrailles de l'humilité, car ce n'est que lorsque nous croyons vraiment que Dieu est « le meilleur des planificateurs » (8:30) que notre reconnaissance ne dépend plus des circonstances extérieures, mais d'un Dieu immuable et éternel. Après tout, si le Prophète Jonas peut glorifier Dieu même après avoir été avalé par une baleine, alors nous pouvons nous aussi regarder au-delà de nos circonstances actuelles et montrer notre gratitude pour les bénédictions infinies que Dieu nous accorde continuellement (37:143-144). En effet, les mystiques disent même que « Nous devons être reconnaissants de nous sentir reconnaissants, car c'est par la bénédiction d'Allah que nous Lui sommes reconnaissants ».

Lorsque nous sommes dans un état de *shukr* ou de gratitude, nous nous connectons au nom divin *Ash-Shakur*, qui signifie « Le Très Reconnaissant[15] ». Lorsque nous sommes reconnaissants, nous nous rapprochons de notre Seigneur. Lorsque nous sommes dans un état de gratitude, celle-ci a plus de valeur que ce pour quoi nous sommes reconnaissants, car le cadeau périt, mais Celui qui le donne est éternel. C'est pourquoi lorsque l'épouse du Prophète ﷺ lui demanda pourquoi il se soumettait à tant de difficultés dans la prière et le repentir si Allah lui avait déjà pardonné, le Prophète ﷺ lui répondit en disant « *Afala akuna abdan shakura* », ce qui signifie « Ne devrais-je pas être un serviteur reconnaissant ?[16] ». En d'autres termes, le Prophète ﷺ n'était pas reconnaissant envers Dieu dans le but d'obtenir quelque chose, mais plutôt parce qu'il ne s'imaginait pas répondre à Sa miséricorde infinie, Sa grâce, Son amour, et Son pardon d'une autre manière. Comme le dit Rumi « La gratitude est plus douce que la récompense elle-même. Celui qui chérit la gratitude ne s'attache pas au cadeau ! C'est dans la gratitude que se trouve toute la consistance de la récompense d'Allah, la récompense n'est que sa coquille. Car la gratitude vous mène au cœur du Bien-Aimé ».

Nous faisons l'expérience de l'essence de la gratitude par la reconnaissance et jouissance des bienfaits qu'Allah nous a accordés. Lorsque nous apprécions et utilisons Ses ressources et Ses dons d'une manière qui Lui plaît, Il nous accorde encore plus de moyens de faire l'expérience de Ses noms divins et de Lui-même. Nous manifestons une véritable gratitude lorsque nous utilisons nos yeux pour voir les signes de Dieu, lorsque nous utilisons nos oreilles pour entendre les mots de Dieu, lorsque nous utilisons notre langue pour nous rappeler notre Seigneur, lorsque nous utilisons nos mains pour faire l'aumône, lorsque nous utilisons nos pieds pour emprunter le chemin de l'honnêteté, de l'amour, de la bienveillance, de la justice et de la miséricorde. Comme le dit l'Imam Ali : « Lorsque certaines bénédictions viennent à toi, ne les écarte pas par ingratitude. » La gratitude est à l'opposé de la croyance que les choses nous sont dues et de la volonté de tout contrôler. La véritable gratitude fleurit du terreau de la confiance totale et de la soumission à la volonté parfaite de Dieu.

*Alhamdullilah* ou « Louange et gloire à Allah » est la première chose qu'Adam a exprimée lorsqu'il a pris la parole[17], et *Alhamdullilah* fait partie des premiers mots que les gens du Paradis diront (7:43). Si la gratitude envers Dieu est la voie vers la vertu et le salut éternel, alors on pourrait affirmer que l'ingratitude est l'un des plus grands ennemis de la foi[18]. C'est pourquoi l'une des façons d'évaluer votre degré d'excellence spirituelle en Islam est d'examiner le niveau de votre gratitude.

Le Coran nous montre l'importance de la gratitude en nous montrant les effets néfastes de l'ingratitude. En effet, une des leçons que l'histoire de Shaytan met en lumière est que si vous adorez Dieu en apparence tout en ayant un cœur ingrat et orgueilleux, vous pouvez passer du plus haut degré du paradis au plus bas de l'enfer. L'arrogance et l'avidité de Shaytan ont déplacé son attention du Donateur Éternel vers le don périssable, rendant ainsi son obéissance dépendante de l'obtention de ce qu'il pensait mériter. Iblis était déjà dans le Jardin, déjà proche d'Allah, et pourtant son ingratitude envers Dieu et sa jalousie envers Adam lui ont valu d'être chassé du Paradis.

> « N'entrera pas au Paradis celui qui a dans son cœur le poids
> d'un atome d'orgueil[19]. »
>
> **PROPHÈTE MOHAMMED** ﷺ

Puisque Allah est le Roi de l'unicité et que l'orgueil et l'arrogance sont des états d'oubli d'Allah qui créent la séparation, l'orgueilleux par définition ne peut exister face à la présence unique de Dieu.

## Le péché et l'oubli

Dieu déclare dans le Coran : « Le rappel d'Allah est certes ce qu'il y a de plus grand » (29:45), l'oubli du Divin peut alors être considéré comme un faux pas spirituel significatif. Comme le dit l'Imam Ali : « Votre maladie est en vous, mais vous ne la percevez pas et votre remède est en vous, mais vous ne le ressentez pas. Vous supposez n'être qu'une petite entité, mais en vous est enveloppé l'univers entier. [...] Ce que vous cherchez est en vous, si seulement vous réfléchissiez. » Ici l'imam Ali nous rappelle que le problème fondamental de l'humanité est l'oubli de notre bonté innée (*fitra*) et de notre connexion pré-éternelle à l'amour Divin[20].

Dans la Bible, le mot grec utilisé pour désigner le « péché » est « *hamartia* », qui tire ses origines du milieu du tir à l'arc et qui peut se traduire par « manquer la cible ». Ce mot illustre admirablement la façon dont le péché, en plus de nous détourner de Dieu, nous fait également passer à côté de l'essence même de ce que cela signifie d'être humain. Autrement dit, le péché peut être vu chez l'être humain comme un symptôme de la perte de vue de la bonté primordiale (*fitra*). Étant donné que la bonté de l'Homme est une réflexion de la bonté parfaite et éternelle de Dieu, notre fitra ne peut être changée par les péchés humains.

> *Tout comme les nuages ne peuvent affecter la présence et la puissance de la lumière du soleil, mais peuvent altérer notre expérience de l'intensité de la lumière, le péché peut voiler notre perception de notre bonté intérieure, sans la modifier.*

Dieu a donné à chaque être humain des yeux spirituels pour être capable de ressentir et de voir Ses signes. C'est la générosité de Dieu et non notre obéissance aux lois de Dieu qui nous a valu cette vision spirituelle, de ce fait, nos péchés n'ont pas le pouvoir de nous retirer ce qui ne nous a pas été donné en récompense de nos bonnes actions. Cependant, il est important de se rappeler que nos actions ont le pouvoir de nous voiler des dons que Dieu nous a accordés. Nos péchés peuvent devenir un bandeau sur nos yeux spirituels. Le fait de pécher continuellement sans polir nos cœurs par le repentir (*tawba*) peut nous empêcher de voir la beauté de Dieu (18:101)[21].

Nos péchés peuvent nous détourner de la lumière de l'amour éternel de Dieu, nous faisant alors vivre dans une obscurité à laquelle nous nous soumettons de notre propre chef. De la même manière que lorsque vous vous détournez du soleil vous faites l'expérience de l'obscurité, lorsque vous vous détournez de l'amour de Dieu à travers les péchés et l'oubli, vous ressentez une obscurité qui ressemble à la colère. C'est précisément pourquoi le Coran illustre à plusieurs reprises que ce n'est pas Dieu qui nous oppresse, mais plutôt nous qui nous oppressons nous-mêmes.

Cette distinction est très importante. Dieu n'est pas un être humain aux émotions changeantes, donc toutes les variations dont nous faisons l'expérience dans notre relation à Dieu ne viennent pas de Lui mais de notre expérience de Son amour. Bien que l'obéissance aux commandements de Dieu et les bonnes actions soient deux des façons dont nous faisons l'expérience de l'amour de Dieu, nos actions à elles seules ne nous rendent pas méritants de Dieu, car rien ne peut être digne de Celui qui nous donne tout et n'a besoin de rien. Notre valeur vient de Dieu seul, mais nos choix et nos actions sont le moyen par lequel nous concrétisons les dons de Dieu. Comme le dit clairement le Coran : « l'homme n'obtient que [le fruit] de ses efforts. » (53:39)

Notre expérience de l'au-delà est en partie déterminée par nos actions, car elles aident à polir le miroir de nos cœurs, qui rejettent ou reçoivent tout ce que Dieu nous a donné. Comme le Coran le dit « Rivalisez donc dans les bonnes œuvres» (2:148), car «ceux qui croient et pratiquent les bonnes œuvres, ceux-là sont les gens du Paradis où ils demeureront éternellement» (2:82).

Les bonnes actions et le fait d'être sincèrement au service des autres nous aident à aligner notre esprit avec Dieu, mais sans purification du cœur, un voile nous empêche de récolter le fruit de nos bonnes actions. Comme l'a déclaré le Prophète Mohammed ﷺ, « Allah ne regarde ni votre apparence ni vos biens, mais Il regarde vos cœurs et vos actes[22]». Le Coran ne nous invite pas à suivre des règles en apparence seulement, il nous invite à intégrer la conscience de Dieu au plus profond de notre cœur. Le Coran dit que seul celui ou celle qui « vient à Allah avec un cœur sain prospérera » (26:89). Ce n'est que lorsque l'obéissance extérieure s'unit à une soumission intérieure sincère que les yeux et le cœur s'éveillent pour voir et recevoir l'amour de Dieu.

> « À ceux qui croient et font de bonnes œuvres, le Tout
> Miséricordieux accordera Son amour. »
>
> **CORAN 19:96**

C'est en se tournant vers le Divin, en étant au service de l'autre et en retirant les voiles de l'ego que nous commençons à ressentir l'amour que Dieu a toujours déversé sur nous.

## EGO : ou L'exclusion de Dieu

Puisque le péché ou l'éloignement de Dieu est une action de l'ego, il est important d'avoir une meilleure compréhension de ce qu'est l'ego. On croit que l'ego (*nafs*) ou le sentiment illusoire du soi est créé lorsque le souffle de vie (*ruh*) insufflé par Dieu rencontre notre corps mortel. On dit de façon métaphorique que si l'esprit est symbolisé par le soleil et le corps par l'argile humide, l'ego lui, est la vapeur translucide créée lorsque la lumière de l'esprit touche l'argile[23]. En d'autres termes, comme le brouillard qui déforme notre vision, l'ego est un voile entre notre conscience et notre esprit. La purification et le détachement de l'ego ont une telle importance en islam, car plus nous purifions les illusions du moi, plus nous sommes capables de voir la lumière d'Allah.

Tout comme la nuit noire est nécessaire pour pouvoir voir les étoiles, l'ego inférieur crée le contraste nécessaire pour faire l'expérience de l'esprit. Le poète Samani évoque l'effet équilibrant des opposés lorsqu'il dit «

Il doit y avoir une fosse à déchets à côté d'un noble palais pour que toutes les ordures et les déchets qui s'accumulent dans le palais puissent y être jetés. De la même manière, chaque fois que Dieu a créé un cœur au moyen de lumière et de pureté, il a placé le moi inférieur [l'ego] à côté, comme une poubelle. Ce point noir «d'ignorance» vole sur les mêmes ailes que le joyau de la pureté... Une flèche droite a besoin d'un arc courbé. Ô cœur, tu es comme la flèche droite ! Ô ego, tu prends la forme d'un arc courbé ! ».

Dieu nous brise pour que nous nous élevions, car la coquille du péché doit être brisée avant que l'esprit puisse fleurir. Dieu ne nous éprouve pas parce qu'Il nous déteste, mais parce qu'Il nous aime et voit en nous un potentiel qui ne peut se dévoiler et se manifester que par le biais du feu de la purification. Tout comme les muscles doivent se déchirer pour se développer, la friction entre le péché et notre pureté intérieure crée les conditions nécessaires à notre développement spirituel. Bien que cela puisse être difficile à voir sur le moment, il est important de se rappeler que, tout comme le voile de la nuit est nécessaire pour voir les étoiles, c'est par le contraste de la douleur et du plaisir que nous faisons l'expérience de ce monde.

L'existence même de l'être humain est semblable à une pièce de monnaie à deux faces : d'une part, le Coran dit que l'être humain a été créé dans la forme la plus parfaite (95:4), façonné avec le souffle de l'esprit de Dieu (38:72) et choisi pour être Son représentant de la miséricorde sur Terre (2:30). D'autre part, le Coran décrit l'humain comme une créature fragile, fait de la même poussière que la terre sur laquelle il marche (23:12) ; anxieux, qui a tendance à oublier, ingrat et vulnérable à la piqûre d'une mouche (22:73), un néant face à la réalité éternelle de Dieu ; un être mortel qui s'éteint une respiration à la fois, s'approchant d'une mort qui arrivera sans prévenir (31:34).

Bien que l'ego puisse être considéré comme l' «exclusion de Dieu», et qu'il agisse comme un voile nous séparant de l'unicité de Dieu, il est également la raison pour laquelle cette unicité a du sens[24]. Certains savants suggèrent que lorsque Adam et Eve se trouvaient dans le Jardin d'Eden, ils n'ont pas réellement fait l'expérience de la séparation avec Dieu, et donc ils n'ont pleinement réalisé le caractère sacré de leur proximité avec le Divin que lorsqu'ils ont fait l'expérience contrastante de la distance avec Dieu. Certains savants ont indiqué qu'Adam et Eve n'ont pas été envoyés sur Terre en guise de punition, mais en partie parce qu'une séparation est nécessaire à l'être humain pour faire l'expérience de Dieu. Par conséquent, sans la présence de voiles, l'observateur et l'observé ne feraient qu'un dans notre monde physique. Les voiles entre nous et Dieu sont le produit de la miséricorde divine, car ils nous permettent de faire l'expérience de Dieu dans la multiplicité de Sa création[25].

Afin d'avoir une meilleure compréhension, considérons l'exemple suivant : le verre sur le casque des astronautes est créé dans une forme qui atténue l'intensité de la lumière du soleil et protège leurs yeux de la pleine luminosité du soleil, leur assurant de ne pas perdre la vue. Le casque voile leurs yeux du véritable éclat du soleil, mais ce voile est une miséricorde, car il leur permet de faire l'expérience de la lumière. De la même manière, même si l'ego est un voile entre Dieu et nous, lorsqu'il est transformé et purifié, il nous permet de faire la véritable expérience de Dieu.

Lorsque la tendance de notre ego à oublier le Divin se heurte au souvenir de Dieu, notre perception tout entière de la réalité peut se transformer en un instant. L'histoire suivante à propos de Mollah Nasruddin, maître spirituel du treizième siècle et satiriste, illustre parfaitement ce point :

> Un jour, un homme vint trouver Mollah Nasruddin et lui dit «Je suis riche, mais déprimé. J'ai pris tout l'argent que je possède et je suis parti à la recherche du bonheur, mais je ne l'ai pas encore trouvé». Alors que l'homme regardait le ciel, en pleine réflexion, le Mollah s'est emparé de son sac d'argent et s'est enfui.
>
> L'homme le poursuivit en criant «Voleur ! Voleur !» Le Mollah a couru jusqu'à l'angle d'une rue où il laissa le sac à un endroit où l'homme le trouverait, puis il se cacha derrière un pilier.
>
> Lorsque l'homme vit son sac au sol, l'expression de son visage changea, passant du désespoir à la joie alors qu'il serrait son sac dans ses

bras, dans la félicité pure et le bonheur. Après quelques instants, le Mollah sortit de sa cachette et lui dit : « Parfois, nous devons perdre ce que nous possédons et le trouver à nouveau pour réaliser la valeur de la bénédiction que nous possédions depuis le début. »

Tout comme Adam et Eve ont dû quitter le Jardin d'Eden pour se rendre compte de sa valeur, nous n'avons pas été envoyés sur cette Terre en guise de châtiment, mais plutôt pour être testés et comme moyen d'apprendre à être reconnaissants pour tout ce que Dieu nous a déjà accordé[26]. Nous pouvons soit être leurrés par les plaisirs matériels de ce monde et oublier qui nous sommes et à qui nous appartenons réellement, soit lutter contre les désirs de notre ego par le rappel (dhikr) de l'indécelable miséricorde de Dieu envers nous.

## Nulle contrainte en religion

Afin de comprendre pourquoi Dieu nous a créés avec un esprit qui aspire à l'unité et un ego constamment attiré par l'individualité, nous devons d'abord comprendre que toute chose commence et prend fin avec l'amour. L'acquisition d'une connaissance intime (ma'rifa) de l'amour de Dieu marque le début de notre cheminement. Puisque nous adorons La source d'amour (Al-Wadud), nous avons été créés pour aimer et être aimés de Dieu. Même si nous avons vécu une vie durant laquelle les jours pluvieux ont été plus nombreux que les grands ciels bleus, derrière chaque nuage, le soleil de l'amour inconditionnel d'Allah est toujours présent.

C'est l'amour d'Allah qui fait d'un moment temporaire, un moment éternel. C'est par l'amour que nous goûtons à l'infini. C'est par l'amour que nous subissons une alchimie spirituelle dans laquelle nos cœurs de pierre sont transformés en or. C'est l'amour qui fait émerger la rose d'une mer d'épines, qui donne des ailes à la chenille, transforme le granit en rubis, et nous rappelle que nous sommes bien plus infinis que notre poids de terre. C'est par l'amour que le cœur peut atteindre Dieu. C'est un profond désir d'amour qui pousse les semences de nos cœurs à chercher à atteindre une lumière qu'elles sentent sans voir, à travers une terre d'obscurité.

*« Comment la rose a-t-elle pu ouvrir son cœur et donner à
ce monde toute sa beauté ? Elle a senti l'encouragement de
la lumière contre son être, faute de quoi nous restons tous
trop effrayés. »*

HAFEZ, POÈTE PERSE DU 14e SIÈCLE

Nous ne devons pas oublier que l'amour est la raison pour laquelle il y a quelque chose plutôt que rien, car nous avons été créés par et pour la matérialisation de l'amour de Dieu. Dieu parle de cet amour lorsqu'Il dit : « Je n'ai créé les djinns et les hommes que pour qu'ils M'adorent. » (51:56) Dans son essence, l'adoration du Divin est la plus grande forme d'amour, car on ne peut adorer quelque chose que si nous l'aimons. Mais pour que l'amour existe, le libre arbitre lui aussi doit exister, car l'amour ne peut être contraint, il ne peut être créé par la force.

*« Nulle contrainte en religion »*

CORAN 2:256

Allah nous a donné le libre arbitre, non pas pour que nous choisissions de faire le mal, mais afin que nous puissions choisir de faire l'expérience de l'amour divin et aimer Dieu à notre tour. Si Allah ne nous avait pas donné la liberté de choisir et la possibilité de nous détourner de Lui, alors nous ne pourrions manifester notre liberté, il n'y aurait eu qu'un choix possible, et par conséquent aucune liberté de refuser ce choix. Allah a rendu possible pour nous de nous détourner de Lui afin que nous puissions exprimer notre libre arbitre et créer la possibilité de l'existence de l'amour.

## Ouvrir le cadeau de l'amour divin

Notre voyage sur Terre consiste à ouvrir le cadeau de l'amour divin que Dieu nous a offert. Notre passage sur Terre n'a pas pour but d'accumuler les réussites, les gains ou de mériter l'amour divin ; l'océan sans rivages de l'amour d'Allah est déjà en nous.

La rivière sans fin des bénédictions d'Allah coule déjà à travers toute l'existence, la bonne action n'est que l'un des moyens les plus importants pour ouvrir le robinet et faire l'expérience de l'amour illimité d'Allah. Le cadeau du libre arbitre crée le contraste nécessaire pour connaître Dieu, pour faire l'expérience de Son amour et L'adorer avec une gratitude passionnée.

C'est à travers l'être humain que l'univers vient à se connaître lui-même, car c'est nous qui avons reçu le don d'attribuer un sens aux formes de la création. Lorsque Allah a créé Adam, les anges ont demandé à Dieu pourquoi Il avait créé une créature qui entraînerait tant de destruction et de carnage sur Terre. Dieu leur répondit en disant : « Je sais ce que vous ne savez pas. » (2:30) Dieu dit ensuite aux anges de se prosterner, non pas devant la forme d'Adam, mais devant l'Esprit de Dieu reflété en lui. En référence à la création d'Adam, Allah dit :

*« Je l'aurai bien formé et lui aurai insufflé de Mon Esprit. »*

**CORAN 38:72**

Le Coran mentionne ensuite un autre facteur mystérieux et caractéristique entre les anges et Adam, lorsqu'il dit en référence à Dieu : « Et Il apprit à Adam tous les noms. » (2:31) Selon certains commentateurs, cela fait référence au fait qu'Adam et les enfants d'Adam ont reçu la capacité à catégoriser et faire des connexions entre les créations. Selon d'autres, cela fait référence à la capacité de percevoir l'essence derrière les formes physiques. D'autres encore disent que ce qui a été enseigné à Adam était les noms d'Allah qui sont manifestés et reflétés dans toutes les formes de la création, car comme le dit Allah : « Adam a été créé à mon image[27]. » C'est pourquoi à travers le temps de nombreux maîtres spirituels ont déclaré « Celui qui se connaît lui-même connaît Son Seigneur[28]. »

Bien que nous reflétions les qualités de Dieu, nous ne sommes pas Dieu. Ce n'est pas parce que Dieu est comme nous que nous pouvons le connaître en nous connaissant nous-mêmes, c'est plutôt lorsque nous parvenons à connaître intimement notre humanité, nos limites et notre faillibilité que nous pouvons goûter à la nature parfaite et infinie de Dieu. Tout comme nous sommes naturellement enclins à méditer sur l'intelligence de l'auteur lorsque nous lisons un beau livre, en méditant sur la complexité de notre création, nous sommes naturellement renvoyés à l'insondable perfection de l'Auteur qui a écrit notre existence.

Pour connaître notre Seigneur, nous devons apprendre à embrasser notre vie plutôt que de constamment essayer de la fuir. Dieu nous parle aussi bien au travers de nos bénédictions que de nos épreuves. Lorsque Dieu nous bénit avec la richesse et l'abondance, il nous appelle à Ses noms, Le Très Généreux (Al-Karim) et le Très Reconnaissant (Ash-Shakur). Lorsque nous restons dévoués et pleins d'espoir dans les moments difficiles, nous apprenons à connaître Dieu à travers une de Ses qualités, Le Tout-Patient (As-Sabur). Comme le dit le Prophète Mohammed ﷺ, « Que l'affaire du Croyant est étonnante ! Il ne lui arrive que du bien, et ceci lui est exclusivement réservé. Lorsqu'une bonne chose lui arrive, il remercie Allah, exalté soit-Il, et cela est un bien pour lui, et lorsqu'il lui arrive un malheur, il fait preuve d'endurance et cela est un bien pour lui[29] ». Tant à l'intérieur de nous-même que dans le grand cosmos, Dieu nous ouvre la porte afin que nous apprenions à Le connaître par la manifestation de Ses noms.

> « *La manière dont tu vois Dieu est le reflet direct de celle dont tu te vois. Si Dieu fait venir surtout de la peur et des reproches à l'esprit, cela signifie qu'il y a trop de peur et de culpabilité en nous. Si nous voyons Dieu plein d'amour et de compassion, c'est ainsi que nous sommes.* »
>
> SHAMS TABRIZI, GUIDE SPIRITUEL DE RUMI

Nous connaissons Dieu à travers les noms divins et les qualités qui sont les plus profondément ancrées et reflétées en nous. Se connaître soi-même est vital pour aimer Dieu, car l'amour divin s'éveille dans notre esprit lorsque nous commençons à réellement comprendre à quel point nous avons désespérément besoin de Dieu. Dieu a planté en nous la qualité de Son amour avant même que nous sachions qui Il est, notre aspiration à aimer Dieu est une manifestation du fait qu'Il nous a aimés en premier.

L'amour n'est pas quelque chose que nous créons ou que nous trouvons dans le monde, l'amour fait partie de ce que nous sommes. Puisque nous avons tendance à être attirés par la bonté de ceux à qui nous ressemblons, plus nous reflétons Dieu, plus notre amour de Dieu fleurit. Plus nous nous entourons de ceux qui aiment Dieu et reflètent Ses qualités de bonté, de compassion, de miséricorde et de paix, plus nous sommes attirés par l'unicité de Son amour. Nous sommes comme la lune : plus nous nous détournons de l'obscurité de l'ego ignorant pour nous tourner vers la lumière éternelle de l'amour de Dieu, plus notre esprit est plein.

L'adoration est la plus grande forme d'amour. Lorsque nous apprenons par l'expérience à mieux connaître Dieu et comment Son amour embrasse et ignore à la fois nos plus grandes erreurs, nous ne pouvons nous empêcher de L'adorer. L'adoration sincère ne naît pas du terreau de l'obligation, mais de la gratitude pour tout ce que Dieu nous a gracieusement donné avant même de nous avoir donné une bouche pour le remercier.

Une façon simple, mais profonde d'attiser les flammes de la gratitude en nous consiste à méditer la perfection avec laquelle Il nous a fait. Lorsque nous réfléchissons à la perfection complexe de notre création, nous sommes alors naturellement enclins à être reconnaissants envers Allah. En observant le peu de pensées conscientes nécessaires à notre respiration et aux battements de notre cœur, nous entrons naturellement dans un état d'admiration et d'émerveillement. Lorsque nous prenons conscience du fait qu'à chaque fois que nous respirons, Dieu nous a intentionnellement choisis pour prendre ce souffle, nous commençons alors à sentir que les yeux aimants d'Allah sont toujours sur nous. Lorsque nous transformons nos inquiétudes en adoration, par la prière, le repentir et le rappel des noms d'Allah, nous cessons de nous focaliser sur la grandeur de nos problèmes pour prendre conscience de la grandeur de notre Seigneur, et nous pouvons alors ressentir la sérénité.

## La vie est un test

Le Coran décrit la vie comme un test, car Dieu nous a envoyés sur Terre pour que nous remettions en question nos propres limites telles que nous les percevons, et pour nous aider à découvrir le vaste éventail de nos capacités. La vie ne se limite pas au Paradis et à l'Enfer, il s'agit aussi de découvrir la personne que vous êtes, tel que Dieu vous a créé, afin d'apprendre à connaître Dieu. Le cheminement vers Lui commence en observant et en faisant l'expérience de vos qualités humaines, car nous ne pouvons pas matérialiser ce dont nous n'avons pas conscience. Lorsque notre perspective passe de ce que Dieu nous fait à ce que Dieu fait pour nous, nous devenons capables de voir que si Dieu ne nous donne pas toujours ce que nous voulons, Il nous donne toujours exactement ce dont nous avons besoin.

> « Il se peut que vous ayez de l'aversion pour une chose alors qu'elle vous est un bien. Et il se peut que vous aimiez une chose alors qu'elle vous est mauvaise. »
>
> CORAN 2:216

Dieu sait parfaitement quel sol est nécessaire afin que les semences de votre âme puissent fleurir. Il vous donne des personnes pour vous aimer, pour vous quitter, pour vous inspirer, pour douter de vous et pour croire en vous. Par amour, Dieu laisse le monde vous blesser et vous briser, non pas parce qu'Il veut vous détruire, mais parce qu'Il veut vous montrer vos forces cachées, qui ne peuvent se manifester qu'au cœur des épreuves. C'est une des raisons pour lesquelles le Prophète Mohammed ﷺ dit : « Celui à qui Allah veut du bien, Il l'éprouve[30]. » Dieu nous emmène dans la grotte de la difficulté et de la douleur lorsque nous avons des joyaux à y trouver. Dieu nous pousse vers le bord de la falaise lorsqu'Il veut que nous apprenions à voler. Les difficultés que nous rencontrons peuvent servir de catalyseur pour la découverte de soi et pour notre développement.

Le cœur même de l'enseignement islamique selon lequel « À côté de la difficulté est, certes, une facilité ! » (94:5) est magnifiquement illustré à travers l'histoire populaire d'un garçon et d'un papillon.

Un jeune garçon passait des heures à regarder un papillon luttant pour sortir de son cocon par un trou. Voulant lui venir en aide, le garçon attrapa une paire de ciseaux et il découpa délicatement le cocon pour aider le papillon à en sortir. À la plus grande surprise du garçon, le papillon en sortit avec des ailes flétries et passa le reste de sa vie cloué au sol.

Le garçon ne savait pas que la lutte du papillon pour se frayer un chemin hors de son cocon est le moyen par lequel la nature renforce suffisamment ses ailes pour qu'il puisse voler. Le papillon ne vole pas malgré sa lutte pour quitter son cocon, en fait, il vole grâce à cette lutte. De la même manière, la lutte de notre esprit contre l'ego inconscient est ce qui permet de renforcer ses muscles. Comme le dit Rumi : « Si vous êtes irrité par chaque frottement, comment allez-vous être poli ? »

Lorsque nous faisons face à des épreuves, nous sommes préparés à manifester notre plus grand potentiel, qui est caché sous la coquille de notre confort et de notre conditionnement.

> *Nous sommes semblables aux photographies ; notre foi est développée dans la chambre noire des épreuves auxquelles nous sommes confrontés.*

En arabe, le mot « fitna », qui signifie « épreuve » tire son origine du mot « fatanah » que l'on peut traduire par « tester l'or, brûler par le feu ». Tout comme l'or est chauffé pour en extraire les éléments précieux et les séparer de la matière inutile environnante, c'est par le feu des épreuves auxquelles nous sommes soumis que notre essence d'or est révélée.

Au départ, lorsque la fitna arrive, il nous est difficile de la comprendre, elle nous semble injuste et abusive. Car lorsqu'on ne comprend pas les différentes étapes du développement et de la progression, une graine dans son évolution pour devenir arbre semble être en pleine destruction. Lorsque le sol comprime la coquille jusqu'à ce qu'elle se fende, cela ressemble à une punition, comme une douleur qui n'était pas méritée. Mais la graine ne maudit pas le soleil et la pluie de l'avoir brisée, car elle sait que son potentiel est bien plus grand que les limites de sa petite coquille.

Un Dieu aimant et miséricordieux vous recrée en vous faisant sortir des cocons et des cages du passé. C'est seulement à travers la patience et la prière que nous réalisons que c'est la chaleur et la pression qui aident à créer les conditions nécessaires pour transformer le charbon en diamant.

> « *Et quiconque craint Allah, Il Lui donnera une issue favorable, et lui accordera Ses dons par [des moyens] sur*

*lesquels il ne comptait pas. Et quiconque place sa confiance
en Allah, Il [Allah] lui suffit. Allah atteint ce qu'Il Se propose,
et Allah a assigné une mesure à chaque chose. »*

CORAN 65:2-3

Tout sur cette Terre a été créé pour que vous puissiez adorer Dieu avec amour tout en faisant l'expérience de la sainteté qui réside au cœur de l'ensemble de l'existence. Lorsque vous êtes pleinement alignés avec le but d'être humain, l'épreuve et la bénédiction ne font qu'un. Chaque expérience, chaque sentiment et chaque pensée est un moyen pour Allah de vous appeler à retourner à Son étreinte aimante. Comme le dit le Coran : « Nous les avons éprouvés par des biens et par des maux, peut-être reviendraient-ils (au droit chemin). » (7:168) C'est une bénédiction de savoir que dans les moments de difficulté, comme dans les moments de facilité, Dieu est présent de la même manière et Il nous appelle constamment à revenir à Lui.

## Djihad pour la Paix

La lutte de notre esprit contre les aspirations inférieures de notre ego est le plus grand djihad de notre vie. Le mot djihad tire ses origines du mot « jahada » qui signifie « s'efforcer ou lutter[31] ». D'après les récits du Prophète ﷺ, les érudits musulmans ont décomposé le concept du djihad en deux parties : le djihad mineur et le djihad majeur. Le djihad mineur ou combatif est l'acte de combattre pour la liberté de la religion, de la patrie et des droits humains fondamentaux, alors que le djihad majeur consiste à lutter contre son ego et ses désirs inférieurs.

Comme le dit le Coran : « Et qu'avez-vous à ne pas combattre dans le sentier d'Allah, et pour la cause des faibles : hommes, femmes et enfants qui disent : Seigneur ! Fais-nous sortir de cette cité dont les gens sont injustes, et affecte-nous de Ta part un allié, et affecte-nous de Ta part un secoureur. » (4:75) Ici, le Coran souligne clairement que les musulmans ont l'obligation d'aider les personnes opprimées, quelles qu'elles soient, où qu'elles soient à travers le monde. Cependant, le djihad mineur est toujours défensif et ne peut être initié par des civils, il ne peut être établi que par les représentants de l'autorité compétente pour agir conformément à l'exemple du Prophète ﷺ et du Coran (4:59). Comme le dit le Coran, « Combattez dans le sentier d'Allah ceux qui vous combattent, et ne transgressez pas. Certes, Allah n'aime pas les transgresseurs !» (2:190)

> *Le djihad n'est pas une destination, mais le processus de lutte qui vise à établir la paix là où il y a injustice et suppression de liberté.*

Contrairement aux Romains qui diraient « Silent enim legis enter arma », ce qui signifie « En temps de guerre, la loi se tait », la loi divine prévoit des lois très spécifiques en temps de guerre pour protéger des meurtres et des actes d'oppression injustes[32]. La vie humaine a été déclarée sacrée par le Divin (5:32), par conséquent, les règles de la guerre défensive en islam sont plus strictes que celles de nombreux pays modernes. Par exemple, dans le djihad combatif en défense de la liberté de religion, les combattants ne peuvent tuer les femmes, les croyants, les malades, les personnes âgées, les enfants ou les civils. De plus, ils ont également interdiction de détruire les villes, d'abattre les arbres ou d'utiliser le feu pour détruire les terres. De manière générale, les bombes ne doivent pas être utilisées, la Terre doit être protégée et les innocents ne doivent en aucun cas être des dommages collatéraux.

Le djihad combatif est régi par des règles très spécifiques et il doit cesser dès lors que la paix est rétablie. Le Coran le déclare très clairement : « S'ils penchent pour la paix, fais de même en te confiant à Dieu, car Il est l'Audient et l'Omniscient. » (8:61) Nous sommes appelés à être « bons et équitables envers quiconque » respecte notre droit à pratiquer librement notre religion, ne nous chasse pas injustement de nos demeures et ne nous opprime pas (60:8). Le Prophète Mohammed ﷺ déclare très clairement et solennellement « Faites attention ! Quiconque est cruel et dur envers une minorité non musulmane, restreint ses droits, lui impose plus qu'elle ne peut supporter, ou lui prend quelque chose contre son gré, je me plaindrai de cette personne au Jour du Jugement[33]».

Alors que le djihad mineur requiert des conditions bien spécifiques et doit être mené dans un contexte et une période bien particuliers, le djihad spirituel est quant à lui sans fin et s'applique à tous les musulmans, sur toutes les terres et en toutes circonstances. Le djihad mineur est une lutte contre un tyran visible ou un ennemi opprimant, alors que le djihad majeur est quant à lui une lutte contre un ennemi invisible : l'ego et ses désirs, l'avidité, la convoitise, l'arrogance, l'ignorance, la fierté, l'envie, la colère et d'autres vices.

Le Prophète Mohammed ﷺ nous a rappelé l'importance du djihad majeur en disant : « Ne vais-je pas vous informer concernant les croyants ? Il s'agit de ceux dont les gens sont à l'abri vis-à-vis de leurs biens et de leurs personnes, le musulman est celui qui préserve les autres de sa langue et de sa main. Celui qui s'efforce de faire le djihad dans la voie d'Allah est celui qui combat son âme dans l'obéissance d'Allah et l'émigrant est celui qui émigre loin des péchés et des mauvaises actions[34]. »

Nous sommes appelés à refléter les qualités sacrées de Dieu envers toutes les personnes, même si cela nous est difficile. Lorsque nous nous efforçons de nous réveiller pour les prières de l'aube, c'est un djihad. Lorsque nous protégeons les secrets d'autrui, même lorsqu'ils exposent nos secrets, c'est un djihad. Lorsque nous essayons d'apporter de la lumière et de l'amour là où nous sommes confrontés à l'obscurité et à la haine haine, c'est un djihad. Le djihad peut se présenter sous la forme de toute action de lutte pour manifester la bonté et la beauté pour l'amour de Dieu.

L'idée selon laquelle le concept du djihad se limite à la défense militaire est clairement réfutée par le récit suivant : « Un homme vint trouver le Prophète ﷺ pour lui demander la permission de lutter pour le djihad. Le Prophète ﷺ lui demanda : "Tes parents sont-ils en vie ?" Il lui répondit oui. Le Prophète lui dit : "Alors efforce-toi de les servi[35]." »

*Le djihad est l'acte de lutter afin de remettre chaque chose à sa place. Le djihad ne consiste pas seulement à surmonter nos luttes intérieures contre notre ego, mais aussi à être un représentant de la justice de Dieu en protégeant les droits divinement donnés à tous.*

Il est important que nous nous efforcions de rechercher la paix en partant d'un sentiment d'amour et non de haine. Nous devons d'abord polir le miroir de notre propre cœur avant de pouvoir refléter la lumière de la justice, de la miséricorde et de l'unité de Dieu envers le reste de la création.

## Polir le miroir du cœur

De la même manière qu'un miroir s'oxyde lorsqu'il n'est pas poli, le cœur peut s'oxyder lorsque nous nous laissons consumer par des pensées d'auto prise en charge et que nous ne parvenons pas à le polir avec le rappel de Dieu. Cependant, il n'est pas facile de faire passer notre attention de notre esprit à notre cœur et de nous abandonner à Dieu. On dit que la distance entre le cœur et la tête est d'environ 45 centimètres, mais c'est sans doute le plus long voyage que nous ferons spirituellement[36]. Le cheminement spirituel ne nie pas l'importance de l'esprit, mais si seul l'esprit règne sur le corps, le cœur et l'âme deviendront alors esclaves de l'ego et de ses désirs. Cependant, lorsque le cœur, aligné au divin, est le roi du corps et que l'esprit est son serviteur, alors nous sommes en mesure de vivre dans la paix et l'harmonie.

Ce n'est pas une coïncidence si en arabe, le mot pour « intellect » est « aql » et vient lui-même d'une racine qui signifie également « retenir » ou « attacher », comme une corde qui retient un animal pour l'empêcher de s'échapper[37]. En d'autres termes, la valeur de l'intellect est définie par sa capacité à retenir les désirs bestiaux qui sont en nous, afin que nous ayons l'espace nécessaire à l'observation et à la reconnaissance des signes de Dieu.

Cependant, pour devenir un gardien de la Terre ou le miroir de Dieu sur Terre, nous ne pouvons pas nous limiter à une modification du comportement, nous devons réformer l'ego et le cœur. Dans la théologie islamique, le cœur est généralement considéré comme « l'organe de perception », car nous vivons le monde à travers le prisme du cœur et non des yeux.

*« Ce ne sont pas leurs yeux qui sont aveugles, mais ce sont leurs cœurs qui sont aveugles dans leurs poitrines. »*

CORAN 22:46

Nous ne voyons pas le monde tel qu'il est réellement, mais au travers de l'état de notre cœur. Lorsque le cœur spirituel est voilé par les qualités inférieures de l'ego comme la fierté, la convoitise, la cupidité et l'envie, nous avons alors une perception biaisée de la réalité. Comme le Coran le dit : « ce qu'ils ont accompli couvre leurs cœurs. » (83:14) De même que dans l'obscurité, le caillou et l'or peuvent sembler identiques, à la vue et au toucher, lorsque nos cœurs sont impurs et recouverts des nuages du péché, la lumière de la distinction ne parvient pas à pénétrer notre conscience, nous laissant aveugles à la vérité.

*« En vérité, il y a dans le corps humain un morceau de chair qui, lorsqu'il est sain, permet au corps tout entier de prospérer et qui, lorsqu'il est malade le corrompt en entier, c'est le cœur[38]. »*

PROPHÈTE MOHAMMED ﷺ

Notre cœur peut être de la taille du poing et peser moins de 400 grammes, mais en une heure seulement, il peut pomper plus de 10 litres de sang. Par la puissance de Dieu, ce muscle minuscule bat 40 millions de fois par an, et 3 milliards de fois en moyenne au cours d'une vie humaine[39]. Certains savants disent qu'en écoutant le cœur battre au stéthoscope, on peut entendre le nom « Al-lah, Al-lah, Al-lah[40] ». La contraction et l'expansion que la langue effectue en disant « Allah » sont les mêmes que les mouvements du cœur en pompant le sang dans un schéma oscillatoire très spécifique. Même sur le plan physique, le cœur sait intimement qui est son Seigneur, c'est l'ego (nafs) qui oublie la souveraineté d'Allah, car il est aveuglé par les amusements et l'obsession de ce bas monde.

Dans le royaume pré-éternel des âmes, lors du pacte d'Alast, nous avons tous été témoins de Dieu extérieurement, et affirmé que Lui seul était notre Seigneur. Dans ce monde, le cœur est appelé à être témoin de Dieu à nouveau, mais cette fois intérieurement et indirectement, par le biais de la projection de Ses qualités sur le miroir de la création. Le cœur véritablement poli ne voit pas la création, seulement la réflexion des qualités infinies d'Allah. C'est pourquoi lorsqu'on demandait à l'Imam Ali « Qu'est-ce que la création ? », il répondait avec profondeur « Elle est comme la poussière dans l'air, elle ne devient visible que lorsque la lumière d'Allah la frappe ».

Ce n'est que lorsque le cœur est purifié et réaligné avec Allah que nous voyons la réalité telle qu'elle est plutôt qu'à travers les voiles de la personne que nous voulons être ou que nous pensons être, selon le conditionnement de notre culture ou de notre société. L'esprit ne gouverne pas le cœur, car le cœur a son propre intellect spirituel. C'est pourquoi lorsqu'on demandait au Prophète ﷺ ce qu'était la droiture, il répondait « Consulte ton cœur ![41] »

En effet, les études scientifiques du Heartmath Institute ont montré que le champ électromagnétique du cœur peut être mesuré à plusieurs mètres à l'extérieur du corps et qu'il est 60 fois plus puissant que nos ondes cérébrales. De plus, le cœur du fœtus commence à battre avant même le développement du cerveau ou du système nerveux central. En fait, des études récentes ont montré que le cœur a son propre ensemble de neurones avec une mémoire à court et à long terme, qui peuvent interagir avec le cerveau et affecter nos émotions[42].

Le cœur est aussi affecté par nos actions. Le Prophète ﷺ nous enseigne que la piété et la droiture apparaissent lorsque l'âme et le cœur ressentent la sérénité, et que le péché est ce qui crée l'agitation et l'incertitude dans la poitrine[43]. Le fait de savoir que l'état du cœur peut affecter le bien-être de l'ensemble du corps, physique et spirituel, nous pousse à nous demander : comment transformer et éveiller nos cœurs ?

La transformation du cœur et la purification de l'ego sont des objectifs fondamentaux de la révélation divine. Chacun des piliers et chacune des pratiques en islam sert à purifier l'ego en détournant le cœur des désirs de la vie éphémère pour l'orienter vers l'amour éternel de Dieu. Les deux manières les plus puissantes de purifier l'ego et de transformer le cœur, mentionnées par le Coran sont la pratique du repentir (*tawba*) et du rappel (*dhikr*).

## Revenir à Dieu par le repentir

La *tawba*, ou le repentir, nous ramène avec amour et clémence, aux parties de nous-mêmes qui sont alignées spirituellement et que nous avons tendance à perdre de vue face à nos erreurs et à nos péchés. Nous avons été envoyés sur cette Terre comme les chefs-d'œuvre les plus beaux et les plus complets de Dieu, mais l'oubli qui nous caractérise recouvre la toile de notre existence d'un film qui nous voile l'origine divine de notre esprit. Lorsque le Coran dit « Allah n'a pas placé chez l'Homme deux cœurs dans sa poitrine » (33:04), cela signifie que nous pouvons soit tourner notre cœur vers la création soit vers Dieu, mais pas les deux à la fois. En effet, en arabe le mot que l'on utilise souvent pour désigner le cœur est « qalb », qui vient d'une racine qui signifie « tourner, changer de direction et revenir[44] ».

Il est humain de pécher ou de se détourner de Dieu, car c'est la nature même du cœur d'être dans un état constant d'alternance entre l'expansion et la contraction, tantôt tourné vers la création, tantôt vers le Créateur, entre l'ego mortel et l'esprit éternel. Le diable ne peut tenter le *qalb*, car le cœur intérieur est pur et appartient à Allah seulement. Le diable ne peut que murmurer à la poitrine, connue sous le nom de « sadr » en arabe, qui est la forteresse extérieure protégeant le cœur. Plus le cœur se renforce à travers le repentir, le rappel et la soumission à Dieu, plus les décibels de la voix du diable deviennent faibles en comparaison. C'est pourquoi le Prophète ﷺ dit à Allah « Ô Toi qui fait tourner les cœurs, affermis mon cœur sur Ta religion[45] ! »

Lorsque nous nous repentons, nous purifions le film de l'ego pour dévoiler la personne que nous sommes et que nous avons toujours été. Nous ne devenons pas les représentants de Dieu sur Terre à travers la réussite matérielle ou le savoir, mais par la prise de conscience du fait que sans la grâce de Dieu, nous serions indignes de cette tâche et incapables de la mener à bien. C'est pourquoi les sages prient « Seigneur ! Ne laisse pas dévier nos cœurs après que Tu nous aies guidés ; et accorde-nous Ta miséricorde. C'est Toi, certes, le Grand Donateur » (3:8).

C'est en revendiquant nos faiblesses que nous devenons réceptifs et que la puissance et la miséricorde de Dieu peuvent alors nous rendre plus forts. Le repentir est l'acte qui consiste à créer de l'espace pour que la volonté de Dieu nous traverse sans rempart.

Ce n'est que lorsque nous abandonnons d'abord notre néant à Dieu que nous devenons assez réceptifs pour recevoir la plénitude de Sa présence. Le récit suivant illustre avec beauté l'importance de se présenter à Dieu, vides de ce que nous pensons savoir.

> Une personne dans sa recherche spirituelle s'est rendue dans les montagnes d'Iran pour apprendre d'une mystique du nom de Essijan. Lorsque le maître apprit que le chercheur voulait apprendre le Divin, elle dit « D'abord, nous devons boire le thé ». Une fois l'eau bouillie, Essijan versa le thé dans la tasse du chercheur jusqu'à ce qu'elle soit pleine et commence à déborder sur la table. Essijan n'arrêta de verser le thé dans la tasse pleine que lorsque le chercheur, troublé, lui dit : « Maître, il n'y a plus de place dans cette tasse, elle est déjà pleine. »
>
> Son professeur sourit et lui répondit : « Tout comme toi. Comment pourrais-je t'apprendre les voies de l'esprit alors que tu es si plein ? Si tu veux être rempli de la conscience de Dieu, il te faut d'abord vider ta tasse de tes jugements, de tes erreurs passées, de tes opinions et de tout ce que tu penses savoir. »

Le repentir, dans son essence, consiste à « vider sa tasse » afin de pouvoir être rempli de la lumière pure du rappel du Divin. Un des meilleurs moyens d'y parvenir est de réciter la phrase « Astaghfirullah » qui signifie « Je demande pardon à Allah[46] ». Le rappel divin (dhikr) ne consiste pas seulement à se souvenir de Dieu en récitant Ses noms, mais cela consiste aussi à se rappeler que Dieu ne nous oublie jamais.

*La vie ne se résume pas à atteindre le paradis après la mort, il s'agit aussi de demeurer dans le palais de l'éternelle présence de Dieu de votre vivant.*

C'est en tournant notre conscience vers un Dieu à l'amour inconditionnel que nos cœurs se tranquillisent (13:28), et nos egos se transforment, passant de ce que le Coran appelle le moi dominant et destructeur (nafs al-amara) au moi satisfait et serein (nafs al-mutmainah). Comme le Prophète ﷺ l'a célèbrement dit : « Il existe pour chaque chose un vernis qui enlève la rouille, et le vernis du cœur est l'invocation d'Allah[47]. »

Cependant, tout comme vous ne serez pas mouillés en pensant simplement à l'océan, réciter les noms d'Allah sans profonde intention d'amour sera vain. Comme l'a écrit Kabir, le poète indien du quinzième siècle : « Si dire "Dieu" donnait la libération, dire "sucrerie" laissait un goût sucré en bouche, dire "feu" brûlait les pieds, dire "eau" étanchait la soif, dire "nourriture" bannissait la faim, le monde entier serait libre. » Se rappeler de Dieu dépasse quelques mots sur la langue, il s'agit là de tourner notre conscience vers le Divin, avec des paroles intentionnelles, suivies d'actes qui concrétisent notre intention.

## Retourner à Dieu par le souvenir du Divin

De nombreux chemins spirituels font appel aux chants sincères et répétitifs dans les pratiques de méditation et de prière comme moyen de faire l'expérience et de communier avec le Divin. Les traditions hindoues et bouddhistes utilisent les mantras, une formule sacrée de vibrations sonores qui lorsqu'elles sont répétées sont censées aider à éveiller l'esprit en inspirant un sentiment de transcendance spirituelle. Linguistiquement, le mot sanskrit « mantra » est composé de la combinaison de « man », signifiant « penser », et « tra » qui signifie « outil, instrument »[48]. En d'autres termes, un mantra est littéralement un « outil pour la pensée ou la pleine conscience ».

Il est fascinant de constater que le mot arabe *dhikr* est souvent traduit par « souvenir » ou « rappel », mais c'est aussi un outil pour la pleine conscience. Le mot *dhikr* vient de la racine à trois lettres « *dhal-kaf-ra* », qui signifie « magnifier, louer, garder à l'esprit et être attentif ». Cependant, dans la spiritualité islamique, la pratique du souvenir ou du chant sous la forme de *dhikr* ne vise pas à l'affirmation de soi ou l'expérimentation de l'extase spirituelle, il s'agit plutôt d'un outil permettant d'affirmer et de constamment « rappeler à l'esprit et au cœur » la singularité et la majesté d'Allah.

Le pouvoir du rappel intentionnel réside dans le fait qu'il place votre conscience dans le moment présent ; là où l'on fait l'expérience la plus intime de Dieu. Le rappel n'est pas simplement un retour à Dieu, c'est un retour à l'essence même de ce que vous êtes. Tout comme l'obscurité disparaît au moment de l'arrivée de la lumière, la rouille qui recouvre le cœur étant un produit de notre tendance à l'oubli, à travers l'acte même du souvenir, le cœur commence à être poli.

> *Comme un optométriste ajustant sa prescription pour corriger votre vision, le rappel et les louanges à Dieu réalignent, supplémentent et guérissent les yeux de votre cœur, vous permettant de voir la vérité telle qu'elle a toujours été.*

Le rappel de Dieu (dhikr) est l'une des pratiques les plus puissantes en islam, car c'est l'un des meilleurs moyens de permettre l'ouverture de notre cœur afin de recevoir l'amour divin inconditionnel qui brille sur nous depuis toujours. Une pratique puissante du rappel consiste à réciter « *Ya Allah* » ou « Oh Allah » en combinaison avec un des 99 noms divins d'Allah[49]. Il existe différentes prescriptions concernant le nombre de fois qu'il est préférable de chanter ces noms, mais le pouvoir du rappel et de la mention de Dieu ne vient pas du nombre de répétitions d'un nom divin en particulier. La véritable puissance du souvenir de Dieu dérive de l'intention et du cœur que nous mettons dans notre chant. Il est important de vous autoriser à être vulnérable et honnête en invitant la lumière divine dans les endroits où vous ressentez de la douleur, de la colère, de la tristesse, de la haine de soi et du doute.

Si nous voulons faire l'expérience de Dieu profondément, nous devons être avec Dieu d'une manière plus intime, à travers la pratique du rappel de Dieu, de la prière et du repentir. N'ayez pas honte de venir à Dieu avec vos péchés, vos désirs et vos parts/parties brisés. C'est notre faim, notre soif et le vide que nous ressentons qui créent notre envie de nourriture pour l'âme. Si nous étions rassasiés, nous ne serions pas en recherche. Dieu nous appelle à Lui en suscitant en nous l'indigence et la pauvreté. Les noms d'Allah sont un remède pour les parties les parties de nos coeurs et de nos âmes blessées ou en manque. Lorsque nous chantons avec sincérité le nom d'Allah ou tout autre nom divin de Dieu, le son vibratoire de l'arabe sacré ouvre nos cœurs et les rend réceptifs à la lumière divine de Dieu qui englobe toute Sa création.

Nous ne prions pas Dieu pour Son amour, nous prions Dieu parce que nous avons fait l'expérience de Son amour. Comment pourrions-nous gagner l'amour de Dieu alors que tout ce que nous pouvons Lui offrir Lui appartient déjà ? Rumi l'illustre poétiquement en disant à Dieu : « Tu ne sais pas à quel point il a été difficile de trouver un cadeau à T'offrir. Rien ne me semblait correct. Quel est l'intérêt d'amener de l'or à la mine d'or, ou de l'eau à l'océan ? Tout ce à quoi j'ai pensé revenait à amener des épices en Orient. Ce n'est pas suffisant non plus de T'offrir mon cœur et mon âme, car Tu les possèdes déjà. Alors je T'ai apporté un miroir. Regarde-Toi et souviens-Toi de moi ! »

Le but du voyage des Hommes ne consiste pas à devenir digne d'avoir une relation avec Dieu, car comme Rumi nous l'a rappelé, rien n'est digne de Dieu en dehors de Lui. Après tout, comment pourrions-nous « mériter » l'amour infini de Dieu à travers nos actions finies ? Ne pourrons-nous jamais prier suffisamment, donner suffisamment, aimer suffisamment pour mériter d'avoir été créés ? Les bonnes actions, le fait d'être humble, bon, pur et d'avoir conscience de Dieu sont des véhicules nécessaires qui nous permettent de faire l'expérience de l'amour de Dieu, mais nos actes seuls ne font pas que Dieu nous aime, car Son amour est inconditionnel. Nous ne sommes pas sur cette Terre pour trouver la foi ou l'amour, mais afin d'arroser les bénédictions que Dieu a déjà plantées en nous.

*« C'est Lui qui a fait de vous les successeurs sur Terre et qui vous a élevés, en rangs, les uns au-dessus des autres, afin de vous éprouver en ce qu'Il vous a donné. »*

**CORAN 6:165**

Dieu nous demandera dans quelle mesure nous avons manifesté de manière concrète les dons qu'Il nous a accordés. Il demandera si nous avons utilisé notre intellect au profit de la société ou à son détriment, si nous avons utilisé nos mains pour apporter la paix ou pour initier la guerre. Il demandera si nous avons gâché nos bénédictions en nous focalisant sur le matériel ou si nous avons utilisé ce qui nous a été donné par le Divin pour soutenir les plus démunis.

Dieu a accordé à chacun de nous des capacités et des talents uniques, et Il nous évaluera selon ce qu'Il nous a donné. Dieu ne nous note pas selon une courbe prédéfinie, Il ne nous compare qu'à nous-mêmes. Notre mission sur Terre est de recevoir et cultiver les dons de Dieu au profit de la création tout entière.

> « Le sens de la vie est de trouver son don. Le but de la vie
> est de le partager. »
>
> PABLO PICASSO, ARTISTE

## Vous pouvez être utile à Dieu tel que vous êtes

Nous polissons nos cœurs pour dévoiler l'interconnectivité de la création, pour embrasser en nous les endroits où réside l'amour et où la compassion fleurit, et pour voir que sous nos différences apparentes, nous provenons tous d'une seule et même graine d'origine divine. Lorsque nous faisons pleinement face à Dieu nous devenons comme un miroir sacré qui contient le monde entier dans notre amour. Après tout, notre séjour ici-bas ne se résume pas à se connecter au Divin dans notre adoration, une fois que cela est fait, nous devons revenir à la création comme un intermédiaire et un reflet de l'amour infini de Dieu sur Terre. Vous n'êtes pas seulement une poterie façonnée à partir de poussière et d'eau, vous avez été envoyés afin d'être les yeux de Dieu sur Terre. Vous avez été envoyés comme un reflet d'amour et de compassion pour tous ceux qui ont le cœur blessé. Vous avez été envoyés pour refléter la miséricorde de Dieu sur l'univers tout entier.

Comme le dit le mystique perse du neuvième siècle, l'imam Junayd :
« Le musulman est comme la terre, même lorsque des impuretés lui sont
jetées, elle s'épanouira en un vert pâturage. » Nous sommes appelés à être
semblables au dattier, tellement enracinés dans l'amour de Dieu que lorsqu'on nous jette une pierre, nous répondons avec des fruits au goût sucré.
Ne vivez pas votre vie en réaction à ce que les autres ont pu vous faire,
vivez votre vie dans la gratitude pour tout ce que Dieu a fait *pour* vous.

> *« Les serviteurs du Tout Miséricordieux sont ceux qui*
> *marchent humblement sur terre, qui, lorsque les ignorants*
> *s'adressent à eux, disent : Paix »*

**CORAN 25:63**

Dieu nous appelle à ne pas réagir à l'ignorance des Hommes, mais
plutôt à vivre une vie qui reflète l'amour et la sagesse de Dieu. Servir Allah
signifie aussi servir Ses créations, car comment pouvons-nous réellement
aimer le Créateur si nous n'aimons pas et ne révérons pas profondément
ce qu'Il a créé ? Nous sommes appelés à être les mères de la création, nous
sommes appelés par Dieu à prendre toutes les créatures de la Terre sous
nos ailes de compassion et de soin comme si elles étaient nos propres
enfants. Comme le dit l'intellectuel du vingtième siècle Seyyed Hossein
Nasr : « L'Homme est le pont entre la Terre et le ciel. D'une part, il doit
quitter la Terre pour le ciel, et d'autre part, il doit ramener le ciel sur la
Terre. Il doit servir de conduit, de canal pour la Grâce divine[50]. »

Il n'existe pas de condition préalable pour commencer le voyage qui
consiste à refléter l'amour de Dieu sur l'ensemble de l'univers. Dieu peut
vous utiliser exactement tel que vous êtes. Si des bergers, des orphelins,
des prisonniers et des réfugiés ont été appelés à être prophètes, alors
Dieu peut vous utiliser tel que vous êtes en ce moment même comme un
catalyseur de changement.

> *La miséricorde divine nous accepte tels que nous sommes,*
> *mais Il nous aime trop pour nous laisser rester les mêmes.*

Tout comme la graine germe lorsqu'elle est embrassée par la lumière du soleil, lorsque nous sommes ouverts à recevoir la lumière de l'amour de Dieu, nous nous transformons à notre tour. C'est lorsque nous nous alignons avec notre esprit divinement inspiré que nous éveillons en nous une aspiration sacrée à la justice, une passion pour le fait d'apporter la clémence et la bienveillance aux cœurs en souffrance et un désir ardent de voir le monde être en harmonie avec les lois de l'amour divin. Lorsque nous nous abandonnons à Dieu, Lui permettant d'agir à travers nous, non seulement nous nous transformons, mais notre alignement divin crée une force magnétique qui tire les autres vers le pôle de la compassion divine, la miséricorde et l'amour envers toutes les créatures sans discrimination. Ce n'est pas grâce à notre capacité que de grandes choses se déroulent, mais par la grâce de Dieu.

L'arche de Noé a été construite par un prophète âgé dans le désert, et elle a survécu au déluge qui a noyé son monde alors que les plus grands ingénieurs du monde ont construit le Titanic en déclarant « Dieu lui-même ne pourrait pas couler ce navire », et pourtant il a coulé lors de son premier voyage[51]. Lorsque nos efforts et nos aspirations prennent racine dans la foi, nos actions mènent à des résultats durables bien au-delà de ce que nous pouvons imaginer. Notre mission n'est pas de changer le monde. Notre mission est de servir et d'aimer le monde, de croire que lorsque nous servons Dieu et Ses créations avec amour, le monde commence à guérir, par la vertu de la miséricorde de Dieu.

Nous vivons dans un *uni-vers,* ce qui signifie qu'il n'y en a qu'un. Il n'y a pas de tiers monde, il n'y a qu'un seul monde. Le Coran parle intimement à notre nature interconnectée en nous rappelant que nous venons tous d'une seule âme. L'appel de l'islam à vivre concrètement notre unité peut être compris à travers l'expression sud-africaine « ubuntu », qui se traduit par « Je suis ce que je suis grâce à ce que nous sommes tous[52] ».

Afin de mieux comprendre la force de la sagesse du terme Ubuntu et la manière dont il nourrit l'idéal musulman de la notion de communauté, considérons l'histoire suivante.

Un jour, un anthropologue a raconté à un groupe d'enfants africains qu'il avait placé un panier de fruits sous un arbre au loin, et que celui qui l'atteindrait en premier pourrait manger tous les fruits. Les enfants lui ont souri puis ils se sont pris la main et ont couru vers l'arbre ensemble. Alors qu'ils s'asseyaient, heureux de manger les fruits ensemble, l'anthropologue leur demanda pourquoi ils avaient couru en groupe en sachant que la récompense serait moindre si elle était partagée. À nouveau, les enfants ont souri, et lui ont répondu : « Ubuntu, je suis parce que nous sommes[53]. »

Dans le contexte de la foi, quelqu'un qui adopte la philosophie du concept d'Ubuntu est une personne qui sait que Dieu manifeste Son amour de la manière la plus complète lorsque nous sommes conscients de notre interconnectivité. Tout comme une seule goutte d'eau paraît impuissante, mais beaucoup de gouttes ensemble peuvent créer un courant assez puissant pour sculpter la pierre en formes aussi magnifiques que celles du Grand Canyon, le concept d'Ubuntu nous rappelle que notre véritable force en tant qu'êtres humains est libérée lorsque nous nous unissons et travaillons ensemble. Comme l'a dit un mystique « Nous sommes, chacun de nous, des anges qui n'ont qu'une aile et qui ne peuvent voler qu'en enlaçant un autre ange ». Lorsque nous considérons la satisfaction des besoins d'autrui comme aussi importants que les nôtres, nous matérialisons ce que cela signifie d'avoir la foi.

> *« Aucun de vous ne sera croyant jusqu'à ce qu'il aime pour son frère, ce qu'il aime pour lui-même[54]. »*
>
> PROPHÈTE MOHAMMED ﷺ

De même que lorsque le soleil brille, il éclaire tout le monde, et lorsque la pluie tombe, elle se déverse sur tout le monde, nous avons été créés comme représentants divins pour manifester la gloire de Dieu envers l'ensemble de Sa création. Comme le Prophète Mohammed ﷺ le dit :« Toute l'humanité descend d'Adam et Eve. Un Arabe n'est pas supérieur à un non-Arabe et un non-Arabe n'est pas supérieur à un Arabe. Un Blanc n'est pas supérieur à un Noir et un Noir n'est pas supérieur à un Blanc – seulement par la piété et la bonne action[55]. » Être un véritable musulman consiste à regarder toute créature de Dieu et dire :

> *J'honore le caractère sacré de ta vie, indépendamment de tes*
> *croyances ; si le Créateur de l'univers a décidé de te créer de*
> *l'esprit de Son amour, en vertu de ton existence même, tu es*
> *plus que suffisant pour moi.*

Contre toute attente, Dieu ne nous a pas créés pour que nous passions le temps précieux de la vie qu'Il nous a accordée à juger les autres ou à décider de qui mérite la miséricorde et le pardon. Nous sommes appelés à conseiller les autres avec compassion et amour, car finalement Dieu est Le seul à pouvoir nous juger. Une partie du but de notre vie sur Terre est d'aimer toutes les créatures sans frontières ni limites. Comme le dit Rumi : « Dans ce grand mystère, rien ne nous appartient vraiment. Quelle est donc cette concurrence que nous ressentons avant de franchir, l'un après l'autre, le même portail ?»

Nous avons tous la même origine et nous retournons tous au même Dieu qui nous a créés. Puisque nous venons tous d'une seule âme, tout ce qui arrive à chaque personne affecte, positivement ou négativement, chacun d'entre nous d'une certaine mesure. La vocation divine de l'humanité à être le gardien ou le représentant de Dieu sur Terre est merveilleusement exprimée dans le judaïsme à travers l'enseignement du Tikkun Olam ou « La réparation du monde ». Le principe du Tikkun Olam est que si nous voyons ce qui doit être réparé et guéri dans le monde, alors nous avons trouvé ce que Dieu nous a appelés à accomplir en Son nom. Cependant, si nous ne voyons que ce qui est brisé et mauvais en ce monde, alors c'est nous-mêmes qui devons être guéris. Nous faisons partie de ce monde, donc lorsque nous nous changeons, le monde change aussi. Après tout, nous ne pouvons donner que ce que nous contenons nous-mêmes.

C'est ce qu'exprime parfaitement l'histoire suivante du prophète Jésus, tirée des enseignements du poète perse du douzième siècle, Attar.

Jésus et ses fidèles disciples entrèrent dans une ville où les villageois se sont mis à proférer des injures à l'encontre de Jésus et de fausses accusations qui ne correspondaient pas à son statut de saint, son comportement aimable et son cœur tendre. Jésus tournait son visage vers eux et répondait à chaque remarque sévère par une prière à Dieu, pleine de miséricorde, pour leur bonheur et une vie heureuse. Un de ses disciples se tourna alors vers lui, « Oh maître, pourquoi priez-vous pour ces gens horribles ? N'êtes-vous pas rempli d'une colère juste envers leurs propos haineux ? ». Jésus regarda son disciple avec douceur et répondit : « Mon frère, je ne peux dépenser que ce que j'ai dans ma bourse. »

De même que si vous pressez une orange avec force ou avec douceur, elle ne produira que du jus d'orange, Jésus ne portait pas de haine en lui, de sorte que lorsque des mots durs le pressaient, seul l'amour en sortait. La façon dont nous répondons au monde n'a rien à voir avec le monde et tout à voir avec ce que nous portons dans nos propres âmes. Personne n'a le pouvoir de nous mettre en colère. Le monde ne fait que dévoiler la colère que nous portons déjà en nous. Ce n'est que lorsque nous devenons un jardin où fleurissent les qualités de Dieu que nous pouvons offrir aux autres aussi les fruits divins de la paix, de l'amour, de la compassion et de la miséricorde. L'aventure humaine est judicieusement illustrée par une histoire ancienne transmise oralement au fil du temps.

Un voyageur se promenait dans une ville, en quête d'espoir, lorsqu'il croisa un mendiant infirme, puis une vieille femme se faisant battre, puis les funérailles d'un bébé. Il tomba alors dans un état de douleur, désemparé par le désespoir, la famine et la destruction dont il était témoin. Il courut hors de la ville et dans le vaste silence nocturne du désert il cria à Dieu : « Oh mon Dieu ! Pourquoi y a-t-il tant de douleur ? Pourquoi y a -t-il tant d'oppression, tant d'injustice ? Pourquoi ne fais-tu pas quelque chose ? »

L'homme pleurait en frappant du poing le sol du désert, les larmes continuant de couler encore et encore, « Pourquoi n'agis-Tu pas

Seigneur ? Pourquoi y a-t-il tant de guerres, de cancer et de haine ? Pourquoi tant de gens doivent s'endormir affamés ? Pourquoi des enfants doivent-ils être sans-abri ? Oh, mon Dieu, pourquoi n'agis-Tu pas ? Oh, mon Dieu, pourquoi n'éteins-Tu pas les flammes de notre tristesse ? Pourquoi n'apportes-Tu pas la joie là où il n'y a plus d'espoir ? Pourquoi ne fais-Tu pas quelque chose ? Pourquoi ?! »

Le pauvre homme enfonça ses phalanges dans le sable chaud et cria jusqu'à tomber dans un état extatique, et il entendit alors la réponse divine : « J'ai fait quelque chose. Je t'ai créé toi. »

## Dévoiler votre but divin

Dieu a créé chacun de nous avec des empreintes digitales différentes comme un rappel que chacune de nos empreintes sur ce monde est unique. Comme le dit le Coran : « Dieu a établi pour vous la Terre comme un tapis, afin que vous suiviez des voies spacieuses. » (71:19-20) Nous partageons l'appel à adorer Dieu, mais la manière dont nous servons Dieu, dans le cadre de ce qu'Il a prescrit, peut être aussi diverse qu'il y a de créatures dans l'univers.

« *Il y a mille façons de s'agenouiller et d'embrasser le sol.* »

RUMI

Ne vous comparez pas aux autres, car chaque personne porte en son âme une chanson divine unique, une mélodie d'amour, de douceur, de miséricorde, de justice, de liberté et d'unicité qui se languit de jouer dans la salle de spectacle de la création. Tout ce qui existe est une symphonie de louanges pour le Divin. Le savoir nous encourage à nous abandonner au chant unique que Dieu a composé et écrit sur les pages de notre cœur avant même que nous soyons envoyés sur Terre. Nous pouvons commencer le processus de découverte de ce but divin en nous posant la question suivante, simple et pourtant si puissante :

*Qu'est-ce qui me brise le plus le cœur ?*

Ce qui vous touche et vous inspire avec le plus de passion est la graine qui contient votre but. Rumi dit : « Laissez-vous, en silence, être attiré par l'attraction de ce que vous aimez vraiment. » Votre cœur est la boussole qui vous mènera à l'œuvre sacrée que Dieu vous a appelé à accomplir. Votre fitra, cet alignement primordial avec le divin, est la boussole de votre âme. Lorsque vous êtes attentifs à ce guide intérieur, vous trouverez toujours le chemin qui éveille votre esprit et stimule vos sens.

Les bienfaits qui vous ont été accordés, vos épreuves et vos victoires, votre chemin fait de chutes et d'élévations, vos dons et vos talents, tout est connecté. Votre véritable vocation se trouve dans les bras de vos blessures les plus profondes. Dieu ne vous brise que pour vous remodeler, car l'effondrement précède la percée. Tout ce que Dieu a inscrit sur votre chemin était destiné à vous préparer à ce moment précis. Dieu veut que nous venions à lui tels que nous sommes et non tels que nous pensons devoir être.

> « L'endroit où vous êtes en ce moment, Dieu l'a encerclé sur
> une carte pour vous. »
>
> HAFIZ, POÈTE PERSE DU 14ᵉ SIÈCLE

Tant que votre cœur bat, vous avez un but. Dieu est intentionnel, donc Il ne garde personne sur Terre qui ne doit pas y être ; s'Il nous bénit de plus de vie, c'est que quelqu'un dans le monde a besoin de nous. Si nous sommes en vie, cela signifie que ce pour quoi nous avons été envoyés sur cette Terre n'a pas encore été accompli. Le rabbin Nachman de Bratslav a dit : « Le jour de ta naissance est le jour où Dieu a décidé que le monde ne pouvait exister sans toi. »

Ce monde a besoin de vous. Votre importance va au-delà de ce que les mots peuvent exprimer, car le Dieu qui a créé toute l'existence a choisi de vous créer. Dans le Coran, Allah dit : « Nous n'avons créé les cieux et la Terre, et tout ce qu'il y a entre eux que pour un but précis, et pour un temps limité. » (46:03) Nous sommes tous très différents les uns des autres lorsque nous sommes séparés, mais comme les pièces d'un puzzle, nous avons chacun un espace unique à remplir afin de compléter le tableau de l'unité sur Terre.

*« Faites place [aux autres] dans les assemblées. Alors faites place et Allah vous ménagera une place (au Paradis) »*

CORAN 58:11

Quand Allah a créé la création, Il a dit : « Sois ! Et elle est aussitôt. » (36:82) Allah nous a déjà donné tout ce dont nous avons besoin ; notre mission est de suivre le chemin qu'Il a pavé, suivre les conseils qu'Il a donnés et laisser Sa volonté parfaite se déployer en nous comme les pétales d'une rose, nous abandonnant à la lumière divine de Son amour. En suivant notre cheminement spirituel, notre volonté commence à s'aligner sur la volonté de Dieu.

*« Lorsque l'homme oublieux se réveille le matin, il pense à ce qu'il va faire, alors que l'homme intelligent voit ce que Dieu fait avec lui. »*

IBN ATA ALLAH AL-ISKANDARI, MYSTIQUE DU 13ᵉ SIÈCLE

Ce n'est que lorsque nous nous définissons comme faqir ou que nous acceptons notre état de « sainte pauvreté » comme le disent les bouddhistes, que nous pouvons comprendre que nous devons être complètement vides de ce monde pour être capables d'être entièrement remplis de la présence éternelle de Dieu. Ce n'est que lorsque nous choisissons de tout abandonner que nous devenons véritablement libres. Ce n'est que lorsque nous ne possédons rien que nous n'avons rien à perdre et devenons actionnaires de tout. Comme les nuages flottant librement dans le ciel sans avoir besoin de s'approprier l'air, ou les oiseaux qui considèrent la Terre entière comme leur maison, lorsque nous lâchons prise et que nous cessons de nous accrocher, nous devenons réceptifs à tout ce que Dieu a écrit pour que nous en profitions.

*« Je vous le dis : si le grain de blé tombé en terre ne meurt pas, il reste seul ; mais s'il meurt, il porte beaucoup de fruits. Qui aime sa vie la perd ; qui s'en détache en ce monde la gardera pour la vie éternelle.[56] »*

LA BIBLE (JEAN 12:24-25)

Faisant écho à la beauté de ce verset biblique, les mystiques musulmans décrivent le pouvoir de transformation d'un cœur humblement livré à Dieu dans le récit suivant :

> Alors qu'une goutte de pluie tombait d'un nuage plein, elle regarda l'océan et dit :« Qui suis-je comparée à cette mer infinie ? » L'humilité de la goutte de pluie a inspiré le cœur d'une huître à ouvrir sa coquille pour la laisser entrer, la transformant en une magnifique perle[57].

C'est en acceptant notre finitude et notre faillibilité devant Dieu que nous sommes préparés à être transformés par Son amour infini. En arabe, un des mots pour désigner l'amour est *muhabba*, qui vient d'une racine, signifiant « effacer ». Cela implique que la connaissance d'Al-Wadud, Le Bien-Aimant, commence par l'effacement de tout attachement au soi. Comme le dit Rumi : « Sois comme la neige qui fond, lave-toi de toi-même. »

Lorsque nous enveloppons notre volonté dans la volonté de Dieu, nous effaçons la recherche du moi, en échange de ce que le Divin cherche à créer à travers nous. Pour connaître un Dieu unique, toute séparation doit disparaître, car ce n'est que lorsque les lignes entre l'amant et le Bien-Aimé se dissolvent que nous commençons à voir le monde tel qu'il est et non tel que nous le projetons. Nous ne tombons pas amoureux de Dieu, nous tombons dans l'amour de Dieu. C'est toujours Dieu qui agit, c'est toujours Dieu qui nous aime. Comme le dit Rumi : « Frappe, et Il ouvrira la porte. Disparais, et Il te fera briller comme le soleil. Tombe et Il t'élèvera dans les cieux. Ne deviens rien et Il te transformera en tout. » De même que le roseau doit se vider pour devenir une flûte, nous devons être vides de notre ego pour que le souffle de Dieu circule en nous, faisant de nous un instrument unique de Sa volonté dans la symphonie de Son amour et de Sa miséricorde qui embrassent tout.

> *Mon Seigneur, aide-moi à marcher fidèlement sur le droit chemin du retour vers Ton étreinte d'amour. « Seigneur, ouvre mon coeur, et facilite ma mission » (20:25-26). Comme mon Prophète bien-aimé ﷺ le dit : « Oh Allah ! Inspire mon*

*cœur pour me guider et me sauver du mal de mon âme[58].*
*» Seigneur, inspire mon cœur à se tourner vers Toi dans la*
*peur et dans l'espoir, dans l'échec et dans la réussite, dans*
*le bonheur et dans la peine, et inspire-moi à Te chercher et*
*T'atteindre dans tous les moments de ma vie. « Seigneur,*
*parfais-nous notre lumière et pardonne-nous. Car Tu es*
*Omnipotent » (66:8). Je prie en Tes noms révélateurs, Amine.*

## Méditation : guérir son cœur avec les 99 noms divins

Nous ne pourrons jamais connaître l'essence de Dieu, mais nous pouvons faire l'expérience du pouvoir de guérison de Ses noms divins. L'exercice suivant est un moyen puissant de renforcer notre lien avec Dieu, même à travers les épreuves qu'Il nous a destinés à affronter.

- La prochaine fois que vous vous trouvez dans une situation de conflit, demandez-vous : « De quoi avais-je besoin et n'ai-je pas reçu ? » Si vous rencontrez des difficultés à identifier ce dont vous avez besoin, le fait d'écrire dans un journal à propos du conflit que vous rencontrez peut vous aider. Une façon de le faire est d'écrire de façon libre. Réglez un minuteur sur 5 à 7 minutes et écrivez sans vous arrêter jusqu'à ce que votre alarme sonne. Si vous êtes bloqué, écrivez sur le fait que vous ne savez pas quoi faire. Continuez à écrire sans vous arrêter et sans filtre.

- Une fois que vous avez écrit ce que vous avez ressenti lors du conflit, revenez en arrière et entourez ou mettez une étoile à côté des mots ou parties clés qui vous semblent importants. Prenez un moment pour ressentir quels sont vos besoins émotionnels, spirituels ou physiques qui n'ont pas été satisfaits. Notez les moments où vous aviez besoin d'amour, de compassion, de gentillesse, de quelqu'un à qui faire confiance, de sécurité, de protection, de pardon, de patience, de miséricorde, de force, d'être entendu, qu'on vous prenne dans les bras ou d'être réconforté.

- Une fois vos besoins identifiés, allez à l'annexe, dans la section «

Les 99 noms divins d'Allah » et choisissez un des noms d'Allah, celui qui se rapproche le plus de ce dont vous avez besoin.

- Par exemple, si vous identifiez un besoin profond d'être entendu ou d'être vu, essayez les noms *As-Sami'* (L'Audient) ou *Al-Basir* (Le Clairvoyant). Si c'est de respect dont vous aviez besoin, essayez le nom *Al-Muiz* (Celui qui dignifie). Si vous réalisez que vous aviez un besoin profond de compassion et de clémence, essayez le nom *Ar-Rahman* (Le tout miséricordieux). Si vous aviez besoin d'amour ou de pardon, essayez les noms *Al-Wadud* (Le Bien-Aimant) ou *Al-Ghaffu*r (Le Grand Pardonneur).

- En pratiquant cet exercice les premières fois, il peut vous sembler difficile d'identifier vos besoins profonds. Si vous n'êtes pas certain du nom à utiliser, vous pouvez essayer de pratiquer cet exercice avec celui qui englobe tout - *Allah.*

• Une fois que vous avez identifié quel nom divin se rapproche le plus de ce dont vous avez besoin, demandez-vous à quel endroit de votre corps vous ressentez ce besoin non satisfait. Ressentez-vous une gêne au niveau de l'estomac ? De l'anxiété ou une oppression au niveau de la poitrine ? Une constriction au niveau de la gorge ? Un bon moyen d'identifier l'endroit où vous retenez physiquement vos émotions consiste à imaginer que vous scannez votre corps. Commencez par le haut de la tête, re-marquez si vous avez des tensions au niveau de la tête ou du cou. Descendez lentement le long des bras, la poitrine, le ventre, les jambes, jusqu'aux orteils en laissant votre corps vous montrer où se trouvent les tensions ou les besoins non comblés. Placez votre main là où vous ressentez une constriction, si aucun endroit de votre corps ne ressort en particulier, placez simplement votre main au niveau de votre cœur et portez toute votre attention à l'espace sous votre paume.

• Trouvez un endroit confortable où vous asseoir, le dos droit et le corps bien ancré.

- Récitez le nom divin choisi 100 fois, en attirant lentement la vibration de chaque lettre vers votre cœur ou là où vous ressentez une constriction.
- Remarquez votre ressenti après cet exercice.
- Répétez ce processus pour chaque besoin non satisfait ressenti.
- En quoi est-ce différent de se tourner vers Allah pour satisfaire ses besoins plutôt que vers soi-même ou vers d'autres personnes?

## Méditation : journal de gratitude

La générosité fleurit dans le sol de la gratitude. Plus nous sommes conscients et reconnaissants des bénédictions qui nous ont été accordées, plus nos cœurs sont ouverts et généreux. Comme nous l'avons déjà mentionné, le Coran nous montre que nous faisons l'expérience de la générosité de Dieu à travers notre gratitude : « Si vous êtes reconnaissants, très certainement J'augmenterai [Mes bienfaits] pour vous. » (14:7). Puisque ce sur quoi vous vous concentrez ou ce que vous magnifiez devient plus grand, lorsque vous vous focalisez sur vos bénédictions, vous trouverez davantage de raisons d'être reconnaissants.

Une des façons les plus puissantes d'arroser les graines de gratitude et de générosité consiste à tenir un journal de gratitude. La clé pour que cet exercice soit efficace réside dans les trois E : exprimer ses émotions, élargir, et s'exercer. Tout d'abord, il faudra vous engager et vous connecter avec vos émotions lorsque vous écrivez les choses pour lesquelles vous êtes reconnaissant. Ensuite, élargissez votre gratitude au-delà de votre propre cercle en considérant les choses pour lesquelles vous êtes reconnaissant à l'échelle de la communauté au sens large (les agriculteurs qui ont cultivé votre nourriture, les maçons qui ont construit votre maison, le soleil qui se lève tous les matins, les nuages qui apportent la pluie, etc.). Enfin, vous devez vous assurer de définir l'intention de vous exercer à cette pratique au quotidien, car plus vous prenez le temps pour exprimer votre gratitude, plus vous remarquerez l'abondance des bienfaits que Dieu vous a accordés.

- Achetez un journal ou confectionnez le vôtre.

- Chaque matin au réveil ou chaque soir avant de vous coucher, consacrez un moment à l'écriture de 3 à 5 choses pour lesquelles vous êtes reconnaissant.

- Si vous avez du mal à trouver des raisons d'être reconnaissant, considérez les points suivants qui peuvent s'appliquer : vous pouvez lire, vous pouvez écrire, vous êtes en bonne santé, vous pouvez marcher, vous avez la capacité de penser, vous avez un lit confortable et un toit, vous avez de quoi manger, vous êtes en sécurité, vous avez les moyens d'aller à l'école, vous êtes aimé, vous avez la foi, vous pouvez voir cette page ou entendre ces mots.

- Assurez-vous de véritablement engager vos émotions et ressentez vraiment de la gratitude pour les choses que vous avez écrites. Si vous avez du mal à vous connecter émotionnellement à ce pour quoi vous vous sentez reconnaissant, le fait d'imaginer à quoi ressemblerait votre vie si vous n'aviez pas ces mêmes bienfaits peut parfois aider. Par exemple, si vous êtes reconnaissant pour votre vue, imaginez ce que vous pourriez ressentir si vous n'aviez pas la capacité de voir.

- En fin de semaine, lisez à voix haute les choses pour lesquelles vous êtes reconnaissant, en étant conscient de la façon dont la gratitude a pu affecter votre relation avec vous-même et Allah.

- Qu'est-ce que cela fait de se concentrer sur ses bénédictions au quotidien ?

*« Alif, Lam, Ra. (Voici) un Livre que Nous avons fait descendre sur toi, afin que, par la permission de leur Seigneur, tu fasses sortir les gens des ténèbres vers la lumière, sur la voie du Tout Puissant, du Digne de louange. »*

**CORAN 14:1**

*« Fais du Coran le printemps de mon cœur, la lumière de ma poitrine, la dissipation de ma tristesse et la fin de mes soucis[1] . »*

**PROPHÈTE MOHAMMED** ﷺ

# 3

# LE MONDE
# MYSTÉRIEUX DU
# CORAN

Le Coran est une lettre d'amour divine envoyée par Allah. Il nous montre toutes les façons dont Il nous a aimés avant même que l'on n'ait eu l'occasion de L'aimer ni même de Le connaître. Chaque mot de cette révélation est imprégné de la miséricorde divine, parfumé d'un amour inconditionnel et d'une grâce totalement indépendante de l'action humaine. Le Coran n'est pas une destination ni un mur — c'est une fenêtre. Il ne nous appelle pas à lui, il nous appelle plutôt à regarder à travers lui l'essence mystérieuse de Dieu qui anime l'ensemble de l'existence. Il nous rappelle que, puisque tout est une manifestation de l'amour de Dieu, en vertu de notre existence même, nous ne pouvons jamais être en dehors de l'océan inépuisable d'amour et de miséricorde de Dieu.

Le Coran est unique dans le sens où il incarne un livre dont l'Auteur est amoureux du lecteur et le lecteur cherche à connaître cet amour. Depuis la nuit des temps, l'humanité a reçu des révélations de Dieu afin de guider les Hommes vers la voie divine de la paix. Plus qu'un livre de lois, le Coran est connu comme Al-Furqan ou « Le Discernement ». C'est parce qu'il est une lumière de discernement qui nous permet de faire la distinction entre la voie du retour vers l'Origine de l'Amour (Al-Wadud) et les chemins qui nous détournent de la manifestation de l'essence de ce que nous sommes et à qui nous appartenons.

## Le pouvoir mystérieux de la récitation

Le Coran est un rappel oral de l'omniprésence de Dieu, qui sert à unifier et à rassembler toutes les âmes dans l'unicité de Dieu. En fait, le mot « *Coran* » provient de la racine à trois lettres « *qaf-ra-hamza* » qui signifie « réciter, lire, rassembler, recueillir et unir ». De manière holistique, il est possible de dire que l'ensemble du message du Coran se focalise sur le concept du *tawhid*, qui signifie littéralement « rendre unique ». Réciter la parole de Dieu agit comme un code de réinitialisation. Cela interrompt les schémas négatifs de notre conditionnement au monde en mettant en lumière les endroits où nous résistons à l'union divine avec Dieu.

Par dessein divin, le Coran confrontera votre ego, défiera vos vérités subjectives, il se frottera à votre résistance à la soumission à Dieu, il brisera vos images limitantes à la fois à propos de la personne que vous êtes et de Dieu. Par sa nature même, vous vous sentirez provoqué par certaines parties du Coran, car cette révélation est semblable à un miroir pur. On y voit ce que l'on apporte. Si vous y venez avec de la haine et de la division, vous y verrez la haine de votre propre cœur qui vous sera renvoyée. Si vous y venez en reflétant les qualités divines d'amour, de miséricorde, de bienveillance et de majesté, alors vous goûterez à la beauté de Dieu.

> « *Une goutte de pluie peut tomber dans la bouche d'un coquillage ou d'un serpent, mais dans un coquillage elle se transformera en perle et dans le serpent elle se transformera en poison.* »
>
> **IMAM ALI**

Tout ce que vous voyez dans ce Livre renvoie à votre propre état de conscience. Chaque mot du Coran est une lanterne qui illumine l'obscurité de nos peurs, pénètre les grottes de notre subconscient, mettant en lumière les parties de nous-mêmes que nous faisons tout pour cacher.

Le livre d'Allah commence le processus de guérison de nos cœurs en amenant une plus grande conscience aux endroits où nous nous sommes détournés de Dieu. Comme le dit le célèbre psychiatre Carl Jung : « Ce n'est pas en regardant la lumière que nous devenons éclairés, mais en rendant l'obscurité consciente. » Le but des différents principes de la foi révélés dans le Coran est de dévoiler notre obscurité et nos péchés cachés comme moyen de nous offrir la guérison et le pardon divin. La profession de foi (chahada) nous montre ce que nous adorons, la prière (salat) met en lumière nos fausses idoles, jeûner durant le mois de Ramadan renforce notre volonté et notre conscience de Dieu, payer l'aumône légale (zakat) dévoile notre cupidité et le pèlerinage (Hajj) nous permet de voir notre attachement à ce bas monde. L'islam, de manière holistique, vous confronte à toutes les différentes facettes de votre ego, car c'est seulement par la lumière de la conscientisation que les graines du changement commencent à fleurir. Comme nous l'enseigne Fatima Zahra, la fille bien-aimée du Prophète ﷺ : « La sagesse au sein du Coran vous fera passer de l'obscurité de l'ignorance à la lumière de la connaissance. »

## Le Coran n'est pas vraiment un livre

Dans le Coran, lorsque Allah fait référence à « l'Ecriture-Mère » (43:4), Il fait en fait référence à la Tablette préservée (*Al-Lawh Al-Mahfou*d). C'est un « livre » qui se trouve dit-on au plus haut niveau du paradis, contenant dans ses pages mystérieuses les décrets de Dieu, les mots du Coran et toute autre révélation. Bien que nous fassions référence au Coran comme à un « livre », il ne s'agit pas en réalité des mots écrits de la révélation, mais de la récitation de ces mots.

*Le Coran est une réflexion de la parole de Dieu manifestée*
*sur la langue de l'être humain.*

Alors que les mots sur papier sont limités à un seul point focal, lorsque les mots sont prononcés à voix haute, ils émanent en vagues de vibration dans toutes les directions. Puisque les mots sur papier peuvent être éloignés du lecteur, et le Coran étant la récitation des mots de Dieu, il nous faut interagir avec le Coran pour en faire l'expérience — nous devons faire entrer la parole d'Allah à l'intérieur de nos esprits et de nos cœurs puis les réciter. Cette pratique a également un sens scientifique. Des études ont montré que l'action combinée de parler à voix haute et de s'entendre augmente significativement la probabilité que ce que nous lisons soit stocké dans notre mémoire à long terme[2].

Les mots du Coran ont été mis par écrit et reliés dans un livre, connu sous le nom de *Mus'haf*, afin de préserver et de diffuser le message sacré de Dieu. Depuis le début de la révélation, les compagnons du Prophète ﷺ mémorisaient les versets du Coran et les écrivaient sur du parchemin, de la pierre, des os d'animaux, des morceaux de cuir et de tissus. Dans les 20 années qui ont suivi la mort du Prophète ﷺ une version manuscrite complète du Coran a été compilée, copiée et envoyée dans l'ensemble du monde musulman. Cependant, il est important de souligner que les chapitres du Coran ne sont pas compilés dans l'ordre de révélation. Les récits suggèrent que le Prophète Mohammed ﷺ passait en revue toutes les écritures révélées avec l'Ange Gabriel durant le mois de Ramadan, et Gabriel dictait l'emplacement de chaque verset. Certains savants ont suggéré que le Coran ne suit pas d'ordre chronologique par commandement divin, afin qu'il ne se lise pas comme un livre d'histoires. D'une manière plus profonde, l'ordre du Coran nous rappelle que notre relation à Dieu n'est pas linéaire ni unidimensionnelle, car Dieu est au-delà du temps et de l'espace.

Si le Coran écrit est hautement respecté et honoré, rien de ce qui est fait aux mots écrits du Coran n'a d'effet sur sa sainteté. Tout comme un millier d'océans ne pourraient éteindre la lumière de la lune, car elle n'est pas la source de sa propre lumière, on ne pourrait diminuer la lumière du Coran, car il est le reflet de la parole éternelle de Dieu reflétée dans le miroir de ce monde terrestre[3]. Penser qu'il est possible d'effacer, de profaner ou de brûler le reflet du Coran sur Terre serait comme frapper un miroir et penser que la personne qui s'y reflète sera blessée. Après tout, le Mus'haf est une manifestation tridimensionnelle de la parole de Dieu, gardée dans les cieux, bien au-delà de tout ce que nous pourrions comprendre (*Al-Lawh Al-Mahfoud*). Le Coran réitère la nature infinie de la parole de Dieu : « Si la mer était une encre [pour écrire] les paroles de mon Seigneur, certes la mer s'épuiserait avant que ne soient épuisées les paroles de mon Seigneur, quand bien même Nous lui apporterions son équivalent comme renfort. » (18:109)

## Le premier mot de la révélation : *Iqra!*

Le Coran est descendu directement du trône majestueux du Divin, des cieux les plus élevés par le pont céleste de l'Ange Gabriel, se déversant dans le cœur du Prophète Mohammed ﷺ. C'est en l'an 610 de notre ère, que Mohammed ﷺ, alors âgé de 40 ans a reçu les premiers mots du Coran.

Il méditait dans une grotte de *Jabal Al Nour* ou « la montagne de la lumière » lorsque l'Ange Gabriel l'entoura de la lumière de la révélation[4]. « *Iqra'* ! » commanda-t-il alors à Mohammed ﷺ, « Lis ! ». L'Ange ordonna encore à Mohammed ﷺ « Lis ! » puis encore une fois, il lui dit « Lis, au nom de ton Seigneur qui a créé, qui a créé l'Homme d'une adhérence. Lis! ton Seigneur est le Très Noble, qui a enseigné par la plume [le calame], a enseigné à l'Homme ce qu'il ne savait pas » (96:1-5).

La vibration de la majesté divine s'est déversée alors que les yeux du cœur du Prophète ﷺ s'ouvraient à la réalité selon laquelle le Coran n'était pas constitué de lettres, mais qu'il était une fréquence divine de lumière imprimée au sein de son esprit même. Tout comme le corps humain porte une âme intangible, les lettres du Coran portent en elles le code sonore sacré de la lumière divine. Le Coran est un texte vivant envoyé pour faire « sortir les gens des ténèbres vers la lumière » (14:1). Par la puissance de l'amour divin, le message du Coran a une façon de nourrir les graines de notre bonté innée. Certains savants ont suggéré que lorsque la pluie est mentionnée dans le Coran, c'est en fait une métaphore de la parole miséricordieuse de Dieu, et que la terre aride est une métaphore du cœur humain. Tout comme la pluie tombe des nuages dans le ciel, ramenant à la vie des terres mortes, le Coran est descendu des cieux, ramenant à la vie les cœurs morts de l'humanité.

> « *Tu vois la terre desséchée : dès que Nous y faisons descendre de l'eau elle remue, se gonfle, et fait pousser toutes sortes de splendides plantes !* »
>
> CORAN 22:5

## Le message du Coran

L'essence du message du Coran est le monothéisme strict. L'unicité de Dieu est le fondement du jardin de la révélation ; tout bourgeonne à partir de là. Si les prophètes de Dieu ont été envoyés à travers l'histoire pour partager la parole de Dieu, mais aussi pour manifester le message divin en action pour les peuples de leurs temps, le message lui a éternellement été le même :

> *Dieu est unique et Lui seul est digne d'être adoré.*

Tout dans le Coran indique la suprématie absolue et la singularité de Dieu, mais d'autres thèmes majeurs y sont développés : qui est Dieu, l'histoire de la création de l'humanité, le rôle du diable, le monde caché et les anges, la vie après la mort, le Paradis et l'Enfer, les histoires des principaux prophètes envoyés par Dieu, la dimension profonde de la révélation divine, les piliers de la foi, les phénomènes naturels, comment adorer Dieu, comment purifier son ego, comment polir son cœur et éveiller l'âme, comment mener une vie morale, comment honorer sa famille, comment commercer de manière éthique, l'importance d'avoir une communauté confessionnelle et comment devenir un représentant de l'amour de Dieu sur Terre.

Au-delà des thèmes et des concepts, le Coran contient des récits de vie de perte et de gain, de douleur et de guérison, de péché et de rédemption, d'oppression et de justice, d'obscurité et de lumière ; et il souligne constamment le caractère périssable de ce monde et la nature éternelle de la vie à venir. Le Coran ne cesse d'annoncer la bonne nouvelle à ceux qui inspirent le bien et ont la foi, et met en garde contre ceux qui créent la corruption sur Terre et rejettent la vérité (4:165). Le Coran nous montre que c'est par l'adoration de Dieu que nous manifestons notre plein potentiel et découvrons notre véritable but sur Terre.

La révélation nous enseigne non seulement comment faire l'expérience de Dieu, mais également comment interagir avec Lui. Il parle abondamment de la miséricorde et du pardon de Dieu, tout en évoquant la justice de Dieu, qui nous tiendra responsables des cœurs que nous brisons et des vérités que nous rejetons sciemment.

Le Coran illustre également les histoires d'êtres humains incroyables au fil du temps qui ont surmonté des combats et des difficultés considérables en plaçant leur confiance en Dieu. Ces histoires nous sont racontées par Dieu comme rappel que, quelles que soient les difficultés auxquelles nous faisons face, lorsque Dieu est notre guide, nous pouvons atteindre le sommet de toutes les montagnes que nous sommes destinés à gravir. Le Coran nous montre que les choses ne se déroulent pas toujours comme nous le voulons selon nos plans, mais le plan de Dieu pour nous offrira toujours le meilleur résultat possible.

Prenez l'exemple du Prophète Joseph, jeté dans un puits par ses frères jaloux, vendu en esclavage, accusé à tort et jeté en prison avant de devenir un des plus puissants conseillers du roi d'Égypte. Joseph n'aurait pas pu prédire que c'était par le biais de la prison qu'il atteindrait le palais ; mais Dieu avait pour lui un plan bien meilleur que ce qu'il pouvait imaginer (12:1-111). Et que dire du Prophète Abraham, qui a été catapulté injustement dans un feu mortel, avant de découvrir que Dieu avait refroidi les flammes et l'avait transformé en jardin pour lui (21:69). Ou prenez l'exemple de Moïse, bloqué entre la mer Rouge et l'armée la plus puissante alors connue de l'Homme, mais ses yeux étaient fixés sur Dieu et pas sur les obstacles qu'il rencontrait, Dieu a ouvert la mer Rouge et Il a sauvé le fidèle Moïse de l'injuste Pharaon (26:60-68). Le Coran évoque également la vierge Marie, dont la grossesse a mis en péril sa réputation irréprochable et sa vie. Malgré ce qui semblait être une situation désastreuse, Marie a placé sa confiance en Dieu et a suivi son ordre de s'abstenir de parler durant trois jours. Lorsque Jésus est né, c'est lui qui a miraculeusement parlé dans le berceau, prenant la défense de sa mère. (19:26-33).

Le Coran rappelle à toute personne en difficulté, à tout cœur brisé et à toute âme en peine que même lorsque vous avez l'impression d'être confronté à une situation sans espoir, Dieu vous offre refuge et guérison.

> « Si Allah vous donne Son secours, nul ne peut vous vaincre. S'Il vous abandonne, qui donc après Lui vous donnera secours ? C'est à Allah que les croyants doivent faire confiance. »
>
> CORAN 3:160

## X = Dieu est inconditionnellement miséricordieux

Le Coran a plus de sens si nous l'abordons comme une équation algébrique avec un x donné avant de passer à l'interprétation ou à la résolution du y. Le Coran débute chacun de ses chapitres, excepté un, par le x donné = « Bismillahi Ar-Rahman Ar-Rahim », qui peut être traduit par « Au nom d'Allah le Tout Miséricordieux, le Très Miséricordieux[5] ». Ce n'est qu'une fois que le Coran déclare que x = Dieu est inconditionnellement miséricordieux, qu'il nous dit ensuite d'aller, en gardant cela à l'esprit, résoudre tous nos y, autrement dit tous nos « pourquoi ».

Toutes les questions que nous nous posons, tous les doutes que nous portons en nous et toutes les difficultés que nous rencontrons ne peuvent être compris qu'après avoir accepté le x donné, dans ce cas la croyance absolue qu'Allah est miséricordieux et aimant, inconditionnellement. Cela étant dit, toutes les interprétations du Coran qui ne s'inscrivent pas dans cet amour et cette miséricorde vont à l'encontre de l'esprit de la révélation et doivent être rejetées et remplacées par une perspective qui honore le cœur des gens tout en exprimant la vérité du message divin tel qu'il a été révélé[6].

L'islam est une religion qui consiste à s'en remettre à Ar-Rahman, Le Tout Miséricordieux, en paix. Par conséquent, si une interprétation, du

Coran ne porte pas en elle la miséricorde ainsi que la justice, alors elle ne provient pas de l'islam, mais de l'ego de l'homme. Si, en lisant le Coran, nous ne devenons pas plus miséricordieux à la fois envers nous-mêmes et envers autrui, nous pouvons prétendre que nous avons lu les mots du Coran, mais nous n'avons certainement pas fait l'expérience de la réalité de sa vérité. Comme Allah le demande : « Ne méditent-ils pas sur le Coran ? Ou, y a-t-il des cadenas sur leurs cœurs ? » (47:24) Le Coran est ouvert ; ce sont nos cœurs qui peuvent se fermer et nous empêcher de faire l'expérience de la sagesse sacrée de la révélation.

## Pourquoi le Coran a-t-il été révélé par étapes ?

Tout comme la graine porte en elle le potentiel de l'arbre tout entier, de nombreux savants pensent que la graine de la révélation tout entière du Coran est descendue lors de la Nuit du Destin (*Laylatul Qadr*), des cieux les plus élevés au ciel le plus bas (97:1). Tout comme une graine a besoin de temps avant de devenir un arbre, les 114 chapitres du Coran et plus de 6 200 versets ont mis 23 ans pour descendre du ciel le plus bas à notre monde. Cependant, le Coran n'est pas le seul à avoir été révélé graduellement, tout ce qu'Allah a créé dans ce monde progresse par étapes. Le Coran fait magnifiquement allusion à cette notion dans le verset suivant :

> « *Je jure par le crépuscule, et par la nuit et ce qu'elle enveloppe, et par la lune quand elle devient pleine lune, vous passerez certes par des états successifs.* »
>
> **CORAN 84:16-19**

Dans un sens pratique, puisqu'une grande partie du Coran a été révélée en réponse aux questions posées par le peuple ou aux situations auxquelles le Prophète ﷺ faisait face, cela faisait sens que la révélation arrive après que les questions soient posées et que les difficultés soient rencontrées. Lorsqu'on demanda au Prophète ﷺ pourquoi le Coran n'a pas été dévoilé d'un seul coup, le Coran répond en disant « Nous l'avons révélé ainsi pour raffermir ton cœur. » (25:32).

*Tout comme les alpinistes doivent prendre le temps de s'acclimater à l'altitude croissante des sommets les plus élevés, ou comme les plongeurs doivent s'adapter à la pression croissante de l'eau lorsqu'ils descendent dans les profondeurs de l'océan, le cœur humain lui aussi a besoin de temps pour intégrer la révélation avant de se plonger davantage dans le message.*

On peut alors dire que le silence ou l'espace entre les révélations fait partie intégrante de la révélation, car sans ce silence nous ne serions pas en mesure d'intégrer pleinement le message. De la même manière que le silence entre les mots donne du sens à une phrase, que les silences entre les notes créent le rythme, Dieu nous dit que même dans le silence, Sa miséricorde est présente.

## Les secrets de *Alif, Lam, Mim*

Chaque mot et vibration dans le Coran sont intentionnels, que nous les comprenions ou non. En effet, certains des chapitres du Coran débutent mystérieusement par différentes combinaisons de lettres arabes comme *Alif, Lam, Mim* et ont dérouté les chercheurs pendant des centaines d'années. Certains chercheurs ont suggéré que ces lettres mystérieuses sont des symboles contenant des valeurs numériques qui laissent entrevoir des secrets mystiques. D'autres chercheurs ont dit que les lettres étaient des abréviations cachées ou des codes qui renvoient à d'autres mots ; *Alif* étant une référence à Allah, *Mim* faisant référence à Mohammed ﷺ , et *Nun* comme référence à *Nour* ou « La lumière divine » et ainsi de suite.

Cependant, l'opinion majoritaire est que puisque la signification de ces lettres n'est connue que d'Allah, elles servent à nous rappeler notre ignorance face à l'omniscience d'Allah[7]. En substance, Allah nous rappelle dès le début de la révélation que pour être guidés, nous devons reconnaître humblement notre indigence intellectuelle. Ce n'est donc pas une surprise si lorsque Allah utilise ces lettres dans le Coran, Il les fait suivre d'un verset à propos de la sagesse, de la puissance ou de la nature mystérieuse de la révélation divine. Comme le dit le Coran : « *Alif. Lam. Mim.* C'est le Livre au sujet duquel il n'y a aucun doute, c'est un guide pour les pieux. » (2:1-2)

Sur le plan linguistique, ces lettres ont également un impact puissant. Pour comprendre cet effet, nous devons commencer par comprendre que débuter un chapitre par « *Alif. Lam. Mim* » s'apparente à commencer une phrase en français par « A, B, C ». Certains chercheurs suggèrent qu'Allah utilise ces simples lettres afin de confronter les êtres humains et de les inciter à contempler comment, avec les mêmes lettres simples qu'ils utilisent pour parler, Allah a manifesté un chef-d'œuvre de langage, dépassant leur compréhension.

Il est intéressant de noter que ces lettres apparaissent 29 fois dans le Coran, reflétant ainsi les 29 lettres de la langue arabe en incluant la *hamza* et l'arrêt glottal. Pour mieux comprendre ceci, considérons la métaphore suivante :

> *Tout comme l'ensemble des éléments présents chez l'être humain sont aussi présents dans la terre, mais que si nous rassemblons la recette exacte des ingrédients physiques et que nous la mélangeons avec de l'eau, nous ne pouvons pas créer la vie, nous avons accès à toutes les lettres de la langue arabe utilisée dans le Coran, mais nous ne pouvons rien créer de semblable, car, comme la création de la vie, le Coran porte un secret divin qui dépasse la compréhension humaine[8].*

Malgré la perfection linguistique du Coran, Allah ne nous demande pas de croire passivement à son origine divine. Au contraire, Allah confronte directement l'auditeur qui doute de la nature divine du Coran en déclarant faussement que le Prophète Mohammed ﷺ en est l'auteur en disant « Si vous avez un doute sur ce que Nous avons révélé à Notre Serviteur, tâchez donc de produire une sourate semblable et appelez vos témoins (les idoles) que vous adorez en dehors d'Allah, si vous êtes véridiques » (2:23). Depuis que ce défi a été lancé, il y a plus de 1 400 ans, aucun écrivain n'a réussi à imiter le Coran en arabe de manière intellectuelle et approfondie. L'arrangement linguistique du Coran est si unique dans la langue arabe que pour les experts en arabe classique, la récitation même du Livre peut être suffisamment puissante pour prouver son origine divine.

C'est pourquoi Allah dit que si les mots récités par les êtres humains avaient la possibilité de « mettre les montagnes en marche, de fendre la terre ou de faire parler les morts » (13:31), le Coran aurait été la première récitation à pouvoir le faire. La puissance de ce texte sacré est à nouveau évoquée dans la parole de Dieu : « Si Nous avions fait descendre ce Coran sur une montagne, tu l'aurais vu s'humilier et se fendre par crainte d'Allah. Et ces paraboles Nous les citons aux gens afin qu'ils réfléchissent. » (59:21) Il est stupéfiant de penser qu'une montagne majestueuse et puissante s'effondrerait sous la parole de Dieu, alors que le jardin du cœur humain a été privilégié et créé spécifiquement par Dieu pour être capable de recevoir les pluies de la révélation.

## Comment lire le Coran avec le cœur

Lorsque nous approchons le Coran, nous interagissons avec les mots sacrés du Créateur de l'existence. Le Prophète ﷺ nous rappelle la miséricorde divine qui accompagne le Coran lorsqu'il dit : « Celui qui lit une lettre du livre d'Allah a pour cela une bonne action et la bonne action compte 10 fois. Je ne dis pas que *Alif Lam Mim* est une lettre, mais *Alif* est une lettre, *Lam* est une lettre et *Mim* est une lettre[9]. » Le Coran est si puissant que lorsqu'il était révélé au Prophète ﷺ cela le faisait transpirer abondamment ; si le Prophète ﷺ voyageait lorsque la révélation descendait, le poids de la parole de Dieu faisait plier jusqu'au sol l'animal qu'il montait[10].

Nous ne devons pas oublier que le Coran est une révélation profondément puissante qui a été envoyée du paradis comme une miséricorde sur la Terre. Ce Livre est une manifestation de la parole de Dieu ; c'est une image d'éternité mystérieusement reflétée dans notre royaume mortel. C'est seulement par la grâce et la miséricorde de Dieu que nos cœurs peuvent s'ouvrir à une révélation qui transcende l'esprit humain. L'âme du Coran ne peut être lue, elle ne peut qu'être transmise.

Le Coran dit : « Une lumière et un Livre explicite vous sont certes venus d'Allah ! » (5:15) Le Coran est descendu avec une lumière, car nous ne pouvons pas lire le Coran dans l'obscurité. Tout comme la lumière physique est nécessaire pour que les yeux puissent voir, la lumière spirituelle est nécessaire pour faire l'expérience de la parole de Dieu. Le Prophète Mohammed ﷺ est la lumière illuminant le Coran et permettant à l'humanité d'accéder à cette révélation divine. En plus de sa parole et de la façon dont il a mené sa vie, le Prophète Mohammed ﷺ a dit qu'il laissait derrière lui « Le livre d'Allah et ma famille[11] ». Quelle que soit la façon dont nous définissons le terme « famille » ou « *ahlul bayt* », ce petit groupe de croyants fidèles est une porte d'entrée vers la compréhension des dimensions profondes du Livre d'Allah, le Coran[12]. C'est pourquoi après avoir prié pour que Dieu ouvre notre cœur à Son message, la première étape afin de recevoir la révélation consiste à se connecter au cœur du Prophète Mohammed ﷺ et sa famille (*ahlul bayt*). Nous pouvons également nous connecter aux enseignements plus profonds du Coran à travers les exemples des plus justes parmi les fidèles compagnons (*sahabah*) du Prophète ﷺ, ou en s'asseyant en compagnie des amis de Dieu (*awliya*).

Il est important d'avoir un guide expérimenté qui puisse nous guider à travers le paysage de la révélation et nous aider à comprendre les secrets cachés des Écritures saintes. Toute personne instruite peut lire les mots du Coran, mais tout le monde n'est pas capable de digérer ses vérités les plus profondes. Le Coran est la parole vivante de Dieu, donc le même verset n'est jamais vécu de la même manière deux fois. C'est un livre interactif et très intelligent.

> *Nous ne faisons pas que lire le Coran ; le Coran nous lit. Il regarde dans nos cœurs et selon la pureté de nos intentions et la capacité de nos esprits, il révèle ou recouvre l'âme de ses secrets.*

Rumi dit : « Le Coran est semblable à une mariée timide » - il est nécessaire de l'approcher avec respect et révérence afin qu'il se révèle. C'est exactement pour cette raison que la porte de la révélation ne s'ouvre qu'à travers la courtoisie et la politesse ou « *adab* ».

Il est important de garder en mémoire, que la plupart des compagnons du Prophète ﷺ n'étaient ni alphabétisés ni instruits. La compréhension profonde de l'essence même du Coran ne dépend pas de la quantité de savoirs mondains acquis, mais plutôt du niveau de sincérité et d'humilité de votre cœur. C'est pourquoi les mystiques nous appellent à passer de « la connaissance de la langue à la connaissance du cœur » ; la lumière de Dieu ne peut être comprise par l'esprit, nous ne pouvons la vivre qu'à travers un cœur ouvert et qui est témoin de la grandeur de Dieu. C'est peut-être la raison pour laquelle Allah décrit le Coran comme « un rappel pour quiconque craint Dieu » (20 :3).

Pour lire le Coran avec le cœur, nous devons être conscients du niveau de respect et d'intention que nous apportons au livre. Si nous approchons le Coran en ayant pour but de débattre avec autrui alors nous courons le risque de projeter sur le Livre ce que nous voulons y voir plutôt que ce qui a été révélé. Lorsque nous ne lisons que les parties du Coran qui résonnent en nous en ignorant les parties avec lesquelles nous ne sommes pas d'accord, nous courons le risque de façonner les Écritures selon nos préférences et nos aversions, au lieu de permettre au Livre de nous façonner.

C'est le cœur éveillé et humble qui est le précurseur de la réception de la révélation et non l'autosatisfaction ou la conscience basée sur l'ego. Notre Seigneur bien-aimé nous dit que le Coran ne sera pas compris par n'importe qui, car il est « un rappel pour quiconque a un cœur, prête l'oreille tout en étant témoin. » (50 :37). Lire le Coran avec le cœur débute par le repentir, car tant que nous ne nous débarrassons pas de nos opinions subjectives et de nos biais, nous ne verrons le Coran qu'à travers les filtres de nos perceptions et projections erronées, et non pas tel qu'il est.

C'est l'esprit qui sur-analyse et remet en question la révélation. Allah dit « C'est le Livre au sujet duquel il n'y a aucun doute, c'est un guide pour les pieux » (2:2). Le Coran est exempt d'erreurs ; ce sont les interprétations de l'Homme qui sont imparfaites. C'est pourquoi, avant même d'ouvrir le Livre, le Coran nous appelle non seulement à être extérieurement rituellement purs, à travers les ablutions (wudu), mais aussi intérieurement, en purifiant nos cœurs à travers la repentance de tout ce qui pourrait nous empêcher de pleinement être témoin de Dieu. Le Coran dit : « Et c'est certainement un Coran noble, dans un Livre bien gardé que seuls les purifiés touchent. » (56:77-79)

Pour approcher l'âme de la révélation divine, nous devons nous présenter purifiés, humbles et vides de notre attachement au moi, car on ne peut faire l'expérience d'un Dieu unique là où réside la multiplicité. Allah nous appelle à abandonner toutes autres distractions, et à « [réciter] le Coran, lentement et clairement [avec l'esprit en accord avec sa signification] » (73:4). Allah nous dit ensuite que si nous voulons bénéficier de la récitation de Ses mots, nous devons nous trouver dans un état de conscience de Dieu : « Et quand on récite le Coran, prêtez-lui l'oreille attentivement et observez le silence, afin que vous obteniez la miséricorde (d'Allah). » (7:204)

Tout comme les minéraux et les vitamines changent la composition du corps, si nous permettons à nos âmes de consommer les mots du Coran, sa vibration médicinale peut transformer et guérir nos corps spirituels. Bien que la récitation précise du Coran en arabe ait de nombreux bienfaits et bénédictions, Dieu est miséricordieux et encourage ceux qui rencontrent des difficultés en matière de prononciation.

> « *Celui qui excelle dans la récitation du Coran sera avec les nobles et pieux émissaires. Et celui qui le récite en bégayant et en hésitant sur ses versets, alors il aura deux fois cette récompense[13].* »
>
> PROPHÈTE MOHAMMED ﷺ

Il est important de garder en mémoire que nos esprits sont déjà familiers de la révélation divine, car notre essence et le Coran viennent de la même source : Allah. C'est pourquoi c'est dans la louange de Dieu que nos âmes errantes et nomades trouvent un lieu de repos et un foyer. Lorsque nous nous abandonnons à la récitation du Coran en arabe, la même lumière sacrée qui nous a créés, enveloppe notre essence toute entière, que nous comprenions les mots récités ou non.

Le cœur est toujours en communion avec Dieu. C'est le bruit de l'esprit qui nous empêche de devenir conscients de cette connexion innée. Tout comme une graine doit être brisée pour accueillir la goutte de pluie, nous devons nous présenter humblement avec la coquille brisée de notre ego pour que le message du Coran puisse véritablement pénétrer au plus profond de notre cœur.

## Le pouvoir transformateur du texte sacré

Tout comme nous, le Coran a un début et une fin, car nous sommes soumis au temps. Mais Allah dit que « Nous l'avons certes, fait descendre (le Coran) » (97:1), impliquant que puisque le Coran est une révélation de l'attribut divin de Sa parole, l'essence du message n'a ni commencement ni fin par rapport à Dieu. Cela nous pousse à nous demander, comment un esprit humain fini pourrait comprendre le discours d'un Dieu infini ? Qu'est-ce qu'un être limité pourrait dire d'une révélation infinie ? Qu'est-ce que nos perceptions subjectives pourraient dévoiler d'une vérité absolue (Haqq) ? Pour mieux comprendre la signification du Coran, nous devons remonter dans le temps jusqu'à l'histoire d'un homme qui a reçu les réponses à ces questions, non pas avec des mots, mais à travers un incroyable exemple :

> Un jour un homme demanda à un maître spirituel « Qu'y a-t-il à gagner à lire le Coran si nous ne le comprenons jamais pleinement ? Quel est l'intérêt de lire le même livre encore et encore ? » Le vieux sage répondit en emmenant le jeune homme vers un puits où il vida un grand sac de charbon de bois avant de lui tendre le sac sale. Le sage dit à l'homme de remplir le sac d'eau. L'homme lui dit alors : « Mais maître, c'est un sac en toile, l'eau va passer à travers les mailles du tissu. » Le vieil homme répondit : « Si tu me fais confiance, alors fais ce que je dis » puis, il partit.

Pendant les heures qui ont suivies, l'homme a essayé de remplir le sac avec des seaux d'eau les uns après les autres et l'eau coulait constamment à travers le tissu. Lorsque le sage est revenu, l'homme était épuisé et abattu. Le sage regarda le sac vide et sourit. Le jeune homme, confus, lui demanda : « Pourquoi souris-tu ? Il n'y a pas d'eau dans le sac. »

Le vieux sage lui répondit : « Ton sac ne contient peut-être pas d'eau, mais au fil du temps, l'eau que tu as versée à l'intérieur a lavé toute la noirceur du charbon qui avait taché le sac, le rendant aussi beau que le jour où je l'ai acheté. Il en va de même avec le Coran. Tu ne seras pas capable de contenir l'ensemble de la révélation, mais plus tu le réciteras en permettant aux vibrations de te traverser, plus il te purifiera. La révélation de Dieu n'a pas été envoyée afin de te donner quelque chose que tu n'as pas, mais plutôt afin de retirer les voiles qui t'empêchent de voir que tu es déjà ce que tu souhaites devenir. »

Nous portons en nous le chemin qui mène au Paradis. La révélation divine est seulement la lumière de conscience qui nous permet d'accéder à cette connaissance intérieure. Le Coran est identique depuis plus de 1 400 ans, et pourtant ces mêmes mots interagissent différemment avec nous selon le stade de notre vie. Afin de mieux le comprendre, considérons l'exemple suivant : le feu peut faire voler une montgolfière des centaines de mètres au-dessus du sol, tout comme il peut brûler une forêt entière. Il peut faire de l'encens des cendres, transformer l'or en liquide et l'eau en vapeur. Tout comme l'essence même du feu est constante, mais produit des résultats différents selon ce avec quoi il interagit, le Coran est une révélation, mais ses manifestations sont infinies en raison des innombrables nuances de l'expérience humaine.

Nous sommes appelés à lire le Coran encore et encore, non pas parce que le message de la révélation change, mais parce que nous changeons. De ce fait, le même message interagit différemment avec notre esprit, notre cœur et notre ego selon le lieu où nous nous trouvons sur notre cheminement vers Dieu. Comme on le dit : « La beauté du Coran réside dans le fait que vous ne pouvez pas changer son message, mais son message peut vous changer complètement[14]. »

## La révélation vous rencontre là où vous vous trouvez

Le Coran ne parle pas seulement aux gens d'une période particulière, il parle à l'âme intemporelle de l'être humain. Il ne fait pas seulement référence à des histoires passées, il témoigne également de l'urgence du présent, tout en nous appelant à être conscients des conséquences de nos actions dans le futur. Chaque lutte entre le bien et le mal, entre prophète et imposteur, entre partisans de la paix et dirigeants tyranniques illustre des archétypes qui existent dans nos vies.

Le Coran est intemporel. À travers le langage de la métaphore et de l'allégorie, chaque histoire, chaque lutte et chaque victoire citées dans le Coran nous parle directement. Ne vous contentez pas de lire le Coran, mettez-vous dans la peau de chaque personnage. N'essayez pas simplement de comprendre le Coran, efforcez-vous de le vivre avec tous vos sens. C'est ainsi que le Coran vivant s'éveille et qu'il s'intègre à votre champ de vision. C'est ainsi que la lecture du Coran cesse d'être passive pour devenir active. Vous devez entrer dans l'écosystème de la révélation et plonger dans les profondeurs de son océan.

Ne lisez pas le Coran en jugeant ceux qui vous ont précédé, demandez-vous plutôt pourquoi on vous raconte ces récits. En lisant le Coran sans chercher à nous catégoriser comme étant musulmans ou non musulmans, nous avons de bien meilleures chances d'apprendre objectivement de ce texte. Lorsque nous laissons de côté nos étiquettes, nous sommes capables d'examiner objectivement les caractéristiques et les comportements évoqués et de voir à quelle catégorie nous appartenons, sur la base de nos actions. Il peut s'agir d'une belle leçon d'humilité, car s'il est facile d'affirmer verbalement sa foi, il est tout à fait différent de mettre cette foi en pratique.

Lorsque vous lisez le Coran il est important de savoir que chaque verset s'adresse directement à vous. Écoutez attentivement. Ce livre, c'est votre histoire. À quoi se confronte-t-il ? Que vous appelle-t-il à faire ? Que vous rappelle-t-il que vous connaissiez et que vous avez peut-être oublié ?

Le Coran parle à la fois au scientifique et au berger, à l'artiste et à l'homme d'affaires, au poète et au politique. Ses mots rencontrent chaque personne en quête spirituelle exactement où elle se trouve dans son cheminement spirituel. Des érudits et des mystiques ont affirmé que chaque verset du Coran a sept différents niveaux d'interprétation dont le dernier est connu de Dieu seul ; ce que le Coran confirme en disant « nul n'en connaît l'interprétation, à part Allah » (3:7).

Certains mystiques ont décrit le Coran comme une rivière qui semble avoir un courant unique d'un point de vue extérieur, mais une fois entré dans la révélation, nous faisons l'expérience du mystère et de la richesse des différents courants de significations cachées au sein de son flux d'apparence unifié. Plus nous cultivons notre foi, plus nous pouvons plonger sous la surface littérale et trouver les perles cachées de la sagesse divine[15].

## Le pouvoir des métaphores et du symbolisme

Les versets du Coran ne sont pas toujours explicites et clairs (muhkamat) ; la révélation inclut également des versets allégoriques, symboliques et métaphoriques (mutashabihat) (3:7). Le langage vague ou les images utilisés par moment dans le Coran fait partie de ce qui rend le texte intemporel, car il parle aux lecteurs de tous les temps, aux capacités intellectuelles très différentes, par le biais du langage du symbolisme.

> « *Si la religion n'avait pas exprimé ses idées dans un langage commun et familier, elle aurait été incompréhensible pour les gens de cette époque ; mais si elle avait exprimé ses idées dans un langage commun et familier, la religion n'aurait alors eu aucun sens dans les temps ultérieurs. Il était donc nécessaire que la religion s'exprime par des images et des symboles qui deviendraient compréhensibles avec le développement de la pensée humaine et de la science[16].* »

ALI SHARI'ATI, SAVANT DU 20ᵉ SIÈCLE

Indépendamment du magnifique symbolisme du Coran, de sa prose puissante et de ses nombreuses découvertes scientifiques, le Coran n'est pas un livre de science, mais un livre de signes. Il nous montre la beauté et la majesté déconcertante de la création afin que nous revenions à notre Créateur[17]. Alors que les livres terrestres sont écrits à travers le regard subjectif de la perception de la réalité d'un auteur humain, le Coran se présente comme la pure parole de Dieu et donc un reflet parfait, non filtré, d'amour et de vérité.

> *« La supériorité de la parole de Dieu sur les autres paroles est semblable à la supériorité de Dieu par rapport à Ses créatures[18]. »*
>
> PROPHÈTE MOHAMMED ﷺ

Les mots du Coran ne sont pas les interprétations des êtres humains, mais la parole pure et inaltérée de Dieu manifestée dans un langage compréhensible par l'homme. Chaque verset du Coran est appelé « *ayah* », qui signifie « signe », car chaque mot de la révélation est un panneau nous indiquant la direction vers Dieu. Bien que nous ne puissions pas voir Dieu de manière directe, nous pouvons faire son expérience à travers le reflet de Ses noms dans l'ensemble du cosmos. Si nous voyons la création comme un manuscrit, alors le Coran peut être considéré comme la pierre de Rosette spirituelle nous aidant à traduire cette langue subtile en conseils divins. C'est la raison pour laquelle nous ne sommes pas appelés à simplement lire le Coran, nous sommes appelés à « [méditer] sur ses versets » (38:29), car seules les âmes qui sont prêtes à le prendre à cœur peuvent réaliser l'essence de son sens profond. Chaque verset du Coran ne peut être compris qu'en relation avec l'ensemble du message de miséricorde et d'amour du Livre. Tout comme étudier le cœur en dehors du corps ne donnerait qu'une image incomplète de la fonction de cet organe, un verset du Coran choisi et étudié séparément du contexte historique et du message global de la révélation vous donnerait une interprétation incomplète.

## La vibration curative de la révélation

Le Coran contient toutes les réponses aux questions de l'âme sur la manière d'approcher Dieu et d'en faire l'expérience. Le Coran n'est pas seulement un recueil de réglementations, mais plutôt, comme le décrit l'Imam Ali : « Un océan dont les profondeurs ne peuvent être sondées ; une source qui ne peut être épuisée par ceux qui y puisent ; la paix pour celui qui s'y attarde ; un guide pour celui qui le suit ; un remède après lequel il n'y a pas de maladie ; un abri pour quiconque cherche la guérison ; une lumière qui n'alterne pas avec l'obscurité. »

*Le Coran est une berceuse pour l'esprit et une alarme pour l'ego.*

Si ses mots sont apaisants pour l'esprit, l'amenant à la sérénité et au contentement, le Coran est un appel au réveil pour l'ego, le confrontant à la lumière de la conscience. Il agit comme une lampe torche spirituelle qui éteint l'obscurité des maux moraux et spirituels. Tout comme une graine ne peut devenir un arbre avant que sa coquille ne se fissure pour laisser entrer la lumière, nous ne pouvons pas être pleinement transformés par le pouvoir guérisseur du Coran tant que nous n'écartons pas les voiles qui séparent nos cœurs de Dieu.

Le Coran nous enseigne que la soumission en islam consiste à abandonner nos perceptions de la façon dont les choses devraient être, pour être plutôt réceptif à la manifestation de l'amour de Dieu à travers nous. Le Coran est un pont de ce monde à la plus haute sphère céleste ; c'est une invitation de Dieu à venir s'asseoir en Sa présence. Les mots de la révélation ne sont pas de simples lettres reflétant une signification, mais plutôt des supports de la vibration sacrée des mots d'Allah, dont la composition divine transforme mystérieusement l'esprit humain et écarte les voiles de tout ce qui l'empêche de s'unir à l'Origine de l'Amour (*Al-Wadud*).

*« Le Saint Coran, nous ne devons pas l'oublier, ne contient pas le discours ni la pensée du Prophète Mohammed ; il est le chant divin d'amour et de puissance, chanté directement*

*par Allah, la Source suprême de l'univers, à travers l'être*
*individuel, culturel et spirituel de Son Prophète. Dans*
*sa profondeur, le Saint Coran est une révélation directe,*
*indépendamment des études historiques faites sur sa surface.*
*Aucune méditation sur le Coran, quelle que soit la force de*
*l'inspiration ou l'étendue de l'érudition, ne pourra jamais*
*égaler la version originale en arabe, car le Coran Arabe reste*
*du domaine de la révélation. C'est une révélation vivante,*
*se déroulant à nouveau à chaque fois que le Saint Coran*
*est récité, car ces mots arabes sont la véritable résonance*
*d'Allah Le Très Haut, et transmettent ainsi un pouvoir de*
*guérison, de protection, de transformation et d'illumination*
*directement depuis la Source[19]. »*

LEX HIXON, "THE HEART OF THE QUR'AN"

La notion selon laquelle les mots du Coran peuvent avoir un profond
impact sur l'être humain est magnifiquement illustrée à travers l'histoire
suivante :

Un riche marchand invita un célèbre médecin et un cheikh à dîner
pour leur demander de l'aide pour sa fille malade. Le marchand demanda au cheikh de prier pour sa fille et le cheikh lui répondit « Je lirai
des versets du Coran pour votre fille et demanderai à mon Seigneur
bien-aimé de la guérir, en ne laissant aucune trace de maladie ». Le
célèbre médecin interrompit le cheikh en disant : « Êtes-vous fou ?
Ce sont des absurdités ! La science a assez progressé pour que l'on
sache que les mots ne guérissent personne, la médecine peut soigner
les gens. » En réponse, le cheikh cria : « Vous êtes un homme stupide
! Que savez-vous du pouvoir de guérison de la parole de Dieu ? »
Le visage surpris du médecin s'empourpra alors qu'il répondait avec
colère : « Comment osez-vous me traiter de stupide ! »

Le cheikh, très habile, lui dit alors : « Oh, s'il vous plaît pardonnez-moi
de vous avoir traité de stupide. Mais avez-vous remarqué comment de
simples mots vous ont rendus follement furieux ? Si les mots d'un

étranger ont le pouvoir de faire rougir vos yeux, accélérer le rythme de votre coeur de rage, provoquer un pic d'adrénaline, contracter vos vaisseaux sanguins, augmentant ainsi votre tension artérielle, alors les mots parfaits de Dieu ont très certainement le pouvoir de guérir. »

Étant donné que le Coran vient d'Allah, Ses mots sont plus mystérieux et puissants que ce que nous pouvons imaginer. Après tout, c'est la parole de Dieu qui nous a créés, nous et tout ce qui existe, alors il est raisonnable de penser que les mots de Dieu peuvent avoir un effet tangible sur nous.

## « Sois. Et elle est. »

Le pouvoir de la révélation est illustré dans le Coran lorsque Allah dit que toute chose a été créée à travers Sa parole « Kun faya kun » ou « Sois ! Et elle est » (36:82). L'ensemble de ce qui existe a été mis en mouvement à partir du seul mot « Kun » ou « Sois[20] ». Kun. Nous sommes là. Kun. Nous ne sommes plus. Kun est une parole dite encore et encore, car dans l'étreinte de Dieu, tout est constamment en train de bourgeonner ou de faner. C'est là le pouvoir caché de la révélation.

*Les mots du Coran sont semblables aux rayons du soleil - ils transforment tout ce qu'ils touchent.*

Bien qu'il soit bénéfique et nécessaire de pouvoir disposer du Coran dans de nombreuses langues, il est important de garder à l'esprit que les rimes, le rythme, la cadence et la beauté linguistique générale du Coran sont significativement minimisés lorsqu'il est traduit de l'arabe original. Il est important de le comprendre, car les mots du Coran ne sont pas simplement des lettres ; ils sont considérés comme un code sonore sacré de lettres arabes agencées par le Divin, servant de baume guérisseur pour les blessures de l'âme. Les mots de la révélation portent un pouvoir spirituel qui dépasse la compréhension humaine de la langue arabe ; le Coran a une façon unique de déconcerter l'esprit et d'éveiller le cœur.

Si le Coran a souvent été révélé par l'intermédiaire de l'Ange Gabriel venant au Prophète ﷺ sous la forme d'un homme, il a aussi été révélé par un moyen spirituel que le Prophète ﷺ a décrit comme « une voix qui ressemble au son d'une cloche[21] ». Il est difficile d'ignorer la nature vibratoire de la résonnance d'une cloche et cela réitère la notion selon laquelle la révélation est loin de se limiter à des mots qui portent un sens.

> *« Nous faisons descendre du Coran, qui est une guérison et une miséricorde pour les croyants. Cependant, cela ne fait qu'accroître la perdition des injustes. »*
>
> CORAN 17:82

Aujourd'hui, les scientifiques ont également découvert l'incroyable pouvoir de la parole sous la forme des vibrations et de l'énergie. Le célèbre physicien, Albert Einstein a révélé le pouvoir de la vibration à travers l'équation $E=MC^2$ , qui a montré comment l'énergie et la matière sont interchangeables ; en raison des implications de cette théorie, certains ont suggéré que la qualité vibratoire et énergétique des mots peut théoriquement affecter la matière[22]. Des études scientifiques révolutionnaires menées à l'Université de Helsinki en Finlande ont également montré que l'ADN peut être réparé par les fréquences et les vibrations[23].

Lorsque nous ouvrons notre conscience à la récitation mélodique du Saint Coran, des feux d'artifice se déclenchent dans notre cerveau et notre cœur trouve le repos alors que de nouvelles connexions sont établies sur les chemins de notre foi. Comme le dit l'Imam Ali : « Les mots d'Allah sont les remèdes du cœur. »

> *Nos cœurs sont semblables aux panneaux solaires, notre lumière spirituelle est générée lorsque nous nous tournons constamment vers la lumière de la parole de Dieu pour nous y abreuver.*

Les mots du Coran aident à transcrire le code spirituel caché sous nos formes physiques. Plus nous nous imprégnons de l'océan de la révélation, plus nous serons emplis de la présence et la vérité de Dieu.

## Tout est une manifestation de la parole de Dieu

Les anciens manuscrits du Coran étaient souvent ornés de bordures incorporant des flèches qui pointaient vers l'extérieur, dans la direction opposée au texte. Ces flèches étaient des symboles qui menaient le lecteur hors de la page, vers le monde ; elles rappelaient au lecteur que Dieu n'était pas cantonné aux pages des Saintes Écritures. Après tout, Dieu a dit « Sois ! » pour nous créer, donc tout ce que nous voyons et expérimentons est la manifestation de la parole divine (36:82).

> *« Nous leur montrerons Nos signes dans l'univers et en eux-mêmes, jusqu'à ce qu'il devienne évident que c'est cela la vérité. Ne suffit-il pas que ton Seigneur soit témoin de toute chose ? »*
>
> CORAN 41:53

Nous sommes appelés à lire au-delà du simple reflet du Coran qui est contenu dans le livre[24]. Nous sommes appelés à lire la révélation qui orne les pages du monde extérieur et les mots sacrés de Dieu qui sont cachés dans les plis de notre royaume intérieur[25]. Imaginez que vous considériez chaque vague de l'océan comme un signe de Dieu, chaque brise comme une *ayah*, chaque personne comme une *sourate*, et chaque instant comme une opportunité de connaître Dieu à travers la création qu'Il a créé par la parole[26]. Imaginez comme votre vie serait différente si vous approchiez un brin d'herbe, une coccinelle ou un autre être humain avec la même révérence avec laquelle vous approchez la révélation. Après tout, tout ce qui existe n'est-il pas une manifestation de la parole de Dieu ?

## Mémoriser le Coran

Puisque l'unicité d'Allah est encodée dans les cœurs de l'humanité, entendre les mots du Coran semblera familier à l'âme d'une manière que l'esprit ne peut concevoir[27]. Le Coran lui-même dit : « En effet, Nous avons rendu le Coran facile pour la méditation. Y a-t-il quelqu'un pour réfléchir ? » (54:17)

D'un point de vue littéraire, les modèles de rimes uniques du Coran, son rythme, sa cadence, ses répétitions et l'utilisation de procédés littéraires comme les palindromes ou les structures chiastiques rendent la révélation non seulement extraordinaire, mais aussi plus facile à mémoriser. Les scientifiques ont montré que les structures de rimes participent à coder les souvenirs acoustiquement. Puisque les mots qui riment portent des codes sonores similaires, ils ont tendance à être plus facilement reliés entre eux dans le cerveau[28]. Puisque le Coran est récité à voix haute et qu'il est souvent entendu de manière répétée durant la prière et au sein des mosquées, il devient facile de le mémoriser[29]. C'est peut-être la raison pour laquelle le Coran est considéré par beaucoup comme le livre le plus mémorisé à travers le monde avec plusieurs millions de personnes l'ayant entièrement mémorisé à ce jour[30].

Allah dit : « En vérité c'est Nous qui avons fait descendre le Coran, et c'est Nous qui en sommes gardiens » (15:9), mais la mémorisation massive du Coran depuis le temps du Prophète ﷺ a inévitablement rendu virtuellement impossible toute altération de ce texte. Tous les musulmans ont accès au Coran exactement tel qu'il a été révélé au Prophète Mohammed ﷺ il y a plus de 1 400 ans. Une partie de la beauté de l'islam réside dans le fait que sa révélation n'est pas réservée aux saints hommes ou aux savants religieux, mais à chaque personne, de toute classe et de toute culture. Comme l'a magnifiquement dit le Prophète Mohammed ﷺ, aux yeux de Dieu « tous les Hommes sont égaux, comme les dents d'un peigne[31] ». Notre proximité avec Dieu et notre connexion avec le Coran ne sont pas déterminées par notre richesse, notre beauté ou notre savoir, mais par les intentions derrière nos actions, l'état de nos cœurs et la sincérité de notre amour pour Allah et Ses messagers.

## Un miracle linguistique et un rappel divin de l'unicité

Le fait que le Coran n'ait pas été écrit par le Prophète ﷺ lui-même, au fur et à mesure de sa révélation rend la symétrie et la précision de la révélation encore plus miraculeuse. Bien que de nombreuses sources affirment que le Prophète ﷺ avait des scribes pour écrire les différents versets du Coran au fur et à mesure qu'il les récitait, la majorité des savants pensent que lui-même ne savait pas lire. Le Coran confirme cette affirmation par le verset suivant : « Croyez donc en Allah, en Son messager, le Prophète illettré qui croit en Allah et en Ses paroles. Et suivez-le afin que vous soyez bien guidés. » (7:158)

Être illettré aujourd'hui serait un inconvénient, mais l'analphabétisme du Prophète ﷺ illustrait davantage sa dépendance totale à la révélation. Son incapacité à lire, le rendait incapable de se tourner vers lui-même ou vers le monde extérieur pour obtenir des connaissances. Dans « Ideals and Realities of Islam », le savant Seyyed Hossein Nasr décrit profondément l'importance du fait que le Prophète ﷺ n'était pas lettré : « La parole de Dieu dans l'islam est le Coran ; dans le christianisme, c'est le Christ. Le véhicule du message divin dans le christianisme est la vierge Marie ; dans l'islam, c'est l'âme du Prophète. Le Prophète doit être illettré pour la même raison que la vierge Marie doit être vierge. Le véhicule humain d'un message divin doit être pur et sans tache. La parole divine ne peut être écrite que sur la tablette pure et vierge de la réceptivité humaine. Si cette Parole se présente sous la forme d'une chair, la pureté est symbolisée par la virginité de la mère qui donne naissance à la parole, et si elle se présente sous la forme d'un livre, cette pureté est symbolisée par la nature non lettrée de la personne qui est choisie pour annoncer la parole parmi les hommes... La nature illettrée du Prophète démontre la passivité totale du destinataire devant le Divin. Si cette pureté et cette virginité de l'âme n'existaient pas, la Parole divine serait en quelque sorte entachée de connaissances purement humaines et ne serait pas présentée à l'humanité dans sa pureté originelle[32]. » Le Prophète ﷺ n'était pas influencé par les interprétations humaines, car il buvait directement à la source de la sagesse divine.

Si le Coran avait été écrit par un auteur humain, nous aurions naturellement vu se produire une maturation de style sur une période de 23 ans, mais la voix du Coran reste intemporellement constante dans une langue à la fois majestueuse et profonde. À l'époque du Prophète ﷺ, il n'y avait pas de bases de données en ligne, pas de moteurs de recherche, et pourtant le Coran est rempli de dizaines d'exemples de mots corrélés utilisés exactement le même nombre de fois. Par exemple, les expressions « cette vie » et « la prochaine vie » sont utilisées 115 fois chacune, tandis que les mots « anges » et « démons » sont utilisés 88 fois chacun. Le Coran est si précis que l'expression « ils ont dit » est utilisée 332 fois, alors que le mot « dire » est également utilisé exactement 332 fois[33]. Il existe des dizaines d'autres corrélations numériques tout au long de la révélation, qui illustrent brillamment l'attention et la perfection des mots d'Allah.

Si l'on garde à l'esprit que de nombreux spécialistes suggèrent que le Coran n'a pas été écrit et compilé dans son intégralité pendant les 23 années où il a été révélé au Prophète Mohammed ﷺ, serait-il humainement possible de créer une révélation aussi équilibrée et précise ? On peut dire que ce serait impossible sans l'aide et l'inspiration divine.

Aussi miraculeuse que soit cette révélation, le Coran n'est pas considéré comme un message nouveau pour l'humanité. Le Coran est plutôt considéré comme une lumière qui illumine tout ce que Dieu nous a déjà donné « confirmant les Livres descendus avant lui. Et Il fit descendre la Thora et l'Évangile » (3:3). Tout comme le Prophète Mohammed ﷺ a été envoyé pour être une « miséricorde pour l'univers » (21:107), le Coran n'a pas été envoyé pour les musulmans seulement, mais il est aussi « un rappel à l'univers » (38:87).

Le Coran n'a jamais été censé remplacer la Bible, la Torah ou d'autres Écritures saintes, il se voulait plutôt être le couronnement et la confirmation de la vérité révélée à tous les prophètes divinement choisis et envoyés ici-bas.

*Les prophètes sont comme différents fleuves à travers le temps qui ont tous pointé vers le même océan d'unité.*

Le Coran lui-même dit : « Dites : Nous croyons en Allah et en ce qu'on nous a révélé, et en ce qu'on a fait descendre vers Ibrahim (Abraham) et Isma'il (Ismaël) et Ishaq (Isaac) et Ya'qub (Jacob) et les Tribus, et en ce qui a été donné à Musa (Moïse) et à Isa (Jésus), et en ce qui a été donné aux prophètes, venant de leur Seigneur : nous ne faisons aucune distinction entre eux. Et à Lui nous sommes soumis. » (2:136) Les différences majeures entre la vérité envoyée à tous les prophètes divinement choisis, ne résident pas dans le cœur du message, mais dans la préservation et l'interprétation des Écritures par l'Homme à travers le temps[34]. Le Coran ne se décrit jamais comme un remplacement du message originel d'Abraham, de Moïse ou de Jésus, mais plutôt comme un rappel de l'unicité de Dieu en langue arabe[35].

En raison de la perfection linguistique inégalée du Coran en langue arabe, des nombreux faits scientifiques confirmés, des prédictions historiques d'une grande précision et sa capacité à parler à l'âme des hommes, il est considéré comme un miracle divin. Il est important de comprendre que Dieu n'envoie pas le miracle au hasard avec Ses prophètes, mais que dans Sa perfection divine, Il les confectionne de manière qu'ils soient spécifiquement adaptés au public et au contexte de leur époque.

Prenez l'exemple de Moïse. L'époque de Pharaon était marquée par l'extravagance, l'arrogance et les magiciens, de sorte que les signes divins envoyés par Moïse ont éclipsé la magie de l'époque avec les fléaux, les bâtons qui se transformaient en serpents et la séparation de la mer Rouge. Alors que les miracles envoyés par Jésus étaient du domaine de la guérison, de la résurrection des morts, de la purification des lépreux et du don de la vue aux aveugles - parce que les gens de son époque étaient doués en médecine et s'enorgueillissaient de l'avancement des connaissances humaines.

Au temps du Prophète Mohammed ﷺ, l'expertise des Arabes ne résidait ni dans la magie ni dans la médecine, mais plutôt dans le langage. Allah envoya au Prophète Mohammed ﷺ un miracle, sous la forme d'un livre inégalé par sa beauté linguistique, ne répondant ni aux codes de la poésie, ni à celles de la prose - ni à aucun autre style jamais entendu par les Arabes. Alors que les poètes écrivaient poussés par les passions éphémères, le Coran, lui est né des entrailles de la Vérité Absolue (*Haqq*). Alors que les écrivains arabes s'efforçaient d'arranger les lettres de manière à indiquer un royaume au-delà de la somme des mots eux-mêmes, la structure même du Coran était au-delà de la forme, car elle indiquait une réalité divine au-delà du temps et de l'espace. Alors que nous ne pouvons que lire les miracles divins qui se sont manifestés à l'époque des autres prophètes, la beauté du miracle du Coran est que nous pouvons en faire l'expérience directe avec nos propres sens, en ce moment même.

## Le Coran a changé la donne

Durant les 23 ans qu'il aura fallu au Coran pour se dévoiler sur Terre, ses mots n'ont pas seulement changé les cœurs des gens d'un point de vue spirituel ; le Coran a bouleversé tous les aspects de leur vie. Ce qui est remarquable dans cette révolution du changement, c'est qu'elle a touché non seulement les sphères sociales ou religieuses, mais aussi les normes politiques et gouvernementales de la culture arabe.

Le Coran a changé la façon que les gens avaient de s'habiller, de parler, de manger, de prier, leur façon de mener leurs affaires, de traiter les femmes et d'interagir avec leurs parents. À travers la révélation du Coran, le Prophète Mohammed ﷺ a établi l'égalité des droits entre les personnes de toutes les couleurs, a éradiqué le système de classes et le tribalisme, a aboli l'alcoolisme et a mis en place un système judiciaire à la fois révolutionnaire et inclusif pour les personnes de tous les statuts socio-économiques.

Une des idées les plus révolutionnaires était le droit des femmes. Par le biais du Coran, Allah a confronté la culture sexiste de l'Arabie du septième siècle en déclarant que les hommes et les femmes avaient une valeur égale aux yeux de Dieu. Dans une culture de misogynie où les hommes enterraient vivantes leurs petites filles, le Coran a donné aux femmes le droit de voter, d'hériter de l'argent et de posséder des biens. De plus, le Prophète ﷺ a rendu l'éducation obligatoire pour toutes les filles musulmanes[36]. Le Coran nous rappelle qu'être un représentant de Dieu sur Terre ne se limite pas à prier en privé dans nos maisons. Nous devons défendre les droits d'autrui, exiger l'égalité et respecter les personnes de toutes les cultures et ethnies. Le Coran ne se contente pas de nous apprendre à nous débarrasser de nos préjugés, il nous montre comment transformer nos jugements en opportunités de compréhension et de rapprochement.

Le Coran ne se contente pas de nous guider, il nous libère des griffes de l'ego. Il ne se contente pas de nous guider ; il nous aide à dépasser les carapaces de nos croyances limitantes. Il ne se contente pas de nous confronter, il nous console avec l'infinie miséricorde de Dieu. Il nous rappelle notre but sacré, la valeur incroyable que nous avons aux yeux de Dieu, et nous incite à vivre une vie qui n'est pas simplement basée sur nos capacités actuelles limitées, mais à croire que lorsque nous nous en remettons à Dieu, tout est possible en vertu de Son pouvoir infini qui embrasse toute chose. Le Coran n'est pas seulement destiné à être récité, il est destiné à être absorbé comme le parfum d'une rose, au plus profond de notre essence, lui permettant de s'infiltrer dans les recoins les plus profonds de notre être. Le Coran a été envoyé comme un chemin de retour vers Dieu.

> « Ce Coran est la corde d'Allah, et il est la lumière claire et
> la guérison. Il est une protection pour celui qui s'y accroche
> et un secours pour celui qui le suit. Il n'est pas tordu et c'est
> ainsi qu'il remet les choses en ordre[37]. »
>
> PROPHÈTE MOHAMMED ﷺ

En un sens, le Coran est un GPS divin. Cet acronyme ne signifie pas Global Positioning System, mais plutôt God Positioning System. En d'autres termes, le Coran nous avertit lorsque nous allons dans la mauvaise direction, en nous rappelant que notre but ultime n'est pas de courir après ce monde, mais de revenir sur le droit chemin de la connaissance, de l'amour et de l'adoration de Dieu.

Le Coran ne se contente pas de nous rappeler le potentiel de l'être humain, inspiré par Dieu, mais il nous aide à rectifier le tir pour réaliser ce potentiel. Tout comme l'atmosphère épaisse de la Terre la protège des astéroïdes et des radiations nocives, la lumière du Coran et le souvenir de Dieu se conjuguent pour créer une atmosphère spirituelle autour de nos âmes, nous protégeant des attaques constantes du péché et de l'oubli[38].

*Dans les nuits les plus sombres de nos âmes, le Coran est un compagnon fidèle aux bras réconfortants. Pour chaque sentiment que nous éprouvons, le Coran a un verset apaisant, et pour chaque douleur que nous portons, il a un remède intemporel.*

Le Coran est comme un fer à repasser spirituel qui redresse les plis de notre esprit par sa puissante transmission. La révélation a une façon mystérieuse de décoder et de recoder notre unité centrale spirituelle à partir des traumatismes émotionnels et des schémas du passé. Les paroles de Dieu sont une source de remède pour le cœur brisé qui cherche à se rétablir, de vérité pour le cœur confus qui cherche la clarté et la certitude, et de conseils pour le cœur perdu et égaré qui cherche à se retrouver.

Nous sommes appelés à ne pas nous contenter de lire le Coran, mais à devenir une manifestation de son message. Nous sommes appelés à être une miséricorde pour toutes les créations de Dieu, en apportant la lumière là où il y a l'obscurité, en nourrissant les personnes affamées, en pardonnant à ceux qui nous font du tort, en prenant soin des orphelins, en étant généreux envers les nécessiteux, en étant bons envers nos parents, et en devenant, par une adoration sincère, un vecteur de l'amour inconditionnel de Dieu pour le monde entier. Ce n'est pas la quantité de Coran que nous lisons ou mémorisons, mais la quantité de Coran que nous intériorisons qui fait la différence. Après tout, le Coran n'a pas été envoyé pour informer passivement nos esprits ; il a plutôt été envoyé pour transformer activement nos cœurs.

*Oh Allah ! Ouvre-moi les vannes du Coran. Que ses mots me lavent de toute illusion, que sa lumière absorbe toute l'obscurité qui m'entoure, et que son pouvoir de guérison répare les endroits brisés en moi. Ô Allah ! Fais du Coran mon fidèle compagnon sur le droit chemin qui mène à Toi. « Ô mon Seigneur, fais que j'entre par une entrée de vérité et que je sorte par une sortie de vérité ; et accorde-moi de Ta part, un pouvoir bénéficiant de Ton secours » (17:80). Je prie en Tes noms puissants, Amine.*

## Méditation : contempler le Coran avec amour

Lorsque nous réfléchissons aux versets du Coran avec amour et conscience, nous nous ouvrons à l'expérience de la révélation d'une manière différente. Chaque fois que vous rencontrez un verset du Coran difficile à comprendre ou que vous souhaitez approfondir votre compréhension, envisagez l'exercice suivant.

- Commencez par choisir un verset du Coran que vous souhaitez approfondir. Si aucun verset ne vous vient à l'esprit, vous pouvez commencer par choisir l'un des magnifiques versets figurant dans la liste ci-dessous :
  - « Nous sommes plus près de lui que sa veine jugulaire » (50:16)
  - « Où que vous vous tourniez, la Face (direction) d'Allah est donc là » (2:115)
  - « Certes nous sommes à Allah, et c'est à Lui que nous retournerons » (2:156)
  - « Allah ne modifie point l'état d'un peuple, tant que les [individus qui le composent] ne modifient pas ce qui est en eux-mêmes » (13:11)
  - « Il se peut que vous ayez de l'aversion pour une chose alors qu'elle vous est un bien. Et il se peut que vous aimiez une chose alors qu'elle vous est mauvaise» (2:216)
  - « Ô Mes serviteurs qui avez commis des excès à votre propre détriment, ne désespérez pas de la miséricorde d'Allah. Car Allah pardonne tous les péchés. Oui, c'est Lui le Pardonneur, le Très Miséricordieux » (39:53)
- Sur une feuille de papier, écrivez le verset que vous avez choisi, en français et en arabe. Si vous ne pouvez pas lire l'arabe, écrivez la translittération de l'arabe en français afin de pouvoir faire l'expérience de la récitation originale du verset.
- Chaque matin au réveil, faites la prière suivante avant de réciter le verset que vous avez choisi : « *Oh Allah, par Ta générosité,*

*ouvre les portes de mon cœur et aide-moi à comprendre la sagesse*
*du Coran. Oh Allah, permets-moi de ne recevoir de ce verset que la*
*connaissance qui me serait bénéfique et me rapprocherait de Toi.* »

- Après avoir adressé une prière sincère à Allah, lisez la traduction française du verset, puis récitez-le 3 fois en silence et 3 fois à voix haute, en arabe. Votre prononciation n'a pas à être parfaite, faite simplement de votre mieux.
- Prenez un moment pour vous reconnecter à votre respiration et réfléchir à la signification du verset.
- Passez 3 à 5 minutes à répéter silencieusement le verset en arabe en observant le rythme naturel de votre respiration.
- Notez toutes les idées qui vous viennent à l'esprit.
- Répétez ce processus avec le même verset chaque jour pendant une semaine.
- À la fin de la semaine, relisez vos réflexions quotidiennes et observez comment elles se sont approfondies ou transformées au fil de la semaine.
- Que pensez-vous de ce verset désormais ?

## Méditation : la guérison par le son divin

La récitation du Coran en arabe a une résonance qui a le pouvoir de réveiller et d'inspirer le cœur de ceux qui l'écoutent intentionnellement. Afin d'établir une connexion profonde avec le Coran, il peut être utile de suivre les étapes suivantes :

- Commencez par profiter de quelques instants de silence pour vous reconnecter à votre respiration.
- Prenez ensuite 5 respirations profondes, en inspirant lentement par le nez et en expirant par la bouche.
- Portez votre attention sur la zone de votre colonne vertébrale située derrière votre cœur. Remarquez comment les sensations de cette zone changent lorsque vous respirez plus profondément.

- Choisissez une sourate (chapitre) du Coran qui vous attire et jouez un enregistrement audio de celle-ci[39].

- En écoutant la sourate que vous avez choisie, portez votre attention sur les sons des mots, la vibration, les pauses et l'accent mis sur certaines lettres.

- Utilisez votre respiration pour inspirer consciemment la vibration de chaque lettre que vous entendez dans votre cœur.

- Remarquez et notez toute idée ou sensation qui se présente pendant ou après votre expérience.

« L'islam peut être résumé en trois phrases : Sois avec le Créateur, sans la création. Sois avec la création, sans ego. Souhaite pour autrui, ce que tu souhaites pour toi-même. »

SHAYKH ZAKARIYA
AL-SIDIQQUI

# 4

# LES DIMENSIONS SPIRITUELLES DE L'ISLAM

L'islam n'est pas seulement une religion, c'est un mode de vie qui peut transformer physiquement, mentalement et spirituellement un croyant. Dieu n'a pas envoyé le Prophète Mohammed ﷺ pour débuter une nouvelle religion ; Il l'a plutôt envoyé pour raviver notre relation avec le Divin. Cependant, le Coran ne parle pas seulement de notre relation avec Dieu ; il nous guide et nous conseille également dans notre relation avec tout ce que Dieu a créé. Le Coran nous demande de nous traiter avec plus de miséricorde, d'être plus bienveillants les uns envers les autres, d'être plus compatissants envers toutes les créatures d'Allah et d'être conscients et intentionnels dans notre utilisation des ressources terrestres.

« *Et sois bienfaisant comme Allah a été bienfaisant envers toi.* »

CORAN 28:77

L'islam est un voyage qui consiste à servir Dieu avec amour pour obtenir la bénédiction de la vie qui nous a été donnée, sans n'avoir jamais rien fait pour la mériter. Notre vie est un prêt de Dieu, c'est pourquoi le mot « *din* », souvent traduit par « religion », vient d'un mot dont la racine signifie « dette ». Ainsi, par essence, en empruntant le chemin de l'islam, nous cherchons également à payer notre dette à Dieu, qui nous a donné la vie[1]. Cependant, Dieu ne nous demande pas de Le prier parce qu'il Lui manque quelque chose ; Il nous demande plutôt de nous brancher sur la conscience de Dieu afin de recharger la batterie de notre propre âme.

De nombreuses personnes commettent l'erreur de penser que la religion est le moyen par lequel les êtres humains cherchent Dieu. En réalité, l'islam est un voyage qui consiste à dévoiler le secret selon lequel Dieu est et a toujours été avec nous. Nous ne sommes peut-être pas en mesure de percevoir Dieu directement, mais Il se reflète dans tout.

L'islam n'est pas une voie qui permet d'obtenir l'amour de Dieu ; c'est une voie qui vous apprend à lutter, à persévérer et à dévoiler ce qui vous a déjà été donné. L'islam n'est pas seulement une série de pratiques et d'actions ; c'est une lumière qui aide à faire pousser les graines de notre moi le plus authentique. L'islam n'est pas seulement une obéissance extérieure à la loi divine ; c'est une culture de la foi intérieure. Il ne s'agit pas seulement de célébrer ce qui est convenable et de s'élever contre le blâmable; il s'agit d'apporter miséricorde, beauté et excellence à nos paroles, nos pensées, nos actions et nos actes. L'islam est la voie qui vous montre comment devenir ce que vous êtes déjà.

*Nous sommes tous nés avec des ailes spirituelles et l'islam*
*nous rappelle simplement comment voler.*

## Vous êtes intrinsèquement bon

L'islam ne se limite pas à l'adoration extérieure de Dieu, il offre un moyen de dévoiler toutes les façons dont vous êtes un reflet de la beauté et de la majesté de Dieu. Le Coran affirme que Dieu a planté en chacun de nous une graine de bonté innée, connue en arabe sous le nom de «

*fitra*[2]». Cette nature primordiale de bonté, placée dans nos cœurs, nous incline vers des actions justes, belles et en parfait alignement avec le Divin. Au niveau de l'âme, toute l'humanité a un lien parfait avec Dieu, indépendamment de ce qu'elle choisit de croire extérieurement. Cette bonté primordiale qui existe dans l'âme de chaque personne aspire à se manifester, comme une graine aspire à déployer les centaines de fleurs cachées dans son potentiel invisible. La voie de l'islam enseigne au chercheur comment arroser le jardin spirituel de l'âme, qui a déjà été labouré et semé par l'amour débordant de Dieu.

L'un des principaux objectifs de l'islam est de dévoiler cette bonté innée. Tous les prophètes ont été envoyés par Dieu pour nous rappeler qu'en ce moment même, nous sommes déjà tout ce que nous cherchons à devenir. Sur le chemin vers Dieu, chaque étape est la destination. La version de nous-mêmes inspirée par Dieu ne se trouve pas quelque part dans le monde, elle existe sous les perceptions erronées de ce que nous pensons être. C'est précisément pourquoi le Coran dit, « La religion aux yeux de Dieu est vraiment la Soumission » (3:19), car ce n'est que lorsque nous renonçons à notre perception subjective de la réalité que nous devenons réceptifs à ce que Dieu choisit de manifester à travers nous au moment présent.

Il existe une histoire bien connue dans le Coran, dans laquelle Dieu dit au Prophète Moïse qu'il doit d'abord renoncer à ses attachements pour recevoir la révélation divine. Allah dit : « Musa (Moïse) ! Je suis ton Seigneur. Enlève tes sandales : car tu es dans la vallée sacrée, Tuwâ. Moi, Je t'ai choisi ; écoute donc ce qui va être révélé. » (20:11-13) Les sages spirituels disent que lorsque Allah demande à Moïse d'enlever ses sandales, cela symbolise non seulement le fait de se défaire de son attachement à ce monde - mais Il lui demande également de renoncer à son attachement au chemin spirituel lui-même[3]. Après tout, nous ne sommes pas appelés à être des « adorateurs de l'islam », nous sommes appelés à être des adorateurs d'Allah seul. Notre religion n'est pas notre destination, mais les pratiques, les principes et les enseignements de l'islam sont des dispositions nécessaires sur le chemin vers Allah.

## *L'Islam*: se soumettre en paix

Dans l'islam, la voie de l'abandon de soi comporte trois stations : *islam*, *iman* et *ihsan*. La première station, *l'islam*, est principalement axée sur l'alignement des actions des membres avec la loi divine (*shari'a*). Puisque *l'islam* est basé sur la *shari'a*, il est important de comprendre que le mot *shari'a* est souvent utilisé pour signifier « loi divine ». Cependant, la *shari'a* se traduit plus littéralement par « un chemin vers l'abreuvoir ». Cela implique que le but de l'orientation divine est de guider les êtres humains à travers le désert de l'ignorance jusqu'à l'oasis de la foi.

En substance la *shari'a* peut être divisée en deux catégories : les lois concernant la manière de pratiquer les piliers de l'islam, et les lois concernant toutes les autres questions de la vie d'un musulman. Bien qu'il existe d'innombrables points de vue différents sur la loi divine (*shari'a*), certains des principes fondamentaux de la *shari'a* sont les suivants : la préservation de la religion, la protection du caractère sacré de la vie, l'encouragement et la valorisation de l'intellect, la préservation du caractère sacré de la famille et la protection des biens.

Il est important de souligner que la *shari'a* est basée sur le Coran ou sur les paroles du Prophète ﷺ, mais elle contient également l'interprétation des savants au fil du temps, qui diffèrent naturellement les uns des autres ; par conséquent, il peut y avoir de grandes différences dans la façon dont les gens vivent certaines questions et nuances spécifiques. Néanmoins, l'objectif principal qui relie les différentes interprétations des savants est l'appel à « ordonner ce qui est bon dans toutes nos affaires, tout en éloignant et en protégeant de tout ce qui est mauvais ». La *shari'a* est comme une lampe de poche - destinée à nous guider dans l'obscurité de la confusion et de l'incertitude vers le droit chemin. Cependant, tout comme nous suivons les cartes sans les vénérer, nous ne sommes pas censés vénérer la révélation ou la *shari'a*, mais nous soumettre à la direction de Dieu et suivre le chemin qu'Il nous trace.

*L'islam* commence par une soumission extérieure du corps aux interdictions et aux commandements clairement énoncés par Dieu.

> « *L'islam consiste à témoigner que rien d'autre que Dieu ne mérite d'être adoré et que Mohammed est le messager de Dieu, à accomplir les prières rituelles, à payer les aumônes purificatrices, à jeûner pendant le Ramadan et à effectuer le pèlerinage à la maison sacrée si vous êtes en mesure de le faire[4].* »

LE PROPHÈTE MOHAMMED ﷺ

Le mot « *islam* » signifie « se rendre, se soumettre » et vient de la racine à trois lettres *sin-lam-mim*, qui peut également signifier « bien-être, achèvement, liberté et paix ». Sur le plan linguistique, on peut donc dire que le mot *islam* signifie « se soumettre en paix », car ce n'est que lorsque nous nous soumettons à Dieu, en tant que Son serviteur, que nous sommes libérés de l'asservissement de notre ego. De la même manière que la gravitation de notre lune en orbite aide à stabiliser la Terre lorsqu'elle tourne autour de son axe, les pratiques de l'islam nous aident à nous ancrer, nous empêchant de vaciller face à des tentations qui nous empêcheraient de matérialiser notre véritable potentiel[5].

Se soumettre ne signifie pas abandonner, céder ou perdre ; cela signifie plutôt être avec ce qu'Allah a écrit pour vous en embrassant, dans la foi, la gratitude et avec une confiance totale, qu' « Allah est le meilleur des planificateurs » (3:54). La soumission à Allah commence par la reconnaissance que chaque moment qui nous est donné est un cadeau d'Allah que nous ne pouvons ni ignorer ni changer.

> « *Ce qui vous est destiné vous parviendra même si c'est sous deux montagnes. Et ce qui ne vous est pas destiné ne vous atteindra pas même si c'est entre vos deux lèvres.* »

IMAM AL-GHAZALI, MYSTIQUE DU 11E SIÈCLE

S'abandonner à Allah et croire en la suprématie de Son décret ne signifie pas que nous cessons de nous efforcer de nous améliorer. Le Prophète ﷺ a dit : « Fais confiance à Allah, mais attache ton chameau[6] », ce qui signifie que nous sommes appelés à toujours faire confiance à Dieu, mais que nous devons tout de même utiliser notre bon sens ; nous devons toujours lutter de toute notre âme pour établir la paix sur Terre. Le Prophète Mohammed ﷺ énonce clairement l'importance de se lever et de faire physiquement sa part contre l'oppression lorsqu'il dit : « Quiconque parmi vous voit un mal, qu'il le change de sa main ; et s'il ne peut le faire, qu'il le change avec sa langue ; et s'il ne peut le faire, qu'il le change avec son cœur, et c'est là le niveau le plus faible de la foi[7]. »

Faire confiance à la volonté de Dieu ne signifie pas que nous cessons d'enjoindre activement le bien et de nous élever contre l'injustice. S'abandonner à Dieu ne signifie pas que nous cessons d'essayer ; cela signifie que nous cessons de penser que nous pouvons contrôler le résultat des choix que nous faisons. En nous soumettant, nous lâchons prise quant à la façon dont nous pensons que les choses devraient être, et nous devenons flexibles, pour nous déplacer avec la brise du décret d'Allah.

*Comme le disent les mystiques, « Heureux sont les souples, car ils ne seront pas déformés[8] ».*

Lorsque nous nous abandonnons à Dieu, nous changeons le flux d'intention et d'énergie derrière nos actions. Nous n'agissons pas par peur de la perte ou de la pauvreté, mais poussés par la confiance en Dieu. Le concept d'abandon est magnifiquement décrit dans le taoïsme sous le nom de *Wei Wu Wei*[9], qui signifie « Faire sans faire[9] ». Lorsque nous nous abandonnons à Dieu, nous sommes comme un grain de sable qui s'abandonne pour devenir la montagne, ou comme une goutte de pluie qui s'abandonne pour devenir l'océan tout entier. Si nous ressentons une résistance à nous abandonner à Dieu et à Lui faire confiance, il est important de ne pas nous en vouloir. En fait, la prise de conscience du fait que nous ressentons une résistance à l'abandon est une bénédiction, car elle attire notre attention sur les endroits en nous où nous avons du mal à compter sur Dieu. Cette prise de conscience ouvre la porte au repentir et au souvenir de Dieu, nous offrant la possibilité de passer de la confiance en soi à la confiance en Dieu.

L'observation des lois extérieures établit une structure morale uniforme, façonnant et fournissant un récipient pour accueillir la fidélité. De même que tout ce qui existe a une forme (corps) et une essence (esprit), et que le but de cette forme est de porter l'essence, le but de notre obéissance à la loi divine, à travers *l'islam*, est de créer le terreau nécessaire à la culture de la graine de la foi, ou *iman*.

## L'*iman* : marcher dans la foi

Alors que *l'islam* fait référence au domaine de l'activité, *l'iman* fait référence à la compréhension intellectuelle de la foi et concerne notre perception de Dieu, de l'invisible et de l'au-delà. Alors que la station de *l'islam* est apparente, extérieure et peut être vue, *l'iman* est caché, intérieur et lié à la réalité invisible du cœur et de l'âme. *L'iman*, c'est lorsque nous dépassons la surface et entrons dans l'esprit de la révélation. L'iman est la réalité intérieure de l'adoration. Il s'agit cultiver la présence et la connaissance divines dans le cœur humain, ce qui donne de la valeur et du sens à nos actions extérieures. *L'iman* est l'état qui permet à l'amour de Dieu d'ouvrir nos cœurs à la lumière qui jaillit entre chaque mot de l'Écriture, comme les pétales d'une fleur de printemps s'ouvrent à la chaleur du soleil.

> « *L'Iman consiste à croire en Allah, en Ses anges, en Ses livres, en Ses messagers, au Jour dernier, et à croire au destin, tant dans ses aspects positifs que négatifs*[10]. »
>
> PROPHÈTE MOHAMMED ﷺ

*L'Iman* consiste à avoir foi dans l'invisible et à croire que Dieu a toujours à cœur nos intérêts. La foi, c'est le *tawakkul*, ou la confiance sincère que tout ce qu'Allah choisit de nous faire vivre, qu'il s'agisse d'une bénédiction ou d'une épreuve, est en fin de compte au service de notre expérience profonde de Lui. Puisque la foi s'épanouit en relation directe avec notre confiance en Dieu, nous pouvons arroser les graines de notre foi par le chant et la méditation. Par exemple, nous pouvons chanter ou répéter le verset coranique *Hasbuna Allah wa ni'ma al Wakil*, qui signifie « Allah nous suffit et Il est le meilleur protecteur » (3:173). Lorsque nous pratiquons ce puissant chant du rappel ou *dhikr* alors que nous sommes en proie à la peur ou au doute, cela augmente notre réceptivité à l'amour et à la lumière de Dieu, ce qui arrose davantage les graines de la foi en nous.

Au fond, la soumission dans la foi revient à reconnaître que, bien que nous n'ayons pas de pouvoir sur les résultats de notre vie, nous avons toujours la liberté de choisir l'état de notre esprit, en rencontrant les épreuves et les bénédictions qui sont écrites pour nous. Certains commettent l'erreur de penser que la foi est un sentiment, alors qu'en fait, à bien des égards, il s'agit d'un choix d'ouverture à ce qu'Allah nous a déjà donné. Dans son essence, la foi consiste à avoir la confiance et la patience de s'accrocher à sa relation avec Dieu malgré les vents changeants de ses sentiments et des circonstances.

Les sages musulmans ont dit : « La foi est composée de deux choses : une moitié est la patience et l'autre moitié est la gratitude[11]. » La patience est un élément nécessaire pour encourager la foi, car il faut parfois du temps pour dévoiler le but divin derrière la volonté de Dieu. La patience et la confiance réelle en Allah conduisent à la gratitude, car lorsque nous comprenons que Dieu veut toujours mieux pour nous que ce que nous pourrions imaginer pour nous-mêmes, nous sommes naturellement enclins à être reconnaissants. Avoir l'iman, c'est croire que même si l'avenir est inconnu, notre Dieu est connu et toujours fidèle. Avoir la foi, c'est proclamer que même si nous ne savons pas ce que demain nous réserve, nous savons que Dieu est déjà là, étreignant et protégeant nos âmes.

> « Si vous vous en remettiez à Dieu comme vous devez vous
> en remettre à Lui, Il subviendrait à vos besoins comme
> Il subvient à ceux des oiseaux. Ils sortent tôt le matin,
> affamés, et reviennent le soir repus[12]. »
>
> LE PROPHÈTE MOHAMMED ﷺ

Dans le Coran, Allah dit qu'Il « guide vers Lui quiconque se tourne vers Lui » (42:13). Cultiver sa foi commence par prier Dieu pour qu'Il ouvre nos cœurs à l'expérience de Son amour. Par Sa sagesse, Dieu guide qui Il veut et ceux qui désirent être guidés. Ce n'est pas Dieu, mais notre ego qui fait obstacle à la foi. Il nous est difficile d'avoir confiance en Dieu parce que nous comptons sur nous-mêmes plutôt que sur Dieu.

Pour développer la foi en Dieu, il est utile de réfléchir au fait que toutes les décisions que nous prenons sont fondées sur une perception biaisée du passé, une vision incomplète du présent et un avenir inconnu. Alors que le Coran nous dit : « Et on ne vous a donné que peu de connaissances » (17:85), Dieu voit pleinement le passé, le présent et l'avenir, car Sa sagesse est parfaite à travers le temps et l'espace. Lorsque nous réalisons combien notre connaissance est limitée, nous sommes naturellement plus enclins à faire confiance à la sagesse parfaite de Dieu plutôt qu'à notre vision incomplète. La foi s'épanouit automatiquement lorsque nous éliminons les murs de l'ego, car la foi n'est pas quelque chose que nous trouvons, mais quelque chose qui éclot de l'intérieur.

Notre *iman* grandit souvent lorsque nous reconnaissons tout le bien que Dieu a déjà fait pour nous. Les fidèles se soumettent pleinement à la volonté de Dieu, en disant : « Allah me suffit. Il n'y a de divinité que Lui. En Lui je place ma confiance ; et Il est le Seigneur du Trône immense. » (9:129)

*L'iman* se développe en nous lorsque nous commençons à faire confiance à Dieu du plus profond de notre cœur. Dans le Coran, Allah s'en prend à un groupe de Bédouins qui tentent de prétendre qu'ils ont *l'iman* en disant : « Les Bédouins ont dit : «Nous avons la foi. «Dis: « Vous n'avez pas encore la foi. « Dites plutôt : «Nous nous sommes simplement soumis, car la foi [iman] n'a pas encore pénétré dans vos cœurs.» [...] » (49:14). Ce verset souligne que *l'iman* ne s'acquiert pas par une soumission robotique, mais qu'il est plutôt favorisé par la croyance sincère et l'obéissance à Dieu du plus profond de nos coeurs[13]. Obéir aux ordres de Dieu sans sincérité ou sans amour conduit au vide, tandis que dire que vous aimez Dieu, mais refuser de suivre ce qu'Il vous demande est un signe de conflit intérieur et d'hypocrisie.

Nos actions extérieures sont un test déterminant pour connaître la réalité de notre état intérieur, et vice versa. Il est important de comprendre que notre voyage spirituel sera fait de hauts et de bas ; tout comme votre respiration va et vient, et que les vagues de l'océan montent et descendent, notre foi passe par des cycles. Chaque montagne a un camp de base et un sommet, et tant que vous serez en vie, votre foi aura des pics et des vallées. Si votre foi était immuable et constante, vous n'auriez aucune raison d'invoquer Dieu. Dans le Coran, Allah déclare très clairement que notre foi sera mise à l'épreuve.

> *« Est-ce que les gens pensent qu'on les laissera dire : « Nous croyons ! » sans les éprouver ? »*
>
> **CORAN 29:2**

La première étape pour être musulman est de professer sa foi, mais tant que vous ne mettez pas vos croyances en action, vous ne possédez pas réellement la foi[14]. La foi n'est pas quelque chose que nous pouvons mettre dans une banque et enfermer. Elle n'est pas stagnante ; c'est quelque chose qui est vivant et qui circule constamment comme une rivière. Puisque Dieu est infini, le voyage de la foi est sans fin.

> *Les mystiques disent qu'il n'y a que deux règles sur le chemin vers Dieu : commencer et continuer.*

Tant que nous sommes sur Terre, il n'y a pas de ligne d'arrivée que nous puissions atteindre et qui nous permette de cesser d'essayer et de nous efforcer de grandir. De la même manière que si un culturiste arrête de s'entraîner, il commence à perdre les muscles qu'il a acquis au fil du temps, lorsque nous cessons nos pratiques, notre foi s'affaiblit. Il est important de comprendre que, tout comme il n'existe pas de pilule magique pour obtenir le corps que nous souhaitons avoir, il n'y a pas de raccourci pour devenir spirituellement fort.

Le secret pour marcher sur le chemin de l'islam ne consiste pas à prétendre être parfait, mais à proclamer ses faiblesses devant Dieu. Lorsque vous comprenez que c'est votre faiblesse qui crée l'espace nécessaire pour faire l'expérience de la générosité de Dieu, vous commencez à voir que Dieu vous appelle à Lui à travers votre humanité et votre faillibilité. Parfois, nous devons tomber sur le dos avant de faire face aux cieux. Il nous faut parfois être brisés avant de vouloir que Dieu répare nos cœurs. Nous devons parfois être malades avant d'invoquer le Guérisseur. Dieu ne vous abandonne pas, Dieu ne vous a pas oublié - au contraire, votre Seigneur vous appelle, à travers votre douleur et votre combat, à compter sur Lui d'une manière plus profonde.

> *« La foi, c'est l'oiseau qui sent la lumière et chante, alors que l'aube est encore sombre. »*
>
> RABINDRANATH TAGORE, POÈTE INDIEN DU 20E SIÈCLE

Sur le plan linguistique, le mot iman est souvent traduit par « foi », mais il vient de la racine *amana*, qui signifie « mettre en sécurité », ce qui implique que la foi nous ancre dans la sécurité et la protection de Dieu.

L'imam Ali dit : « L'iman est une confession de la langue, une vérification avec le cœur et une action du corps. » Il ne s'agit pas d'une déclaration passive de croyance, mais plutôt d'une foi mise en action. Le signe du véritable *iman* est qu'il affecte la façon dont vous interagissez avec l'ensemble de la création, et pas seulement avec le Créateur.

> *« Les meilleures personnes sont celles qui apportent le plus de bienfaits au reste de l'humanité[15]. »*
>
> PROPHÈTE MOHAMMED ﷺ

Plus nous sommes attachés à respecter les lois de Dieu et à devenir un reflet de l'amour divin sur Terre, plus notre récipient d'iman devient grand. Sans *l'islam*, *l'iman* ne peut être contenu, et sans *iman*, *l'islam* est comme un corps sans âme ; il est sans vie et inflexible. L'obéissance extérieure et la foi intérieure active se renforcent mutuellement comme des fils qui se rejoignent pour créer une tresse.

## *Ihsan*: voir Dieu partout

Lorsque nous combinons la pratique extérieure (*islam*) et la foi intérieure (*iman*) avec la conscience de l'omniprésence de Dieu, nous entrons dans le royaume mystérieux de *l'ihsan*. La station de *l'ihsan* - ou, comme on l'appelle parfois, « excellence » - est atteinte lorsque nous transcendons la dualité de l'extérieur et de l'intérieur, et que nous entrons dans la présence singulière de Dieu.

Ce n'est que lorsque le soleil de l'ego se couche que la véritable lumière éternelle de l'âme et la beauté innée de l'être humain peuvent se lever. Ce raffinement de l'âme d'être en alignement pur avec Dieu est l'essence de la station de *l'ihsan*. En définissant *l'ihsan*, le Prophète ﷺ a dit dans un célèbre hadith :

> « *C'est adorer Dieu comme si tu Le voyais, car même si tu ne le vois pas, tu sais qu'Il te voit*[16]. »
>
> PROPHÈTE MOHAMMED ﷺ

Même aux niveaux les plus élevés de la conscience spirituelle, notre vue vacillera, mais notre refuge contre notre faillibilité et notre vacillation, est de croire que Dieu ne vacillera jamais dans son engagement envers nous. *L'ihsan*, c'est lorsque vous êtes dans un état constant de conscience de l'amour universel d'Allah pour vous. Lorsque nous comprenons que Dieu nous voit même lorsque nous ne Le voyons pas, nous nous rappelons que Sa miséricorde et Son amour ne dépendent pas de notre vision limitée de Lui, mais de Son regard qui englobe tout (*Al-Basir*).

Les croyants en état *d'ihsan* sont comme des serviteurs devant un roi aimant, conscients de chaque pas qu'ils font et de chaque mot qu'ils disent, embellissant leurs actions par gratitude pour avoir été accueillis dans le palais de bonté du roi. Linguistiquement, *ihsan* signifie « rendre quelque chose beau », car lorsque nous sommes vraiment conscients de la bonté universelle de Dieu, nous ne pouvons que refléter la beauté de Sa présence. Dans cet état transcendant, nous manifestons « l'excellence spirituelle », non pas à cause de notre ego ou pour être loués, mais parce que nous sommes amoureux de Dieu.

*L'ihsan* est un état de bonté qui est indépendant de la création et ne recherche ni réciprocité ni applaudissements. Lorsqu'une personne vit dans un état d'ihsan, elle ne voit la création que comme un reflet du Créateur. Dans un sens, *l'ihsan* a donc deux dimensions principales : être constamment présent et être conscient de Dieu dans tous nos états. Un « *Muhsin* » ou une personne ayant *l'ihsan*, s'efforce constamment d'être présent quel que soit le visage que Dieu lui présente à chaque instant. Un *Muhsin* ne se tourne pas seulement constamment vers Dieu pour être guidé par la prière et le souvenir, mais il cherche aussi constamment des occasions de servir la création de Dieu. Être en état *d'ihsan*, c'est savoir que Dieu est partout par Sa connaissance, qu'Il se reflète en tout par Ses noms, et que Son amour est le souffle derrière tout ce qui existe.

Le maître spirituel du huitième siècle, et descendant du Prophète ﷺ, l'Imam Ja'far As-Sadiq, enseignait à ses étudiants que les gens adorent Dieu de l'une des trois manières suivantes : l'adoration de l'esclave, qui adore Dieu par peur du châtiment ; l'adoration de marchand, qui adore Dieu en cherchant une récompense ; et l'adoration de l'Homme libre, qui adore Dieu par amour et gratitude, ce qui est la meilleure forme d'adoration[17]. Ce n'est que lorsque nous adorons le Divin par amour que notre adoration transforme notre être tout entier. C'est la station de *l'ihsan*.

Lorsque toute l'existence devient un miroir pour Dieu, chaque lieu devient sacré, chaque voix devient une révélation, chaque visage devient un reflet de Dieu - faisant de chaque instant une chance de voir le Divin et d'être vu par le Divin. Alors que *l'islam* se concentre sur les actions extérieures, et que *l'iman* se concentre sur la certitude intérieure, *l'ihsan* est le monde de l'intention, où tout ce que nous faisons est pour l'amour de Dieu seul. Comme l'a dit le Prophète ﷺ, « Les actions sont récompensées en fonction de leurs intentions[18] », ce qui signifie que plus nos intentions sont sincères, plus nos actions de soumission à la volonté de Dieu ont de la valeur.

Le Coran dit : « Quiconque soumet à Allah son être tout en faisant le bien, aura sa rétribution auprès de son Seigneur. Pour eux, nulle crainte, et ils ne seront point attristés. » (2:112) Une grande partie de notre chagrin et de notre peur dans cette vie provient de notre désir de changer le passé ou de contrôler l'avenir. Étant donné que, dans la station *d'ihsan*, le chercheur a soumis sa volonté à celle de Dieu et Lui a fait pleinement confiance, lorsqu'il rencontrera Dieu dans la vie à venir, il n'éprouvera ni peur ni chagrin.

Dans *l'ihsan*, notre attachement au moi séparé meurt, alors que nous nous éveillons à la réalité de la singularité de Dieu[19]. Alors que *l'islam* fait référence au physique et que *l'iman* se rapporte à l'intellect, *l'ihsan* concerne la dimension spirituelle. Dans un sens plus profond, *l'islam* représente les actions que l'on peut voir avec les yeux, *l'iman* représente les croyances que l'on ne peut pas voir, mais que l'on garde dans le cœur, tandis que *l'ihsan* voyage au-delà de la dualité entre l'intérieur et l'extérieur pour être en présence de Dieu seul. L'état expansif et unificateur de *l'ihsan* est illustré poétiquement dans le poème suivant :

> « *Au-delà des idées de mal et de bien, il y a un champ. Je vous y retrouverai. Lorsque l'âme s'allonge dans cette herbe, le monde est trop plein pour en parler. Les idées, le langage, même l'expression "l'un l'autre", n'ont aucun sens[20].* »
>
> RUMI

Dans ce poème profond, Rumi nous rappelle que dans l'unicité de la présence de Dieu, il n'y a pas de soi, il n'y a pas d'autre, il n'y a que Dieu, et donc la multiplicité des mots sera toujours insuffisante pour exprimer l'expérience du Muhsin dans le mystère de l'unité divine.

## Les stations de l'amour extatique

Les stations de l'islam sont simplement trois profondeurs différentes dans l'océan de l'amour divin. Les mystiques décrivent poétiquement la corrélation entre l'amour et les stations de *l'islam*, *l'iman* et *l'ihsan* par l'analogie de trois papillons devant la flamme d'une bougie.

> Le premier papillon voit la fumée d'une flamme qui s'élève au loin et déclare : « Je connais l'amour. » Ce papillon se trouve dans la station de *l'islam*, car il utilise son intellect rationnel pour déduire extérieurement de la fumée qu'il voit, la présence de la lumière. Ce domaine de la connaissance est connu sous le nom de ilm al-yaqin, ou la « connaissance de la certitude ».

Le deuxième papillon voit réellement la lumière et ressent la chaleur de la flamme et déclare : « Je sais comment le feu de l'amour peut brûler. » Ce papillon se trouve dans une station *d'iman*, car il ne croit pas seulement intellectuellement à la présence de la lumière, mais il a directement fait l'expérience de la flamme. Ce domaine de la connaissance est connu sous le nom de *ayn al-yaqin*, ou « l'œil de la certitude».

Le troisième papillon s'envole directement dans la flamme, disparaissant dans la lumière. Ce papillon est consumé par l'amour et n'a donc pas de mots à offrir. Il se trouve dans la station *d'ihsan*, car il a disparu et est devenu entièrement enveloppé par la lumière de ce qu'il a aimé. Ce domaine de la connaissance est connu sous le nom de *haqq al-yaqin*, ou la « vérité de la certitude ».

Les endroits en nous où nous sommes terrifiés par les flammes de la vérité sont les endroits où notre ego refuse d'abandonner le contrôle et de s'en remettre à Dieu. Nous ne connaissons la vérité que dans la mesure où nous abandonnons nos séparations et nos limites pour nous laisser consumer par la vérité de Dieu. Après tout, l'une des missions essentielles de la voie islamique est de guider le chercheur au-delà du simple savoir à propos de Dieu, vers l'expérience et la connaissance de Dieu[21].

Ce n'est que lorsque nous joignons l'extérieur avec l'intérieur que la porte d'une une relation intime avec Dieu s'ouvre. Si nous négligeons d'intégrer harmonieusement les actions extérieures de la religion avec la purification intérieure du cœur, nous réaliserons que notre foi semble chaotique et déséquilibrée. Si nous ignorons les règles extérieures et les lois morales de la religion, nous ne serons pas ancrés, comme une plume dirigée par les vents passagers de nos désirs éphémères. Si nous négligeons le côté spirituel du chemin, notre culte manquera de passion et d'amour, ce qui nous rendra inévitablement rigides et même fanatiques dans notre approche de Dieu.

Ce n'est que lorsque nous abandonnerons notre corps, notre esprit et notre âme à Dieu que nous serons en mesure de manifester le véritable message de paix qui existe au cœur de la voie de l'islam. Nous ne sommes pas appelés à suivre l'islam, nous sommes appelés à le devenir. Nous sommes appelés à nous abandonner, comme des grains de sel, dans l'océan infini de la grâce et de l'abondance de Dieu. Lorsque nous abandonnons notre volonté, notre esprit, notre cœur et notre âme de cette manière, nous ne nous perdons pas, mais devenons au contraire réceptifs à tout ce que Dieu cherche à créer à travers nous. C'est le but de notre création : lâcher prise sur tout ce qui est voué à passer, pour ne faire qu'un avec l'amour éternel de Dieu.

> *Oh Allah, je ne cherche pas à T'adorer par peur de la douleur ou par désir de plaisir, mais je cherche à T'adorer pour Ton seul intérêt. Mon Seigneur, aide-moi à soumettre ma volonté à Ta volonté. Aide-moi à avancer sans résistance sur les rivières de Ton décret. Oh Allah, aide-moi à m'abandonner à Toi comme les mers, la lune, les étoiles, les montagnes et les galaxies. Aide-moi à m'abandonner à Toi comme les feuilles dans la brise. Permets-moi de Te donner tout de moi-même en écartant les voiles du doute et de la peur. Allah, guide-moi sur le chemin de la vérité et aide-moi à consacrer ma vie à Toi seul. Je prie pour que Tu fasses en sorte que mon cœur soit ancré dans le sol fertile de la foi. Allah, rappelle-moi toujours que ce n'est qu'en Toi que je trouverai la paix, la facilité et les clés des secrets les plus intimes que Tu as cachés en moi. Mon Seigneur, aide-moi à être humble, honnête, bon et fidèle alors que je marche sur ce chemin que Tu as pavé de Toi à Toi. En Tes noms suprêmes, je prie, Amine.*

## Méditation : faire de chaque action une adoration

Puisque le culte est comme une nourriture pour l'esprit, de la même manière que l'oxygène l'est pour le corps, plus nous infusons notre journée d'actes de louange, plus notre âme se sentira vivante. La question qui se pose inévitablement est la suivante : comment pouvons-nous être dans un état constant de prière alors que nous avons des obligations mondaines

? Le secret réside dans l'intention ! Tout peut être un acte d'adoration si vous avez l'intention de vous rapprocher d'Allah par cet acte. Pour atteindre l'état *d'ihsan* - être dans un état perpétuel de conscience, d'adoration et d'observation de Dieu - nous devons commencer à introduire la conscience de Dieu dans tout ce que nous faisons. Afin de mieux expliquer cela, nous allons passer en revue une liste d'activités quotidiennes, ainsi que de prières intentionnelles qui peuvent être utilisées pour accroître notre conscience d'Allah.

- Lorsque vous vous réveillez le matin, prenez quelques respirations profondes et portez votre attention sur votre cœur. Avant de sortir du lit, essayez de dire : « Oh, Allah, Tu es le Réveilleur, Al-Ba'ith, merci de me donner une autre chance de T'aimer, de T'adorer et de m'abandonner à Toi plus complètement. Alors que je sors de ce lit ce matin, aide-moi à approfondir ma foi et à ressentir la paix qui vient de Ta proximité. »
- Avant de vous brosser les dents, vous pouvez dire : « *Oh, Allah, Tu es le plus généreux, Al-Karim. Alors que je me brosse les dents, puisses-Tu permettre aux mots de ma bouche de jaillir de Ta source d'amour, de paix et de bonté. Allah, aide-moi à purifier ma langue de tout rappel de quoi que ce soit d'autre que Toi.* »
- Lorsque vous prenez une douche, essayez de dire : « *Oh, Allah, Tu es le plus pur, Al-Quddus, alors que je lave mon corps, puisses-Tu aussi laver les erreurs de la journée et mon oubli de Toi. Que la bénédiction de l'eau dévoile la pureté de mon âme, me permettant de recevoir la lumière de Ta miséricorde.* »
- Lorsque vous vous habillez, vous pouvez dire : « *Oh Allah, Tu es Le Pourvoyeur, Ar-Razzaq, alors que j'habille mon corps avec les vêtements que Tu m'as fournis, puisses-Tu habiller mon esprit avec le manteau de la pureté et de la lumière.* »
- Avant de manger, essayez de dire : « *Oh, Allah, Tu es Le Nourricier, Al Muqeet, merci pour cette nourriture devant moi, puisse cette nourriture servir à renforcer mon corps et me garder en bonne*

*santé et plein d'énergie pour que mon adoration envers Toi soit passionnée et infusée d'amour. »*

- Avant de conduire ou de monter dans les transports en commun, vous pouvez dire : « *Oh Allah, Tu es celui qui dispense la sécurité, Al-Muhaymin, que je puisse voyager en toute sécurité de là où je suis à là où je cherche à aller, dans cette vie et dans la suivante.* »

- Avant de travailler, vous pouvez dire : « *Oh, Allah, Tu es le Créateur, Al Khaliq, alors que je commence ce projet, aide-moi à refléter Tes qualités de créativité, de force et de paix dans mon travail. Allah, utilise-moi comme vaisseau pour rapprocher les autres de Toi.* »

- Avant de voir des amis, essayez de dire : « *Oh, Allah, Tu es le plus miséricordieux, Ar-Rahman, fais que j'interagisse avec les autres d'une manière qui reflète Tes qualités de bonté, de miséricorde, d'amour et de compassion.* »

- Avant de vous endormir, vous pouvez dire : « *Oh, Allah, Tu es Le Tout-Puissant, Al-Khabir, pendant que je dors cette nuit, garde mon cœur éveillé en souvenir de Toi.* »

- Prenez un moment et notez 2 ou 3 autres activités que vous faites quotidiennement. Veillez à ajouter une prière intentionnelle à côté de chaque activité.

- Remarquez comment vos activités quotidiennes vous semblent différentes lorsque vous y apportez la présence d'Allah.

*« Et implorez le pardon de votre Seigneur et repentez-vous à Lui. Mon Seigneur est vraiment Miséricordieux et plein d'amour. »*

CORAN 11:90

*« Ô fils d'Adam, tant que tu M'invoqueras et me demanderas pardon, Je te pardonnerai ce que tu as fait, et Je n'y verrai aucun inconvénient. Ô fils d'Adam, si tes péchés atteignaient les nuages du ciel et si tu Me demandais alors pardon, Je te pardonnerais. Ô fils d'Adam, si tu venais à Moi avec des péchés presque aussi grands que la Terre, et si tu Me faisais face, sans Me donner d'associé, Je t'apporterais un pardon presque aussi grand que la Terre[1]. »*

ALLAH

# 5

# TAWBA : LE REPENTIR ET LE RETOUR À L'UNICITÉ

Peu importe à quel point nous nous sommes égarés, peu importe à quel point nous nous sommes éloignés de Dieu, peu importe le nombre de péchés que nous avons commis, peu importe ce que nous avons dit et ce que nous avons fait, il n'existe aucun lieu trop éloigné que le pardon et la miséricorde infinis de Dieu ne puissent atteindre. La pratique de la *tawba* est l'un des plus grands cadeaux que Dieu nous a offerts. On associe communément le mot arabe « *tawba* » à la « repentance », mais d'une manière plus littérale, « *tawba* » signifie « revenir ». La *Tawba* est un rappel plein d'espoir que nos esprits éternels ne peuvent être souillés par nos actions ou nos actes mortels de manière irrémédiable.

En substance, lorsque nous nous tournons vers Allah, nous revenons à la personne que nous sommes réellement, en écartant les voiles du péché qui ont entravé notre véritable vision. Allah dit : « Ce ne sont pas les yeux qui s'aveuglent, mais ce sont les cœurs dans les poitrines qui s'aveuglent.»

(22:46) La *tawba* purifie notre cœur afin que la lumière d'Allah puisse pénétrer notre âme et nous donner une vision divine. De cette manière, le repentir détourne notre regard intérieur de la conscience de l'ego pour le diriger vers la conscience de Dieu, détournant ainsi nos cœurs de ce monde mortel et ses désirs éphémères pour les orienter vers Allah et Sa paix éternelle.

Lorsque nous nous engageons dans une *tawba* sincère, nous tendons la main vers Dieu pour Le prier de couvrir nos péchés du manteau de Sa miséricorde. L'essence de la *tawba* consiste à être à l'écoute et prendre conscience du niveau d'amour que Dieu a pour nous. Nous n'avons pas nécessairement à comprendre chaque cause et effet de nos fautes pour pouvoir nous repentir, car la *tawba* est l'acte de remettre toute chose entre les mains d'Allah.

## L'orientation de Dieu débute et prend fin avec le pardon

La première prière faite par les êtres humains a été une prière de pardon, lorsque Adam et Eve ont goûté à l'arbre défendu, ils dirent « Ô notre Seigneur, nous nous sommes fait du tort. Et si Tu ne nous pardonnes pas et ne nous fais pas miséricorde, nous serons très certainement du nombre des perdants ». Allah a répondu à cette prière en pardonnant à Adam et à Eve comme le dit le Coran : « Puis Adam reçut de son Seigneur des paroles, et Allah agréa son repentir, car c'est Lui certes, le Pardonneur, le Miséricordieux. » (2:37) Le premier conseil que Dieu nous a donné est de rechercher Son pardon, et parmi les dernières prières que nous, en tant qu'êtres humains, ferons le jour du jugement, sera une prière pour demander le pardon de Dieu. Il a été dit qu'en approchant des portes du paradis, nous prierons pour qu'Allah amplifie la lumière de nos cœurs : « Seigneur, parfais-nous notre lumière et pardonne-nous. Car Tu es Omnipotent. » (66:8) Nous ne devrions pas nous sentir honteux de demander le pardon, bien au contraire, c'est une chose que Dieu attend de nous et qu'Il veut que nous fassions.

> *« Une mauvaise action que nous regrettons du fond du cœur est cent fois meilleure que la bonne action qui nous rend fiers.»*

IMAM ALI

Le mot arabe utilisé pour désigner « la recherche du pardon » est « *istighfar* » et il est lié au mot arabe « *al-mighfar* » qui signifie « couvrir la tête pour se protéger de quelque chose de dangereux ». En d'autres termes, *l'istighfar* ne consiste pas seulement à couvrir nos péchés de la miséricorde divine, mais nous protège également du mal que nous infligeons à nos propres âmes[2].

L'acte de la recherche du pardon divin est en soi une protection des conséquences de nos propres actions. *L'Istighfar* ne consiste pas seulement à rechercher le pardon pour nos péchés, mais également à chercher à être pardonné de ne pas en faire assez. Puisqu'en tant qu'êtres humains nous ne parviendrons jamais à adorer et servir Dieu comme Il le mérite, nous demandons Son pardon même pour ce qui est de nos bonnes actions, en nous fiant à la miséricorde divine pour combler nos lacunes. Que nous soyons distraits pendant la prière ou que nous recherchions les éloges pour nos actes de bonté, nous avons désespérément besoin que Dieu recouvre constamment nos péchés et nos bonnes actions du vêtement de Son pardon affectueux.

> *« Si seulement vous demandiez pardon à Allah ? Peut-être vous serait-il fait miséricorde. »*

CORAN 27:46

Lorsque nous recherchons le pardon de Dieu, Dieu nous élève en rang. Comme le dit le Prophète Noé dans le Coran : « Ô mon peuple ! Demandez pardon à votre Seigneur, puis revenez vers Lui. Il enverra du ciel sur vous, une pluie abondante et Il ajoutera une force à votre force. Ne vous détournez pas de Lui en devenant coupables. » (11:52) Lorsque nous répondons à notre humanité en demandant le pardon et en revenant à Dieu, Il répond en faisant pleuvoir sur nous Ses bénédictions de grâce. Ce n'est pas la perfection qui nous permet d'accéder à la miséricorde divine, mais la *tawba* et la recherche de Son pardon.

## Revenir à l'unicité

La repentance est une manière de revenir à Dieu, lorsque nous recherchons Son pardon, nous ne faisons qu'un avec Sa miséricorde et Son amour. La repentance est l'acte de briser et de se libérer de toutes les idoles et les dieux que nous avions placés dans le sanctuaire de nos cœurs, avant le véritable Dieu unique. Nous demandons pardon d'avoir érigé en dieux nos désirs, notre réputation, notre envie, l'argent, la gloire ou l'opinion des autres. En substance, chaque péché que nous commettons est un acte tourné vers le monde que seul Allah est en mesure de nous donner. Tout comme l'ombre indique la lumière, le péché indique les endroits en nous qui attendent encore que le monde satisfasse nos besoins au lieu de ne compter que sur Allah.

Lorsque Allah nous permet d'être conscients que nous avons commis un péché, ce n'est pas une manière de nous punir, au contraire, Il nous invite plutôt vers Sa présence.  De cette manière, au moment où nous nous sentons inspirés à nous repentir sincèrement, nous faisons en fait l'expérience du pardon qu'Allah a déjà écrit pour nous. On a demandé à la grande mystique du huitième siècle Rabia Al-Adawiyya : « J'ai beaucoup péché ; si je me repens, Allah me pardonnera-t-Il ? » Elle répondit avec profondeur : « C'est le contraire ; si Dieu te pardonne, alors tu sais que tu es capable de te repentir. »

Comme le dit le Coran, Allah « vous appelle pour vous pardonner une partie de vos péchés » (14:10). Ce n'est pas notre repentir qui mène au pardon, mais plutôt la miséricorde infinie d'Allah et sa nature indulgente qui agissent comme une force de gravité divine, nous ramenant à ce que nous avons toujours été, sous la poussière de l'oubli et du péché[3]. Le fait que *tawba* signifie « retour » implique qu'à chaque moment, nous avons tout ce dont nous avons besoin pour cheminer vers Allah. Fondamentalement, la *tawba* permet de faire de la place pour les bénédictions qu'Allah nous a déjà destinées.

## Commencez dès maintenant

Notre cheminement pour revenir à Dieu commence exactement là où nous sommes actuellement. Nous ne sommes pas censés être dignes de Dieu avant de nous tourner vers la foi, mais c'est plutôt grâce à la miséricorde sans limites de Dieu (*Ar-Rahman*) que nous devenons dignes. En d'autres termes, on ne pourrait être trop mauvais, trop perdu ou trop brisé pour qu'un Dieu à l'origine de tout ce qui existe ne puisse nous réparer. Rumi dit : « L'eau dit à celui qui est souillé «Viens ici». Le souillé dit : «J'ai honte.» L'eau répond : «Comment ta honte sera-t-elle lavée sans moi ?».» Même si nous continuons de commettre les mêmes erreurs ou à céder aux mêmes tentations, Dieu nous appelle à continuer à chercher les eaux purificatrices de Sa miséricorde.

N'écoutez pas les voix selon lesquelles vous êtes trop imparfaits pour un Dieu parfait, trop sales pour être lavés ou trop horribles pour vous racheter — peu importe la vie que vous avez menée, vos erreurs ou vos péchés ne seront jamais aussi grands que la miséricorde divine.

> « *Ô Mes serviteurs qui ont commis des excès à votre propre détriment, ne désespérez pas de la miséricorde d'Allah. Car Allah pardonne tous les péchés. Oui, c'est Lui le Pardonneur, le Très Miséricordieux.* »
>
> **CORAN 39:53**

Le Prophète Mohammed ﷺ a dit : « Satan a dit : " Par Ta puissance, Ô Seigneur je continuerai à tromper les enfants d'Adam, tant que leurs âmes seront dans leurs corps. " Le Seigneur dit : " Par Ma puissance et Ma majesté, Je continuerai à leur pardonner, tant qu'ils recherchent Mon pardon[4]." » Finalement, notre plus grande défaite serait de mener une vie sans demander pardon à Dieu. Allah est *Al-Afuw* ou « Celui qui pardonne », dont le pardon est semblable à une grâce présidentielle divine : Il efface toute trace de notre péché et supprime toutes les conséquences négatives de nos choix. La miséricorde de Dieu est la raison pour laquelle le Coran nous exhorte à rechercher le pardon.

*« Célèbre la gloire de ton Seigneur et implore Son pardon.*
*Car c'est Lui le Grand Accueillant au repentir. »*

CORAN 110:03

Ne vous découragez pas si vous vous retrouvez face à un problème que vous pensiez avoir déjà surmonté. La progression spirituelle suit la forme d'une spirale : même lorsque vous avez l'impression de revenir au point de départ, vous êtes en fait peut-être en train de vous élever encore plus. La pratique de la *tawba* est un moyen de corriger notre cap spirituel, elle permet de réaligner nos cœurs et nos intentions avec Allah.

L'avion est un exemple moderne de l'importance des mécanismes de régulation. Un avion passe 90 à 95% de son temps à dévier de sa trajectoire, en raison des conditions météorologiques et des erreurs humaines, la seule manière d'atteindre la destination souhaitée est de constamment corriger le cap[5]. Peu importe si nous trébuchons sur le droit chemin, nous pouvons toujours atteindre la destination de l'amour divin éternel, tant que nous nous efforçons de revenir sur ce chemin.

## Transformer vos tentations en prières

Devenir plus spirituel et plus conscient de Dieu ne signifie pas que nous ne sommes plus mis à l'épreuve par les voix et les pensées tentatrices invoquées par notre ego, mais plutôt que nous prenons plus conscience des voix qui nous appellent vers l'obscurité, la honte et la séparation. Les étoiles sont toujours présentes dans le ciel, mais nous ne pouvons les voir que dans l'obscurité ; il en va de même pour les voix de l'ego et du diable qui peuvent rester présentes. La différence entre une personne proche de Dieu et une personne qui s'est détournée de Dieu ne réside pas dans le fait qu'elle soit tentée ou non, la différence se situe plutôt dans ce sur quoi l'attention est tournée.

Plus nous nous tournons vers la lumière de Dieu, plus le ciel de notre esprit s'éclaircit et plus les étoiles de l'ego et du diable nous semblent pâles en comparaison. Au lieu de nous fier à nous-mêmes seulement pour surmonter les tentations, nous sommes appelés à nous appuyer sur Dieu.

Le diable est un expert dans l'art d'utiliser nos imperfections pour nous donner le sentiment de ne pas être dignes d'avoir une relation avec Dieu. Si nous essayons de lutter contre le diable, nous serons toujours perdants ; la seule manière de le vaincre réside dans l'aide de Dieu.

> « *Ceux qui pratiquent la piété, lorsqu'une suggestion du Diable les touche, se rappellent [du châtiment d'Allah] : et les voilà devenus clairvoyants.* »
>
> CORAN 7:201

Peu importe les tentations que le diable vous suggère, plutôt que de les combattre ou trouver un moyen de les contourner, tournez-vous d'abord vers Allah. Une façon puissante de le mettre en pratique consiste à répondre à chaque tentation par une prière. Prenez un moment pour prendre conscience des distractions ou des tentations que vous rencontrez. Chaque fois que vous sentez que vous êtes attirés loin de votre cœur vers quelque chose qui va à l'encontre de l'un des commandements de Dieu et qui semble ne pas servir la pureté de votre cœur, vous êtes tentés par le diable.

Les discours du diable peuvent ressembler à : « *Tu n'es pas une personne assez bonne, tu ne seras jamais à la hauteur... Tu ne surmonteras jamais cette addiction, tu as commis trop de péchés pour te rapprocher de Dieu... Ce n'est pas si grave. Encore une dernière fois et ensuite, tu pourras arrêter, Dieu ne s'en soucie pas vraiment... De toute façon, Dieu n'acceptera pas quelqu'un d'aussi mauvais que toi, alors autant faire ce qui te fait du bien.* » Vous avez peut-être remarqué que le diable se nourrit du désespoir. Il utilisera vos failles pour installer la peur et la honte en vous, en essayant de vous donner le sentiment que vous n'êtes pas digne d'avoir une relation avec Dieu.

Une fois pleinement conscient qu'il s'agit de la voix du diable, ne la combattez pas et ne la laissez pas vous entraîner ; redirigez-la plutôt vers Dieu, sous forme de prière. Par exemple, si le diable vous tente par la luxure, demandez à Allah de vous aider à tourner vos désirs vers Lui. Si le diable tente de vous détourner de la prière, demandez à Allah de vous aider à être plus attentif durant la prière. Si le diable tente de vous couvrir de honte à travers les manquements dans votre foi, demandez à Dieu de vous aider à purifier vos intentions. Lorsque vous réalisez que le diable s'attaque aux aspects les plus faibles de votre foi, ses murmures de tentation deviennent alors des passerelles qui vous indiquent comment renforcer votre foi et vous rapprocher de Dieu.

Lorsque nous nous détournons de la lumière d'Allah, comme la Terre lorsqu'elle se détourne du soleil, nous tombons dans un état d'obscurité spirituelle, pas parce qu'Allah nous punit, mais parce que, par notre libre arbitre, nous choisissons de détourner notre conscience de la lumière de la vérité. Cependant, l'obscurité de la séparation est une illusion ; Allah est plus proche de nous que l'air dans nos propres poumons. Le repentir consiste à ramener notre conscience à la connexion divine, que nous avons déjà, en ouvrant les yeux sur l'illusion de la séparation avec Dieu. Lorsque nous revenons à Allah à travers la repentance, non seulement Allah pardonne nos péchés, mais les péchés eux-mêmes deviennent des rappels de la miséricorde et du pardon d'Allah. De cette manière, nos péchés deviennent des symboles de l'amour d'Allah et de ce fait, ils nous servent à ramener notre regard vers la face du Divin.

Le Coran dit : « celui qui se repent, croit et accomplit une bonne œuvre ; ceux-là Allah changera leurs mauvaises actions en bonnes, et Allah est Pardonneur et Miséricordieux. » (25:70) Allah nous bénit au-delà de ce que nous méritons et nous donne, des réserves de Sa grâce, sans compter. Dieu cherche constamment à nous pardonner ; le repentir est une des manières permettant d'accéder à Sa miséricorde éternelle et inépuisable.

> « *Notre Seigneur descend chaque nuit vers le ciel de la vie d'ici-bas lorsqu'il reste le dernier tiers de la nuit alors Il dit : "Qui est-ce qui M'invoque que Je l'exauce ? Qui est-ce qui Me demande que Je lui donne ? Qui est-ce qui Me demande pardon que Je lui pardonne[6]? "* »

**PROPHÈTE MOHAMMED** ﷺ

## Se tourner vers Dieu

Lorsque nous nous repentons, dans le même temps nous nous détournons de nos actions pécheresses, et nous nous tournons vers Dieu pour nous réaligner sur le droit chemin de la vérité. Il est important de toujours demander l'aide de Dieu, mais nous devons également nous efforcer de vivre selon les principes qu'Allah nous a appelés à cultiver en nous.

> « *En vérité, Allah ne modifie point l'état d'un peuple, tant que les [individus qui le composent] ne modifient pas ce qui est en eux-mêmes.* »
>
> CORAN 13:11

Lorsque nous nous détournons de nos péchés pour nous tourner activement et intentionnellement vers la lumière de Dieu, tout change. Selon la célèbre phrase d'Albert Einstein : « Aucun problème ne peut être résolu sans changer le niveau de conscience qui l'a engendré. » En d'autres termes, le repentir nous aide à changer notre état d'esprit et l'état de notre cœur, en faisant passer notre fréquence de la conscience de l'ego à la conscience de Dieu, nous permettant de nous brancher à la station de l'amour divin qui diffuse continuellement et à chaque moment. Le Coran dit : « Allah aime ceux qui se repentent, et Il aime ceux qui se purifient. » (2:222), car le repentir nous permet de ressentir l'amour d'Allah en écartant les voiles de l'illusion et du péché.

L'amour de Dieu pour nous ne change pas au gré des marées, il ne se renforce pas et ne s'affaiblit pas comme la lune croissante et décroissante ; il est constant et inconditionnel, car « Dieu se suffit à Lui-même » (3:97). L'amour que Dieu nous porte ne change pas, c'est plutôt notre conscience de Son amour qui se voile. C'est la raison pour laquelle la façon dont nous agissons peut avoir un profond impact sur le genre de réalité que nous vivons. Comme le dit le Coran : « Celui dont les œuvres seront lourdes connaîtra une vie heureuse. » (101:6- 7) Par le repentir et les bonnes actions, Dieu nous donne la capacité d'ouvrir les persiennes créées par le péché, permettant à la lumière de Dieu d'entrer dans nos cœurs, apportant avec elle des vagues infinies de paix et de contentement.

Lorsque nous réalisons que la repentance n'est pas quelque chose que nous avons à faire, mais plutôt quelque chose que nous avons la chance de pouvoir faire, c'est là que notre vie tout entière commence à changer. Nous commençons alors à voir que lorsque Allah nous fait prendre conscience que nous avons péché, Il ne le fait pas pour nous couvrir de honte, mais pour nous rappeler vers les bras aimants de Son amour. Comme le dit Rumi : « C'est par la blessure que la lumière pénètre en toi », car c'est dans nos faiblesses que nous goûtons à la puissance d'Allah, c'est dans nos failles que nous faisons l'expérience de la perfection de Dieu, et c'est dans notre fragilité que nous ressentons la miséricorde de Dieu.

On trouve une métaphore illustrant cela dans une pratique ancestrale dans l'art japonais, le *Kintosukuroi*, qui signifie « réparer par l'or ». Dans le Kintosukuroi, la céramique cassée est réparée avec de l'or ou de la laque argentée, afin de mettre en valeur et de célébrer la beauté née de la cassure[7]. La beauté de nos imperfections réside dans le fait que, grâce à la repentance, nos cicatrices se transforment de moments de regrets en rappels de la miséricorde et de la compassion de Dieu. C'est libérateur de savoir que les erreurs que nous commettons sont des portes qui nous ramènent à la présence divine de la perfection. Comme l'a formulé avec profondeur un mystique : « Oh mon Seigneur ! Je suis ma faiblesse, mais Tu es ma force. »

## Le pouvoir infini du pardon de Dieu

Le Prophète ﷺ a décrit à ses compagnons la miséricorde incommensurable de Dieu à travers le récit d'un homme qui avait injustement tué de nombreuses personnes.

> Il était une fois, un homme qui après avoir tué 99 personnes, a soudainement ressenti des remords et voulait savoir si Dieu pouvait lui pardonner. Il alla trouver un moine et lui demanda s'il pouvait être pardonné par Dieu s'il se repentait. Le moine commit l'erreur de lui

dire qu'il ne serait pas pardonné, l'homme se mit en colère et tua le moine.

Ensuite, l'homme a recherché un célèbre savant et lui dit qu'il avait tué 100 personnes et qu'il voulait savoir s'il était possible que Dieu lui pardonne. L'érudit savait que pour que l'homme change, son environnement devait changer, alors il répondit : « Qui se tient entre toi et le repentir ? Rends-toi sur telle et telle terre ; là tu trouveras des personnes dévouées à la prière et à l'adoration de Dieu, joins-toi à elles dans l'adoration et ne reviens pas dans ton pays, car c'est un lieu maléfique. »

L'homme s'est sincèrement repenti et s'est mis en route vers une terre sainte de fidèles croyants. Cependant, l'homme est mort avant d'avoir atteint sa destination. À sa mort, les anges de la miséricorde et les anges du tourment ont commencé à se disputer pour savoir qui d'entre eux prendrait son âme. Les anges de la miséricorde dirent : « Cet homme est revenu à Dieu avec un cœur repentant. » Les anges du châtiment répondirent : « Il n'a jamais accompli d'action vertueuse de sa vie. »

Alors Dieu a envoyé un troisième ange, sous la forme d'un être humain, pour servir de médiateur entre les deux parties. Le médiateur dit : « Mesurons la distance entre les deux terres. Il sera considéré comme appartenant à la terre dont il est le plus proche. » Les anges ont donc mesuré la terre et ont découvert qu'il était plus proche de la terre de piété, alors il a été commandé aux anges de la miséricorde de récupérer son âme. Certains commentateurs disent que la distance mesurée était initialement en la défaveur de l'homme, mais Allah, par Sa grande miséricorde a étendu la terre en sa faveur[8].

Il est important de comprendre que lors du jour du jugement, ceux qui ont fait du tort, blessé ou tué, seront tenus responsables de leurs actes d'une manière parfaitement juste. Ce récit ne signifie pas que nous pouvons faire ce que nous voulons puis nous contenter de chercher le pardon de manière passive. Ce récit nous rappelle plutôt que nous pouvons être pardonnés si nous revenons sincèrement à Dieu. Cette histoire nous rappelle que la lumière de la compassion divine a le pouvoir de transformer même les cœurs les plus durs. La miséricorde ne crée pas d'espace pour le mal, mais le désespoir, ou le sentiment que nous ne pouvons pas nous racheter ou que nous sommes intrinsèquement mauvais est ce qui nous détourne de Dieu. Comme le dit un ancien proverbe : « L'enfant qui n'est pas embrassé par le village le brûlera pour sentir sa chaleur. » Nous devons prendre exemple sur le sage érudit et être moins semblables au moine moralisateur. Nous ne pouvons changer le monde par la peur et la honte. Le changement survient lorsque nous rendons le cheminement facile, lorsque nous inspirons les gens à réaliser leur plein potentiel à travers l'espoir et l'amour. Comme l'a dit le grand savant, l'Imam Al-Ghazali : « La moitié du poids de la propagation de non-croyance est portée par des religieux qui ont rendu Dieu détestable à Sa création par leur parole et leur discours épouvantables. » Notre vocation n'est pas de juger les gens, mais de les inspirer, à travers l'amour, à tendre vers leur plein potentiel.

> « *Traitez les gens avec douceur et ne soyez pas durs avec eux ; annoncez-leur les bonnes nouvelles et ne les faites pas fuir*[9]. »

PROPHÈTE MOHAMMED ﷺ

## Pardonner pour se libérer

La *tawba* ne consiste pas seulement à retourner à Dieu, mais également à retourner à la création, comme un miroir de la nature miséricordieuse, pleine de compassion et de pardon de Dieu. Lorsque vous pardonnez, c'est comme si vous pointiez une lampe torche sur un miroir : la grâce que vous donnez vous revient.

> « *L'action bonne n'est pas semblable à la mauvaise. Repousse celle-ci par ce qu'il y a de meilleur : celui qu'une inimitié séparait de toi deviendra alors pour toi un ami chaleureux.* »

CORAN 41:34

Le pardon se produit lorsque nous choisissons de voir une personne à travers sa bonté innée et non pas son mal apparent choisissant de voir quelqu'un comme la personne que Dieu a créée, plutôt que le définir par ses pires actes. Répondre à quelqu'un qui vous a fait du tort en choisissant de lui faire du tort serait semblable à vouloir éteindre un feu de forêt en versant de l'essence dessus. Comme l'a dit l'activiste pour les droits civiques Martin Luther King Jr : « Les ténèbres ne peuvent chasser les ténèbres, seule la lumière peut le faire. La haine ne peut chasser la haine ; seul l'amour peut le faire[10]. » Le pardon ne consiste pas à libérer une autre âme de la cage de ses erreurs, mais aussi à nous libérer de la prison du reproche et du jugement.

*Lorsque nous pardonnons aux autres, nous nous libérons*
*du fardeau des transgressions d'autrui.*

Le Prophète Mohammed ﷺ a dit : « Ne fais pas de mal à ceux qui te font du mal, mais traite-les avec indulgence et bonté[11]. » Nous sommes appelés à pardonner, même à ceux qui ne sont pas désolés, même lorsque les excuses ne sont pas sincères, non pas parce que la personne en question le mérite, mais parce que notre cœur mérite d'être en paix. Lorsque nous nous accrochons à la colère comme moyen de punir les autres, nous finissons par nous blesser nous-mêmes plus que quiconque. Comme l'a dit Bouddha : « Rester en colère est semblable à boire du poison et s'attendre à ce que l'autre meure. » Le fait de pardonner nous libère des chaînes de notre propre colère. Sur la voie de la spiritualité, être miséricordieux envers les autres est l'une des voies les plus rapides pour revenir dans la présence de la miséricorde divine.

*« Le Miséricordieux fait miséricorde à ceux qui sont*
*miséricordieux[12]. »*

**PROPHÈTE MOHAMMED** ﷺ

Les occasions de pardonner sont des cadeaux divins, car ce sont des moments durant lesquels Allah nous invite à nous rapprocher de Lui en incarnant Ses qualités de pardon, de patience, de compassion et de miséricorde. Non seulement nous apprenons à mieux connaître Dieu en l'imitant, mais lorsque nous pardonnons aux autres, Allah nous pardonne à Son tour et nous purifie de nos péchés passés. Comme Allah le dit dans le Coran : « Celui qui abandonnera généreusement son droit obtiendra l'expiation de ses fautes. » (5:45) Lorsque nous pardonnons aux autres pour l'amour d'Allah, Il nous rend la pareille en nous pardonnant les péchés qui pèsent sur nos cœurs. Comme le dit le Coran : « Qu'ils pardonnent et absolvent. N'aimez-vous pas qu'Allah vous pardonne ? Et Allah est Pardonneur et Miséricordieux ! » (24:22)

Il est important de souligner qu'Allah nous a donné le droit de rechercher la justice. Néanmoins, chaque fois que nous sommes lésés, il est important de se demander : est-ce que le fait de choisir de ne pas pardonner à cette personne vaut la peine de ne pas faire l'expérience du pardon de Dieu ? Dieu nous appelle à pardonner l'impardonnable chez les autres, car Dieu pardonne continuellement l'impardonnable en nous-mêmes.

*Comme l'a dit un mystique : « Sois comme la fleur qui donne son parfum même à la main qui l'écrase[13]. »*

Même lorsque l'on nous fait du tort, nous ne devons pas en faire en retour. En tant qu'amoureux de Dieu, nous sommes appelés à refléter les qualités aimantes du Divin sur toutes les personnes sans aucune discrimination. Le pardon ne signifie pas ne pas tenir les autres responsables de leurs actions, mais le faire avec compassion et miséricorde.

## Nous pardonner nous-mêmes

Nous avons tendance à comparer notre réalité intérieure à l'illusion de perfection extérieure des autres, ce qui a pour conséquence qu'il est plus difficile de se pardonner à soi-même qu'aux autres. La miséricorde de Dieu l'emportera toujours sur nos péchés, mais le poids de la haine de soi est souvent plus lourd que celui de l'amour de soi. Nous devons apprendre à nous pardonner pour ce que nous ne savions pas, avant d'avoir eu l'occasion d'apprendre. Avec du recul, tout le monde a une vision parfaite en regardant en arrière sur son parcours, mais si nous voulons avancer, nous devons apprendre du passé et non pas y vivre.

L'histoire suivante illustre merveilleusement comment, lorsque nous refusons de nous pardonner à nous-mêmes, nous nous blessons, mais nous blessons aussi ceux qui nous entourent.

> Plusieurs personnes étaient assises dans un petit bateau au milieu de l'océan lorsqu'un des passagers prit une hache et commença à découper le plancher en bois sous ses pieds. Les autres passagers, horrifiés, s'écrièrent : « Que fais-tu ? » L'homme répondit : « Ça ne vous regarde pas. Je ne touche qu'à ma propre partie du bateau ! »

Nous sommes tous sur le même bateau ; ce qui touche l'un d'entre nous affecte la conscience collective du monde entier. Lorsque vous ne vous pardonnez pas et que vous choisissez de vous punir ou de vous blesser, c'est toute l'humanité qui souffre. La *Tawba* ne consiste pas seulement à demander le pardon de Dieu, mais aussi à se considérer digne de recevoir Sa miséricorde. Le premier pas vers le pardon de soi commence par le fait de se regarder à travers les yeux de Dieu plutôt qu'à travers nos péchés.

Lorsque nous faisons preuve d'humilité en nous tournant vers Dieu après un péché, notre confiance en Dieu augmente. Comme le dit Rumi : « Là où il y a ruine, il y a l'espoir d'un trésor. » La conscience que nous avons péché est une raison de gratitude, car elle crée un chemin de retour vers Lui. Notre inclination à nous repentir est un signe que Dieu nous appelle vers Lui. Le diable lui, veut que nous soyons occupés par nos erreurs, car tant que nous regardons notre humanité, nos yeux se détournent de la perfection divine de Dieu. Aussi longtemps que nous regardons nos péchés, nous perdons l'opportunité d'être témoins du pardon de Dieu.

Il est important de garder à l'esprit que notre faillibilité ne peut pas pousser un Dieu immuable à nous aimer moins. Donc la prochaine fois que vous commettez une erreur, ne vous noyez pas dans la honte ; faites plutôt le choix de ramener consciemment votre cœur à Allah, car ce n'est que dans Son souvenir que l'on peut vraiment trouver la paix. Les portes de Dieu sont toujours ouvertes à ceux qui recherchent sincèrement

Sa présence. Chaque jour, Dieu nous donne une nouvelle chance d'être accueillis dans les bras de Sa grâce.

> « *Et quiconque craint Allah, Il Lui donnera une issue favorable.* »
>
> **CORAN 65:02**

Notre Dieu est fidèle et Sa miséricorde nous enveloppe plus étroitement que les bras d'une mère aimante embrassant son nouveau-né. Les lumières de Son amour, de Son pardon et de Sa miséricorde nous entourent constamment ; nous avons simplement à ouvrir les yeux et recevoir Ses qualités divines qui se manifestent déjà en nous et autour de nous.

## Comment se repentir : la voie vers le pardon aimant

La pratique hawaïenne ancestrale *Ho'oponopono* est une belle manière de comprendre les étapes de la *tawba*. Dans la tradition de guérison hawaïenne, ce puissant chant de repentance et de réconciliation signifie « Je suis désolé, s'il te plaît pardonne-moi, merci, je t'aime ». Cette phrase est probablement l'illustration la plus concise de la *tawba*. Lorsque nous commettons un péché, d'abord nous nous tournons vers Dieu en regrettant nos actions (je suis désolé), puis nous cherchons le pardon et la purification des effets de notre péché, de la part de Dieu et de ceux que nous avons blessés (s'il te plaît, pardonne-moi), ensuite nous remercions Allah pour Son invitation à revenir à Son étreinte d'amour et de tolérance (merci), et enfin, nous plaçons l'intention de mener une vie ancrée dans l'amour unificateur d'Allah afin de ne pas répéter les mêmes erreurs (je t'aime).

Lorsque nous pratiquons la *tawba* nous ne demandons pas seulement à Dieu de nous pardonner, nous demandons également à Dieu de nous ramener à Lui. Le premier pas de ce retour vers Dieu consiste à reconnaître les parties de notre cœur qui se sont détournées de Dieu. Il est important de nous autoriser à ressentir la culpabilité et les remords qui se manifestent après nous être détournés de Dieu. Nous ne sommes pas appelés à nous punir nous-mêmes, mais à accéder à la peine sincère née de la déconnexion avec Dieu.

Une fois que nous nous connectons à nos regrets et notre culpabilité, il nous faut identifier où nous retenons ces sentiments dans notre corps. Lorsque nous ressentons où nous portons physiquement notre résistance, notre anxiété, notre culpabilité, notre déception ou tout autre sentiment qui apparaît, nous sommes alors prêts à débuter notre pratique de guérison par la *tawba*.

Nous commençons par placer nos mains là où nous avons l'impression de retenir le poids du péché, et nous demandons à Allah d'apporter Sa lumière de guérison dans ce lieu de douleur. Une fois que nous avons placé notre intention, nous prenons une profonde inspiration et lors de l'expiration nous récitons *Astaghfirullah*, qui signifie « Je demande pardon à Allah ». Lorsque nous répétons cette parole consciemment, en amenant cette phrase sacrée aux endroits où nous ressentons une constriction, nous commençons à sentir la paix éclore en nous.

> « *Quiconque recherche constamment le pardon, Allah lui accordera un chemin hors de la détresse et le soulagement de toute anxiété, et Il lui fournira une subsistance d'où il ne pourrait imaginer*[14]. »
>
> PROPHÈTE MOHAMMED 

*Astaghfirullah* est une des paroles les plus communes pour demander pardon, mais la prière de repentance la plus profonde et la plus connue en arabe est « *Astaghfirullah al-'Adhim al-ladhi la ilaha illa Huwal-Hayyul-Qayyum wa atubu ilaih* », que l'on peut traduire par « Je demande pardon à Allah en dehors de qui il n'y a pas d'autre divinité méritant d'être adorée, le Vivant, l'Éternel et je me repens à Lui ».

Le Prophète  a dit que si nous instaurons l'habitude de réciter ces prières de pardon, même si nos péchés devaient être aussi nombreux que l'écume des vastes océans sur la Terre, nous serions toujours pardonnés par la grâce infinie de Dieu[15].

## Revenir au chemin de l'amour

Le repentir n'est pas une question de punition, il s'agit plutôt de revenir sur le chemin de l'amour. Nous sommes appelés à nous asseoir dans le feu du regret afin de nous purifier de l'inclination à retourner au même péché.

*« Le repentir sincère consiste à ressentir de la tristesse dans le cœur, à rechercher le pardon avec la langue et à avoir l'intention de ne jamais recommencer. »*

IMAM ALI

Chaque moment est une opportunité pour se tourner vers Dieu. Le regret et le remords ne sont pas destinés à être utilisés comme une forme d'autopunition, mais à minimiser l'aspiration de notre ego aux désirs terrestres, par l'humilité et le besoin d'Allah. Nourrir un sentiment de remords ou de culpabilité n'équivaut pas à un sentiment de honte, car la culpabilité sincère est le produit de notre conscience pure qui nous rappelle qui nous sommes en nous détournant du péché et en nous ramenant à notre bonté essentielle. Là où la culpabilité nous dit que nous avons fait quelque chose de mal, la honte quant à elle, nous dit que nous sommes le problème. Si nous répondons au péché par la honte, nous courons le risque de nous apitoyer sur nous-mêmes et les erreurs commises au lieu de reconnaître notre besoin de Dieu et nous tourner vers Lui pour rechercher Son aide.

Si le péché peut voiler la bonté innée de nos âmes, il ne peut l'altérer. Si nous étions vraiment mauvais, il n'y aurait pas d'intérêt au repentir, puisqu'il n'y aurait pas de moi authentiquement bon à ramener à Dieu. De la même manière que le polissage n'a de sens que s'il y a un diamant sous la terre, le repentir n'a de sens que si nous portons en nous un esprit intrinsèquement bon sous la poussière de l'oubli et du péché. Rumi a déclaré : « Lorsqu'ils demandent : "Combien de temps vas-tu demeurer dans le feu ?" Répondez-leur en disant : "Jusqu'à ce que je sois pur." »

Le repentir est la clé qui permet de déverrouiller et d'échapper à la prison de notre perception limitée de nous-mêmes, pour que nous puissions voir que derrière ce qui nous est arrivé, ce que le monde pense de nous et au-delà de nos actions et de nos paroles, il y a une âme pure en nous, sacrée et parfaitement belle. C'est peut-être la raison pour laquelle le Prophète Mohammed ﷺ a dit « Par Allah ! Je demande pardon à Allah et je me tourne vers Lui, en repentir, plus de soixante-dix fois par jour[16] ».

Le repentir et le souvenir de Dieu aident à polir l'oxydation sur le miroir de notre cœur, nous permettant de voir la beauté d'Allah constamment reflétée à travers nous. Lorsque nous nous rappelons qui est Dieu, lorsque nous Le louons et Le magnifions, lorsque nous venons à Lui dans le besoin, à la recherche de Son pardon, nous incarnons ce que nous sommes vraiment, sous le poids de nos péchés. Le repentir consiste à abandonner les bagages que nous traînons, car nous comprenons que par la miséricorde d'Allah nous ne sommes pas définis par notre passé. Comme le disent les mystiques : « L'océan ne refuse aucun fleuve. », alors comment un Dieu infiniment miséricordieux pourrait refuser un pécheur ? Nous ne méritons pas le pardon de Dieu parce que nous nous repentons, mais parce que la miséricorde divine embrasse toute chose, y compris notre péché. C'est pourquoi les mystiques se repentent habilement à Allah en disant : « Oh Allah, plaide en ma faveur auprès de Toi-même, fais ce qui est digne de Toi, pas de moi ! »

> « *Seigneur, pardonne et fais-moi miséricorde. C'est Toi le Meilleur des miséricordieux.* » (23:118) *Mon Seigneur, ramène mon cœur à Toi lorsque je me détourne, aide-moi à me rappeler de Toi lorsque j'oublie et guide chacun de mes pas sur Ton chemin de miséricorde. Oh, Allah, détourne mon regard de mes fautes afin de voir Ta miséricorde. Seigneur, aide-moi à voir dans mon imperfection une opportunité pour revenir à Toi et aide-moi à voir Ton pouvoir de guérison dans mes failles. Oh, Allah, que mon sentiment de honte soit lavé par les eaux de Ton amour et que mes péchés soient recouverts du manteau de Ta perfection ! Je prie en Tes noms indulgents, Amine.*

## Méditation : les dimensions profondes de la Tawba

À chaque instant de notre vie, à travers nos actions et nos intentions, nous sommes soit alignés avec notre âme, soit déconnectés de notre âme. Pour s'assurer que nous ne choisissons pas inconsciemment de nous opprimer nous-mêmes, il peut être utile de se rendre des comptes à ce sujet au travers d'un exercice quotidien. L'exercice suivant est simple, mais puissant si l'on souhaite ne pas vivre par défaut. La semaine prochaine, prenez 5 minutes tous les soirs avant de vous coucher pour passer en revue vos pensées et vos actions de la journée.

- Prenez conscience des moments où vous avez été témoins de Dieu, honoré votre cœur et imité les qualités divines d'amour, de bonté, de pardon, de paix et d'unité.
- Célébrez ces moments et exprimez votre gratitude à Allah pour vous avoir rapproché de Lui grâce à Ses qualités.
- Une fois que vous avez pleinement célébré les succès spirituels de la journée, portez votre attention sur les moments durant lesquels vous avez eu le sentiment d'oublier Dieu, à travers vos actions ou vos pensées.
- Au lieu de vous juger ou d'avoir honte de vous pour ces actions, montrez de la gratitude à Allah pour vous avoir montré vos failles de manière que vous puissiez corriger votre vos erreurs.
- Prenez un moment pour ressentir les sentiments de remords qui surgissent et utilisez ces regrets comme moteur pour vous tourner repentant vers Dieu en disant : « *Astaghfirullah al-'Adhim wa atubu ilaih*», ce qui signifie «Je demande pardon à Allah, le Puissant, et me tourne vers Lui repentant »
- Répétez cela 33 à 100 fois.
- Soyez conscient des moments où vous pouvez être dur avec vous-même. Rappelez-vous que la miséricorde d'Allah est et sera toujours plus grande que vos pires péchés. Placez votre main droite au centre de votre poitrine et formulez l'intention d'ouvrir votre cœur au pardon d'Allah et à Sa miséricorde pleine d'amour.

- Autorisez-vous à vivre un moment de gratitude, en disant : « *Alhamdullilah*, merci, Seigneur, de me rappeler à Toi, en me bénissant avec la conscience de m'être détourné de Toi. »
- Placez l'intention d'augmenter les activités qui vous ont rapproché de Dieu et de diminuer les actions qui ont détourné votre cœur de Dieu.
- Cela peut être difficile au début, alors tournez-vous continuellement vers Dieu et demandez-Lui de vous aider à rester aligné avec Lui.
- Réfléchissez et observez comment votre état peut changer au cours de la semaine. Consignez ces changements dans un journal.

*Ash-hadu an la ilaha illa Allah*

J'ATTESTE QU'IL N'Y A PAS D'AUTRE DIEU QUE DIEU

*Wa ash-hadu anna Mohammad-an rasul Allah*

ET J'ATTESTE QUE MOHAMMED EST LE PROPHÈTE
DE DIEU

# 6

# SHAHADAH : L'EXTASE DE L'UNICITÉ

Un itinérant sur la voie spirituelle devient musulman par la proclamation de la profession de foi, connue sous le nom de *shahadah*. La *shahadah* est notre première porte d'entrée dans l'océan divin de l'islam. Elle crée le cadre permettant d'approfondir le processus d'abandon au Divin, à la fois vers l'extérieur et l'intérieur. La *shahadah* commence par l'intention de vider le cœur de tous les faux dieux, qu'il s'agisse de nos attachements, de nos désirs ou de nos croyances, avant d'affirmer l'existence du seul véritable Dieu suprême. La deuxième partie de la shahadah consiste à témoigner de la prophétie de Mohammed ﷺ; en substance, déclarer son intention de suivre ses traces. Lorsqu'une personne déclare du fond du cœur en arabe, « *Ash-hadu an la ilaha illa Allah. Wa ash-hadu anna Muhammad-an rasul Allah* » – ce qui signifie « Je témoigne qu'il n'y a pas d'autre dieu que Dieu. Et j'atteste que Mohammed est le Prophète de Dieu » – elle est considérée comme musulmane.

Il est important de souligner que la foi n'est pas quelque chose que nous devons obtenir ou gagner, mais plutôt le cheminement durant lequel nous devons dévoiler ce que nous avons déjà reçu de Dieu. Alors que la non-croyance conduit à se couvrir d'illusions et de perceptions erronées fondées sur les rêveries de l'ego, la foi est le voyage qui consiste à mettre à nu et à découvrir le soi supérieur. Le mot « mécréance » est souvent utilisé de manière interchangeable avec le mot arabe *kafir*, qui signifie littéralement « celui qui couvre la vérité ». En fait, lorsqu'un agriculteur plante une graine dans la terre et la recouvre de terre, on dirait en arabe qu'il accomplit l'acte de *kufr*. Dans un contexte spirituel, un *kafir* est quelqu'un qui recouvre le joyau inestimable de la foi dans son propre cœur. Dans le Coran, le mot *kufr* est utilisé comme l'opposé de *shukr* ou gratitude, car dissimuler la vérité est le plus grand acte d'ingratitude. Comme le dit le Coran, « Nous avons effectivement donné à Luqmân la sagesse : " Sois reconnaissant à Allah, car quiconque est reconnaissant n'est reconnaissant que pour lui-même ; quant à l'incrédule (*kafara*), qu'il sache que Dieu se suffit à Lui-même ; qu'Il est digne de louange " » (31:12). Pour le musulman, un vrai négateur n'est pas celui qui cherche sincèrement la vérité, mais plutôt celui qui est conscient de l'existence de Dieu, mais qui, par arrogance ou ingratitude, refuse de Lui obéir. En d'autres termes, être un *kafir* pourrait être considéré comme un état de résistance à l'état naturel de ce que signifie être humain.

Néanmoins, il est important de souligner que l'on ne peut jamais forcer quelqu'un à se convertir ou à accepter le message de l'islam. Le mérite et la valeur de la foi proviennent de la liberté de l'être humain de choisir d'accepter ou non ce que Dieu lui a déjà donné. C'est pourquoi le Coran affirme très clairement : « Nulle contrainte en religion. » (2:256) Chaque personne sur Terre porte déjà en elle les graines de la foi ; la façon dont ces graines se développent dépend de ce que Dieu a prévu pour elle et de ses efforts spirituels.

> « *Et quiconque croit en Allah, [Allah] guide son cœur.* »
> CORAN 64:11

Si Dieu veut que l'être humain élimine les mauvaises herbes du mensonge et les voiles de la perception erronée (*la ilaha*), les graines de la foi
divinement semées fleuriront naturellement dans l'omniprésence de Sa
lumière (*illa Allah*). L'histoire hilarante et profonde du comique Mollah
Nasruddin illustre magnifiquement la notion que nous, les êtres humains,
sommes un coffre au trésor et que les joyaux de la foi se trouvent en nous,
et non à l'extérieur.

> Une nuit, Nasruddin était en train de ramper à quatre pattes sous un
> lampadaire devant sa maison quand quelques-uns de ses voisins sont
> venus lui demander ce qu'il faisait. Le mollah a répondu : « J'ai perdu
> mes clés et j'essaie de les retrouver ! » Ses voisins ont décidé d'aider le
> Mollah à chercher ses clés. Au bout d'une vingtaine de minutes, l'un
> de ses voisins a demandé : « Oh Mollah, tu te souviens de la dernière
> fois où tu avais tes clés ? » Le Mollah répondit avec beaucoup d'assur-
> ance : « Oui ! J'étais dans ma maison. » Les voisins se regardèrent tous
> confusément, jusqu'à ce que l'un d'eux demande : « Alors pourquoi les
> cherchons-nous ici dans la rue ? »
>
> Le mollah a répondu avec désinvolture : « Parce que la lumière est
> meilleure ici. Ma maison est sombre à cette heure de la nuit. » Le
> Mollah s'est alors levé, a regardé chaque voisin confus dans les yeux,
> puis a dit vivement : « Combien de fois avez-vous cherché dans le
> monde les clés que vous portez en vous ? Ne parcourez pas la Terre à
> la recherche de réponses qui se trouvent déjà dans le coffre à trésor de
> votre cœur. La question et la réponse viennent du même endroit. Ayez
> le courage de plonger à l'intérieur, il y a beaucoup de clés et de perles
> qui attendent d'être découvertes. »

Ce que nous cherchons est en nous ; nous ne pouvons pas le trouver
dans le monde extérieur. Comme le dit Rumi, « Pourquoi frappez-vous à
toutes les autres portes ? Allez, frappez à la porte de votre propre cœur ».

## *Shahadah*, 1ère partie: « J'atteste qu'il n'y a pas d'autre dieu que Dieu »

Notre mission sur Terre n'est pas de trouver Dieu à l'extérieur, dans le monde, mais plutôt de regarder en nous et de nous rappeler à quel point Il est déjà proche de nous. En fait, le mot *shahadah* ne signifie pas seulement « attester », mais fait également référence à quelque chose dont on est témoin de manière visible. Le témoignage visible, ou la *shahadah*, est le témoignage de l'âme de la majesté et de l'unicité d'Allah pendant l'alliance d'Alast[1]. Lorsque nous témoignons de l'unicité de Dieu au moment présent, nous réaffirmons en fait notre témoignage de Dieu dans un monde subtil au-delà de notre conception du temps et de l'espace. Lorsque nous disons *la ilaha illa Allah*, nous ne disons pas seulement « Il n'y a pas d'autre dieu que Dieu », mais aussi qu'il n'y a rien de réel dans l'existence à part Dieu, car Il est à la fois l'origine de toute existence et la seule destination de retour.

De même que tout nombre divisé par l'infini, tend vers zéro – en comparaison à la nature infinie et éternelle de Dieu, toute forme finie tend vers le néant.

> « *Tout ce qui est sur elle [la Terre] doit disparaître [Seule] subsistera La Face [Wajh] de ton Seigneur, plein de majesté et de noblesse.* »
>
> CORAN 55:26-27

S'investir en vue d'un objectif, d'un résultat ou d'une destination autre que Dieu, c'est comme investir dans de la glace dans le désert ; avec le temps nous sommes condamnés à perdre. Si nous faisons de nos désirs nos dieux, nous nous suspendons dans un état constant d'anxiété et d'instabilité, car nos émotions sont constamment changeantes et fluctuantes. Quand nous prenons des formes multiples pour dieu, nous vivons dans un état constant de chaos, car là où il y a de multiples volontés, il y a des frictions, créant ainsi un manque d'harmonie (21:22). Là où il y a séparation, il existe une différence d'opinions, ce qui entraîne un conflit et une résistance. C'est pourquoi le Coran dit : « Allah a cité comme parabole un homme appartenant à des associés se querellant à son sujet et un [autre] homme appartenant à un seul homme : sont-ils égaux en exemple ? » (39:29) Si vous prenez ce monde comme dieu, vous devenez le serviteur de tout ce qui a été créé ; mais si vous prenez Allah comme unique Seigneur, alors tout sur cette Terre vous servira dans la mission de répandre l'amour divin et la bonté.

Tous les prophètes de Dieu ont été envoyés avec le même message visant à rappeler à l'humanité la singularité et la suprématie de Dieu. Comme le dit le Coran, « Nous avons envoyé un messager à chaque communauté, en disant : "Adorez Dieu et fuyez les faux dieux". » (16:36). Ce n'est que lorsque nous abandonnons notre volonté à celle d'un Dieu suprême unique, dissolvant toute séparation dans l'étreinte du Divin, que notre cœur peut enfin goûter à la paix céleste qu'il recherche si désespérément. Le Prophète ﷺ le confirme en disant : « Celui qui est mort en sachant qu'il n'y a pas d'autre dieu que Dieu entrera au Paradis[2]. »

Pour mieux comprendre la puissance de *la ilaha illa Allah,* il est utile de décomposer cette parole en deux parties : *la ilaha* ou « Il n'y a pas d'autre dieu » et *illa Allah* ou « que Dieu ». Lorsque nous décomposons la phrase de cette manière, nous pouvons voir que Dieu ne veut pas que nous venions déclarer Son existence uniquement, mais qu'Il veut que nous commencions par déclarer la non-existence de tout le reste de la création. Lorsque nous connaissons des périodes de solitude ou de désespoir, que nous nous demandons pourquoi les gens doivent toujours nous quitter, pourquoi rien ne dure éternellement, pourquoi tout ce qui nous entoure ressemble à une illusion, nous sommes dans un état de *la ilaha,* qui est une partie sacrée du processus, tant que nous continuons à marcher vers *illa Allah.* Le sentiment que ce monde éphémère nous laissera tomber n'est pas dénué de vérité, mais si nous restons coincés dans cet état de négation, nous ne serons pas témoins de l'amour et de l'attention de Dieu.

> *Ne placez pas un point là où Dieu a placé une virgule, car le plan de Dieu s'étend au-delà de vos moments de doute et de peur.*

Si vous parvenez à considérer vos émotions comme des gares que vous traversez - et non comme votre destination finale - vos sentiments n'iront pas à l'encontre de votre foi (*iman*), mais peuvent au contraire contribuer à l'épanouissement de votre foi. Nous devons apprendre à apporter tout ce que nous sommes à Dieu, et avoir une pleine confiance dans le fait qu'Il peut le gérer. Nos sentiments de solitude, de tristesse et d'isolement sont tous de parfaits précurseurs de la foi, tant que nous continuons à marcher résolument sur le chemin de Dieu.

La pire chose que nous puissions faire est de penser que ce que nous ressentons est horrible, au point de s'isoler de Dieu, pensant que nous ne sommes pas dignes d'être en Sa présence. Nous devons nous rappeler qu'Allah n'attend pas de nous que nous soyons parfaits ; après tout, notre sentiment d'estime de soi ne dépend pas de nous, mais de Dieu. Lorsque nous apportons notre pauvreté, notre indigence et notre néant à Dieu, Il nous répond par Sa générosité (*Al-Karim*), Sa capacité à satisfaire tous les besoins (*As-Samad*) et Sa richesse (*Al-Ghaniy*). De la même manière que si vous voulez de la lumière dans votre chambre, vous devez ouvrir les volets, si vous voulez que les ombres et les endroits sombres de votre être se dissolvent, vous devez ouvrir votre cœur à la lumière d'Allah. En substance, toute l'existence n'est qu'un reflet de la lumière de la grâce de Dieu se manifestant sous différentes formes.

> « *Il n'y a qu'une seule Lumière et "vous" et "moi" sommes des trous dans l'abat-jour.* »
>
> MAHMOUD SHABISTARI, POÈTE PERSE DU 14E SIÈCLE

La séparation que nous ressentons vis-à-vis de Dieu n'est qu'une illusion, car Il est avec nous où que nous soyons. La « distance » entre nous et Dieu est créée par notre oubli. C'est pourquoi, lorsque nous nous trouvons dans une situation d'incertitude, de doute ou de séparation de Dieu, il est utile de prendre du temps dans le souvenir de Dieu et de répéter la *ilaha illa Allah*. Cette pratique du souvenir fait briller la lumière de Dieu à travers nos voiles d'oubli, nous rappelant notre proximité avec le Divin. Il est utile de se rappeler, en récitant ces mots sacrés, que la passion qui nous pousse à chercher Dieu est une fleur qui s'épanouit des graines de la foi que Dieu Lui-même a plantées dans nos âmes. Comme le dit Rumi, « Nous frappons tous de l'intérieur », aspirant à ce que nous sommes déjà, mais sur quoi nous n'avons pas encore ouvert les yeux.

*La ilaha illa Allah* est l'acte de lever les voiles de la création, pour découvrir qu'en dessous de tout ce qui est créé se trouve le parfum d'un Créateur non créé. C'est enlever ce qui est fini pour trouver ce qui est infini ; enlever la multiplicité pour trouver ce qui est unique. Le cœur qui incarne *la ilaha illa Allah* devient le trône métaphorique de Dieu, car lorsque nous vidons notre cœur de tout ce qui est crée, il ne reste qu'un miroir poli reflétant le Créateur éternel. Comme le dit Rumi, « Vous devez ouvrir votre main pour qu'on vous la tienne ». Vous devez d'abord vider votre coupe de toute illusion, pour qu'elle soit remplie de la lumière d'Allah. Vous devez laisser partir ce qui périt pour être en présence de l'Éternel.

Ce que nous portons dans notre cœur est ce dont nous sommes les témoins conscients et inconscients. C'est pourquoi la *shahadah* commence par faire le vide en écartant toutes les fausses idoles auxquelles nous nous sommes accrochés consciemment ou inconsciemment. Une façon de comprendre la valeur de ce vide en relation avec *la ilaha illa Allah* est à travers la lettre *Alif*. En hébreu, *Alif* est souvent une lettre silencieuse qui maintient la structure d'un mot. Dans la Kabbale ou le mysticisme juif, on dit que le *Alif* est le néant qui maintient uni l'ensemble de l'existence.

Puisque c'est dans l'état de vide que nous créons l'espace pour tout, la négation *la ilaha* doit précéder *illa Allah*, qui vient remplir cet espace. Lorsque nous disons « Il n'y a pas d'autre dieu que Dieu », le « dieu » minuscule fait directement référence aux fausses idoles telles que la richesse matérielle, les gens, nos désirs et tout ce que nous adorons en dehors d'Allah. Tout comme lorsque vous téléchargez un nouveau logiciel, vous devez d'abord désinstaller l'ancienne version, avant de déclarer l'unicité de Dieu, nous devons nier toutes les idoles que nous portons en nous. La valeur spirituelle de cette négation est exprimée de manière humoristique à travers l'histoire suivante.

Radiyya, maître spirituelle, fut un jour tellement envahie par l'amour divin qu'elle déclara à haute voix : « Oh, Allah, je ne suis rien, je ne suis personne, je suis moins que la rosée du matin qui se dissout en présence de Ta lumière ! »

L'un des étudiants de Radiyya fut inspiré par les paroles de sa professeure et décida de déclarer lui aussi son néant devant la majesté d'Allah. Lorsque Radiyya entendit les propos de son élève, elle se tourna vers lui et lui dit : « Pour qui te prends-tu pour déclarer que tu n'es rien ? »

Radiyya nous rappelait de manière profonde que le néant ou l'annihilation de l'attachement à l'ego devant Allah est une station élevée. Après tout, le néant ou le vide (*la ilaha*) est le précurseur de la véritable incarnation de la foi (*illa Allah*).

Lorsque nous plaçons *la ilaha illa Allah* entre le monde et nous, cela crée l'espace nécessaire pour pouvoir interagir avec le monde de manière saine. En termes psychologiques, être un shahid ou témoin de l'ego est la porte vers la liberté mentale et émotionnelle, car la première étape du changement consiste à créer l'espace nécessaire pour prendre conscience de la nécessité du changement. Lorsque nous sommes trop absorbés par nos sentiments ou les épreuves auxquelles nous sommes confrontés, c'est comme si nous essayions de lire un journal avec le visage collé contre la page. Contempler et méditer sur *la ilaha illa Allah* comme moyen de se détacher du monde et de notre ego crée l'espace nécessaire pour être témoin des événements de notre vie, au lieu d'être gouverné par ces derniers et dans la réaction.

Lorsque nous avons pleinement réalisé ce que signifie *la ilaha illa Allah*, nous prenons conscience que partout où nous nous tournons, de l'est à l'ouest, il n'y a que la Face de Dieu. Rien n'existe sans la miséricorde de Dieu et sans qu'Il ne le soutienne continuellement. C'est pourquoi tout renvoie à Dieu, par la nature même de Son existence. L'histoire suivante illustre profondément cette réalité :

Un grand mystique vit un jour un enfant avec une bougie allumée et fut inspiré de lui enseigner quelque chose du mystère de la vie. Il montra la flamme et demanda : « D'où vient cette lumière ? » Le garçon regarda avec perplexité la lumière, puis regarda le mystique. Le garçon a alors soudainement soufflé sur la bougie et demanda : « Mais où est-elle allée ? » Le mystique est resté sans voix. L'enfant avait dévoilé une vérité profonde : l'endroit d'où venait la lumière était le même que celui où elle retournerait à la fin.

Ce passage illustre le verset coranique, *inna lillahi wa inna ilayhi raji'un,* « À Dieu nous appartenons et à Lui nous retournerons » (2:156). Dans la singularité d'Allah, le début et la fin, le passé et le présent, la forme et l'essence sont intégrés et unis d'une manière qui bouleverse l'esprit. Réaliser véritablement *la ilaha illa Allah*, c'est comprendre votre dépendance complète et totale à l'égard de Dieu. Face au Divin, toute séparation disparaît ; il n'y a pas d'homme, pas de femme, pas d'extérieur ni d'intérieur, car dans l'étreinte de Son amour universel, les fleuves de la multiplicité s'unissent dans l'océan de Sa singularité.

## *Shahadah*, 2e partie: « J'atteste que Mohammed est le Prophète de Dieu »

Une fois qu'un itinérant sur la voie spirituelle actualise la connaissance innée de l'âme de l'existence de Dieu et du besoin désespéré de l'attention divine, la question devient inévitablement : « Que faire de cette connaissance ? » Pour le musulman, le Prophète Mohammed ﷺ est la réponse à cette question. Au cours de la période de 23 ans pendant laquelle le Coran a été révélé, ses mots n'ont pas été écrits dans un format accessible par la grande majorité du peuple. Lorsque les disciples du Prophète ﷺ pensaient au Coran, ils pensaient très probablement au visage du Prophète ﷺ et à sa voix récitant les mots de la révélation. En un sens, le message envoyé par Dieu et le Messager étaient inséparables. Le Prophète Mohammed ﷺ est fondamental dans la déclaration de foi islamique, car il représente la croyance en la singularité de Dieu en action. Il est décrit comme une « miséricorde pour l'univers » et une « lampe éclairante » d'orientation et de discernement sur le chemin du retour à Dieu (21:107, 33:46).

Il n'est pas seulement un messager, mais une incarnation du message - un « Coran ambulant », une pleine lune reflétant le soleil de l'unicité divine[3]. Il est l'exemple même de ce que signifie l'incarnation de la destinée humaine, à savoir être à la fois l'humble serviteur de Dieu et Son représentant choisi sur Terre. C'est en suivant son exemple que nous pouvons distinguer la vérité de l'illusion.

L'importance de suivre les traces du Prophète Mohammed ﷺ peut être magnifiquement illustrée par un phénomène dans le cyclisme connu sous le nom de drafting. Lorsque les cyclistes roulent en groupe, le leader du peloton brise le vent, créant ainsi un courant d'air, grâce auquel ceux qui le suivent peuvent pédaler beaucoup plus vite, avec moins d'effort que s'ils roulaient seuls. En effet, les musulmans sont tous dans le sillage du Prophète ﷺ sur le chemin de Dieu. Il brise les vents du doute, du désespoir et de la peur par son leadership, nous permettant de rouler sur le droit chemin de l'amour avec une moindre résistance.

Le Coran décrit le Prophète Mohammed ﷺ comme le « sceau des prophètes » (33:40), mais il n'est pas seulement le dernier chapitre de la prophétie, il est la reliure du livre de la prophétie. Le message qu'il a reçu englobe l'essence de toutes les révélations divines qui l'ont précédé. Comme une fractale qui porte la même image dans la partie que dans le tout, la véritable révélation qui a été envoyée à tous les prophètes de Dieu était le même message d'unicité de Dieu qui a été envoyé au Prophète Mohammed ﷺ. Le Coran appelle les musulmans à dire : « Nous ne faisons aucune distinction entre Ses messagers. » (2:285). Si chaque prophète de Dieu représente une pièce de puzzle dans l'image de la révélation, Mohammed ﷺ est considéré comme la pièce finale, qui a conduit à l'achèvement du message divin. Il n'est vu ni comme le Divin ni comme un ange, mais considéré comme un simple mortel qui était immergé dans la présence sacrée de Dieu (18:110). On dit que lorsqu'il priait, il faisait un tel vide en lui-même que seul le souvenir de Dieu demeurait. Lorsqu'il jeûnait, il ne s'abstenait pas seulement de manger et de boire mais de tout ce qui écartait son esprit de son Seigneur. Il ne donnait pas seulement son argent et son temps à ceux qui étaient dans le besoin, mais il offrait tout son être en charité devant Allah.

Le Prophète ﷺ a actualisé le véritable sens de *la ilaha illa Allah* par sa volonté entièrement dissoute dans la volonté de Dieu. Par conséquent, les actions du Prophète ﷺ étaient le reflet des qualités de Dieu manifestées sur Terre. Allah parle à la station de cette réalité lorsqu'il dit ce qui suit :

> *« Je suis son ouïe, avec laquelle il entend, sa vue, avec laquelle il voit, sa main, avec laquelle il saisit, et sa jambe, avec laquelle il marche. S'il me demandait quelque chose, Je le lui donnerais ; s'il me demandait refuge, Je le lui accorderais[4]. »*

ALLAH

Le Prophète Mohammed ﷺ n'est pas seulement le véhicule de la révélation de la carte de la guidée, mais il est lui-même une manifestation de cette carte. C'est pourquoi, dans le Coran, Allah dit : « Quiconque obéit au Messager a obéi à Allah. » (4:80). Le Prophète ﷺ est un miroir pur du Divin, un instrument parfait de la volonté divine au service de toute l'humanité[5]. Allah a envoyé le Prophète Mohammed ﷺ comme il a envoyé d'autres prophètes avant lui en tant que « porteur de la bonne nouvelle » de la miséricorde et du pardon de Dieu, un « avertissement » de la justice de Dieu et un rappel que nos actions ont des conséquences (2:119).

Le Prophète ﷺ n'a pas été envoyé comme un roi pour régner sur le monde, mais plutôt pour être comme la modeste Terre - un endroit sûr pour ceux qui avaient peur, un guide pour ceux qui étaient perdus, au service de ceux qui étaient pauvres, et une inspiration pour ceux qui étaient sans espoir. Il n'a pas été envoyé pour rendre bonnes les personnes mauvaises ; il a plutôt été envoyé, comme le printemps, pour ramener à la vie les graines mortes de la foi par la miséricorde et la lumière divine.

## Qui était le Prophète ﷺ?

Le Prophète Mohammed ﷺ descend du Prophète Abraham, qui est considéré comme le père du monothéisme par de nombreux juifs, chrétiens et musulmans[6]. Le Prophète Mohammed ﷺ est né en 570 de notre ère à La Mecque et est mort en l'an 632, à l'âge de 62 ans, à Médine. Cependant, ce n'est que lorsque le Prophète ﷺ atteint l'âge de 40 ans, que l'ange Gabriel a été envoyé pour lui révéler les premiers mots du Coran.

Après avoir passé un certain temps à prêcher en privé auprès de ceux qu'il connaissait, Dieu a finalement ordonné au Prophète Mohammed ﷺ d'appeler publiquement les Arabes polythéistes au monothéisme. Avant que le Prophète ﷺ n'annonce à la tribu des Quraysh de la Mecque qu'il a été choisi par Dieu comme prophète envoyé pour révéler le Coran, il leur dit : « Oh Quraysh ! Si je dis qu'une armée avance sur vous de derrière les montagnes, me croirez-vous ? » La foule répondit : « Oui ; car nous ne t'avons jamais entendu dire un mensonge[7]. »

Les Mecquois avaient confiance en Mohammed ﷺ au point de l'appeler Al-Sadiq, le véridique, et Al-Amin, le digne de confiance. Malgré sa réputation impeccable d'honnêteté, l'écrasante majorité des Mecquois le rejetait comme prophète de Dieu. Néanmoins, le Prophète Mohammed ﷺ continua à prêcher le message de l'islam, malgré la forte résistance à la fois de nombreux membres de sa famille élargie et des chefs tribaux les plus puissants de la Mecque.

Après avoir résisté à plusieurs années de violence émotionnelle et physique constante de la part des Mecquois, le Prophète ﷺ quitta La Mecque et trouva refuge dans la ville de Yathrib, qui est l'actuelle Médine en Arabie saoudite. Le leadership du Prophète ﷺ et la popularité croissante du monothéisme menaçaient directement l'économie des Mecquois, puisque la Mecque était connue comme un centre de culte des idoles.

Pour éviter une énorme guerre, les musulmans et les Mecquois ont conclu le traité de Hudaybiyyah. À première vue, ce traité semblait favoriser les Mecquois, mais comme il permettait aux musulmans de pratiquer leur religion beaucoup plus librement, un plus grand nombre

de personnes ont adhéré à l'islam. En référence à ce traité, le Coran dit : «
En vérité, Nous t'avons accordé une victoire éclatante. » (48:1)

Moins de deux ans après la signature du traité de Hudaybiyyah, les
Mecquois en brisèrent les termes, l'annulant ainsi. En réponse, le Prophète
Mohammed ﷺ retourna à La Mecque avec 10 000 de ses disciples et prit
pacifiquement la ville. Dans un acte de miséricorde sans pareil, le Prophète
ﷺ pardonna à tous ceux qui avaient passé de nombreuses années à le
maltraiter, lui et ses compagnons.

Durant les dernières années de sa vie, le Prophète ﷺ s'est concentré sur la protection des frontières musulmanes contre les invasions et
la formation d'alliances pacifiques avec les différentes tribus guerrières
d'Arabie. Ce n'est qu'au cours de la dernière année de sa vie, en 632, que
le Prophète ﷺ a effectué son premier et unique pèlerinage du Hajj à La
Mecque[8]. Aujourd'hui, plus de 1 400 ans après sa mort, la miséricorde,
l'indulgence, la foi et la patience avec lesquelles le Prophète ﷺ a réagi aux
marées changeantes au cours de sa vie influencent et inspirent continuellement la façon dont l'islam est pratiqué dans le monde.

## Histoires inspirantes du Prophète ﷺ

L'une des raisons pour laquelle le Prophète Mohammed ﷺ a été
respecté et honoré par les musulmans et les non-musulmans du monde entier, est due à son honnêteté et à sa capacité unique à trouver des solutions
pacifiques aux conflits auxquels sa communauté était confrontée. Il existe
de nombreuses histoires qui documentent les nobles caractéristiques du
Prophète ﷺ. Le célèbre récit suivant met magnifiquement en évidence
la capacité du Prophète ﷺ à résoudre les problèmes en contribuant à
renforcer les liens entre les gens :

> Un incendie avait autrefois endommagé certaines parties de la *Kaaba*,
> qui était à l'époque une structure utilisée pour abriter les centaines
> d'idoles des différentes tribus qui venaient à la Mecque pour le pèle-
> rinage et le commerce[9]. Pendant la rénovation de la *Kaaba*, les chefs
> des différents clans de la Mecque ont décidé de retirer la pierre noire

sacrée (*Al-Hajaru Al-Aswad*) qui se trouvait près des murs de la Kaaba jusqu'à ce que la construction soit terminée[10]. Une fois les murs de la *Kaaba* réparés, les chefs de tribu de la Mecque ont commencé à se disputer pour savoir à qui reviendrait l'honneur de remettre la pierre noire à sa place sacrée.

Avant que l'orgueil et l'ego des dirigeants n'enveniment le conflit, un ancien leur suggéra d'accepter la décision du prochain homme qui franchirait l'enceinte de la *Kaaba*. Comme Allah l'avait prévu, Mohammed ﷺ, à qui on n'avait pas encore confié la mission de prophète, fut le premier homme à franchir les portes.

Après avoir entendu la source de leur conflit, Mohammed ﷺ, prit un morceau de tissu, y plaça la pierre noire et, afin d'honorer chaque clan de manière équitable, il demanda à chaque chef de clan de saisir un coin du tissu. Tous les hommes des clans s'unifièrent et portèrent la pierre vers la *Kaaba*. Puis Mohammed ﷺ mit la pierre à sa juste place.

Même plusieurs années avant qu'il ne devienne publiquement prophète, Mohammed ﷺ a fait preuve d'une capacité innée à résoudre les problèmes de manière créative et à construire l'unité au sein de la communauté, tout en préservant le cœur de toutes les personnes impliquées[11]. Dès le début de sa vie, le Prophète Mohammed ﷺ a cherché des moyens d'inspirer la paix et l'unité parmi les créatures de son Seigneur.

En étudiant la vie du Prophète ﷺ, nous réalisons qu'il ne se préoccupait pas d'obtenir le pouvoir, l'argent ou la célébrité, mais que son seul objectif était de plaire à son Seigneur plein d'amour. En effet, lorsqu'un des compagnons du Prophète ﷺvit son logement, il se mit à pleurer. Lorsque le Prophète ﷺ lui demanda pourquoi il pleurait, il répondit qu'il ne supportait pas que le Prophète de Dieu ﷺ dorme sur une natte si rugueuse qu'elle laissait des marques sur son corps alors que les rois de Perse et de Rome vivaient dans le luxe et le confort. Le Prophète ﷺ répondait en rappelant à son compagnon que le confort de cette vie ne signifiait rien pour lui. Peut-être était-ce parce que ses yeux étaient tournés vers l'au-delà, où les conforts étaient sans fin, où la beauté était sans égale, et surtout, où il serait en étroite proximité avec son Seigneur[12].

Même si le Prophète ﷺ avait sous son contrôle toute la trésorerie de l'Islam, il refusait d'y puiser pour satisfaire ses besoins les plus élémentaires. C'était un homme calme et humble qui ne s'est jamais considéré comme supérieur aux autres, malgré la vocation que Dieu lui avait donnée. Même si Mohammed ﷺ était le dernier prophète de Dieu, hautement estimé, le chef des musulmans, un juge, il trayait encore sa propre chèvre[13], raccommodait ses vêtements, et aidait sa famille dans les tâches ménagères[14].

Comme le dit le Coran : « En effet, vous avez dans le Messager d'Allah un excellent modèle [à suivre], pour quiconque espère en Allah et au Jour dernier et invoque Allah fréquemment. » (33: 21). C'est à travers l'exemple du Prophète ﷺ que nous apprenons à mettre en pratique les enseignements du Coran. De nombreux musulmans lisent les histoires du Prophète ﷺ et suivent sa sunnah ou tradition, pour apprendre par l'exemple comment être miséricordieux, indulgent et bienveillant même lorsque les gens sont durs, haineux et blessants envers vous.

> L'un des exemples les plus profonds de la compassion du Prophète ﷺ est illustré par l'histoire d'une vieille femme qui vivait dans son quartier et lui jetait des ordures tous les jours parce qu'elle était en désaccord avec ses opinions religieuses. Un jour, le Prophète ﷺ remarqua que sa voisine n'était pas dehors comme d'habitude, attendant de le harceler. Lorsqu'il s'est enquis de ses nouvelles et a appris qu'elle était malade, il est allé lui rendre visite, pour savoir si elle avait besoin de quelque chose. Lorsqu'elle le vit, elle fut touchée par sa compassion et étonnée par la douceur de son esprit, ce qui l'incita à devenir musulmane[15].

Dans un autre cas, lorsque ses compagnons lui demandèrent de maudire les idolâtres de la Mecque, qui harcelaient et abusaient physiquement des musulmans, le Prophète ﷺ répondit : « En vérité, je n'ai pas été envoyé pour invoquer des malédictions, mais plutôt je n'ai été envoyé que comme une miséricorde[16] ». Même lorsque le Prophète ﷺ s'est rendu dans la ville de Taif et qu'il a été accueilli par une pluie de pierres et de blasphèmes, il n'a pas prié pour sa destruction ; il a plutôt prié pour les gens, avec l'espoir que peut-être leur progéniture pourrait grandir et croire au message d'amour divin[17].

Le Prophète ﷺ était enclin à croire que la bonté qui réside dans le cœur de tous les êtres humains pouvait s'épanouir à tout moment si Dieu le voulait. Ses yeux étaient des rayons X spirituels qui voyaient au-delà de la surface. Il voyait la fleur dans la graine, l'aube dans la nuit, et la pleine lune dans le croissant. Il voyait ce qu'il y avait de meilleur chez les gens, il voyait leur plus grand potentiel, et il arrosait cette réalité en eux avec la sincérité de ses paroles et la lumière de son amour.

La puissance de la présence du Prophète ﷺ est évoquée dans le Coran ; le mot utilisé dans le Coran pour décrire la lumière du soleil est le même que celui utilisé pour décrire la nature illuminante du Prophète ﷺ. En référence au soleil, le Coran dit : « Que soit béni Celui qui a placé au ciel des constellations et y a placé un luminaire (sirajan) et aussi une lune éclairante ! » (25:61). Le Coran fait référence au Prophète ﷺ en ces termes: « Celui qui invoque Dieu, avec Sa permission, et comme un brillant luminaire (wa-sirajan). » (33:46). Tout comme le soleil se couche, mais ne disparaît pas, le Prophète Mohammed ﷺ est certes mort, mais la lumière du message qu'il a été appelé à apporter à ce monde continue de se refléter dans les cœurs, semblables à la lune, de ses disciples les plus sincères.

Puisque le Prophète ﷺ est considéré comme pleinement humain et non comme Dieu, son humanité crée un pont de compréhension entre sa vie et la vie de tous les êtres humains. Si vous avez déjà été quelqu'un que l'on laisse de côté, un réfugié, un étranger dans une terre qui n'est pas la vôtre, sachez que le Prophète ﷺ sait intimement ce que vous ressentez, car il a été exilé de sa maison en raison de sa croyance en un Dieu unique. Si vous avez déjà perdu un être cher et que le chagrin vous brise le cœur, sachez que le Prophète ﷺ sait ce que vous ressentez, car il a perdu l'amour de sa vie, Khadijah, et tous ses fils à un jeune âge. Si vous êtes né orphelin ou que vous avez perdu vos parents plus tard dans la vie, sachez que le Prophète ﷺ a ressenti le poids silencieux que vous portez, car il a perdu son père avant sa naissance et sa mère est morte quand il avait six ans. Si vous vous êtes déjà senti rejeté par vos amis ou votre famille, sachez que le Prophète ﷺ a été malmené verbalement et physiquement par ses voisins et ses proches. Si vous avez déjà ressenti au cœur de votre âme que vous avez été envoyé sur cette Terre dans un but que votre entourage ne comprend pas ou ne soutient pas, sachez que le Prophète ﷺ a également lutté pendant de nombreuses années avant que le message de la miséricorde divine ne commence à être accepté.

Le Prophète ﷺ sait ce que c'est que d'être dans votre position, et il a atteint les sommets auxquels vous aspirez. Dans vos plus grands succès et dans vos échecs les plus dévastateurs, prenez le Prophète Mohammed ﷺ comme guide, car l'exemple de sa vie est une boussole qui vous mènera vers un paradis de contentement.

## Le Prophète ﷺ nous rappelle qui nous sommes

Dans le Coran, Allah honore le Prophète Mohammed ﷺ en disant : « Et tu es certes d'une moralité éminente ». (68:4) Dans les commentaires ésotériques, les savants ont suggéré que souvent, lorsqu'Allah dit « tu », et qu'Il s'adresse avec amour au Prophète Mohammed ﷺ, Il s'adresse également à la pureté intérieure de toute l'humanité. Chaque être humain est issu d'une seule âme (7:189), donc lorsque nous contemplons et sommes témoins des belles qualités du Prophète Mohammed ﷺ , et des prophètes qui l'ont précédé, nous commençons à voir la beauté innée de notre propre âme. Tout comme vous ne pouvez pas avoir envie de quelque chose que vous n'avez jamais essayé, vous ne pouvez pas voir chez une autre personne une qualité dont vous n'avez pas fait l'expérience en vous-même. Comme le sel spirituel, le Prophète Mohammed ﷺ fait ressortir les diverses saveurs des noms divins qui sont cachés dans la recette de chaque âme humaine.

*Comme le disent les mystiques: « Le professeur allume la lumière ; l'huile est déjà dans la lampe ».*

Le Coran dit : « Nous avons envoyé dans chaque communauté un Messager ». (16:36), car ce n'est qu'à travers un prophète manifestant la parole divine en acte que nous pouvons réellement expérimenter ce que signifie vivre une vie de dévotion à Dieu. Tout comme nous ne jugerions pas les performances d'une voiture de sport conduite par un mauvais conducteur, nous ne pouvons pas comprendre l'islam à travers les actions d'un prétendu musulman qui ne respecte pas les lois de l'amour qui sont au cœur de la religion. La voie de l'islam peut être comprise de la manière la plus complète à travers l'exemple d'un musulman parfait, qui n'est autre que le Prophète Mohammed ﷺ. La vie des prophètes de Dieu divinement choisis est le commentaire le plus parfait des révélations qu'ils ont apportées à l'humanité. En substance, les prophètes agissent comme des représentants d'une fréquence d'être plus élevée.

Lorsque nous prions sur le Prophète ﷺ et que nous le bénissons, nous nous tirons spirituellement vers une vibration supérieure qui nous permet de voir ce qui ne pouvait être vu dans l'obscurité de l'ignorance. Lorsque nous envoyons des bénédictions sur le Prophète ﷺ, nous nous engageons en fait dans un acte d'adoration, car nous suivons un commandement de Dieu. Comme le dit le Coran: « Allah et Ses anges prient sur le Prophète. Ô vous les croyants ! Priez sur lui et appelez sur lui le salut ». (33:56). Se souvenir et faire appel à la pureté de la lumière prophétique (*Nour Mohammadi*) permet à la bonté qui réside dans l'âme de chaque être humain de s'épanouir. Lorsque nous envoyons des bénédictions sur le Prophète ﷺ, nous envoyons également des bénédictions de paix sur nous-mêmes, car il est le reflet des parties les plus pures et les plus alignées de notre propre être. Après tout, ce n'est pas dans la critique ou la honte de nos péchés que nous sommes inspirés à être meilleurs, mais plutôt par la constatation de notre plus grand potentiel possible en tant qu'être humain.

Plus nous découvrons la psychologie humaine, plus nous comprenons l'importance d'avoir des prophètes pour élargir le champ limité de notre réalité. Ceci est parfaitement illustré par l'exemple moderne du coureur Roger Bannister.

En 1954, Roger Bannister est le premier coureur de l'histoire à courir un mile en moins de quatre minutes. Fait fascinant, quelques années seulement après la course historique de Bannister, plus d'une douzaine de coureurs ont été enregistrés en train de courir un mile en moins de quatre minutes. Banister ne s'est pas contenté de battre un record - il a brisé la barrière psychologique dans l'esprit des gens quant à ce qui était physiquement possible[18]. De même, Dieu a envoyé des prophètes sur Terre pour briser les barrières spirituelles de la pensée conventionnelle, en illustrant les possibilités du potentiel humain par l'assistance et la grâce divine.

En plus d'être comparé au soleil, on fait également référence au Prophète Mohammed ﷺ comme la pleine lune, parce qu'il faisait pleinement face au soleil divin de la Vérité, et a été envoyé pour illuminer les nuits sombres de nos âmes. Il a incarné le message divin dans sa douceur, sa miséricorde, sa bonté et sa nature indulgente. Ses actions ont dévoilé l'esprit des Écritures, ses paroles ont clarifié les perceptions erronées dans la compréhension de la révélation, son caractère a incarné le modèle d'adoration, et il est devenu l'exemple même de la mise en pratique de la vérité de l'unicité de Dieu. Le Prophète ﷺ a été envoyé pour nous enseigner comment purifier le cœur des qualités inférieures de l'ego, telles que la jalousie, l'envie, la cupidité, la convoitise et l'arrogance par les pratiques du repentir (*tawba*) et du souvenir (*dhikr*). Le Prophète ﷺ nous a enseigné, que ce que nous voyons dans le monde est le reflet de ce que nous portons en nous, et donc pour transformer nos vies, nous devons transformer nos cœurs.

> *Si nous faisons de bonnes actions, mais que nous avons un cœur abimé, nous sommes dans un état d'hypocrisie.*
> *Si nous avons un bon cœur, mais ne faisons pas de bonnes actions, alors nous sommes dans un état d'illusion.*

Le Prophète Mohammed ﷺ a été envoyé pour nous enseigner comment intégrer la purification intérieure à l'obéissance extérieure, afin que nous puissions atteindre un état de parachèvement dans notre voyage spirituel. Comme le Prophète ﷺ l'a dit lui-même: « Je n'ai été envoyé que pour parfaire les nobles caractères.[19] » Le Prophète ﷺ nous a montré que le leadership n'est pas seulement une question d'autorité ; il s'agit d'influencer les cœurs par l'amour et de mener une vie digne d'être suivie.

## La lumière prophétique de la sagesse

Le rôle prophétique consistant à inspirer l'unité et la paix à travers la lumière de la sagesse est magnifiquement illustré dans l'histoire suivante racontée par Rumi :

> Un homme riche donna une seule pièce d'or à quatre inconnus, avec la consigne de la partager entre eux. Le premier homme, qui était Persan, dit : « Je veux de *l'angur* ! » Le suivant était un Arabe et dit : « Je veux acheter de *l'inab* ! » Le troisième homme était un Turc et dit : « Je ne veux ni *angur* ni inab, je veux de *l'uzum* ! » Le quatrième était une femme grecque qui dit : « Je ne veux aucune de ces choses, je veux du *stafil* ! » Comme aucun de ces quatre étrangers ne parlait la langue de l'autre, ils commencèrent à se disputer.
>
> Un sage qui parlait plusieurs langues rencontra les quatre personnes qui se disputaient et leur demanda s'il pouvait les aider. Lorsque les quatre étrangers lui racontèrent dans leurs différentes langues ce qui s'était passé, le sage sourit et dit : « Ah, eh bien, je peux satisfaire les désirs de chacun de vous quatre avec une seule pièce. Faites-moi confiance et je ferai en sorte que votre seule pièce semble en être quatre, et vos quatre désirs seront unifiés. » Rumi nous dit ensuite : « Seule une personne d'une telle sagesse aurait pu savoir que chacun dans sa propre langue voulait la même chose : du raisin. De nombreuses cultures, idées et religions ont beaucoup de choses en commun, mais elles n'en sont pas conscientes[20]. »

Les prophètes sont comme le sage ; ce sont des personnes choisies par Dieu pour partager la vérité profonde que, quel que soit le nom que nous donnons à l'objet de notre recherche, nous cherchons tous en fait une même chose : Allah. Certains peuvent l'appeler Justice (*Al-'Adl*), Amour (*Al-Wadud*), ou Unicité (*Al-Ahad*). D'autres l'appellent Richesse (*Al-Ghaniy*), Conscience (*Al-Khabir*), Grandeur (*Al-Kabir*) ou Dieu (*Allah*). Cependant, en fin de compte, ces noms désignent le même Dieu unique, qui se manifeste à travers le visage de Ses qualités infinies. Tous les prophètes qui ont été envoyés depuis l'époque d'Adam l'ont été dans le but unique de révéler que sous l'illusion des formes extérieures, il n'existe rien d'autre que le reflet des noms d'Allah. C'est parce que le Prophète Mohammed ﷺ a voyagé vers des destinations célestes que nous cherchons à atteindre qu'il s'est avéré être le guide parfait pour nous rapprocher de Dieu, le Très Haut (*Al-'Aliy*).

Le Prophète Mohammed ﷺ est venu offrir le message divin du monothéisme pur dans son intégralité, c'est pourquoi, lorsque vous reconnaissez sa prophétie, vous reconnaissez aussi chaque prophète divinement envoyé qui l'a précédé. Le chemin vers Dieu nécessite le besoin d'être guidé, car, en tant qu'êtres finis, nous ne pouvons pas comprendre un Créateur infini et éternel à moins qu'Il ne choisisse de nous dire qui Il est. Bien que nous ne puissions pas savoir entièrement qui est Dieu, car « Il n'y a rien qui Lui ressemble » (42:11), à travers l'exemple du Prophète Mohammed ﷺ, et des prophètes avant lui, on nous montre comment vivre nos vies en relation avec Dieu. Les prophètes sont des guides qui nous montrent comment marcher d'Allah à Allah par Allah en expérimentant les noms divins, qui se manifestent à la fois intérieurement en nous et extérieurement à travers Sa glorieuse création.

Alors que la première partie de la *shahadah* déclare l'unicité de Dieu, la deuxième partie confirme la validité de la foi, par la confirmation de l'action à travers la guidée du dernier Prophète ﷺ envoyé à l'homme. Lorsque nous suivons le Prophète ﷺ, nous ne suivons pas un homme mortel, nous sommes guidés par la lumière de Dieu, qui brille à travers la lampe de la présence du Prophète ﷺ. Nous n'adorons pas le Messager, nous adorons Celui qui a envoyé le message, car alors que tous les êtres humains mourront un jour, la lumière du message de Dieu est éternelle.

Nous sommes appelés à ancrer nos âmes profondément dans les fonds marins de la lumière divine, car lorsque le soleil de l'amour de Dieu se lève, la nuit noire du désespoir disparaît. Lorsque Dieu dévoile l'illusion de la séparation et montre Son visage, seule la symphonie de la paix résonnera dans les cordes de l'existence.

> Oh Allah, ne nous laisse jamais oublier qu'« En vérité, il n'y a de Dieu que Toi ! Gloire à Toi ! » (21:87). Allah, aide-nous à nous tourner vers Toi seul pour être aidé et guidé. Oh Allah, aide-nous à ne vénérer que Toi et à ne faire aucune distinction entre Tes messagers. « Ash-hadu an la ilaha illa Allah Wa ash-hadu anna-Muhammad-an rasul Allah. J'atteste qu'il n'y a pas d'autre dieu que Dieu. Et j'atteste que Mohammed est le Prophète de Dieu ﷺ ». Mon Seigneur bien-aimé, permet à la lumière de Ton Prophète ﷺ de briller sur le chemin de la vérité, tout comme les messagers avant lui ont éclairé le chemin de la vérité pour leur peuple. « Seigneur ! Nous avons cru à ce que Tu as fait descendre et suivi le messager. Inscris-nous donc parmi ceux qui témoignent » (3:53). Je prie en Tes noms unificateurs, Amine.

## Méditation : « La Ilaha Illa Allah »

*La ilaha illa Allah* est l'une des phrases sacrées les plus puissantes de l'islam. La pratique suivante est une manière simple, mais profonde de devenir réceptif aux bénédictions de ce chant sacré :

- Trouvez un endroit confortable pour vous asseoir, les pieds posés sur le sol.
- Connectez-vous à votre respiration. Observez votre respiration naturelle.
- Ayez l'intention de vous détourner de tout ce qui est autre qu'Allah.
- Récitez *la ilaha illa Allah* 33 à 100 fois.

- Une fois que vous vous sentez à l'aise pour réciter cela, en-traînez-vous à allonger les mots pour ressentir l'impact réel de chaque lettre.
- Allongez le « *la* » et le « *ha* » dans *la ilaha* tout en soulignant le « *il* ».
- Insistez sur le « *ill* » dans « *illa Allah* », tout en allongeant le « *ah* » dans « *Allah* ».
- L'ensemble se prononce « *laaaaa ILahaaaa ILLa Allahhhhhhh* ».
- Répétez pendant cinq minutes.
- Constatez comment vous vous sentez avant et après cette pratique.

## Méditation : Se connecter à la lumière du Prophète Mohammed ﷺ

Le Prophète Mohammed ﷺ est plus qu'un messager - il porte la lumière du message. Lorsque nous prions sur le Prophète ﷺ, nous nous joignons aux anges pour louer sa belle âme, nous entrons dans la rivière de sa lumière et nous sommes lavés de nos impuretés par l'exemple de son excellence. La pratique suivante est une porte directe pour faire l'expéri-ence de cette puissante lumière prophétique ou *Nur Mohammadi* :

- Trouvez un endroit confortable pour vous asseoir, les pieds posés sur le sol.
- Connectez-vous à votre respiration. Observez votre respiration naturelle.
- Une fois que vous vous sentez centré et calme, demandez à Allah : « *Oh Allah, aide-moi à ouvrir mon cœur et à permettre à mon âme de s'abreuver de la sainte lumière de Ton Prophète* ﷺ ».
- Prenez quelques respirations supplémentaires en vous permet-tant de vous ouvrir davantage à la lumière prophétique.
- Lorsque vous vous sentez prêt, commencez par répéter « *Allahumma Salli 'ala Sayyidina Muhammadin wa Aalihi wa*

*Sabihi Wasallim* », ce qui signifie « *Oh Allah ! Envoie Tes bénédictions sur notre maître Mohammed, sa famille et ses vrais compagnons, et accorde la paix.* ».

- Répétez cette phrase, en silence et à haute voix. Constatez la différence.
- Contemplez comment, lorsque vous priez sur le Prophète ﷺ, vous envoyez des bénédictions sur vous-même, car il est comme un miroir poli : tout ce que l'on fait briller sur le Prophète ﷺ, il nous le renvoie.
- Placez votre main sur votre poitrine en tournant votre attention sur votre cœur, puis répétez « *Allahumma Salli 'ala Sayyidina Muhammadin wa Aalihi wa Sabihi Wasallim* » au moins 33 fois.
- Prenez 2 à 3 minutes pour noter toutes les idées et les sentiments qui vous viennent à l'esprit.
- Répétez cette pratique chaque fois que vous vous sentez déconnecté de votre véritable essence.

« Ô vous qui croyez ! Évoquez Allah d'une façon abondante, et glorifiez-Le à la pointe et au déclin du jour. »

CORAN 33:41-42

« Ce qui est dans les cieux et ce qui est sur la terre glorifie Allah, le Souverain, le Pur, le Puissant, le Sage. »

CORAN 62:1

« Et cherchez secours dans l'endurance et la Salat : certes, la Salat est une lourde obligation, sauf pour les humbles. »

CORAN 2:45

# 7

# SALAT : COMMENT S'ACCORDER À L'AMOUR DIVIN

Le mot arabe pour la prière rituelle est « *salat* », qui provient de la racine à trois lettres *sad-lam-waw*, qui signifie « supplication, suivre de près, connecter, attacher et lier ensemble[1] ». Lorsque nous prions, nous nous débranchons de la matrice de ce monde et nous nous connectons à la réalité divine de la Vérité (*Al-Haqq*). La salat est une prière quotidienne qui associe des mouvements doux, semblables à ceux du yoga, à des récitations spécifiques du Coran, afin d'impliquer l'esprit, le corps et l'âme dans l'adoration d'Allah. La *salat* est une station de recharge où, cinq fois par jour, nous sommes appelés à nous connecter à la Source, rechargeant la batterie de nos cœurs spirituels grâce à l'amour de Dieu.

Allah dit : « Je n'ai créé les djinns et les hommes que pour qu'ils M'adorent. ». (51:56) Le but de notre création est de connaître, d'aimer et enfin d'adorer notre Seigneur, en devenant un instrument de Son amour inconditionnel. La salat est comme une antenne qui permet à notre conscience de se connecter à la station de l'amour divin qui est continuellement diffusée dans notre univers.

Allah dit dans le Coran : « Il est avec vous où que vous soyez. ». (57:04)
et que : «Il est plus proche de vous que votre veine jugulaire.» (50:16) La
prière n'est donc pas un moyen de se rapprocher de Dieu, mais un moyen
de se rappeler à quel point nous sommes déjà proches de Sa présence qui
embrasse toute chose.

> « Et quand Mes serviteurs t'interrogent sur Moi... alors Je
> suis tout proche : Je réponds à l'appel de celui qui Me prie
> quand il Me prie. Qu'ils répondent à Mon appel, et qu'ils
> croient en Moi, afin qu'ils soient bien guidés. »
>
> CORAN 2:186

Lorsque nous demandons à Dieu avec sincérité, Il répond à notre appel et nous dévoile Sa proximité. Lorsque nous nous tournons vers Dieu,
en laissant derrière nous notre sens du moi, nous nous rendons compte
que nous ne sommes pas séparés de cet univers, que Dieu n'est pas dans
un paradis futur lointain, mais que tout dans cette création tend vers Dieu
et Le reflète ici et maintenant.

> « Votre tâche n'est pas de chercher l'amour, mais simplement
> de chercher et de trouver toutes les barrières en vous que
> vous avez construites contre lui. »
>
> RUMI

Tout comme les roues à aubes élèvent l'eau d'une rivière qui coule
vers un jardin fertile, la prière tire notre conscience du flux de nos pensées
passagères vers le jardin de l'âme éternelle. La prière ne se limite pas à
des mouvements physiques ; elle est bien plus que des mots de louange
et des gestes d'humilité. Lorsque nous prions, nous rejoignons l'orbite de
l'amour : nous coulons avec les rivières, nous nous balançons avec les arbres, nous dansons avec la lune et nous chantons avec les oiseaux. Lorsque
nous prions, nous nous unissons à ce qui est et a toujours été, dans une
louange constante du Divin.

*« N'as-tu pas vu que c'est devant Allah que se prosternent tous ceux qui sont dans les cieux et tous ceux qui sont sur la Terre, le soleil, la lune, les étoiles, les montagnes, les arbres, les animaux, ainsi que beaucoup de gens ? »*

CORAN 22:18

La prière n'est pas une punition ou une récompense, elle consiste à cultiver un lien intime avec Dieu. Le but profond de la prière n'est pas d'obtenir un certain résultat, mais plutôt d'avoir une conversation intime avec votre Seigneur.

## La prière est pour vous

Dieu n'a pas besoin que nous priions pour Lui, donc notre prière n'est pas pour Dieu, mais pour la protection de nos propres âmes (45:15). Si nous cessions de prier chaque fois que nous commettions un péché, alors personne sur cette Terre ne prierait. Il est humain de pécher, donc les fidèles ne sont pas ceux qui sont parfaits, mais ceux qui reviennent à Dieu après s'être égarés.

*« Venez, venez, qui que vous soyez,*
*vagabonds, disciples, chercheurs passionnés,*
*peu importe...*
*Notre caravane n'est pas celle du désespoir,*
*Venez même si vous avez rompu vos voeux mille fois.*
*Venez, venez, revenez encore. »*

RUMI

La *salat* ne vise pas à obtenir un résultat spécifique ; il s'agit plutôt de se jeter dans la cascade de la miséricorde d'Allah, qui s'est toujours déversée et se déversera toujours sur nous. Nous ne devrions jamais nous retenir de prier Dieu parce que nous nous sentons trop imparfaits, indignes ou pécheurs, car bien que notre hommage à Dieu soit limité par notre nature mortelle faillible, la miséricorde de Dieu à notre égard est sans fin et infinie.

*Si nous adorons Dieu et que nous déclarons Sa grandeur, ce n'est pas parce qu'Il oublie combien Il est grand, mais plutôt parce que nous oublions combien nous sommes petits et combien nous avons besoin de Sa grâce.*

La prière est une bénédiction divine, car par sa nature même, elle lève les voiles entre Dieu et nous, nous ramenant à notre état naturel d'amour. Comme le dit le Coran: « En vérité la Salat préserve de la turpitude et du blâmable » (29:45), car elle nous rappelle constamment qui nous sommes et pourquoi nous sommes ici ; la prière soulage nos âmes des fardeaux de ce monde, en détournant constamment notre attention de la création, pour l'orienter vers le Créateur.

Souvent, les gens envisagent la prière sous l'angle de ce qu'ils pourraient en retirer ; or, la prière ne vise pas tant le gain que l'abandon de tout ce qui vous empêche de manifester votre alignement inné avec Dieu. La salat met en lumière les idoles mentales que nous portons en nous et auxquelles nous avons du mal à renoncer : qu'il s'agisse d'être obsédé par ce que les gens pensent de nous, d'essayer de gérer notre emploi du temps pour la journée, de penser à la façon dont nous allons payer nos factures ou à la façon dont nous pouvons avoir plus de succès, toutes les distractions que nous expérimentons pendant la prière sont des endroits dans notre vie où Dieu nous appelle à nous en remettre à Lui. S'abandonner ne signifie pas que nous ne faisons plus d'efforts pour résoudre les différents problèmes de notre vie ; cela signifie plutôt que nous ne nous approprions pas les résultats. Ce n'est que lorsque nous prenons conscience de ce qui nous empêche d'être présents avec Dieu et que nous ramenons lentement notre conscience vers Lui que nous pouvons commencer à ressentir du contentement.

*Si nous prions uniquement lorsque nous en avons envie, nous ne prions pas pour Dieu, mais pour que notre ego se sente d'une certaine manière.*

La prière ne doit pas être utilisée comme un moyen de parvenir à une fin, car la connexion et la conversation avec Dieu sont le but ultime de la vie. La salat peut être l'une des meilleures occasions de renforcer la patience et la gratitude, car nous sommes appelés à prier Dieu, quels que soient nos sentiments ou ce que nous traversons. Nous sommes appelés à être constants dans la prière, même les jours où nous nous sentons déconnectés de Dieu, car Il n'est pas déconnecté de nous. Lorsque nous sommes ancrés dans le sol de la prière, nous sommes capables d'être reconnaissants dans les moments de bénédiction, et gracieux dans les moments de difficulté et de désespoir.

Parfois, nous nous concentrons tellement sur ce que nous retirons de la prière que nous oublions d'être reconnaissants pour tout le mal et la négativité dont la prière nous éloigne et nous protège. Le Prophète ﷺ a demandé à ses compagnons : « Dites-moi, si l'un d'entre vous avait une rivière à sa porte et qu'il se lavait cinq fois par jour, est-ce qu'il resterait une saleté ? » Ses compagnons ont répondu qu'aucune souillure ne resterait. Le Prophète ﷺ a alors dit : « C'est la ressemblance avec la prière ; cinq fois par jour, Dieu efface les torts grâce à elle[2]. »

La *salat* est le mât central de la tente de la foi, car elle dévoile nos idoles intérieures et nous relie au Divin[3]. La prière est semblable à une douche spirituelle, elle lave l'esprit de la saleté de l'oubli. Elle est comme une lampe de poche qui met en lumière toutes les idoles cachées et les barrières que nous avons placées devant Dieu et qui nous empêchent de nous prélasser pleinement au soleil de Sa présence éternelle, afin que nous puissions nous purifier.

> *Les distractions qui surgissent pendant la prière - les pensées fugaces, les regrets du passé, l'anxiété à propos de l'avenir - font partie de la sagesse de la prière.*

Il est important de comprendre que, tout comme lorsque nous nous rapprochons d'une source de lumière, nos ombres deviennent plus grandes, à mesure que nous nous approchons de la lumière de Dieu, le diable et les voix des ténèbres peuvent grandir, travaillant davantage pour nous éloigner du Divin. Cependant, lorsqu'Allah dévoile une idole ou une barrière que nous plaçons entre Lui et nous, ce n'est pas pour nous punir ou nous faire honte, mais plutôt comme une profonde miséricorde, car ce n'est que lorsque nous prenons conscience d'une idole que nous pouvons commencer le processus pour parvenir à la briser.

La prière n'est pas un moyen d'éviter ou de réprimer nos sentiments ; au contraire, dans la prière, nous sommes appelés à nous tenir dans la douleur de notre expérience et à nous tourner vers Dieu. Dieu veut que nous venions à Lui avec nos problèmes, nos luttes, et même nos idoles. Dieu veut que nous nous abandonnions à Lui afin qu'Il puisse nous guider à nouveau vers ce que nous avons toujours été, mais que nous avons perdu de vue dans le péché. Le Prophète ﷺ a dit : « La clé du paradis est la prière[4] », car la prière nous relie à Dieu, purifie les yeux du cœur et nous réaligne sur le chemin du retour vers les jardins célestes qui étaient autrefois notre maison. En un sens, la prière n'est pas une carte vers un endroit où nous ne sommes jamais allés, mais un dévoilement de ce que nous sommes déjà.

## Dieu a donné la *Salat* au Prophète ﷺ

La *Salat* est le seul pilier donné directement par Allah au Prophète ﷺ sans l'intercession de l'ange Gabriel. C'est par la révélation divine et l'inspiration prophétique que Dieu parle directement à l'homme, et c'est par la prière que nous parlons et entrons en relation avec Dieu, en notre nom et au nom de toutes les autres créatures de la Terre. C'est pourquoi, même lorsque nous prions dans la solitude, nous disons : « C'est Toi [Seul] que nous adorons, et c'est Toi [Seul] dont nous implorons le secours. » (1:5) À chaque instant, à travers tout ce qu'Allah a créé, Il nous parle, et la prière est notre façon de répondre et de montrer notre gratitude.

> Comme le disent les mystiques : « Si vous n'avez pas le temps de vous souvenir de Dieu pendant trente minutes, souvenez-vous de Lui pendant une heure[5]. »

En d'autres termes, si vous n'avez pas de temps pour le Créateur du temps, vous avez besoin de la prière plus que vous ne le pensez. Ce qu'une nuit de sommeil réparateur fait pour le corps, la prière le fait pour l'âme. Ce que la plupart des gens ne comprennent pas, c'est que lorsque nous prions, nous reprenons en fait le dessus sur l'emprise du temps sur nous. Pour comprendre comment, considérez ce qui suit : le célèbre physicien Albert Einstein a prouvé avec sa théorie de la relativité que le temps est relatif. Selon sa théorie, lorsqu'un objet se rapproche de la vitesse de la lumière, le temps ralentit pour cet objet[6]. Un simple rayon de lumière voyageant dans l'espace est dans un moment éternellement présent, sans passé ni futur. Si nous entrions d'une manière ou d'une autre dans une onde de lumière, le temps s'arrêterait. C'est pourquoi, chaque fois que nous nous connectons sincèrement à la présence d'Allah, qui est connu comme « «la lumière des cieux et de la Terre», le temps commence à se rallonger (24:35).

Le Coran dit : « Un jour auprès de ton Seigneur, équivaut à mille ans de ce que vous comptez. » (22:47), car plus nous nous rapprochons de la gravité de la lumière infinie d'Allah, plus le temps ralentit. Le secret pour avoir plus de temps n'est pas de se précipiter, mais plutôt de ralentir dans une prière attentive, en permettant à la lumière de Dieu de vous attirer vers Sa présence hors du temps. Les anges sont faits de lumière, ce qui signifie qu'ils sont dans le moment présent dans leur adoration et leur louange de Dieu. Lorsque nous prions en pleine conscience, avec notre corps et notre voix, nous reflétons la louange des anges dans les plus hauts royaumes célestes.

Plus nous rendons nos egos humbles et nous détournons de l'illusion de la séparation, plus nous nous rapprochons de la révélation de l'unicité d'Allah, qui englobe tout. Lorsque nous faisons taire les voix chaotiques de l'esprit et que nous nous mettons à l'écoute de la douce présence de Dieu dans nos cœurs, nous sommes plus à même d'entendre le flux continu des conseils de Dieu. C'est pourquoi on dit que l'âme de la prière est dans la position de prosternation, car c'est la seule position dans laquelle le cœur est plus élevé que la tête, régnant alors comme le roi conscient du corps. Lorsque nous nous prosternons, la tête est plus basse que le cœur, ce qui permet au sang et à l'oxygène de circuler plus facilement vers le cerveau, ce qui, selon les recherches, peut aider à soulager le stress et la dépression[7].

Lorsque nous prions en contact direct avec la terre, comme le faisaient les prophètes, nous sommes guéris spirituellement, émotionnellement et physiquement. Des dizaines d'études scientifiques ont prouvé les bienfaits du contact physique avec la terre. Le contact de nos pieds nus, de nos mains et de notre front avec la terre nous permet de décharger les charges électrostatiques nocives dont nous sommes bombardés tout au long de la journée, tout en absorbant les électrons de guérison de la terre[8]. Ces électrons sont de puissants antioxydants qui aident à neutraliser et à éliminer les radicaux libres dans notre corps qui provoquent des maladies et des inflammations[9]. Le Dr Stephen Sinatra, cardiologue de renommée mondiale, a déclaré : « Le contact avec la terre peut restaurer et stabiliser les circuits bioélectriques qui régissent votre physiologie et vos organes, harmoniser vos rythmes biologiques de base, stimuler les mécanismes d'autoguérison, réduire l'inflammation et la douleur, et améliorer votre sommeil et votre sentiment de calme[10]. »

Au-delà du potentiel de guérison physique, la prosternation sert à rappeler la grandeur d'Allah et notre humilité par rapport à Lui. Comme l'a dit le Prophète Mohammed ﷺ : « Le serviteur se rapproche le plus de son Seigneur lorsqu'il se prosterne, alors fait des invocations (dans cet état)[11] »

Le Prophète ﷺ se prosternait parfois assez longtemps pour que 50 versets du Coran soient récités[12]. Lorsque nous nous prosternons, tous les soucis du monde tombent de notre dos, comme une vague retournant à l'océan de son origine, et toutes les différences sont dissipées alors que nous entrons dans l'unicité de Dieu.

> *« En vérité, lorsqu'un serviteur se lève pour prier, ses péchés sont placés sur le dessus de sa tête et de ses épaules. Chaque fois qu'il s'incline ou se prosterne, ils tombent loin de lui[13]. »*
>
> **PROPHÈTE MOHAMMED** ﷺ

Comme l'ont dit les mystiques: « Une prière à Dieu vous libère de mille prosternations à votre ego. » Tout comme l'eau s'écoule vers les basses terres, la position d'humilité qu'est la prosternation est un état de réceptivité dans lequel nous sommes capables de recevoir les bénédictions infinies qu'Allah a écrites pour que nous en fassions l'expérience. Dans son essence, la prière revient à ouvrir ses mains et les vider afin de pouvoir recevoir et faire l'expérience de Dieu qui nous tient dans Sa miséricorde et nous bénit par Sa générosité. Lorsque nous soumettons notre ego à Dieu, nous levons le voile des distractions de la vie pour découvrir la connexion profonde que nous entretenons avec notre Seigneur. L'histoire suivante illustre un exemple de connexion à la présence de Dieu :

> L'Imam Ali a été transpercé à la jambe par une flèche et en raison de la douleur atroce, personne n'a pu l'enlever. Quelqu'un a suggéré d'attendre que l'Imam Ali commence à prier avant de l'enlever. Lorsqu'il a commencé sa salat, l'Imam Ali est entré dans une autre sphère de la réalité, devenant si détaché de son corps en présence d'Allah que ses compagnons ont pu retirer la flèche avec facilité[14].

L'Imam Ali maîtrisait le *khushoo*, ou un sentiment de timidité, de crainte et d'humilité devant la grandeur d'Allah. Le Coran nous appelle à prier avec khushoo et avec un profond abandon lorsqu'il dit : « Bienheureux sont certes les croyants, ceux qui sont humbles dans leur salat. » (23:1-2). Comme le disent les mystiques: « La prière sans la présence du Seigneur dans le cœur n'est pas une prière. »

Les cinq prières prescrites quotidiennement sont censées être une manifestation de la prière intérieure du cœur qui est continue et sans fin. Selon les paroles du Prophète ﷺ la prescription originelle était de 50 prières par jour, qui a finalement été réduite par la miséricorde de Dieu à cinq fois par jour[15]. Si Dieu n'avait pas réduit Son ordre initial, nous aurions dû prier environ toutes les 20 minutes de notre vie éveillée, ne laissant presque pas de temps pour autre chose que la prière ! La sagesse derrière le commandement initial - et sa réduction - est que le souvenir de Dieu est censé être constant et sans fin, que nous soyons en état de prière rituelle ou dans nos activités quotidiennes. Notre relation avec Dieu n'est pas confinée à nos tapis de prière, car Il nous parle en permanence. Comme le dit Rumi : « De quoi parlez-vous ? Le fait de devoir gagner sa vie ne nous empêche pas de creuser pour trouver le trésor. N'abandonnez pas votre vie quotidienne. C'est là qu'est caché le trésor. »

> Le souvenir de Dieu est à l'esprit ce que l'oxygène est au corps, et tout comme nous devons constamment respirer pour survivre, c'est dans un état continuel d'adoration que notre cœur se développe.

Comme les êtres humains sont oublieux, ce n'est qu'en renonçant continuellement aux séparations créées par l'ego que nous pouvons « nous prosterner et nous rapprocher » (96:19) de la grandeur d'Allah, par la porte de l'humilité. La véritable prière est celle où la conscience de nous-mêmes se fond dans la conscience d'Allah qui englobe tout. Celui qui se souvient disparaît et tout ce qui reste est le souvenir et celui dont on se souvient. L'importance d'être présent lors de la prière et de se souvenir du Divin est magnifiquement illustrée par l'histoire suivante :

> Un roi était un jour en train de prier au plus profond des forêts de l'Inde lorsqu'une jeune femme qui rêvait dans la jungle passa, à son insu, juste devant lui. Après avoir terminé ses dernières prosternations, le roi regarda par-dessus son épaule pour crier sur la femme qui avait eu l'imprudence de le distraire alors qu'il était en pleine prière.
>
> Elle répondit innocemment qu'elle pensait si passionnément à son mari qu'elle n'avait plus conscience de ce qui l'entourait. Elle se demanda comment quelqu'un comme elle pouvait le distraire s'il était perdu dans l'adoration de son Bien-Aimé. Le roi fut étonné par sa réponse et, au lieu de la punir, lui donna un sac de pièces d'or pour lui avoir enseigné une leçon si profonde.

Lorsque le Coran dit : « Dis aux croyants de baisser leur regard et d'être chastes. C'est plus pur pour eux. Allah est, certes, Parfaitement

Connaisseur de ce qu'ils font. » (24:30), il ne s'agit pas seulement d'un abaissement physique, mais aussi d'un abaissement intérieur et spirituel, de tout ce qui n'est pas Allah. Dans la prière, notre intention est d'être tellement immergés dans la beauté d'Allah que nous ne voyons et ne sommes conscients de rien d'autre que notre Seigneur. Lorsque nous sommes dans cet état de prosternation pure, les murmures silencieux que nous prononçons aux oreilles de l'humble terre sous nos fronts sont magnifiés par Allah et entendus dans les plus hauts cieux.

## Les secrets derrière les rituels avant la prière: *Adhan* et *Wudu'*

Cinq fois par jour, nous sommes appelés à tourner notre regard vers notre Seigneur céleste de paix par l'appel à la prière, connu sous le nom de « adhan ». L'adhan est récité à haute voix dans les maisons ou dans les haut-parleurs des mosquées, comme un rappel commun de détourner notre attention du monde extérieur et éphémère vers la face de la réalité éternelle de Dieu. Comme le dit le poète indien Kabir: « Dieu entend les bracelets de cheville aux pieds des insectes. » Ainsi, le volume de l'appel à la prière n'est pas destiné à Allah, mais plutôt à réveiller le cœur humain endormi qui se consume dans le monde. Peu importe ce que nous faisons, peu importe l'importance que cela revêt pour nous, l'appel à la prière, rappelle au croyant qu'il y a quelque chose de bien plus important que chaque rêve, désir et pensée fugace que nous pouvons avoir. Cinq fois par jour, nous sommes tenus responsables de nos actions, ce qui nous donne l'occasion de nous réaligner constamment sur le droit chemin de l'amour, de la miséricorde et de la foi.

*L'adhan* détourne notre regard des désirs du monde vers une réalité centrée sur Dieu, nous rappelant que le vrai bonheur ne se trouve pas dans l'argent ou les réalisations matérielles, mais dans la prière et l'intimité avec Allah. *L'adhan* nous rappelle que la salat est « la plus haute réalisation spirituelle du succès » (*hayya ala-l-falah*). Le mot « falah » dans *l'adhan* est souvent traduit par « succès ou salut », mais il provient d'une racine à trois lettres qui signifie également « cultiver ou récolter[16] ». La racine du mot implique que, tout comme nous réalisons la valeur des semailles au moment de la récolte, le bénéfice et le succès de la journée sont matérialisés par la culture de la prière. C'est pourquoi on dit que la prière elle-même est la récompense : cinq fois par jour, Dieu nous invite à un festin spirituel, et si nous sommes absents, c'est nous qui passons à côté de cette nourriture de l'âme.

Avant de goûter banquet sacré de Dieu, nous devons entrer dans un état de conscience divin par un acte rituel de purification ou d'ablution connu sous le nom de « *wudu'* ». Le Coran fait référence au « *wudu'* » lorsqu'il dit : « Ô les croyants ! Lorsque vous vous levez pour la Salat, lavez vos visages et vos mains jusqu'aux coudes ; passez les mains mouillées sur vos têtes ; et lavez-vous les pieds jusqu'aux chevilles. » (5:6). Le *wudu'* consiste à utiliser l'eau comme symbole de la purification de notre corps de tous les péchés qu'il a pu commettre et des idoles que nous avons pu placer avant Dieu, grâce aux bénédictions que Dieu nous a accordées. Le Prophète Mohammed ﷺ confirme cette affirmation en disant que lorsqu'un croyant s'engage dans le *wudu*, les péchés de ses membres sont nettoyés par chaque goutte d'eau « jusqu'à ce qu'il émerge purifié de tout péché[17]. ». Le Coran affirme que tout est créé à partir de l'eau (21:30), donc lorsque nous faisons le *wudu'*, nous lavons symboliquement notre existence avec l'eau de la vérité.

L'acte d'apporter de l'eau au corps, du sommet de la tête aux pieds, sert également à nous ancrer physiquement, en apportant lumière, présence et connexion à notre corps. En fait, le mot *wudu'* est étroitement lié au mot arabe « *wadu'a* », qui signifie « clarté et illumination », ce qui implique que lorsque nous nous engageons dans le *wudu'*, nous illuminons nos membres et éveillons nos sens à la présence divine qui se reflète partout[18]. Le Prophète Mohammed ﷺ a dit : « La clé de la prière est le *wudu'*[19] ». Le wudu' n'est pas seulement une purification physique, il est une purification spirituelle et un moyen de parfumer l'âme afin de se préparer à entrer dans la cour du roi. Le *wudu'* est comme une méditation préalable à la prière qui, étape par étape, déplace notre conscience du monde extérieur vers les sphères intérieures de l'âme, nettoyant l'esprit et le cœur de tout ce qui n'est pas Allah.

## Se tourner vers la Kaaba

Une fois que nos sens et notre esprit sont en alignement avec Dieu, nous tournons alors notre visage vers la direction (*qibla*) du centre du monothéisme sur Terre, connu dans le monde musulman sous le nom de « *Kaaba* ». La *Kaaba*, également connue sous le nom de « Maison de Dieu », est une structure cubique recouverte d'un tissu noir dans la ville sainte de la Mecque. On pense qu'il s'agit du premier lieu de culte sur Terre - établi par Adam et Eve, puis rétabli au nom d'Allah par le père du monothéisme, le Prophète Abraham[20]. Cependant, la *Kaaba* n'est pas considérée comme la véritable maison physique de Dieu, car Allah n'a pas de forme et est au-delà de l'espace et du temps. Nous sommes appelés à nous tourner vers un point géographique unique dans la prière afin d'unifier la communauté des croyants. Lorsque tous les musulmans de la Terre, de tous les continents et de tous les pays prient vers un seul point, l'ensemble de la Terre se transforme en un grand tapis de prière.

> « *La Kaaba est au milieu du monde. Tous les visages se tournent vers elle. Enlevez-la, et voyez ! Chacun vénère l'âme de chacun.* »
>
> SHAMS TABRIZI, LE GUIDE SPIRITUEL DE RUMI

Comme les anges ont reçu l'ordre de se prosterner aux pieds d'Adam, nous ne nous inclinons pas devant la forme physique, nous nous inclinons devant la signature de Dieu, devant les empreintes divines laissées sur chaque esprit de l'homme. Nous nous inclinons devant le parfum du souffle d'Allah qui donne vie à tout ce qu'il touche. La *Kaaba* représente le cœur humain. Lorsque nous prions depuis l'intérieur de notre cœur, toute direction perd son sens, car partout où nous nous tournons, le visage de Dieu apparaît. La mystique Rabia Al-Adawiyya parle de ce lieu d'unité intérieure lorsqu'elle dit : « Je m'agenouille dans le temple universel de mon cœur et je prie à l'autel où les murs et les noms n'existent pas. ». Nous nous inclinons devant la lumière et l'amour de Dieu qui se manifestent dans toute la création.

Une fois que nous avons uni la forme extérieure de la prière à notre présence intérieure, nous entamons notre voyage dans l'étreinte de Dieu par l'énoncé de notre intention (*niyah*). La clarté de notre intention aide à aligner notre esprit, notre corps et notre âme dans l'adoration. Une fois que nous avons déclaré notre intention d'aligner notre regard vers le Divin, nous commençons la prière en disant « *Allahu Akbar* », ce qui signifie « Dieu est le plus grand ». En prononçant ces mots, nous balayons nos mains vers l'arrière en direction de nos oreilles, en un geste symbolique de mise à l'écart de tout ce qui existe dans le monde, alors que nous entrons dans la présence de notre Seigneur.

## Pourquoi la *Salat* a-t-elle une forme déterminée ?

Dieu doit nous dire comment l'approcher, car notre esprit est incapable de comprendre comment approcher un Dieu qui transcende l'espace et le temps. En tant qu'êtres mortels, comment pouvons-nous utiliser nos mots pour honorer la sainteté d'un Dieu qui est au-delà du langage, des formes et du temps ? Dieu nous a envoyé le Coran et le Prophète Mohammed ﷺ pour nous apprendre à prier de façon à faire l'expérience la plus complète de la miséricorde et de l'amour de Dieu. Les conseils énoncés dans le Coran et suivis par le Prophète ﷺ servent de modèle pour favoriser le développement de l'esprit.

> « *Allah a été d'une extrême bonté envers les croyants en choisissant parmi eux un prophète pour leur réciter les versets divins, les purifier de leurs péchés et leur enseigner le Livre et la sagesse, bien qu'ils fussent autrefois dans un égarement manifeste.* »
>
> CORAN 3:164

Toute chose créée a des conditions spécifiques et nécessaires à son bon fonctionnement. Un avion a besoin d'un moteur pour voler, un pommier a besoin de soleil et d'eau pour s'épanouir, et l'âme humaine a besoin du souvenir de Dieu pour s'épanouir pleinement. Seul Celui qui nous a créés peut nous dire comment maximiser le temps que nous avons sur Terre. Tout comme un ordinateur a besoin d'un chargeur très spécifique, nos âmes ont besoin de la précision de la *salat* pour dynamiser nos esprits et nous aider à réaliser notre plein potentiel.

La *salat* comprend des mouvements physiques, ainsi que la récitation de versets du Coran, car dans la vision islamique du monde, l'esprit, le corps et l'âme ne sont pas séparés, mais interconnectés. Des études scientifiques ont montré que les actions du corps affectent notre état émotionnel ; par exemple, le fait de sourire contribue à nous rendre plus heureux[21]. Ce que le corps fait affecte l'âme, et ce que nous faisons au niveau de l'âme affecte le corps.

Réunir les différents éléments de la prière comme nous l'a enseigné le Prophète ﷺ crée une synergie de force dont la valeur spirituelle est supérieure à la somme des parties. C'est pourquoi les musulmans suivent chaque mouvement que le Prophète ﷺ a fait - se tenir debout, s'incliner, se prosterner et s'agenouiller - tout en récitant des prières spécifiques à chaque pose dans chaque cycle ou rakah de la prière.

Pour mieux comprendre, dans un contexte moderne, pourquoi la *salat* a une forme déterminée associée à des prières très spécifiques, considérez ce qui suit : les médicaments sont composés d'ingrédients très précis dans des quantités exactes. Si les ingrédients d'un mélange médicinal sont mal dosés ou s'il manque un ingrédient, la formule perdra considérablement de son effet curatif. De même, dans la *salat*, les poses physiques et les prières se combinent comme des ingrédients spirituels précis, qui créent de manière holistique un puissant mélange médicinal pour l'âme[22].

## Le symbolisme des postures de prière

En approfondissant la signification symbolique des postures de la prière, nous pouvons mieux comprendre comment la *salat* défie et réveille le fidèle en même temps. Malgré l'importance spirituelle de la prosternation, la *salat* ne commence pas par une posture d'effacement, mais plutôt par la position debout. Cette position est un rappel qu'un jour nous nous tiendrons tous devant Dieu, et qu'en tant qu'êtres humains nous avons la propension à être arrogants et à nous positionner au-dessus de ceux qui sont plus petits en stature et en statut. Allah nous a créés non pas pour que nous nous élevions au-dessus du reste de la création, mais pour que nous nous tenions humblement au service de tous les êtres sensibles pour l'amour d'Allah.

Lorsque nous nous levons et récitons les versets sacrés du Coran, le poids de la révélation nous amène naturellement à nous incliner. Nous nous inclinons, les mains sur les genoux et le dos droit, en regardant l'espace entre nos pieds. Alors que lorsque nous étions debout, notre regard pouvait atteindre l'horizon, lorsque nous nous inclinons, nous nous rappelons humblement que, aussi vaste que soit la Terre, nous n'occupons que le petit espace sous nos pieds. Nous nous rappelons que cette Terre ne nous appartient pas et que le temps que nous y passons est court et éphémère. Lorsque nous nous inclinons, nous nous rappelons que le chemin spirituel commence exactement là où nous sommes, que toute croissance spirituelle commence par le fait de reconnaître et de remédier à notre propre orgueil, nos fautes et nos jugements. Lorsque nous nous inclinons, nos couronnes terrestres de richesse et d'influence tombent, nous rappelant que tout ce que nous possédons n'est qu'un prêt d'Allah. Une fois que nous reconnaissons notre vulnérabilité et notre besoin d'Allah, nous nous relevons, avec une humilité et une appréciation nouvelles de notre place dans l'univers.

Maintenant, nous ne nous tenons pas dans l'arrogance, mais comme un serviteur d'Allah. De cette position de servitude, nous descendons ensuite dans la station sacrée de la prosternation. La première fois que nous nous prosternons et posons notre tête sur la terre, nous nous rappelons humblement que nous venons de la terre sur laquelle nous marchons. La tête appuyée sur le sol, nous nous rappelons que sans le souffle d'Allah, nous ne serions que de la terre morte, sans vie ni conscience. C'est à partir de là, du plus profond de nous-mêmes, du sol même de l'humble création que nous sommes, que les graines de la sincérité et de la foi véritable commencent à fleurir.

Lorsque nous nous levons de la position fœtale de la prosternation à la position assise, nous nous rappelons comment Allah nous a tirés de la terre et nous a donné la vie. Comme une graine qui devient une fleur, nous sommes assis au-dessus du sol et apprécions la vie qui nous a été donnée. Et comme toute fleur finit par se faner et rendre ses pétales à la terre qui l'a nourrie, nous retournons à la terre pour notre deuxième prosternation.

Alors que la première prosternation représentait notre création par la terre, la deuxième prosternation représente notre retour à la terre par la mort. Bien que la deuxième prosternation symbolise la fin de notre vie terrestre, elle ne marque pas la fin de la *salat*. Après cette prosternation, nous nous élevons dans le deuxième cycle (*rakah*) de la prière en revenant à la position debout. Nous nous levons à nouveau, comme pour nous rappeler que la mort n'est pas notre fin, mais qu'un jour nous serons tous ressuscités de nos tombes et appelés à nous tenir devant Dieu pour répondre des choix que nous avons faits.

Bien que l'injustice puisse prévaloir sur Terre, le jour du jugement dernier, tous les torts seront réparés. La *salat* s'oppose activement à toutes les illusions que ce monde tente de nous vendre comme étant la vérité. Lorsque nous nous engageons dans la prière et nous tournons vers Dieu, nous tournons simultanément le dos au racisme, au sexisme et à l'intolérance. Défendre Dieu signifie s'élever contre tout ce qui ne reflète pas la valeur inestimable de la vie humaine et le caractère sacré de l'esprit humain. L'esprit de la *salat* ne doit pas être limité à nos tapis de prière. La salat a pour but de nous encourager à être plus attentionnés, à nous élever contre l'oppression par nos paroles et nos actes, et à ouvrir le chemin de l'amour divin à tous ceux qui le cherchent.

## *Al-Fatiha*: La clé de cœur

Chaque *salat* commence par la récitation du premier chapitre du Coran, appelé Al-Fatiha ou « l'ouverture ». *La Fatiha* ouvre le cœur à la lumière de la guidée et de la guérison. Ses sept versets sont souvent appelés la « Mère du Coran » et le résumé de l'ensemble de la révélation[23] ; les versets de *la Fatiha* sont des portes vers le Divin, car ils nous enseignent non seulement comment rechercher la guidée, mais aussi comment avoir une relation avec Dieu[24].

Après l'invocation de « *Bismilliahi Ar-Rahman Ar-Rahim* » ou la déclaration de la miséricorde infinie de Dieu, *la Fatiha* commence par « *Alhamdullilah* », qui signifie « Toute la louange et la gloire appartiennent à Allah ». Le Coran commence par la gratitude et la louange de Dieu, car la gratitude est un précurseur de l'expérience de Dieu. Lorsque nous sommes reconnaissants, notre attention se porte sur le moment présent, ce qui nous permet de recevoir l'amour que Dieu déverse constamment sur nous. *La Fatiha* ne fait pas seulement partie intégrante de chaque salat, mais elle nous enseigne l'étiquette de la manière de prier Allah.

Le texte suivant est la traduction de *la Fatiha:*

> *« Au nom d'Allah,*
> *le Tout miséricordieux, le Très miséricordieux.*
> *Toute la louange et la gloire appartiennent à Allah,*
> *Seigneur des mondes.*
> *Le Tout miséricordieux, Le Très miséricordieux.*
> *Maître du jour du jugement.*
> *C'est Toi seul que nous adorons, Toi seul dont nous*
> *implorons secours.*
> *Guide-nous vers le droit chemin.*
> *Le chemin de ceux que Tu as comblés de Tes faveurs, non*
> *pas de ceux qui ont encouru Ta colère, ni des égarés. »*

CORAN 1:1-7

La *Fatiha* s'ouvre en nous appelant à témoigner de la grandeur de Dieu. Les premiers versets de *la Fatiha* commencent par la connaissance de Dieu, tandis que le verset suivant nous enseigne comment mettre cette connaissance en action : « C'est Toi seul que nous adorons, Toi seul dont nous implorons secours. ». (1:5) Lorsque nous comprenons que Dieu seul est le Maître de ce monde et de l'autre, nous sommes naturellement enclins à nous tourner vers Lui pour être guidés, car nous savons que Lui seul a le pouvoir sur l'issue de nos vies.

Ce n'est qu'après avoir exprimé notre gratitude et déclaré notre engagement envers Dieu seul, que nous Lui demandons ce que nous cherchons : « Guide-nous vers le droit chemin. Le chemin de ceux que Tu as comblés de Tes faveurs, non pas de ceux qui ont encouru Ta colère, ni des égarés. » (1:6-7). *La Fatiha* nous enseigne que le chemin du chercheur spirituel commence toujours par la présence d'Allah. Après tout, c'est en étant présent avec le Divin et en contemplant Ses innombrables bienfaits que nous sommes inspirés à L'adorer. Ce n'est qu'après nous être engagés envers Allah seul que nous sommes réceptifs à la guidée divine.

## Le pouvoir céleste des temps de prière

Comme symbole de l'unification de l'extérieur et de l'intérieur, même les heures de la prière quotidienne sont déterminées par la danse céleste entre la Terre et le soleil. La Terre tourne autour de son axe en gravitant autour du soleil, ce qui fait que la lumière du soleil se manifeste dans notre atmosphère en cinq étapes distinctes, qui représentent les cinq moments de la prière. Certains érudits suggèrent que la première prière de la journée est celle du matin avant l'aube (*fajr*), tandis que d'autres suggèrent que la première prière de la journée commence lorsque le soleil se couche, avec la prière du soir (*maghrib*). Puisque, selon le calendrier islamique, chaque nouveau jour commence au coucher du soleil, nous suivrons l'opinion selon laquelle la première prière de la journée est techniquement la prière du soir ou *maghrib*[25]. Quelle que soit l'opinion que vous suivez, le fait qu'Allah ait spécifiquement identifié différents moments pour la prière est la preuve que ces moments spécifiques sont spirituellement significatifs.

Les étapes de la journée symbolisent les stations physiques et spirituelles que nous parcourons tout au long de notre vie. La journée commence lorsque le soleil se couche à l'horizon, il descend dans l'obscurité, se lève à l'aube, monte jusqu'à son zénith directement au-dessus de nos têtes, et tombe finalement en se prosternant vers le même horizon où son voyage a commencé. Puisque les heures des cinq prières quotidiennes correspondent exactement aux mouvements du monde céleste, la *salat* sert à aligner l'extérieur et l'intérieur en tournant notre conscience vers Allah à travers chaque changement et chaque évolution que nous vivons à la fois physiquement et spirituellement.

Le « *Maghrib* », la prière du soir, intervient après que le soleil se soit couché et que les nuages se soient dévêtus de leurs teintes colorées de rouge et d'orange. La prière du maghrib symbolise notre voyage de la lumière des cieux vers l'obscurité de ce monde. Tout comme le soleil se prosterne à l'horizon et se couche, nos âmes se prosternent devant Dieu alors que nos ego commencent à se coucher. Ce n'est que lorsque nous nous prosternons dans les ténèbres de la mort que nous pouvons naître à la vie éternelle ; nous devons d'abord mourir avant de pouvoir renaître. C'est pourquoi le chemin spirituel commence par la mort de l'attachement à l'ego. Nous devons d'abord nous prosterner dans l'abandon à Dieu avant de pouvoir nous élever en tant que représentants de Son amour sur Terre.

L'« *Isha* », la prière de la nuit, commence lorsque les teintes colorées du ciel du coucher du soleil disparaissent dans l'obscurité de la nuit. Se tourner vers la prière à cette heure, symbolise l'abandon total de l'ego par le corps devant Dieu. Lorsque nous prions à cette heure-là, nous tournons notre conscience de la mortalité vers l'immortalité, de l'irréel vers le réel, de ce qui périt vers l'éternel. Cette prière symbolise la saison de la mort, et le renouvellement ultérieur dans ce qui deviendra une nouvelle naissance dans la lumière de la présence de Dieu.

Le « *fajr* », la prière du matin, se fait dans l'obscurité profonde avant l'aube, une période de silence et d'immobilité différente de tout autre moment de la journée. Bien que le mot « *fajr* » signifie « aube », il vient de la racine arabe « *infijar* », qui signifie « éclater ». Tout comme l'aube transforme la nuit en jour, la prière du *fajr* brise l'obscurité de l'oubli par la lumière de la conscience. La faiblesse du corps à cette heure, permet à l'âme de mieux témoigner, créant un canal de conversation clair entre les royaumes divins subtils et notre monde dense. La prière à ce moment de la journée nous aide à nous rappeler notre objectif principal, nous ancrant dans le souvenir de Dieu alors que le jour se dévoile au moment de « l'aube quand elle exhale son souffle » (81:18). Si notre chemin spirituel commence dans la nuit, le *fajr* représente le lever de la lumière de l'âme sur un nouvel horizon spirituel.

Le « *Dhuhr* », la prière de midi, intervient lorsque le soleil est directement au-dessus de nos têtes, marquant ainsi le moment le plus chargé de la journée, où nous sommes le plus susceptibles d'oublier Allah. Cette période de la journée représente la majorité de notre vie sur Terre. Elle symbolise l'abandon initial et puis l'irruption dans la lumière de la foi. C'est une période de croissance vibrante et d'abondance énergétique, où le feu de nos désirs terrestres brûle avec éclat tandis que nous poursuivons nos rêves avec détermination. Lorsque nous entrons dans le champ de la compétition, notre colère, notre arrogance et notre anxiété s'intensifient, car nous pouvons devenir impatients face au processus de recherche et d'effort. À l'extérieur, nous nous poussons férocement à être meilleurs que les autres, ce qui crée une séparation ; à l'intérieur, notre esprit - qui est intimement lié à Dieu - lutte pour supprimer l'attachement au moi et rejoindre l'unité de l'unicité.

Lorsque nous nous tournons vers Dieu pendant cet état de conscience et de mouvement, nous réorientons les puissantes énergies présentes autour de ce moment de la journée vers le progrès spirituel, plutôt que vers le gain matériel. La prière à ce moment de la journée nous rappelle que tout ce que nous cherchons à atteindre est en fin de compte une recherche d'Allah. La prière nous rappelle qu'il nous faut réfléchir avant d'agir, apportant un sens profond d'intentionnalité à notre journée, ce qui nous aide à nous ancrer dans la présence de Dieu, empêchant la brise de nos désirs passagers de nous faire dévier du droit chemin.

L'« *Asr* », la prière du milieu de l'après-midi, arrive lorsque le soleil a décliné vers l'horizon et que la longueur de votre ombre est égale à deux fois votre taille. Le jour mûrit alors que la vie ralentit, mais à l'approche du coucher du soleil, les désirs dormants de luxure, d'avidité et de jalousie ont tendance à surgir alors que nous sommes attirés par des distractions oisives qui peuvent nous faire dévier. Se tourner vers Allah au milieu de nos pensées fugaces nous aide à nous rappeler que notre mission sur cette Terre va bien au-delà du gain matériel. Aligner nos cœurs au Divin permet d'éteindre les feux de nos désirs égoïstes avant qu'ils ne mettent en péril les jardins de notre foi. Spirituellement, ce moment de la journée représente un état de maturité et un mouvement constant vers le dernier chapitre de la vie terrestre. À mesure que le corps s'affaiblit, la liste des choses à accomplir peut sembler interminable, si bien que nos pensées semblent tourner sans cesse dans notre esprit, comme une roue à aubes. Lorsque nous sommes en état de prosternation pendant ces derniers moments de la journée, nos soucis tombent de nos épaules et nous nous abandonnons à la miséricorde et à l'amour de Dieu qui embrassent toute chose. La prière durant cette période contribue à nous ramener à l'arche divine de sécurité, au milieu des vagues de nos peurs sans fin. Alors que nos angoisses face à la mort et à l'inconnu font tanguer le bateau de notre paix, la prière apporte un sentiment de stabilité et de sécurité en nous ramenant à Dieu, en la présence duquel tous les cœurs trouvent le repos (13:28).

Étant donné le grand nombre de musulmans qui vivent dans de nombreux pays différents avec des fuseaux horaires différents, chaque seconde de chaque jour, il y a quelqu'un quelque part dans le monde qui se prosterne en *salat*. Outre les moments sacrés consacrés à la prière rituelle, les musulmans peuvent également faire des « *dua* », ou des invocations, à tout moment, dans n'importe quelle langue ou forme qui ouvre leur cœur et honore la sainteté de Dieu. Les mystiques nous incitent à être plus généreux dans nos prières en nous demandant : « Si Dieu répondait à toutes vos prières, cela changerait-il seulement votre vie ou cela chang-erait-il le monde ?[26] ». En d'autres termes, nous sommes encouragés à prier non seulement pour nous-mêmes, mais pour toute la création.

Le Coran nous rappelle que ceux qui aiment sincèrement Dieu ne se contentent pas de prier rituellement cinq fois par jour selon une forme déterminée, mais « debout, assis, couchés sur leurs côtés, invoquent Allah et méditent sur la création des cieux et de la Terre (disant) : "Notre Seigneur ! Tu n'as pas créé cela en vain. Gloire à Toi ! Garde-nous du châtiment du Feu." » (3:191). Puisque Dieu nous donne constamment la vie, nous sommes appelés à nous souvenir de Lui avec amour et gratitude à chaque instant de notre vie.

## Le mystère de la répétition et du souvenir

Tout comme les vagues de l'océan peuvent, avec le temps, réduire des falaises massives en particules de sable, la nature répétitive de la *salat* sert à réduire en miettes la montagne de notre ego. Répéter notre prière de manière sincère, c'est comme immerger le tissu de nos âmes dans un océan de conscience divine. Tout comme le cuir doit être constamment plongé dans des cuves de teinture pour conserver sa couleur, lorsque nous nous tournons de façon répétitive vers Dieu, nos esprits s'enveloppent des qualités colorées d'Allah, nous teintant de façon permanente de la beauté de la grâce divine (2:138).

Prier cinq fois par jour n'est pas facile, mais pour le croyant sincère, c'est plus qu'une simple obéissance. Prier, c'est nager dans le courant de la générosité de Dieu et plonger chaque atome de notre âme dans la gratitude pour la bénédiction d'avoir un jour de plus pour servir la volonté de Dieu sur Terre. Nous sommes appelés à nous enfoncer dans notre impuissance totale, à prendre pleinement conscience de notre vulnérabilité, de notre dépendance totale à l'égard d'Allah pour chaque souffle que nous prenons et chaque battement de notre cœur. Plus nous sommes immergés dans l'amour de Dieu, plus nous verrons la prière comme une bénédiction divine, plutôt que comme une obligation.

> *L'amoureux de Dieu n'est pas celui qui dégage du temps dans sa journée pour prier, mais celui qui dégage de son temps d'adoration, du temps pour travailler.*

La prière consiste à établir une connexion et une conversation avec Celui qui vous a créé. Nous sommes appelés à prier non seulement parce que nous voulons ou avons besoin de quelque chose de la part de Dieu, mais aussi parce que nous sommes reconnaissants pour tout ce qui nous a déjà été donné. Sachez que Dieu répond toujours à nos prières, que nous trouvions sa réponse favorable ou non. Comme le dit l'imam Ali : « Il arrive que vos prières soient refusées, car vous demandez souvent sans le savoir des choses qui sont vraiment nuisibles pour vous. ». Dieu nous appelle à prier pour ce que nous voulons, mais nous devons nous rappeler que Dieu nous donnera toujours ce dont nous avons besoin, quand nous en avons besoin.

Dans le Coran, Allah dit : « Souvenez-vous de Moi et Je me souviendrai de vous. » (2:152), non pas parce qu'Allah nous oubliera si nous L'oublions, mais plutôt parce que lorsque nous magnifions Allah, par association nous nous magnifions et nous honorons nous-mêmes en tant que créations d'Allah.

*Comme le disent les mystiques: « Quand nous louons Dieu, ce n'est pas Dieu qui devient saint, c'est nous qui le devenons !»*

Ce n'est pas notre prière et notre adoration de Dieu qui font que Dieu nous aime ; c'est plutôt l'amour inconditionnel de Dieu pour nous qui entraîne notre adoration. Nous ne prions pas pour l'amour de Dieu, mais à partir de l'amour de Dieu. La puissance de Dieu nous inspire et nous permet de prier, et c'est à cette même puissance divine que nous faisons appel dans la prière. Comme le dit Rumi: « Je suis une montagne. Tu appelles, je fais écho. »

Dieu nous recherche, par Son amour et Sa miséricorde, qui embrassent toute chose. Comme le disait un mystique : « Pendant trente ans, j'ai cherché Dieu. Mais en regardant attentivement, j'ai découvert qu'en réalité, c'était Dieu qui cherchait et moi qui étais cherché. » On ne peut trouver Dieu, parce que Dieu ne peut pas être perdu. C'est nous qui sommes perdus et qui avons besoin d'être trouvés. La prière est l'invitation de Dieu à Ses bénédictions infinies qui ont toujours existé, mais que notre manque de conscience nous empêche de connaître.

*« Quand Allah inspire votre langue pour demander, sachez qu'Il veut donner. »*

IBN ATA ALL AH AL-ISKANDARI, MYSTIQUE DU 13ÈME SIÈCLE

Notre adoration de Dieu se fait par la grâce de Dieu. Comment pouvons-nous donner quoi que ce soit à Celui qui n'a besoin de rien, mais qui nous a tout donné ? C'est Dieu qui fait bouger nos langues et c'est Lui qui inspire nos louanges à Son égard. Notre acte même de reconnaissance envers Dieu exige la reconnaissance, car c'est Lui qui l'inspire. Comme le soleil attire la Terre dans son orbite, Allah nous attire vers Son adoration par la gravité de Son amour.

Lorsque nous adorons Dieu du plus profond de nos cœurs, nous en venons à voir qu'Il nous a aimés avant même que nous puissions L'aimer, qu'Il a prié pour nous avant que nous puissions Le prier, et qu'Il nous a donné la vie avant de nous demander de Lui consacrer notre vie. Lorsque nous prions, nous abandonnons tout ce que nous pensons être, nous enlevons tous les masques derrière lesquels nous nous cachons, nous relâchons notre emprise sur ce monde éphémère et nous ouvrons nos cœurs pour être guéris par l'amour divin qui entoure tout et tout le monde. La prière aide l'âme à voir que son désir de toute chose terrestre est en réalité un profond désir de Dieu. Ne laissez donc jamais votre passé, votre situation ou vos péchés vous faire sentir indigne d'avoir une relation avec Dieu.

*Dieu ne vous aime pas seulement à cause de ce que vous êtes; Il vous aime parce qu'Il est l'amour.*

Alors, ne cessez jamais de prier. Même lorsque la douleur est trop lourde à porter, même lorsque vous avez brisé mille promesses, même si vous n'êtes capables que d'un murmure silencieux que seul Dieu peut entendre. Quelles que soient les tempêtes que vous affrontez, quelles que soient les erreurs que vous commettez, peu importe à quel point la vie devient douloureuse, la porte de la prière vous est toujours ouverte. Après tout, comme l'a dit l'Imam Ali: « Quand le monde vous pousse à vous mettre à genoux, vous êtes dans la position parfaite pour prier. »

*Mon Seigneur, aide-moi à honorer la sainteté de la prière et à me tourner vers Toi dans mes plus grands succès, mes échecs les plus douloureux, et à chaque moment intermédiaire. Oh Allah, que je sois dans la vallée la plus profonde ou sur le plus haut sommet, « Seigneur, j'ai grand besoin du bien que tu feras descendre vers moi. » (28:24). Oh, Allah, aide-moi à ne jamais perdre de vue Ton amour et à ne jamais cesser de chercher Ta direction et Ton aide. Dans les mots de Ton bien-aimé Prophète ﷺ: « Oh, Allah, aide-moi à me souvenir de Toi, à Te remercier et à T'adorer de la meilleure des manières[27]. » Mon Seigneur bien-aimé, aide-moi à aligner continuellement mon cœur sur Toi. Oh, Allah, aide-moi à me souvenir de Toi avant, pendant et après toutes mes prières. Oh, Allah, s'il Te plaît, sois patient avec moi ; s'il Te plaît, continue à me rappeler vers Toi ; s'il Te plaît, continue à ouvrir les portes de Ta miséricorde et continue à accorder mes oreilles aux appels de Ta guidée. Je prie en Tes noms sacrés, Amine.*

## Méditation : Surmonter les distractions pendant la prière

Pour la plupart des gens, rester attentif est concentré pendant la prière est une bataille constante. En fait, le « *mihrab* », la niche semi-circulaire que l'on trouve dans la plupart des mosquées en direction de la Kaaba, vient de la racine arabe du mot « *harb* », qui signifie « bataille ». En substance, lorsque nous nous tenons dans la salat face à la Mecque (*qibla*), nous sommes dans une bataille entre notre âme et les désirs fugaces de l'ego. D'une part, la *salat* nous donne l'occasion, cinq fois par jour, d'avoir une conversation intime avec notre Seigneur, et d'autre part, la *salat* est un champ de bataille où nous combattons les distractions du monde extérieur. Cependant, l'attention et la sincérité dans la prière ne s'obtiennent pas seulement en essayant davantage, mais en s'abandonnant plus profondément à Allah. La pratique suivante nous aide à passer de la lutte contre nos distractions à la demande d'aide à Allah pour les surmonter.

- Gardez un journal avec un stylo à côté de votre tapis de prière.
- Chaque jour, après la prière, notez 2 ou 3 choses qui vous ont distrait pendant la prière. Cela peut être n'importe quoi : penser aux tâches de la journée, être obsédé par les choses que les gens vous ont dites ou que vous avez dites aux autres, repenser à des erreurs passées, être anxieux à propos d'un projet ou d'une tâche que vous devez terminer au travail ou à l'école, etc.
- À la fin de chaque journée, relisez cette liste et voyez si vous trouvez des thèmes communs. Notez les choses récurrentes que vous voyez.
- Chaque jour, choisissez intentionnellement une ou deux choses de cette liste, et avant chaque prière, placez votre main sur votre cœur et demandez à Allah : « *Oh, Allah, Ta miséricorde englobe tout, Tu es le maître de chaque dénouement et le meilleur des planificateurs. Oh, Allah, s'il Te plaît, aide-moi à mettre de côté cette pensée ou ce souci alors que je me dirige vers Ta présence.* »
- Il peut être utile d'incorporer la pratique de la tawba à ce stade[28].
- Prenez un moment pour noter brièvement ce que vous ressentez avant et après cette pratique.
- Faites cet exercice chaque fois que vous remarquez que vous êtes distrait de façon répétée pendant les prières.

« *Et ceux qui dépensent leurs biens cherchant l'agrément d'Allah, et bien rassurés (de Sa récompense), ils ressemblent à un jardin sur une colline. Qu'une averse l'atteigne, il double ses fruits ; à défaut d'une averse qui l'atteint, c'est la rosée. Et Allah voit parfaitement ce que vous faites.* »

CORAN 2:265

« *Aucun de vous ne croira tant qu'il n'aimera pas pour son frère ce qu'il aime pour lui-même[1].* »

PROPHÈTE MOHAMMED ﷺ

« *Quand vous avez plus que ce dont vous avez besoin, construisez une table plus longue, pas une clôture plus haute.* »

ANONYME

# 8

# ZAKAT : LE DON COMME INSTRUMENT DE DIEU

Lorsque vous avez dans vos mains ce dont l'âme d'une autre personne a besoin, Allah répond à la prière de cette personne à travers vous. Lorsque vous répondez présent à l'opportunité d'aider une personne dans le besoin, vous répondez présent à l'invitation d'être l'instrument de l'amour de Dieu, de Sa compassion, Sa générosité, et Son abondance. Le Coran nous appelle à faire « aumône d'une part des biens que vous aimez » (3:92), car l'amour pour la création est une manifestation de notre amour pour le Créateur. Comme l'a dit le Prophète ﷺ : « Celui qui ne remercie pas les gens n'a pas remercié Allah[2]. »

Notre gratitude envers Allah ne se manifeste pas seulement par des paroles de louanges, mais aussi par des actes de bienfaisance envers Sa création. Lorsque le Coran parle de l'aumône et de la charité, il évoque les deux formes suivantes : *sadaqah* ou l'aumône recommandée, et la *zakat* qui est considérée comme un impôt divin obligatoire. Le mot *sadaqah* vient de la racine *sidq*, qui signifie « dire la vérité, être sincère, donner l'aumône ». Dans son sens le plus basique, la sadaqah consiste à faire don d'une chose qui nous appartient légitimement, avec l'intention sincère qu'elle sera bénéfique à autrui, pour l'amour de Dieu seul. Contrairement à la zakat, la sadaqah n'est ni un pilier de l'islam, ni obligatoire, elle n'a pas d'autres conditions que chercher à servir Allah en aidant Sa création.

> *« Il n'y a point un musulman qui plante une plante ou sème une semence, dont se nourrit un oiseau, un homme, ou un animal, qui ne soit une aumône pour lui[3] »*
>
> PROPHÈTE MOHAMMED ﷺ

*La Sadaqah* ne se limite pas à donner de l'argent, c'est aussi inspirer et célébrer tous les actes de bonté, tout en interdisant tout mal. Cela inclut de retirer les obstacles qui pourraient se trouver sur la route, être patient avec les personnes âgées, aider une personne malvoyante, écouter les voix de ceux que l'on n'entend pas. Le Prophète Mohammed ﷺ dit en référence à *la sadaqah* que « Sourire à son frère est une aumône[4] ». L'aumône peut prendre différents visages : donner de l'espoir aux désespérés, offrir sa compassion à ceux qui sont dans la douleur, aider les faibles, être une voix pour les opprimés, sourire et apporter la joie à chaque cœur que l'on rencontre.

## *La Sadaqah* parlée

Le Prophète ﷺ dit que « La parole agréable est déjà une aumône[5] ». La capacité à parler est un don de Dieu, donc il est important que nous protégions notre langue des choses qui ne sont pas vertueuses, comme les commérages, le langage grossier ou utiliser nos paroles de façon blessante en général. Les mystiques disent: « Avant de parler, assure-toi que tes mots passent à travers trois portes. À la première porte, demande-toi : "Est-ce vrai ?" , à la deuxième porte demande-toi : "Est-ce nécessaire ?" , à la troisième porte, demande-toi : "Est-ce bon ?" »

Nous devons utiliser le don de la parole de manière à encourager, inspirer, motiver et guider les autres. Le pouvoir incroyable des mots est profondément illustré par le récit suivant :

Deux grenouilles sautaient dans la forêt lorsqu'elles sont tombées dans un trou dans le sol. Le trou était si profond que lorsqu'un autre groupe de grenouilles les vit essayer de sauter pour en sortir, elles se mirent à crier : « Les amis, c'est trop profond ! Il n'y a aucun moyen de s'en sortir ! Abandonnez, au moins vous mourrez en paix ! »

Après l'avoir entendu, une des grenouilles s'est assise et a fini par mourir de désespoir. En revanche, l'autre grenouille a continué à sauter, essayant de se dépasser pour s'en sortir. Les autres grenouilles commencèrent à crier plus fort : « Abandonne l'ami ! C'est inutile ! Abandonne ! » Mais la grenouille a fourni encore plus d'efforts jusqu'à ce qu'une énorme poussée d'énergie la traverse et qu'elle saute hors du trou.

Toutes les grenouilles de la forêt étaient stupéfaites. Elles se précipitèrent vers la grenouille qui venait de s'échapper et lui demandèrent ce qui avait bien pu la motiver alors qu'elles lui criaient toutes d'abandonner. La grenouille répondit : « Oh ! Je suis sourde, et de cette distance, je ne pouvais pas lire sur vos lèvres, alors je pensais que vous m'encouragiez ! »

Les mots ont un pouvoir, c'est pourquoi l'imam Ali dit : « Parle seulement lorsque ce que tu as à dire est plus beau que le silence. » Après tout, l'ensemble de ce qui existe a jailli de la vibration du mot « Sois ! » prononcé par le Divin (36:82). Alors, souvenez-vous, la langue est semblable à une lame ; elle peut tuer comme le sabre du samouraï, ou sauver comme le scalpel du chirurgien.

## Donner sans jugement

Lorsque Dieu place quelqu'un dans le besoin sur notre chemin, ou nous appelle à donner l'aumône, nous n'avons pas à juger qui en est digne ou non. Le penchant de l'humain à juger en se basant sur les apparences est illustré dans l'histoire suivante :

Dieu a guidé le mystique Abu Jafar à donner une grande somme d'argent en aumône à la première personne qu'il verrait dans la rue après la prière de l'aube. Le lendemain, après la prière du matin, Abu Jafar a quitté la mosquée et a offert une somme d'argent au premier homme qu'il a vu. Ensuite, son ami lui prit le bras et dit : « Pourquoi as-tu donné de l'argent à cet homme ? Tu ne sais pas que c'est un voleur ? ». Confus, le sage retourna à la mosquée pour prier et demander à Dieu de le guider.

Après quelques heures de prière, il a été guidé à sortir encore une fois après la prière de la mi-journée et donner l'aumône à la première personne qu'il verrait. Après la prière de la mi-journée Abu Jafar a quitté la mosquée et cette fois, la première personne qu'il vit était une femme, alors il lui offrit respectueusement l'aumône et prit la direction de sa maison. Puis un homme l'arrêta et lui dit : « Mon frère, pourquoi as-tu donné de l'argent à cette femme ? C'est une prostituée ! ».

Désemparé, l'homme pieux retourna rapidement à la mosquée pour se repentir et demander à Dieu de le guider. Cette fois, il a été guidé à sortir après la prière du Maghreb et donner tout l'argent qu'il avait dans sa poche à la première personne qu'il verrait. Malgré les doutes qui l'habitaient à propos de la validité de cette orientation, l'homme récita ses prières avec sincérité, quitta la mosquée la nuit tombée et donna tout l'argent qu'il avait sur lui à la première personne qu'il vit. En s'éloignant pour rentrer chez lui, quelqu'un vint à sa rencontre et lui dit : « Pourquoi as-tu donné ton argent à cet homme ? Il est riche ! »

Cette fois, le vieux sage courut à la mosquée, avec la peur que sa boussole spirituelle ne fonctionne plus. Il pleura et pria Dieu pendant des heures jusqu'à se trouver dans un état entre l'éveil et le sommeil. L'ange Gabriel, lui apparut en rêve et lui demanda : « Qu'est-ce qui tourmente ton cœur, fidèle adorateur de Dieu ? » Après avoir expliqué son dilemme à Gabriel, l'ange sourit et dit : « Ne juge pas ceux à qui on te demande de donner. Ton Seigneur n'attendrait pas quelque chose de toi sans raison. Peut-être que ta bonté a inspiré le voleur à ne plus voler ; peut-être que ta gentillesse envers la prostituée lui a redonné espoir de trouver un autre moyen de joindre les deux bouts, et peut-être que ta générosité envers l'homme riche l'a inspiré à devenir plus généreux. »

Nous ne savons pas comment nos actions peuvent inspirer ceux qui nous entourent. Parfois, une fleur n'a besoin que d'un peu de lumière pour éclore. Ne sous-estimez pas le pouvoir de votre bonté.

## *La Zakat*: Un impôt divin sur vos bénédictions

En plus de donner l'aumône lorsque le besoin existe, les musulmans qui en ont la possibilité financière doivent également donner la *zakat*, au moins 2.5 pour cent de leur valeur nette par an, aux pauvres, comme moyen de prévenir l'avancée de la pauvreté. Contrairement à la *sadaqah*, la *zakat* doit être donnée spécifiquement à une de ces huit catégories de personnes : les pauvres, ceux qui rencontrent des difficultés, ceux qui répandent la *zakat*, ceux dont les cœurs ont besoin de réconciliation, pour libérer une personne de l'esclavage, pour aider ceux qui ont des dettes, pour soutenir ceux qui s'efforcent d'établir la paix au nom de Dieu et ceux qui sont en difficulté lors d'un voyage en terre étrangère.

L'argent donné en *zakat* ou *sadaqah* doit avoir été gagné de manière religieusement licite (*halal*). Les revenus issus de la vente d'alcool, perçus sous forme d'intérêts ou les sommes d'argent empruntées, gagnées aux jeux de hasard ou de toute autre manière non permise ne peuvent être données dans le cadre de la *zakat* obligatoire. Il est également important de se souvenir que la *zakat* n'est obligatoire que si vous avez dans un premier temps subvenu aux besoins de base de votre propre famille. Ce n'est pas seulement une aumône, mais un impôt sur vos bénédictions, qui doit être donné à ceux qui sont incapables de subvenir à leurs besoins. *La Zakat* est semblable à une taxe spirituelle que nous payons pour notre place sur Terre[6].

En plus d'être une donation obligatoire, le mot zakat est souvent traduit par « ce qui purifie ». Tout comme le corps doit excréter ses déchets pour rester en bonne santé, la *zakat* nous purifie du matérialisme en excrétant notre attachement à la richesse.

> « *Faites l'aumône, ce sera un bien pour vous. Ceux qui se seront préservés de leur propre avarice, voilà ceux qui seront heureux.* »
>
> CORAN 64:16

La cupidité est l'ennemi de la gratitude et de la foi, c'est la raison pour laquelle le Prophète ﷺ a dit: « Je n'ai pas peur que vous associiez à d'autres qu'Allah après ma mort, mais j'ai peur que vous vous battiez les uns contre les autres pour des choses mondaines[7].» Lorsque nous donnons aux autres avec une intention sincère, cela nous aide à nous défaire de notre attachement à ce monde matériel.

Idéalement, *la zakat* contribue à établir un sentiment d'équilibre dans la société, un flux naturel de don et de réception. Tout comme nous suffoquerions si nous ne faisions qu'inhaler sans jamais expirer, la zakat est en essence une expiration de charité afin de faire plus de place pour l'inspiration de bénédictions. Dans les *Upanishads*, les anciens textes indiens, on peut lire : « Il y a assez dans le monde pour les besoins de chacun, il n'y a pas assez pour la cupidité de chacun. » Sans donner, nous serions dans un état de suffocation spirituelle. En anglais par exemple, un des mots pour désigner l'argent est « currency », qui vient du latin « *currere* » qui signifie « courir » ou « aller dans le mouvement ». Lorsque l'argent ne circule pas, il crée de la stagnation dans nos vies. Comme une rivière ou un courant, l'argent doit circuler, aller et venir entre nos mains ou il étranglera la vitalité de l'esprit qui est en nous.

*La zakat* est une bénédiction divine d'Allah, car c'est au travers de la purification de nos attachements terrestres que nous progressons et étendons notre vie spirituelle. Moins nous nourrissons nos egos, plus nos esprits s'épanouissent. Nous ne nous rapprochons pas de Dieu à travers ce que nous possédons, mais à travers ce que nous donnons. Ce qui se trouve entre nos mains périt, seul ce que nous donnons pour l'amour d'Allah perdure vraiment. La conversation suivante, entre le Prophète ﷺ et son épouse l'illustre magnifiquement : Après que son épouse avait fait don de la viande d'un mouton abattu, le Prophète ﷺ lui demanda : « Qu'en reste-t-il ? », elle lui répondit : « Rien, excepté cette épaule. » Le Prophète ﷺ a répondu : « Alors tout demeure dans le livre d'Allah, sauf cette épaule[8]. » En d'autres termes, le Prophète ﷺ illustrait que seul ce que nous donnons en aumône pour l'amour d'Allah demeure.

> *« Si vous donniez tout ce que vous possédez, pensez-vous que Dieu serait avare ? Lorsque vous plantez les graines, la grange est vide, mais le sol devient riche. Si vous laissez les graines dans la grange, vous n'aurez qu'un festin en décomposition pour les souris et les coléoptères[9]. »*

RUMI

Les bonnes actions que nous plantons dans ce monde ne sont pas vaines, elles fleurissent dans le royaume éternel de l'au-delà. Comme le dit le Coran : « Tout ce qui vous a été donné [comme bien] n'est que jouissance de la vie présente ; mais ce qui est auprès d'Allah est meilleur et plus durable pour ceux qui ont cru et qui placent leur confiance en leur Seigneur. » (42:36)

L'argent que nous avons économisé ne nous suit pas dans la tombe ; nous emportons avec nous la monnaie de la grâce créée de l'argent que nous avons donné.

> *« Jamais l'aumône n'a diminué une richesse[10] »*

PROPHÈTE MOHAMMED ﷺ

La racine du mot zakat a pour signification «croissance, bénédiction et multiplication.» Lorsque nous donnons pour l'amour d'Allah, nous ouvrons les portes de la générosité d'Allah, devenant ainsi réceptifs à la croissance et la multiplication de notre richesse à la fois matérielle et spirituelle. Allah réitère cette notion lorsqu'Il dit : « Et toute dépense que vous faites [dans le bien], Il la remplace » (34:39). De la même manière que lorsque les agriculteurs taillent les plantes pour les aider à pousser plus vite, lorsque nous donnons par charité nous taillons énergiquement notre richesse, lui permettant ainsi de s'accroître (2:245).

## Votre *zakat* ne vous appartient pas

Pour préserver la dignité des plus pauvres, il est considéré que *la zakat* n'appartient pas au donneur, mais à celui qui est qualifié pour la recevoir. *La zakat* n'est pas tant une charité que le remboursement de ce que nous devons aux pauvres. C'est un rappel que quoi que nous ayons acquis ou gagné, cela ne nous appartient pas, c'est plutôt un prêt d'Allah. Lorsque nous faisons l'aumône, nous ne donnons pas à une autre personne de notre propre personne, c'est plutôt Allah qui donne à travers nous. Nous ne sommes pas propriétaires de notre richesse, nous en sommes simplement les gardiens choisis par le Divin. Lorsque nous sommes dans un état de véritable don, il n'y a plus un donneur et un destinataire, il y a seulement l'amour universel de Dieu se manifestant à travers nos mains et nos actions.

Comme le disent les mystiques : « Il y a quatre dimensions à l'Islam : (1) Ce qui est mien est mien et ce qui est tien est tien. (2) Ce qui est mien est tien et ce qui est tien est aussi tien. (3) Il n'y a ni mien ni tien. (4) Il n'y a plus de "moi" ni de "toi", seulement "nous"[11].» Donc si tu me donnes l'aumône, ce n'est pas vraiment toi qui me donnes, mais Dieu qui nous donne. En recevant l'aumône, je peux faire l'expérience du nom de Dieu le Pourvoyeur (*Ar-Razzaq*), et celui qui donne l'aumône peut faire l'expérience du nom de Dieu Le Généreux (*Al-Karim*), qui se manifeste à travers vous en réponse à mon besoin. En substance, nous ne sommes que des miroirs reflétant Dieu à Lui-même.

Il y a une grande différence entre le fait de faire une bonne action et nous voir nous-mêmes et faire une bonne action et ne voir qu'Allah. Pour celui qui regarde le Seigneur dans une recherche sincère, l'aumône devient un wudu' ou une purification de la tendance de l'ego à clamer la propriété des présents qu'Allah nous donne.

*« N'annulez pas vos aumônes par un rappel de celles-ci »*
CORAN 2:264

Ne vous appropriez pas votre générosité ; notre générosité est en fait une manifestation de la générosité d'Allah, car c'est Lui qui nous donne les moyens d'être utiles. Comme l'a dit Khalil Gibran, le poète libanais du vingtième siècle : « Il y a ceux qui donnent avec joie, et cette joie est leur récompense. Et il y a ceux qui donnent avec douleur, et cette douleur est leur baptême. Et il y a ceux qui donnent et ne connaissent pas de peine en donnant, ne cherchent pas à ressentir la joie, et ne donnent pas non plus en pleine conscience de vertu… C'est à travers les mains de ces derniers que Dieu parle, et derrière leurs yeux Il sourit à la terre[12]. » Allah nous donne l'opportunité d'être utiles au monde non pas parce qu'Il a besoin de nous, mais parce que notre âme fleurit lorsque nous l'arrosons de l'aide que nous apportons à autrui.

Le Coran dit : « Si vous donnez ouvertement vos aumônes, c'est bien ; c'est mieux encore, pour vous, si vous êtes discrets avec elles et si vous les donnez aux indigents. Allah effacera une partie de vos méfaits. Allah est Parfaitement Connaisseur de ce que vous faites. » (2:271). Donner l'aumône en privé protège la réputation de ceux à qui nous donnons, et nous préserve de la recherche de louanges et de gratitude. Lorsque Allah nous demande de donner aux pauvres, c'est nous qui devrions être reconnaissants d'avoir l'opportunité de donner. Après tout, sans le besoin d'autrui ou le surplus de richesse avec lequel Allah nous a bénis, nous ne serions pas capables de refléter les qualités de générosité, de compassion et d'amour de Dieu, ni d'en faire l'expérience.

C'est en nous mettant au service d'autrui que nous exprimons notre gratitude pour tout ce dont Allah nous a gratifiés. Lorsque nous sommes utiles aux autres, nous arrosons nos graines de compassion et de bonté, nous permettant de voir que c'est en donnant aux autres que nous pouvons nous-mêmes fleurir. Comme le dit le Coran : « Si vous faites le bien ; vous le faites à vous-mêmes. » (17:7). Lorsque nous donnons sincèrement aux autres, c'est aussi à nous que nous donnons, en élevant notre statut aux yeux de Dieu. Comme le dit Allah : « Dépense (dans le bien) Ô fils d'Adam, et Je dépenserai pour toi[13]. »

La véritable manifestation de *la zakat* est parfaitement illustrée par une extraordinaire histoire de Fatima Zahra, la fille bien-aimée du Prophète ﷺ, le jour de son mariage.

> Alors que la douce Fatima se préparait pour l'une des nuits les plus mémorables de sa vie, une mendiante frappa à sa porte, à la recherche d'une robe à porter. Fatima allait lui donner son ancienne robe, mais elle s'est alors souvenue du verset du Coran « Vous atteindrez la (vraie) piété, que si vous faites largesse de ce que vous chérissez » (3:92). Au lieu de ça, Fatima a gardé la vieille robe pour elle, et avant même de se marier, elle donna sa nouvelle robe de mariée à la mendiante. C'est là un exemple de ce que cela signifie d'être un véritable représentant de l'amour et de la générosité de Dieu, sans condition ni attachement aux choses de ce monde.

Fatima Zahra savait que comme tout le reste dans sa vie, sa robe appartenait à Allah, alors lorsque son Seigneur l'a appelée à donner ce qu'Il lui avait donné, elle a donné avec joie, sans se poser de questions[14]. Allah promet à ceux qui donnent librement de ce qu'ils aiment des récompenses éternelles et « des biens impérissables » (35:29).

## Chaque atome de don compte

Parfois, nous avons le sentiment que notre capacité à donner est tellement limitée et que les besoins du monde sont si grands, que nous nous décourageons d'essayer. Lorsque nous nous sentons dépassés pour essayer de guérir les grandes douleurs du monde, nous devons nous rappeler que tout ce qui est créé a pour origine un commencement humble. Au fil du temps, les grains de sable créent des montagnes, un spermatozoïde et un œuf minuscules créent un être humain, et même le big bang qui a pu entraîner la création de notre univers tout entier a commencé depuis un espace de la taille d'un petit pois. Ne sous-estimez pas ce qu'Allah peut créer à travers un cœur et une intention sincère, aussi petit soit le geste. Comme l'a si bien dit l'Imam Ali : « Menez vos affaires avec Allah et cela vous sera profitable. »

Le Coran confirme cette déclaration : « Ceux qui dépensent leurs biens dans le sentier d'Allah ressemblent à un grain d'où naissent sept épis, à cent grains l'épi. Car Allah multiplie la récompense à qui Il veut et la grâce d'Allah est immense, et Il est Omniscient. » (2:261)

Le Coran nous rappelle également qu'il nous est demandé de donner uniquement en fonction de la capacité qu'Allah nous a donnée : « Que celui qui se trouve dans l'aisance paye selon ses moyens. Que celui qui ne possède que le strict nécessaire paye en proportion de ce que Dieu lui a accordé. Dieu n'impose quelque chose à une âme, qu'en proportion de ce qu'Il lui a accordé. Dieu fera succéder l'aisance à la gêne. » (65:07). Ce sont les petits pas faits aujourd'hui qui deviendront les kilomètres de demain ; les actes accomplis avec amour et régularité créent des révolutions de bonté et de lumière qui renversent les forces obscures.

Donnez votre argent, donnez votre temps, donnez tout ce que vous avez à donner, car dans le vide et le manque, vous faites l'expérience de la générosité sans fin d'Allah. Comme le dit le Coran : « Il vous a accordé de tout ce que vous Lui avez demandé. Et si vous comptiez les bienfaits d'Allah, vous ne sauriez les dénombrer. » (14:34) Après tout, nous donnons à Allah de l'éphémère et du fini, et Il nous récompense avec ce qui est éternel et infini.

> « *Écoute, Ô goutte, abandonne-toi sans regret afin qu'en récompense tu obtiennes l'océan. Écoute, Ô goutte, accorde-toi cet honneur et au sein de la mer sois sauvée de la destruction. À qui en vérité arriverait-il une telle fortune ? Un océan courtisant une goutte ! Pour l'amour de Dieu, pour l'amour de Dieu, vends et achète aussitôt ! Donne une goutte et reçois en retour cette mer pleine de perles. »*

RUMI

Lorsque nous rendons à Allah les bienfaits qu'Il nous a accordés, nous finissons par gagner plus que ce que nous avons donné. Comme une goutte de pluie qui se dissout dans l'océan, aussi petit que soit notre geste de bonté, Allah l'embrasse de Sa générosité. Dans le Coran, Allah dit : « Quiconque fait un bien fût-ce du poids d'un atome, le verra, et quiconque fait un mal fût-ce du poids d'un atome, le verra. » (99:7-8). Aucune bonne action n'est trop petite pour faire une différence. L'Imam Ali dit : « N'ayez pas honte si le montant de l'aumône que vous donnez est faible, car refuser le nécessiteux est un acte plus honteux. » Cette notion est magnifiquement dépeinte à travers l'histoire suivante :

> Un vieil homme se rendit à la plage un matin, pour se promener avant le travail. Lorsqu'il atteignit le rivage, il trouva toute la plage, du rivage jusqu'aux bords des falaises près des maisons, couverte d'étoiles de mer. Alors qu'il s'efforçait de les contourner, il vit au loin un garçon qui ramassait les étoiles de mer et les jetait dans l'océan. Lorsque l'homme atteignit le garçon, il lui demanda ce qu'il faisait et le garçon lui répondit : « Il y a eu une énorme tempête la nuit dernière, alors ces étoiles de mer se sont échouées sur la plage et elles ne peuvent pas retourner dans l'océan. Je les rejette dans l'eau parce que lorsque le soleil se lèvera, il fera très chaud et elles vont probablement mourir. »
>
> Le vieil homme sourit avec pitié au garçon en disant : « Mon doux garçon, il y a probablement cent mille étoiles de mer sur cette plage. Il est difficile de penser que ce que tu fais fera une quelconque différence. » Le garçon s'accroupit et ramassa une autre étoile de mer, il la caressa doucement, puis la jeta dans l'océan. Il se tourna ensuite vers le vieil homme et lui dit : « Eh bien, c'est sûr que ça a fait une différence pour celle-là ! »

Il n'y a pas de bonne action trop petite aux yeux d'Allah. Comme l'a dit le Prophète Mohammed ﷺ: « Il y a une récompense pour la bonté de chaque être vivant.[15] ». Nous n'avons jamais pleinement donné à une autre personne tant que nous n'avons pas donné à quelqu'un qui ne pourra jamais nous rendre la pareille. Nous ne changerons peut-être pas le monde avec un petit acte de bonté, mais plus nous plantons de l'amour de façon constante, plus notre Terre devient parfumée, grâce aux belles fleurs des qualités d'Allah que sont la compassion, la beauté, la pureté et la miséricorde. Comme l'a dit le Prophète ﷺ : « Sachez que l'acte le plus aimé d'Allah est celui qui est fait régulièrement, même s'il est petit[16]. »

## La science du don

Non seulement le fait de donner aux autres éveille et guérit l'esprit, mais il a été prouvé qu'une générosité sincère a le pouvoir de nous transformer, autant sur le plan émotionnel que sur le plan physique. Des chercheurs du National Institutes of Health ont découvert que le fait de donner à une œuvre de bienfaisance stimule le centre de récompense du cerveau, connu sous le nom de voie mésolimbique. Lorsque nous donnons aux autres, notre cerveau libère de la dopamine et des endorphines, qui aident à bloquer les signaux de douleur, créant ainsi un sentiment de bien-être chez le donneur, ou le « helper's high ». Le fait de donner inspire la tranquillité et un sentiment de profonde gratification[17].

Mais, contrairement à d'autres moments d'extase, les recherches montrent que le fait de faire preuve de générosité peut nous aider à vivre plus longtemps, à améliorer notre humeur, à créer davantage de liens sociaux, à réduire le stress - et que le don a tendance à être contagieux, car il crée souvent un effet d'entraînement positif au sein de notre communauté[18]. C'est pourquoi chaque fois que nous nous sentons perdus, peu inspirés ou que nous ne parvenons pas à trouver un but à notre vie, nous sommes appelés à donner aux autres.

> « *Ceux qui, de nuit et de jour, en secret et ouvertement,*
> *dépensent leurs biens (dans les bonnes œuvres), ont leur*
> *salaire auprès de leur Seigneur. Ils n'ont rien à craindre et*
> *ils ne seront point affligés.* »
>
> CORAN 2:274

La plupart de nos angoisses dans la vie trouvent leur origine dans l'importance excessive que nous accordons à notre propre personne. Comme cela a été dit: « L'humilité ne consiste pas à se penser moins important que les autres, c'est de penser moins à soi-même.[19] » Lorsque nous élargissons notre champ de vision pour avoir une vue d'ensemble, ce qui nous paraissait autrefois un énorme fardeau peut commencer à se dissoudre[20]. C'est pourquoi de nombreux musulmans donnent *la sadaqah* lorsqu'ils se sentent bloqués ou cherchent des conseils. Lorsque nous reflétons la générosité, la bonté et l'amour sur le monde, nous devenons plus conscients des qualités divines correspondantes et omniprésentes d'Allah, à savoir la générosité sans fin (*Al-Karim*), la bonté abondante (*Ar-Ra'uf*) et l'amour éternel (*Al-Wadud*).

Cependant, nos intentions sont importantes, car, comme l'ont montré des études, ce n'est que lorsque nous donnons de manière désintéressée et que nous souhaitons sincèrement aider les autres et établir des liens avec eux que nous obtenons des bénéfices pour notre santé. Bien que la civilisation humaine progresse et tire profit de la concurrence, notre existence ne dépend pas tant de la « survie du plus fort » que de la « survie du plus gentil[21] ».

Pour bien comprendre l'importance de la connexion des uns aux autres et de la création d'une communauté soudée, considérez ce qui suit : bien que leurs racines ne soient pas plus profondes que 2 mètres, les séquoias sont les arbres les plus hauts du monde, atteignant jusqu'à 106 mètres[22]. Les séquoias poussent aussi haut avec des racines aussi peu profondes parce que leurs racines s'entrecroisent et s'entrelacent avec celles des arbres voisins, créant d'épais bois de soutien commun jusqu'à des centaines de pieds, bien plus importants que la base de tout autre arbre[23]. Les séquoias partagent les nutriments, mais pas seulement, leurs racines tressées créent une puissante défense contre les inondations et les vents forts, permettant aux arbres de continuer à croître pendant des centaines d'années de changements saisonniers. Tout comme les séquoias, les êtres humains sont interconnectés ; lorsque nous partageons nos bienfaits avec d'autres et investissons dans notre communauté, nous investissons directement dans notre propre bien-être. Comme le dit un ancien proverbe: « Seul, on va vite ; ensemble on va plus loin. »

## Donnez pour la grâce de Dieu, pas pour les louanges d'autrui

> « *Ayez pour objectif de vivre dans ce monde sans laisser le monde vivre à l'intérieur de vous, car lorsqu'un bateau se trouve sur l'eau, il navigue parfaitement, mais lorsque l'eau entre à l'intérieur du bateau, il coule.* »
>
> IMAM ALI

*La zakat* et *la sadaqah* sont des moyens de vider le navire de notre cœur du poids de la cupidité, de l'attachement et de l'avarice. Celui qui dépense sa richesse non pas pour les honneurs ou les louanges, mais plutôt pour se purifier devant Dieu, est celui dont le navire de la foi restera à flot. Comme Allah le dit: « Celui qui donne ses biens pour se purifier, et non en échange d'un bienfait dont il aurait bénéficié, mais uniquement pour plaire à son Seigneur le Très-Haut. Celui-là sera assurément satisfait de la récompense qui lui sera attribuée. » (92:18-21)

Le Coran nous appelle à donner uniquement dans le but d'être un reflet de l'amour de Dieu sur Terre. Nous ne sommes pas appelés à donner aux autres en recherchant des louanges, mais plutôt à dire : « Nous vous nourrissions pour plaire à Dieu seul ; nous n'attendons de vous ni récompense ni gratitude. » (76:9) Lorsque nous voyons toutes les façons dont Dieu nous donne constamment, nous détournons notre attention de ce que les gens nous ont fait et nous nous concentrons sur tout ce qu'Allah a fait et fait continuellement pour nous. Nous voyons que le fait de donner dans le seul but d'une réciprocité directe annule les innombrables bénédictions qu'Allah nous a accordées. Cette notion est magnifiquement illustrée par l'histoire suivante :

> Un roi se promenait un jour dans une plantation, lorsqu'il remarqua un vieil homme à la barbe blanche, à genoux, en train de planter

des graines. Il s'approcha de l'homme et dit : « Mon bon père, que faites-vous ? » Le vieil homme sourit innocemment et dit : « Bonjour, ma chère majesté, je plante de petits palmiers dattiers. » Le roi lui répondit : « Mais, père, ne faut-il pas vingt à cinquante ans pour que les palmiers dattiers portent des fruits ? » Le vieil homme sourit et répondit : « Oui, ma majesté, c'est exact. » Le roi, confus, demanda : « Pourrez-vous un jour manger les dattes des arbres que vous plantez ? » Le vieil homme répondit gentiment : « Je n'atteindrai sûrement jamais l'âge de profiter de ces fruits, ma majesté. Mais j'ai mangé les dattes des arbres que mes pères ont plantés, mais n'ont jamais goûtés, et donc, par la miséricorde de Dieu, je plante aussi pour que ceux qui viennent après moi puissent un jour en profiter. »

Le roi fut si touché par les paroles du vieil homme qu'il lui donna un sac de pièces d'or. Le vieil homme répondit : « Je n'ai même pas encore planté ces jeunes arbres et ils ont déjà fleuri avec des fruits en abondance. Ce qui est fait au nom de Dieu est au-delà des saisons et du temps, Il répond assurément instantanément ! »

## Donnez comme le soleil donne à la Terre

*La zakat* nous rappelle qu'Allah est le Pourvoyeur, car « À Allah appartient tout ce qui est dans les cieux et sur la Terre » (24:64). Si tout est créé par Dieu et que tout retourne à Lui, alors que possédons-nous réellement de ce monde ? Nous ne sommes rien d'autre que les gardiens de cette Terre ; nous sommes ici pour profiter avec gratitude et partager généreusement les bienfaits qu'Allah a accordés à tous les peuples sans discrimination.

Si quelqu'un est digne, aux yeux de Dieu, d'avoir été créé, comment pouvons-nous dire qu'il ne mérite pas notre aide ? Comme l'a dit le Prophète Mohammed ﷺ : « N'est pas croyant celui dont l'estomac est rempli alors que son voisin a faim[24]. » En tant que musulmans, nous sommes appelés à donner comme le soleil donne à la Terre, gratuitement et sans condition.

*« Même après tout ce temps, le soleil ne dit jamais à la Terre : "Tu me dois bien ça." Regardez ce qu'il se passe avec un tel amour. Il illumine le ciel tout entier. »*

HAFIZ, POÈTE PERSE DU 14E SIÈCLE

Tous les êtres humains et les créations d'Allah sont comme des cellules dans un seul corps. Comme l'a dit le Prophète Mohammed ﷺ: « Les croyants, dans la façon dont ils sont aimants, miséricordieux et solidaires les uns envers les autres, sont comparables à un corps : lorsque l'un de ses membres souffre, l'ensemble du corps subit l'insomnie et la fièvre[25]. » C'est pourquoi le Coran dit que si quelqu'un prend injustement une vie, c'est comme s'il avait tué toute l'humanité, et « Et quiconque lui fait don de la vie, c'est comme s'il faisait don de la vie à tous les hommes. » (5:32)

De même qu'une pierre qu'on laisse tomber dans un lac crée des ondulations qui traversent toute la surface de l'eau, lorsque l'un d'entre nous souffre, cette douleur se répercute dans toute l'existence. Comme l'a dit Rumi: « Les différences ne sont qu'illusion et vanité. La lumière du soleil semble légèrement différente sur ce mur que sur celui-là, et très différente sur cet autre, mais c'est toujours une seule et même lumière. » Nous sommes des graines plantées dans le sol de notre humanité partagée. Plus notre société et notre environnement seront sains, plus vite nous grandirons sur le chemin de Dieu.

*« When "I" is replaced with "we", even illness becomes wellness. »*

MALCOM X, MILITANT DES DROITS DE L'HOMME

Puissions-nous ne jamais regarder une autre personne de haut, à moins que nous ne tendions la main pour l'aider à se relever. *La zakat*, c'est ne voir son argent que comme la manifestation de la richesse de Dieu, et voir celui qui est dans le besoin comme une opportunité de servir nul autre que Dieu. Le Prophète Mohammed ﷺ valide cette affirmation par la narration selon laquelle Allah dira le jour de la résurrection : « Ô fils d'Adam, J'étais malade et tu ne M'as pas rendu visite. ». L'homme dira

: « Ô, Seigneur, comment pourrais-je Te rendre visite alors que Tu es le Seigneur des mondes ? » Il répondra : « Ne sais-tu pas que mon serviteur Untel était malade et que tu ne l'as pas visité ? Ne sais-tu pas que si tu l'avais visité, tu M'aurais trouvé auprès de lui ? Ô fils d'Adam, Je t'ai demandé de la nourriture et tu ne M'as pas nourri ? » Il dira : « Ô, Seigneur, comment pourrais-je Te nourrir alors que Tu es le Seigneur des mondes ? » Il dira : « Ne sais-tu pas que mon serviteur Untel t'a demandé de la nourriture et que tu ne l'as pas nourri ? Ne sais-tu pas que si tu l'avais nourri, tu aurais trouvé cela chez Moi. Ô fils d'Adam, Je t'ai demandé de l'eau et tu ne Me l'as pas donnée. » Il dira : « Ô Seigneur, comment pourrais-je Te donner de l'eau alors que Tu es le Seigneur des mondes ? » Il dira : « Mon serviteur Untel t'a demandé de l'eau et tu ne lui en as pas donné. Ne sais-tu pas que si tu lui avais donné de l'eau, tu l'aurais trouvé auprès de Moi ?[26] » Allah nous rappelle que lorsque nous servons la création, nous sommes au service du Créateur.

> « Dieu n'a pas besoin de votre argent, mais les pauvres en
> ont besoin. Vous le donnez aux pauvres et Dieu le reçoit. »
> SAINT-AUGUSTIN, THÉOLOGIEN DU 4E SIÈCLE

En hommage à la miséricorde inconditionnelle et globale d'Allah, les mystiques disent symboliquement : « Ce n'est qu'en embrassant tout le monde que nous pouvons devenir les bras de Dieu. » La vie est une série de vagues : parfois, nous surfons sur les sommets de la bénédiction et d'autres fois nous nous écrasons sur les falaises de la pauvreté et du désespoir.

Dans les nuits les plus sombres, lorsque nous nous sentons le plus brisés, lorsque nous nous sentons le plus impuissants, lorsque la tragédie frappe et que les factures s'accumulent, lorsque nous perdons notre emploi, lorsque nous ne pouvons pas payer le loyer, lorsque nous ne pouvons pas payer la location de nos voitures, lorsque nous sommes sur le point d'être expulsés de notre logement, la zakat et la sadaqah deviennent notre filet de sécurité. Les bénédictions de nos frères et sœurs nous sauvent de la chute, nous donnant le temps de trouver un nouvel emploi, de rembourser les factures et de payer le loyer. *La zakat* et la sadaqah préservent notre dignité, nous évitant d'être humiliés les jours où les vagues sont trop fortes pour que nous puissions les surmonter seuls.

*La zakat* est un bateau dans la tempête, une béquille qui vous aide jusqu'à ce que vous guérissiez, la miséricorde de Dieu qui se manifeste à travers les mains de l'humanité. Elle apporte l'amour à un cœur brisé, l'aube à la nuit la plus sombre de quelqu'un, un arc-en-ciel dans un jour pluvieux.

> *« Quelles sont les meilleures de toutes les actions ? Réjouir le cœur d'une personne, nourrir celui qui a faim, aider celui qui est éprouvé, alléger le chagrin de celui qui est chagriné, et alléger les souffrances de celui qui est blessé[27]. »*
>
> PROPHÈTE MOHAMMED ﷺ

Qu'Allah nous inspire à donner plus que ce que nous pensons pouvoir donner, en nous aidant à croire que Sa générosité et Sa richesse combleront les manques. Nous n'avons peut-être pas les moyens ou la possibilité de changer le monde, mais si nous pouvons sauver une vie, nourrir une personne ou apporter de la joie à un seul cœur, alors nous aurons au moins été fidèles à notre nature humaine. Comme le dit Rumi: « Soyez une lampe, un bateau de sauvetage ou une échelle. Aidez l'âme de quelqu'un à guérir. Sortez de votre maison comme un berger. »

> *Oh, Allah, aide-moi à être dans ce monde comme un miroir qui reflète les visages de Ton amour généreux. Mon Seigneur bien-aimé, rappelle-moi que je ne suis pas le garant du résultat, mais que je suis responsable de mes actions - alors aide-moi à utiliser mon temps sur Terre pour être au service de Ta volonté. « Mon Dieu, donne-moi le détachement nécessaire pour accepter ces choses que je ne peux pas changer ; le courage de changer celles que je peux changer ; et la sagesse de distinguer les unes des autres[28]. » Seigneur, aide-moi à être un représentant de Ta bonté dans ma façon d'adorer, dans ma façon de parler, dans ma façon d'aimer et dans ma façon de vivre à tous les moments de ma vie. Je prie en Tes beaux noms. Amin.*

## Méditation : Refléter la lumière divine

Lorsque nous donnons de nous-mêmes, nous pouvons manquer d'amour, de miséricorde et de compassion, car nous sommes des êtres limités. Cependant, lorsque nous nous connectons à Allah et agissons comme un conduit de Son amour, nous ne serons jamais à court de l'envie de servir la création. Nous pouvons apporter de la gentillesse et de l'amour à tous et à tout moment, en connectant intentionnellement notre cœur au Divin et en permettant à Sa lumière de nous montrer le chemin. Essayez la pratique suivante, pour cultiver et refléter la lumière de Dieu sur toute l'existence.

- Placez votre main sur votre poitrine et portez votre attention sur votre cœur.
- Observez le léger soulèvement et l'abaissement de votre poitrine à chaque respiration.
- Imaginez un rayon de lumière divine venant du dessus, traversant votre tête et pénétrant dans votre cœur.
- Alors que cette lumière divine remplit votre cœur, observez ce que vous ressentez en recevant la lumière de Dieu. Respirez l'énergie de la lumière et imaginez que les cellules et les atomes de votre corps boivent à la source de la lumière jusqu'à ce que vous vous sentiez complètement saturé. Observez comment la lumière se répand dans tout votre corps, en étant conscient du bourdonnement, de la vibration ou de la sensation de vague qu'elle procure.
- Imaginez des branches de lumière s'épanouissant de votre cœur vers la terre. Permettez à cette lumière intérieure divinement inspirée de s'étendre plus profondément dans la terre et vers l'extérieur, vers les personnes qui vous entourent.
- Envoyez consciemment cette lumière à vos amis, vos parents, vos collègues, vos frères et sœurs, un étranger qui passe devant vous, un serveur qui vous sert au restaurant, et même à ceux qui vous ont blessé ou offensé. Envoyez votre lumière aux plantes,

aux animaux et à tous les êtres vivants. Permettez à votre lumière intérieure de se répandre comme le soleil du matin, sur et dans le cœur de toutes les personnes que vous rencontrez.

- Alors que vous tressez consciemment la lumière divine de votre cœur avec le cœur des autres, faites une prière simple et sincère à Dieu en leurs noms. Dites : « *Oh, Allah, je prie pour que Tu apportes Ta lumière dans le cœur de cette personne ou de cette créature, rendant ainsi sa journée joyeuse et épanouissante.* ».

- Tenez un journal ou prenez note de ce que vous ressentez lorsque vous vous connectez à la lumière d'Allah et que vous la partagez avec les autres.

« *Le Coran a été révélé durant le mois de Ramadan. C'est un guide pour les Hommes.* »

CORAN 2:185

« *Le jeûne aveugle le corps afin d'ouvrir les yeux de votre âme.* »

RUMI

# 9

# LE RAMADAN : LE MOIS SACRÉ DU JEÛNE

Le Coran a été révélé au Prophète Mohammed ﷺ au cours du mois lunaire du Ramadan, lors de la mystérieuse Nuit du Destin (Laylatul Qadr), dite « meilleure que mille mois » (97:3). Pour célébrer le miracle du Coran, les musulmans passent tout le mois du Ramadan dans un état d'autopurification, s'abstenant de manger, de boire, de fumer et d'avoir des relations sexuelles de l'aube au coucher du soleil. Le mot Ramadan vient de la racine arabe « ramad », qui signifie « chauffé par l'intensité du soleil » ou « brûler », ce qui nous rappelle que le but du Ramadan est de brûler les péchés qui nous voilent l'omniprésence de Dieu[1].

*Le jeûne ne consiste pas à perdre du poids, mais à perdre le poids de vos péchés et à apprendre à vous détacher de l'ego qui vous pèse et vous tire vers le bas.*

Le mot « jeûne » en arabe est « *sawm* », qui vient d'une racine signifiant « retenue ». En substance, le jeûne est une question de maîtrise de soi.

Lorsqu'on nous demande de maîtriser l'ego, nos dépendances se révèlent, nous donnant la conscience nécessaire pour nous en libérer. Lorsque nous ne pouvons plus atténuer la douleur de notre vide intérieur par des choses extérieures, nous sommes obligés de chercher la racine de notre désir.

Lorsque nous jeûnons, nous retirons les ressources énergétiques de nos sens physiques et redirigeons notre attention vers l'éveil spirituel. Comme le dit Rumi: « Il y a une douceur cachée dans le vide de l'estomac... Si la caisse de résonance est remplie de n'importe quoi, la musique de nos âmes ne pourrait pas vibrer dans le monde. »

Au cours du mois de Ramadan, nous sommes appelés à utiliser le verni de la prière, le ciseau à bois du jeûne et le nettoyant de la charité pour briser les voiles de séparation entre nous et Allah. Le but ultime du jeûne est d'éliminer tout ce qui se trouve entre vous et Dieu par une pratique de désintoxication physique, émotionnelle et spirituelle.

> « Le jeûne vous est prescrit comme il a été prescrit aux générations qui vous ont précédés, peut-être craindrez-vous Dieu. »
>
> CORAN 2:185

## Le mois de la miséricorde infinie

Le Ramadan est connu comme le mois de la miséricorde et de l'amour, durant lequel le pardon d'Allah descend sur la Terre entière, réalignant les âmes, du feu de la séparation vers l'étreinte du Divin.

> « Allah veut la facilité pour vous, Il ne veut pas, pour vous, la contrainte. Achevez cette période de jeûne ; exaltez la grandeur de Dieu qui vous a dirigés. Peut-être serez-vous reconnaissants. »
>
> CORAN 2:183

Le jeûne d'un mois pendant Ramadan n'est pas censé être une épreuve, il doit favoriser la gratitude et la reconnaissance dans le cœur du croyant, car Allah a envoyé aux êtres humains des conseils divins par le biais du Coran. Pendant le mois de Ramadan, nous croyons que Dieu fait en sorte que ce mois soit en notre faveur, facilitant le passage de la création au Créateur en amincissant les voiles entre le Ciel et la Terre. On dit que c'est au cours de ce mois que les anges sont envoyés sur la Terre et que l'esprit de Dieu descend dans notre univers, embrassant le monde de Sa miséricorde divine qui englobe intimement tout.

> « *Lorsque le mois de Ramadan commence, les portes du Paradis s'ouvrent, les portes du feu de l'enfer se ferment et les diables sont enchaînés[2].* »
>
> PROPHÈTE MOHAMMED ﷺ

Le ramadan n'est pas seulement considéré comme une période de retraite, c'est un exercice de musculation pour l'âme. Le véritable signe d'un ramadan réussi ne réside pas seulement dans le fait de jeûner tous les jours, de donner l'aumône et de lire le Coran - le véritable signe du succès doit être recherché dans la personne que vous êtes la semaine qui suit la fin du Ramadan. Nous ne sommes pas seulement censés nous abstenir temporairement d'accomplir des péchés, nous devons déraciner les mauvaises herbes du péché et rompre définitivement les mauvaises habitudes qui nous détournent d'Allah. Nous devons entraîner nos cœurs, renforcer notre volonté et témoigner de Dieu à travers notre corps, notre esprit et notre âme.

Le jeûne n'est pas seulement une question de faim et de soif ; il s'agit de mettre Dieu au premier plan à chaque instant. Comme le dit l'imam Al-Ghazali: « Le mérite du jeûne n'est pas dans la faim, tout comme le mérite des médicaments ne réside pas dans leur amertume. »

> *Le Ramadan n'a pas été envoyé par Allah pour vous emprisonner et vous enchaîner ; c'est un cadeau divin destiné à vous inspirer et à vous changer.*

Ce mois est une opportunité qu'Allah nous donne pour renforcer notre foi et changer nos habitudes négatives afin que nous puissions vivre avec une plus grande conscience - non pas durant un mois seulement, mais toute notre vie. Lorsque nous jeûnons pour l'amour d'Allah seulement, nous Lui montrons que même si nous aimons consommer les plaisirs de ce monde, notre amour pour Lui est plus grand. Lorsque nous jeûnons en étant pleinement conscients de le faire pour Lui, notre faim et notre soif deviennent des actes de souvenir et d'adoration d'Allah.

Le Prophète ﷺ dit : « Tout ce pour quoi on prie au moment de la rupture du jeûne est accordé et n'est jamais refusé[3]. » Peut-être est-ce parce que lorsque nous abandonnons tout au Divin, nous ne renonçons pas à ce que nous avons, mais devenons réceptifs aux bénédictions infinies qu'Allah nous a données. Le Ramadan nous apprend que la discipline et les limites ne restreignent pas notre liberté, mais qu'elles constituent en fait le fondement de la véritable liberté.

Nous sommes les esclaves de nos addictions. Nos attachements à nos désirs nous asservissent. Allah nous appelle seulement à nous détacher des choses qui nous pèsent et nous empêchent d'être véritablement libres. L'histoire suivante montre, de manière magnifique, comment le fait d'apprendre à lâcher prise et à se détacher de nos désirs mène à la liberté :

> Pour attraper les singes dans certains villages asiatiques, les chasseurs creusent un trou dans une coque de noix de coco et la remplissent de cacahuètes. Le trou est juste assez grand pour que la main du singe puisse y entrer, mais assez petit pour que, lorsque le singe serre le poing pour attraper les cacahuètes, sa main reste coincée. Pour se libérer et s'échapper, le singe n'a qu'à lâcher les cacahuètes et retirer sa main de la noix de coco. Cependant, même lorsque les chasseurs s'approchent des singes « pris au piège », ceux-ci ne lâchent pas les cacahuètes, et de ce fait, se laissent prendre.

Lorsque nous lâchons prise de nos désirs inférieurs, nous découvrons que la clé pour s'échapper de notre propre prison a toujours été entre nos mains. Le Ramadan nous enseigne que la voie spirituelle ne consiste pas tant à faire qu'à ne pas faire. Lorsque nous nous abandonnons et laissons aller les désirs qui ne nous servent pas, nous nous rendons compte que nous flottons paisiblement sur la rivière du décret de Dieu.

## Devenir réceptif à l'orientation divine

C'est durant un état de réceptivité exacerbée, lors d'une des retraites du Prophète Mohammed ﷺ sur la montagne de la Lumière (Jabal an-Nur), où il se rendait pour jeûner des tentations du monde, que le Coran lui fut révélé[4]. À travers cet exemple du Prophète ﷺ, nous voyons que jeûner du monde pour cultiver la conscience de Dieu est le fondement pour recevoir et comprendre la révélation divine. Tout comme l'utilité d'un bol en tant que récipient provient du fait qu'il soit vide, lorsque nous nous vidons du moi et du monde, nous sommes en mesure d'être remplis d'Allah.

Allah déverse continuellement sa guidée aimante sur nos graines de foi. Lorsque nous jeûnons, nous visons à supprimer tout attachement à ce monde, en chassant de notre cœur tout ce qui nous empêche de boire au puits de la miséricorde d'Allah. Le « nombre déterminé de jours » (2:184) qu'Allah nous a désigné pour jeûner est une prescription divine qui nous aide à éteindre nos péchés, nous rapprochant ainsi de Dieu.

> *Tout comme il faut neuf mois à un bébé dans le ventre de sa mère pour se développer, de nombreuses nuits à la lune pour devenir pleine, et des semaines à une chenille dans un cocon pour devenir un papillon, en entrant dans le ventre de Ramadan et en jeûnant tout le mois, notre foi se transforme.*

Le jeûne permet à l'être humain de refléter les qualités de Dieu, car lorsque nous ne mangeons pas, ne buvons pas ou n'avons pas de relations sexuelles, nous transcendons nos qualités humaines inférieures. Allah illustre la position élevée du jeûne lorsqu'Il dit : « Le jeûne est pour Moi et c'est Moi qui le récompense[5]. » Le jeûne est plus que la simple abstention des désirs physiques - c'est une transcendance totale du soi afin que le chercheur puisse se tenir devant un Dieu unique. Le Prophète Mohammed ﷺ fait le lien entre le jeûne et le fait d'être avec Allah lorsqu'il dit : « Il y a pour le jeûneur deux joies : une joie lorsqu'il rompt son jeûne et une joie lorsqu'il rencontre son Seigneur[6]. »

*Le cheminement spirituel ne consiste pas à trouver la voie menant à Dieu, il consiste plutôt à éliminer tout ce qui nous empêche de voir que nous sommes déjà dans la cour divine.*

Sous le bruit de nos désirs et les chuchotements de la tentation, il y a un moi fondamental (fitra) intrinsèquement bon[7]. Dans leur essence, tous les humains sont intrinsèquement bons, mais nos perceptions erronées du passé, nos fausses croyances et notre ego peuvent nous empêcher de vivre notre plein alignement avec Dieu. Lorsque nous jeûnons, nous devons faire face à nos faiblesses, aux voix de la tentation et à nos dépendances à ce monde. Grâce à une période temporaire d'ascèse, le jeûne permet d'affaiblir l'emprise de l'ego, amplifiant ainsi les conseils chuchotés de notre esprit. La profonde parabole cherokee suivante illustre la guerre intérieure entre l'ego et l'esprit que le jeûne cherche à arbitrer :

Un ancien Cherokee expliquait à son petit-fils : « Chaque personne a dans son cœur une guerre entre deux loups. Le premier loup est mauvais et crée des conflits en inspirant l'avidité, l'envie, la luxure, l'arrogance, l'orgueil, la haine et la peur par l'importance excessive accordée à l'ego. Le second loup est bon, il favorise la paix et l'unité par un état de conscience de Dieu. » Les yeux écarquillés, le petit-fils répondit : « Qui gagnera cette bataille, grand-père ? » Le vieux sage répondit : « Celui que tu nourriras. »

Si nous pensons et agissons de manière à nourrir notre ego, alors notre ego aura raison de notre esprit affamé, mais si nous nourrissons notre esprit des qualités divines d'amour et de miséricorde, alors notre esprit vaincra notre ego. L'ego ne peut être véritablement transformé que dans l'étreinte de l'amour et de la discipline. C'est lorsque nous nous tournons vers l'intérieur, en niant les désirs de la chair pour nourrir l'esprit, que la lumière spirituelle en nous se lève, brisant l'obscurité de l'illusion et nous libérant des prisons que nous nous sommes imposées.

## Les étapes spirituelles du jeûne

Le jeûne du Ramadan peut sembler identique pour tous les musulmans, mais intérieurement, il progresse à travers les trois étapes spirituelles suivantes : un jeûne extérieur, un jeûne intérieur et un jeûne centré sur le cœur. Le Ramadan aborde le corps, l'esprit et l'âme de manière holistique, car dans l'islam, les domaines physique et spirituel sont imbriqués et intimement liés.

Les trois étapes du jeûne ne sont pas distinctes, mais trois dimensions au sein de l'intention singulière de se rapprocher de Dieu en disciplinant les désirs inférieurs du moi par l'ascèse. Ce n'est que lorsque nos actions extérieures, les pensées de notre esprit et l'état de notre cœur sont globalement alignés avec Dieu que nous connaissons la paix et l'harmonie dans la vie.

## Le jeûne extérieur des membres

Le jeûne extérieur permet à la fois de poser les fondations et de créer le contenant pour le jeûne intérieur et basé sur le cœur, en affaiblissant la force physique de l'ego. Avec le jeûne externe, physique, nous adhérons aux exigences minimales du jeûne : ne pas manger, boire, fumer ou s'engager dans une relation sexuelle de l'aube au coucher du soleil. Comme le dit le Coran : « Mangez et buvez jusqu'à ce que l'on puisse distinguer à l'aube un fil blanc d'un fil noir. Jeûnez ensuite, jusqu'à la nuit. N'ayez aucun rapport avec vos femmes lorsque vous êtes en retraite dans la mosquée. Telles sont les lois de Dieu ; ne les transgressez pas. Voilà comment Dieu explique Ses signes. Peut-être le craindront-ils ! » (2:187).

Pour comprendre pourquoi ces contraintes physiques sont nécessaires, nous devons nous rappeler que l'ego est lié au corps. Tout comme un arc-en-ciel n'existe que lorsque la lumière et l'eau se rencontrent, l'ego est le produit de la rencontre entre corps et esprit. Puisque l'ego dépend du corps, lorsque nous affaiblissons le corps, cela sert à affaiblir l'emprise des désirs égoïstes sur nous.

*« Le fils d'Adam ne peut remplir un récipient pire que son estomac[8]. »*

PROPHÈTE MOHAMMED ﷺ

L'estomac est le réservoir de carburant du corps : lorsqu'il est plein, il donne à l'ego les ressources nécessaires pour alimenter les désirs d'envie, de luxure, de cupidité et d'orgueil. On ne peut pas s'abandonner à Dieu si l'ego est aux commandes. Lorsque nous jeûnons, nous ralentissons le corps tout entier, affaiblissant l'ego par l'épuisement et la faim, permettant ainsi à notre esprit de rétablir le contrôle sur le moi (*nafs*). Le jeûne transforme l'ego d'un tyran inflexible, il devient un serviteur soumis à Dieu.

Il a été scientifiquement prouvé que lorsque nous nous exerçons à retarder notre satisfaction en remettant une récompense à une date ultérieure, nous devenons plus aptes à contrôler nos impulsions[9]. Lorsque nous empêchons notre ego de panser nos émotions à l'aide de solutions rapides, nous sommes obligés de faire face à la racine de notre instabilité émotionnelle. Le jeûne nous aide à recalibrer et à renforcer notre volonté face à la tentation, c'est pourquoi il a été prouvé qu'il réduit les comportements de dépendance. Des études scientifiques ont montré que le jeûne désintoxique les organes, réduit les inflammations, apporte la clarté mentale, aide nos cellules à se purifier et à se réparer plus rapidement, et contribue à protéger contre le cancer, les maladies cardiaques, le diabète, la dépression et de nombreuses autres affections[10]. Le jeûne favorise un état d'équilibre dans le corps, de sorte que le croyant peut être un instrument plus fort et plus efficace de la volonté d'amour de Dieu sur Terre.

Lorsque nous apprivoisons l'ego, nous créons un espace permettant au pouvoir de l'esprit d'être renforcé. Comme nous le rappelle le philosophe chinois du VIe siècle Lao Tseu : « Celui qui contrôle les autres peut être puissant, mais celui qui s'est maîtrisé lui-même est encore plus puissant. » L'objectif du Ramadan n'est pas de réfréner nos désirs, mais plutôt que nous apprenions à les discipliner. C'est pourquoi, lorsque nous rompons le jeûne, nous devons rester vigilants à notre tendance à trop manger et lutter contre le désir de notre ego de revenir aux anciennes habitudes.

*« Rompre un jeûne nécessite plus de prudence et peut-être plus de retenue que le jeûne lui-même. »*

MAHATMA GANDHI

Il y a une guérison et une sagesse profondes dans la maîtrise de l'art de la retenue. L'étude sur les centenaires d'Okinawa, réalisée sur l'île d'Okinawa au Japon - connue comme la « nation la plus saine au monde » - a montré que le secret de la longévité des Okinawaïens est principalement attribué à l'idée de *« hara hachi bun me »*, traduite par « mangez jusqu'à ce que vous soyez rassasié à 80 %[11] ». Cette expression japonaise reflète parfaitement les paroles du Prophète ﷺ, lorsqu'il a dit que l'homme devait remplir son corps avec « 1/3 pour sa nourriture, 1/3 pour sa boisson, et 1/3 pour son respiration[12] ».

En substance, le but du Ramadan est de nous enseigner l'équilibre que le Prophète ﷺ et les Okinawaïens ont appliqué, en réfléchissant à nos habitudes excessives. Le Ramadan nous rappelle ce qu'est censée être notre relation avec la nourriture. Nous ne sommes pas supposés manger de la nourriture pour satisfaire uniquement nos besoins égoïstes, mais nous mangeons plutôt pour honorer et soutenir notre corps avec l'énergie nécessaire pour adorer Dieu et devenir des vaisseaux de Son amour et de Sa paix.

## Le jeûne intérieur des sens et de l'esprit

Le jeûne extérieur est prescrit comme un moyen d'ouvrir la voie au jeûne intérieur, où l'on commence à « cultiver en soi les attributs de Dieu[13] ». Le Prophète ﷺ nous incite à aller au-delà des exigences minimales du jeûne lorsqu'il dit : « Beaucoup de gens qui jeûnent n'obtiennent rien de leur jeûne, sauf la faim et la soif[14]. »

*Tout comme nous vidons notre estomac de la nourriture, nous sommes également appelés à vider tous nos sens de tout ce qui ne nous rapproche pas d'Allah.*

Nos sens sont nos liens avec le monde. Ce que nous voyons, entendons, disons, touchons et les endroits où nous allons déterminent notre façon de penser, de croire et finalement d'agir. Certains spécialistes ont décrit le corps humain comme un pays : le cœur est la capitale, entourée des sept portes que sont l'estomac, les yeux, les oreilles, la bouche, les pieds, les mains et les organes génitaux. Le cœur étant le siège de la conscience divine, le travail du croyant consiste à protéger ces sept entrées en filtrant, en s'accordant et en ne laissant entrer que ce qui aligne le cœur avec Allah.

Pour que nos cœurs soient changés, nous devons changer ce que nous leur donnons du monde qui nous entoure, à travers les portes de nos sens. Comment pouvons-nous dire que nous jeûnons dans un état de conscience de Dieu si nos oreilles sont pleines de ragots et de conversations futiles ? Comment pouvons-nous dire que le jeûne nous rapproche de la meilleure version de nous-mêmes si nos yeux baissent rarement leur regard, prenant ce monde comme un buffet de tout ce qu'ils peuvent goûter et si nos mains se tendent vers la tentation comme si nous étions seulement faits pour satisfaire nos vils désirs ? Comment pouvons-nous dire que le jeûne nous rapproche d'Allah si nos pieds nous mènent dans des endroits qui déshonorent la pureté qui est en nous, et que nos bouches sont sèches à cause de notre jeûne, mais que nous continuons à parler dans le dos des autres ?

Le Prophète ﷺ dit : « Celui qui n'abandonne pas le mensonge et les mauvaises actions, alors Dieu n'a pas besoin qu'il abandonne sa nourriture ni sa boisson[15]. ». Le jeûne ne consiste pas seulement à s'abstenir du monde des formes, mais il s'agit aussi de purifier tous nos sens de la gloutonnerie. Il s'agit de rendre tout notre être, nos membres et nos sens, à Allah.

Nous sommes créés pour être *dans* ce monde, mais notre mission ici consiste à nous efforcer de ne pas être *de* ce monde. Le jeûne du moi inférieur commence par la résistance au désir de l'ego de rechercher les louanges et la validation des autres. Une fois que nous sommes capables de jeûner de nos désirs physiques et des attentes des autres, nous devons apprendre à nous libérer de la tyrannie de l'esprit.

*« Comme les gouttes d'eau font une rivière, les pensées font le caractère et la foi. »*

IMAM ALI

Afin de changer nos schémas de pensée et de tracer de nouvelles voies dans notre cerveau, nous devons éviter de nous engager dans des pensées qui ne servent pas notre moi supérieur[16]. Des études scientifiques ont montré que lorsque nous nous visualisons lever la main droite et lorsque nous levons réellement la main droite, cela affecte les mêmes zones du cerveau[17]. Une étude de l'université de Harvard a également montré que les participants qui s'imaginaient fléchir leurs doigts pendant plusieurs semaines augmentaient en fait la force physique de leurs doigts de 35 %[18]. Puisque ces études montrent que les pensées affectent à la fois le développement du cerveau et l'ensemble de la physiologie du corps, nous savons que nous devons être conscients de nos pensées, car ce à quoi nous pensons affecte directement notre bien-être[19].

*Lorsque nous jeûnons de nos pensées, nous ne tentons pas d'arrêter nos pensées ; nous choisissons plutôt de ne pas consommer chaque pensée qui germe du sol de l'ego.*

Lorsque des pensées surgissent, nous ne les jugeons pas, nous ne les analysons pas et nous n'essayons pas de les changer. Au contraire, nous les regardons passer comme des nuages flottant dans le ciel de notre esprit, et nous ramenons doucement notre regard vers le Divin. Lorsque nous créons de l'espace entre nos pensées et ce que nous sommes réellement, nous réalisons que nous ne sommes pas nos pensées. Ce n'est qu'à ce moment-là que nous sommes capables de nous défaire du jugement de soi et de la honte associée à l'ego, qui nous empêchent souvent de nous sentir dignes d'avoir une relation avec Allah. Une fois que nous pouvons voir qu'Allah est notre refuge et notre abri sûr contre les griffes de l'ego, nous pouvons commencer à tourner nos cœurs de la création éphémère vers le Créateur éternel.

## Le jeûne centré sur le cœur

Alors que le jeûne extérieur est rompu lorsque le soleil se couche, le jeûne intérieur, basé sur le cœur, est censé être continu et sans fin. Cet état de jeûne reflète la phrase du Prophète ﷺ : « Mes yeux dorment, mais mon cœur demeure éveillé[20]. » Lorsque nous sommes témoins d'Allah en toute chose, chaque action devient une prière, chaque moment devient une adoration et chaque personne, lieu et chose renvoient à Allah.

Lorsque nous sommes en état d'union avec notre Seigneur, même si nos pieds sont ancrés dans la terre, notre cœur est pleinement présent avec Allah dans les plus hauts cieux. Jeûner de tout ce qui n'est pas Allah, c'est se détourner entièrement de la création. Lorsque nous sommes vides de nourriture, de boisson, de pensées et de tout autre désir, nous ne portons que le souffle divin de la vie que Dieu nous a donné. Dans cet état d'esprit, nous sommes si vides du moi que nous devenons un miroir pur pour Dieu sur Terre.

L'islam est la voie qui consiste à supprimer tout ce qui fait obstacle à votre connexion fondamentale avec Dieu. Le Ramadan est une période de *muraqaba* ou « observation », au cours de laquelle Dieu nous donne l'occasion, à la fois en tant qu'individus et en tant que communauté musulmane, de remarquer les pensées et les sentiments dans nos esprits et nos cœurs qui voilent notre conscience de la présence de Dieu. Dieu nous incite à ce mois d'introspection comme un moyen de nous aider à identifier et à briser les habitudes qui nous éloignent de l'amour de Dieu, en favorisant les actions qui nous rapprochent de Lui. L'importance de la réflexion est qu'elle nous aide à identifier les façons dont nous nous empêchons de faire l'expérience de l'amour de Dieu. Alors que l'adoration parfume l'esprit de la conscience de Dieu, le jeûne et la contemplation nous protègent de l'inclination de notre ego à l'arrogance et à la souveraineté.

Le jeûne nous plonge dans un état d'humilité en nous rappelant à quelle vitesse notre corps s'affaiblit : en s'abstenant quelques heures seulement de nourriture et d'eau, notre sang ralentit, notre énergie se dissipe et notre illusion d'invincibilité disparaît. Lorsque nous ressentons notre pauvreté devant Dieu et que nous faisons l'expérience de notre dépendance totale à son égard, notre cœur est naturellement plus généreux envers ceux qui sont dans le besoin. Nos jugements sur les pauvres sont purifiés lorsque nous faisons l'expérience de la lourdeur de la faim. Lorsque nous prenons le temps de reconnaître les nombreuses bénédictions que Dieu nous a accordées gratuitement, nous commençons à ouvrir les yeux sur le fait que des milliards de personnes dans le monde sont dans un état perpétuel de faim, ayant peu d'espoir d'avoir un repas au coucher du soleil. Le jeûne transforme nos miroirs en fenêtres, élargissant notre vision d'un état égocentrique à un état où nous considérons les besoins de ceux qui sont beaucoup moins chanceux que nous.

> « La nourriture du corps est l'alimentation, tandis que la nourriture de l'âme consiste à nourrir les autres. »
>
> IMAM ALI

Pour ceux qui ont des difficultés à accomplir le jeûne - en raison d'une maladie ou parce qu'ils sont en voyage - le Coran les exhorte à nourrir un pauvre pour chaque jour manqué. Le verset poursuit en disant que donner plus que ce qui est attendu est bien meilleur pour l'état de leurs âmes (2:184). Comme l'a dit le Prophète Mohammed ﷺ: « Celui qui ne fait pas preuve de miséricorde ne recevra pas de miséricorde[21]. » Le Prophète ﷺ nous rappelle que plus nous copions et reflétons les qualités de Dieu sur les autres, plus ces qualités s'épanouiront dans nos propres âmes.

## Laylatul Qadr : la Nuit du Destin

Le point culminant spirituel du Ramadan est considéré comme étant *Laylatul Qadr*, ou la Nuit du Destin, qui représente l'anniversaire de la révélation du Coran. Bien que personne ne sache avec certitude quelle nuit du Ramadan est *Laylatul Qadr*, le Prophète Mohammed ﷺ a suggéré qu'il s'agit de l'une des nuits impaires des dix derniers jours du Ramadan[22].

On croit qu'en cette nuit, la miséricorde et la compassion d'Allah sont débordantes et abondantes, que tous les péchés sont pardonnés, que toute invocation faite est acceptée, et que l'ange Gabriel et de nombreux autres anges descendent des plus hauts cieux vers notre monde, accomplissant les décrets de Dieu. En fait, le Prophète Mohammed ﷺ a dit : « En vérité, les anges de cette nuit sont aussi nombreux que les cailloux sur la terre[23]. » En un sens, notre monde devient bondé d'êtres célestes qui dépassent en nombre l'humanité d'innombrables fois.

> « *Nous l'avons certes, fait descendre (le Coran) pendant la nuit d'Al Qadr. Et qui te dira ce qu'est la nuit d'Al Qadr ? La nuit d'Al Qadr est meilleure que mille mois. Durant celle-ci descendent les Anges ainsi que l'Esprit par permission de leur Seigneur pour tout ordre. Elle est paix et salut jusqu'à l'apparition de l'aube.* »
>
> CORAN 97:1-5

Étant donné que tout le monde ne peut pas se permettre d'effectuer le pèlerinage à la Mecque, connu sous le nom de *Hajj*, les mystiques disent que « *Laylatul Qadr* est le moment où Allah met le *Hajj* à vos pieds ». Cette nuit-là, Allah ouvre les portes de Sa miséricorde à tous les Hommes et multiplie énormément chaque bonne action - comme le dit le Coran : « *Laylatul Qadr* est meilleure que mille mois. » (97:3) En un sens, Allah nous rappelle que cette seule nuit est plus grande que plus de 80 ans d'adoration, ce qui représente la durée d'une vie humaine entière.

*Laylatul Qadr* est considérée comme la nuit la plus importante de l'année, car elle est censée être la nuit au cours de laquelle Allah nous invite, par la prière, à participer à la création de notre destin. Au cours de cette nuit mystique, notre libre arbitre interagit avec la volonté divine pour manifester mystérieusement de nouvelles possibilités pour l'année à venir.

Aussi sainte que soit cette nuit, les musulmans ne sont pas appelés à accueillir *Laylatul Qadr* uniquement à l'intérieur des mosquées, mais à se mettre au service de l'humanité en protégeant l'environnement, en nourrissant et en habillant les personnes démunies et en cherchant à obtenir le pardon de leurs péchés passés. Un bon cœur, complété par de bonnes actions, sert à nous protéger des mauvais résultats, tant dans cette vie que dans la suivante.

## La fin est le commencement

Le jour qui marque la fin du Ramadan est appelé *Aid Al-Fitr*, qui se traduit par « Fête de la rupture du jeûne ». Le mot *fitr* est lié aux mots *iftar*, *fitra* et *Al-Fatir*. Le mot *iftar* fait référence à la rupture du jeûne, le mot *fitra* fait référence à la bonté essentielle innée qui se trouve au cœur de chaque personne, et le mot *Al-Fatir* est l'un des noms divins d'Allah, qui signifie « L'Initiateur ». En un sens, le but du Ramadan est de nous aider à briser nos vieilles habitudes, à manifester *la fitra* ou la bonté innée que nous portons déjà en nous, et à revenir à l'origine de tout ce qui existe - Allah.

Le but du Ramadan n'est pas de modifier un comportement à court terme ; le Ramadan est censé être l'aube qui mène à la création d'un nouveau jour. Le but du Ramadan est en partie de réinitialiser les schémas de votre vie qui ne vous servent plus et de créer de nouvelles possibilités. Étant donné que les êtres humains ont tendance à oublier, une période d'introspection d'un mois est un moyen efficace de nous rappeler ce qui est le plus important dans la vie.

Malgré les épreuves endurées, pour de nombreux musulmans, le mois du Ramadan est l'une des périodes les plus joyeuses de l'année. Pendant le Ramadan, nous passons plus de temps à faire ce pour quoi nous avons été créés - adorer Dieu, servir les pauvres, réfréner notre ego, chercher à refléter davantage les qualités d'amour de Dieu et être en communauté - ce qui nous permet d'être plus épanouis et satisfaits.

## Seulement pour l'amour d'Allah

L'histoire suivante illustre magnifiquement comment, lorsque nous jeûnons de tout ce qui n'est pas Allah, nos cœurs s'ouvrent naturellement à plus de compassion et d'amour envers toute la création.

> Un mystique du nom de Mansour, qui jeûnait le mois précédant le Ramadan, se rendait à la mosquée lorsqu'il passa devant un groupe de lépreux qui mangeaient les restes des poubelles. L'un d'eux a invité le célèbre mystique à venir déjeuner avec lui. Le mystique a répondu : « Tu es sûr ? Je ne veux pas être une gêne pour vous. » L'homme

lui assura qu'il serait honoré de manger avec un érudit aussi célèbre. Mansour accepta l'offre et s'assit par terre avec le vieux lépreux pendant qu'il préparait le repas.

Le lépreux se tourna vers son invité et lui dit tristement : « N'as-tu pas peur de nous ? Nous invitons souvent les imams que nous voyons aller à la mosquée à rompre le pain avec nous, mais aucun d'entre eux ne le fait jamais. » Le doux mystique sourit avec douceur à l'homme et dit : « C'est parce qu'ils sont très probablement en train de jeûner. » Le lépreux répondit : « Mais n'êtes-vous pas un homme religieux ? Ne craignez-vous pas Dieu ? Pourquoi alors ne faites-vous pas de jeûne supplémentaire avant le Ramadan ? » Le mystique sourit et dit : « Oui, j'aime Dieu assurément, et aujourd'hui j'ai le bon plaisir de manger avec vous. »

Le lépreux a souri et ils ont dégusté ensemble quelques bouchées de nourriture. Lorsque l'appel à la prière a sonné, Mansour s'est levé, a embrassé avec amour le lépreux en signe de gratitude et s'est dirigé vers la mosquée pour les prières de l'après-midi. Après le coucher du soleil, Mansour a prié : « Merci Allah, pour l'opportunité de Te servir, puisses-Tu accepter mon jeûne aujourd'hui. » Quelques érudits ont entendu la prière de Mansour et se sont tournés vers lui en disant : « Mansour ! Nous t'avons vu manger avec les lépreux aujourd'hui. Tu es un hypocrite et un menteur pour avoir essayé de passer pour plus juste que tu ne l'es ! »

Mansour se tourna vers eux avec humilité et dit : « J'ai peut-être rompu mon jeûne, mais je n'ai pas brisé de cœur. Dites-moi ce qu'Allah pardonnera le plus facilement : un jeûne que nous avons rompu par amour ou un cœur que nous avons brisé par pharisaïsme ? »

Si le jeûne rend une personne plus fermée d'esprit et plus critique, elle ne jeûne pas pour Allah, mais pour la joie de son propre ego. Si le jeûne peut désintoxiquer le corps et renforcer votre volonté, c'est par la sincérité et l'amour que le cœur fait véritablement l'expérience de Dieu.

Le véritable jeûne est celui qui nous rend plus conscients de l'omniprésence de Dieu, ce qui nous aide à être plus conscients de notre comportement dans tous les aspects de notre vie. Le but du Ramadan est de nous aider à faire face à notre propre cœur de manière plus profonde, à cultiver la conscience de Dieu et à apprendre la retenue. Le Ramadan est un mois de pardon et de guidée pour l'esprit inquiet, pour le cœur brisé et pour toute âme qui cherche à être guérie. C'est une période où nous prenons intimement conscience de la présence de Dieu et de notre dépendance totale à Lui. Pendant le Ramadan, nous sommes appelés à jeûner de tout sauf d'Allah pour nous rappeler d'être présents avec Allah en toute chose.

Allah dit : « Le jeûne est un bouclier[24] », car il nous protège du feu de la séparation en nous rappelant constamment que notre amour pour Allah est plus grand que notre amour pour nos désirs. Pendant le Ramadan, nous mangeons moins, dormons moins et adorons Allah plus que tout autre mois, passant de notre nature animale qui ne recherche que les plaisirs du monde à notre nature angélique, qui ne recherche qu'Allah. Le Ramadan est une période sainte au cours de laquelle il nous est donné de renouveler nos vœux dans notre alliance avec Allah. Après tout, ce n'est que lorsque nous brisons la tombe de notre ego mortel que nous pouvons être ressuscités dans la présence éternelle de notre Dieu aimant.

> *Mon Seigneur bien-aimé, aide-moi à jeûner de tout ce qui ne me sert pas, de tout ce qui empêche mon cœur de témoigner de Toi. Oh Allah, alors que je m'abstiens de nourriture et d'eau, permets à mon cœur de jeûner de toute haine, jalousie, avidité et dureté. Oh Allah, je viens à Toi prosterné, cherchant Ta lumière pour me guider et Ta miséricorde pour m'étreindre. Mon Seigneur, aide-moi à renoncer à tout désir qui m'empêche d'expérimenter Ta vérité. Mon Seigneur bien-aimé, aide-moi à jeûner des qualités inférieures de mon ego jusqu'à ce que le soleil de ma vie se couche. Comme Ton bien-aimé Prophète ﷺ a prié: « Allahumma innaka aafuwon tuhibu al aaffwa fa afu aanni*

*- Allah, Tu es le Pardonneur. Tu aimes pardonner. Alors,*
*pardonne-moi[25]. » Oh, Allah, aide-moi à rester ferme sur le*
*chemin spirituel, aide-moi à être attentif à Toi, et aide-moi*
*à ne jamais perdre de vue Ton amour, Ta générosité, et Ta*
*miséricorde infinie qui englobe chaque atome de l'existence.*
*Je prie en Tes noms pleins de compassion, Amin.*

## Méditation : observer l'illusion

La méditation n'est pas le fait de ne pas avoir de pensées, mais plutôt la pratique consistant à créer de l'espace entre vos pensées. Il est important de se rappeler que nos pensées et nos émotions, tout comme les saisons, changent naturellement, mais que notre essence intérieure profonde (*fitra*) reste la même. La nonne bouddhiste Pema Chödrön dit avec profondeur : « Vous êtes le ciel. Tout le reste - c'est juste le temps qu'il fait. » Nous devons toujours nous rappeler que nos pensées, comme le temps, changeront, mais l'observateur de ces pensées, ce que nous sommes, reste le même.

Dans la spiritualité islamique, la *muraqaba* est la pratique de la pleine conscience, « l'observation » ou « la surveillance » des projections fugaces et constamment changeantes de l'esprit. De même que la nourriture et l'eau ne disparaissent pas lorsque nous jeûnons, mais que c'est nous qui choisissons de ne pas les consommer, lorsque nous sommes en état de méditation, nos pensées ne disparaissent pas, nous choisissons simplement de les observer, plutôt que de nous engager avec elles. Avec la méditation, nous apprenons à faire la distinction entre ce que nous sommes et ce que nous pensons. Lorsque nous continuons à réaligner notre attention et à tourner notre énergie vers Allah, une paix croissante commence à s'épanouir lentement en nous. Comme le dit Rumi: « Plus vous devenez silencieux, plus vous êtes capable d'entendre. » La pratique suivante est un excellent moyen d'observer vos pensées, de calmer votre esprit et d'introduire l'ancienne pratique de la *muraqaba* dans votre vie quotidienne :

- Asseyez-vous dans une position confortable, le dos droit et les pieds fermement ancrés au sol.

- Concentrez-vous sur votre respiration. Pensez, lorsque vous inspirez par le nez, « Inspirer », et lorsque vous expirez par la bouche, pensez « Expirer ».

- Lorsque vous prenez conscience de votre respiration, remarquez comment vous commencez à respirer plus profondément et plus lentement.

- Pendant que vous observez votre respiration, si des pensées surgissent dans votre esprit, n'essayez pas de les faire disparaître, n'y résistez pas ; reconnaissez-les simplement et observez-les, comme vous pourriez observer les nuages qui passent dans le ciel ou regarder les feuilles flotter sur une rivière qui coule ; puis retournez votre attention à votre respiration.

- Pendant 2 à 3 minutes, asseyez-vous dans un état de *muraqaba*, en observant vos pensées qui passent, sans les analyser ni les juger.

- Chaque fois que vous commencez à analyser une pensée passagère, il est utile de ramener doucement votre attention sur votre respiration ou le nom d' « Allah ».

- Remarquez comment la douce mention du nom d'Allah ressemble à un flux naturel d'inspiration et d'expiration de la respiration.

- Qu'est-ce que cela fait de déplacer votre conscience de vos pensées en constante évolution vers un Dieu éternel et immuable?

- Prenez un moment pour noter brièvement dans votre journal ce que vous ressentez après cette pratique.

*« Accomplissez pour Allah le pèlerinage et l'Omra. »*

CORAN 2:196

*« Veux-tu devenir un pèlerin sur le chemin de l'amour ? La première condition est que tu te rendes humble comme la poussière et les cendres. »*

RUMI

# 10

# Hajj : Un
# Pèlerinage vers
# Dieu

Dieu appelle chaque musulman, apte physiquement et capable financièrement, à se rendre avec amour dans la ville sacrée de la Mecque et à participer au pèlerinage sacré connu sous le nom de Hajj (3:97). Le pèlerinage facultatif à la Mecque, ou *Omra*, peut se pratiquer à tout moment de l'année, mais le pèlerinage obligatoire du *Hajj* lui doit être effectué pendant une période spécifique de six jours au cours du douzième mois du calendrier islamique.

Le *Hajj* représente le voyage de retour de l'esprit vers Dieu, qui dure toute la vie. Le Coran parle de notre retour ultime dans les bras de la miséricorde divine, mais souvent dans le contexte du passage par la porte de la mort. Nous nous préparons pour le *Hajj* comme si nous nous préparions à notre mort. Nous devons payer toutes nos dettes, rédiger un testament, laisser de l'argent à notre famille et demander pardon à tous ceux dont nous avons pu blesser le cœur. L'effort physique des pratiques du *Hajj* fait partie du processus de purification de l'âme, car, à mesure que le corps s'affaiblit, l'emprise de l'ego et du matérialisme s'estompe, créant ainsi les conditions idéales pour que l'esprit s'éveille. Le *Hajj* est un voyage physique, psychologique et spirituel qui nous appelle à contempler à quel point nous sommes attachés à cette vie et dans quelle mesure nous sommes prêts pour la mort.

Les rituels du *Hajj* facilitent le chemin du retour vers Allah en nous aidant à nous détacher progressivement de notre ego et à éveiller notre cœur. En ce qui concerne le *Hajj*, l'érudit du vingtième siècle Gai Eaton déclare : « Le voyage physique n'est ni plus ni moins que la mise en œuvre extérieure d'un voyage intérieur, le voyage de la périphérie de notre être vers le centre, le cœur, qui, pour l'Islam, est le point où la verticale et l'horizontale se rencontrent, le point où le Divin croise l'humain[1]. » Le saint pèlerinage n'est pas un voyage pour adorer passivement Allah, mais plutôt le processus de dissolution dans l'amour d'Allah comme les nuages se dissolvent dans la lumière du soleil.

> *Le Hajj n'est pas seulement un voyage extérieur, mais un voyage à l'intérieur du cœur, dans lequel nous manifestons tout ce que nous sommes déjà.*

Les rituels du *Hajj* visent spécifiquement à dissoudre non seulement les chaînes de notre ego limitant, mais aussi les frontières superficielles de couleur, de classe et de genre créées par la culture. Avant l'arrivée des vols commerciaux, il fallait des semaines, des mois, voire des années, aux musulmans du monde entier pour se rendre en bateau, à cheval ou à pied dans la ville sainte de la Mecque.

Par conséquent, les pèlerins prenaient souvent le temps de récupérer après le Hajj avant de retourner à leur vie et à leur famille, souvent à l'autre bout du monde. Au cours de cette escale, ils avaient une occasion rare d'apprendre et d'interagir avec des musulmans d'origines et de cultures différentes qu'ils n'auraient jamais rencontrés autrement. C'était le moment où les érudits partageaient leurs idées, où la haine entre les cultures s'éteignait et où les stéréotypes culturels étaient brisés. Étant donné que la peur et les préjugés ont tendance à être changés non pas par des faits ou des données, mais plutôt par des relations, le Hajj a uni des hommes et des femmes de toutes les classes sociales et cultures, par le biais du culte, en tant que frères et sœurs dans la foi. Cette présence unificatrice a eu un effet profond sur le militant des droits de l'homme Malcom X, qui a décrit le pèlerinage du Hajj en disant : « Il y avait des dizaines de milliers de pèlerins, venus du monde entier. Ils étaient de toutes les couleurs, des blonds aux yeux bleus aux Africains à la peau noire. Mais nous participions tous au même rituel, affichant un esprit d'unité et de fraternité que mon expérience en Amérique m'avait poussé à croire impossible entre les blancs et les non-blancs. »

Nous pouvons paraître différents, mais l'amour auquel nous aspirons est le même. Il n'y a pas de hiérarchie dans les rituels du *Hajj*, car tous les êtres humains sont égaux aux yeux de Dieu. Dans le Coran, Allah explique que toute l'humanité provient d'une seule et même âme, et que la diversité de nos couleurs et de nos langues n'est donc pas un moyen de créer une séparation entre les gens, mais plutôt une occasion de faire l'expérience de la créativité illimitée de Dieu.

> « *Ô hommes ! Nous vous avons créés d'un mâle et d'une femelle, et Nous avons fait de vous des nations et des tribus, pour que vous vous entre-connaissiez. Le plus noble d'entre vous, auprès d'Allah, est le plus pieux. Allah est certes Omniscient et Grand-Connaisseur.* »
>
> CORAN 49:13

La religion a été envoyée non pas pour nous diviser, mais pour nous dévoiler la vérité que, bien que nous soyons des fruits séparés, nous sommes tous suspendus au même arbre de vie. Notre peau a peut-être été peinte par Dieu en plusieurs nuances et tons, mais la couleur de nos âmes est unique. Pendant le *Hajj*, nous marchons ensemble comme une seule âme, vers la même maison divine que nous avons quittée il y a si longtemps. Notre objectif commun de recherche de l'intimité avec Dieu dépasse toutes les différences de couleur, de culture et de statut socio-économique.

## Le Prophète Abraham : le père du monothéisme

Le pèlerinage du *Hajj* remonte à des milliers d'années, à l'époque du Prophète Abraham. Abraham est le pont central entre les principales confessions monothéistes. Comme le dit Rumi: « Juifs, chrétiens, musulmans, nous nous inclinons tous devant le Dieu d'Abraham. » En fait, certains rituels du Hajj commémorent la plus grande épreuve divine que le Prophète Abraham ait eu à subir : lorsque Dieu lui a demandé de sacrifier son fils aîné, Ismaël[2]. À propos de cette histoire, de nombreuses personnes se demandent : « Comment Dieu a-t-Il pu demander à un père de tuer son enfant innocent ? »

La clé pour comprendre les dimensions profondes des histoires du Coran est de ne pas se perdre dans les significations superficielles, mais d'écouter ce qu'elles représentent symboliquement. Le symbole de la mort dans la révélation ne représente pas une fin, mais une porte vers une autre position de la réalité. Les érudits suggèrent que Dieu ne cherchait pas à ce qu'Abraham fasse du mal physiquement à son fils, Il lui demandait plutôt de renoncer à son attachement à toute autre chose qu'Allah. Dieu a donné à Abraham cette épreuve infiniment difficile comme moyen de briser son cœur afin que tout ce qui est autre que Dieu en tombe. Pour ainsi dire, Allah enseignait à Abraham comment matérialiser « *la ilaha illa Allah* » dans son cœur et son âme. Enfant, Abraham était tellement opposé à l'adoration de formes physiques qu'il a brisé les idoles sculptées par ses ancêtres dans le temple ; puis dans ses vieux jours, Allah lui demanda de briser son attachement à son fils dans le sanctuaire de son cœur. Dieu ne punissait pas Abraham, Il lui rappelait de ne pas aimer le don qu'était son fils au point de perdre de vue le Donateur.

Cependant, cette histoire ne concerne pas seulement le Prophète Abraham, mais aussi son fils Ismaël. Lorsque le prophète Abraham reçut l'ordre divin de sacrifier Ismaël, il alla voir son fils et lui dit : « Ô, mon fils, je me vois en songe en train de t'immoler. Vois donc ce que tu en penses. » (Ismaël) dit : « Ô mon cher père, fais ce qui t'est commandé : tu me trouveras, s'il plaît à Allah, du nombre des endurants. » (37:102). Ismaël a magnifiquement montré comment s'abandonner véritablement et s'en remettre à la révélation divine. Cela représente l'un des plus grands exemples dans le Saint Coran de *tawakkul* ou « confiance totale » en Dieu. Lorsqu'Ismaël a entendu l'ordre de Dieu, il a obéi sans poser de questions, parce qu'il avait confiance en Dieu et savait que son Seigneur l'aimait plus que n'importe quel humain ne pourrait le faire, y compris son père.

Nous sommes encouragés à aimer les fruits et les fleurs éphémères de cette belle Terre, mais Allah nous rappelle de tenir ces dons dans nos mains plutôt que dans nos cœurs, car le cœur du serviteur fidèle n'appartient qu'à Dieu. Pour faire l'expérience d'un Dieu unique, nous devons nous efforcer d'être vides à la fois du moi et des attachements mondains qui nous définissent. L'unicité de Dieu est magnifiquement illustrée dans l'histoire mythique d'un vieil homme à la recherche de Dieu.

> Un amoureux de Dieu a cherché pendant deux ans avant de trouver enfin l'endroit où vivait son Bien-Aimé. Il frappa à la porte et l'autre côté répondit : « Qui est là ? » L'amoureux répondit en extase : « C'est moi ! Celui qui t'aime plus que quiconque ! » L'autre côté répondit de derrière la porte : « Tu t'es trompé, ce n'est pas la maison que tu cherches. »
>
> L'amoureux était désemparé et confus, il partit dans le désert, à prier et à adorer pendant des années avant de revenir à nouveau. Il frappa à nouveau à la porte et la voix répondit : « Qui est là ? » L'itinérant répondit cette fois : « C'est Toi ! ». À ce moment-là, la porte s'ouvrit pour lui.

Lorsque le sage s'est présenté la première fois à la porte de Dieu, son ego était encore au premier plan de son existence, ce qui le voilait de l'unicité divine. Mais lorsqu'il s'est rendu dans le désert, avec l'aide d'Allah, il a dissous son attachement à son moi ; il a sacrifié son Ismaël intérieur, pour ne plus être qu'un miroir pour son Seigneur. Voilà ce que signifie d'être un véritable gardien aimant de cette Terre, et un reflet clair des qualités divines. C'est la position d'Abraham, l'état de détachement de tout ce qui n'est pas Allah. Au moment où Abraham s'est soumis à ce qu'Allah lui demandait, son cœur disait essentiellement « Oui, oui, j'en atteste ! » à l'alliance primordiale qu'Allah a conclu avec toutes les âmes[3].

Chaque fois que nos désirs sont en conflit avec le Coran, Allah nous pose la même question : « Ne suis-je pas votre Seigneur ? » Lorsqu'Abraham a répondu en soumettant sa volonté à celle de Dieu, l'ordre est venu de tuer un mouton à la place d'Ismaël, pour symboliser le fait qu'Abraham avait sacrifié son ego devant Dieu[4]. Une fois qu'Abraham et son fils ont passé le test que Dieu leur a donné, ils ont été divinement inspirés pour reconstruire l'ancienne Kaaba dans la vallée de la Mecque.

## Les mystères de la *Kaaba*

Bien qu'il n'existe pas de récits prophétiques universellement reconnus, certains érudits et mystiques ont suggéré qu'après s'être réunis sur Terre, Adam et Ève ont été attirés dans la vallée de la Mecque par l'incroyable scène des anges qu'ils ont vu tourner autour de *Bait-ul Ma'mur* ou la « Maison peuplée » (52:4). On dit que *Bait-ul Ma'mur* est située en dehors du monde humain, dans le septième ciel au-dessus de la Kaaba. Certains ont suggéré que c'est ici, directement sous le centre d'adoration céleste, qu'Adam et Ève ont été guidés pour construire la Kaaba, qui fut le premier autel d'adoration construit par l'homme au nom d'un Dieu unique sur Terre[5].

> « *La première Maison qui ait été édifiée pour les gens, c'est bien celle de Bakka (la Mecque), bénie et guide pour l'univers.* »
>
> **CORAN 3:96**

Le temps a englouti les vestiges de ce sanctuaire sacré pour être ressuscité des milliers d'années plus tard par le Prophète Abraham et son fils Ismaël (2:127). Au fil du temps, la *Kaaba*, qui était autrefois un symbole de monothéisme, s'est remplie d'idoles tribales et est devenue une destination de culte populaire pour les pèlerins païens. Ce n'est qu'après l'envoi du Prophète Mohammed ﷺ que la *Kaaba* a été purifiée de toutes les idoles et rétablie comme centre du monothéisme pour tous les musulmans.

La *Kaaba* est métaphoriquement connue par les musulmans comme la « Maison de Dieu ». Son architecture est très simple, mais elle renferme un symbolisme très riche. La structure de la *Kaaba* est en forme de cube, de sorte qu'elle pointe vers le nord, le sud, l'est, l'ouest, le bas et le haut sans être orientée dans une direction particulière, ce qui nous rappelle que Dieu fait face à toutes les directions simultanément.

Aujourd'hui, la *Kaaba* est recouverte d'un tissu noir, qui représente merveilleusement la nature infinie et transcendante de Dieu. Le noir n'est pas l'absence de couleur, mais plutôt le résultat lorsque toute couleur est absorbée sans réflexion. De même, Dieu unit toute la diversité dans sa singularité. La *Kaaba* est vide à l'intérieur, ce qui signifie que Dieu ne peut être capturé ou contenu dans une forme finie. L'importance de ne pas être trop littéral dans la conceptualisation de la *Kaaba* est parfaitement illustrée par l'histoire du mollah Nasruddin, qui s'est rendu dans la ville sainte de la Mecque pour le pèlerinage du *Hajj*.

> Après avoir terminé son *Hajj*, le Mollah Nasruddin décida de faire une courte sieste dans la Grande Mosquée. Pendant son sommeil, il se tourne et se retourne jusqu'à ce que, inconsciemment, ses pieds soient tournés vers la Kaaba sacrée. Le Mollah fut réveillé brutalement par un groupe de Mecquois en colère, qui lui reprochaient d'avoir les pieds tournés vers la maison sacrée de Dieu (*Kaaba*). Le Mollah répondit : « Oh, pardonnez-moi ! Je suis terriblement désolé pour mon oubli ! Pourriez-vous s'il vous plaît diriger mes pieds dans une direction où Dieu n'est pas présent ? » Les élites mecquoises sont restées sans voix, car elles savaient que Dieu était présent dans toutes les directions, elles ont donc laissé l'astucieux Mollah tranquille.

La *Kaaba* mérite le plus grand respect et nous ne devons en aucun cas tomber dans le piège du culte des formes, surtout pas au point d'oublier l'intention et le symbolisme de la *Kaaba*. Le Coran nous enseigne magnifiquement que la droiture ne découle pas d'une orientation géographique, mais qu'elle repose sur la sincérité qui sous-tend nos croyances et nos actions.

*« La bonté pieuse ne consiste pas à tourner vos visages vers le Levant ou le Couchant. Mais la bonté pieuse est de croire en Allah, au Jour dernier, aux Anges, au Livre et aux prophètes, de donner de son bien, quelque amour qu'on en ait, aux proches, aux orphelins, aux nécessiteux, aux voyageurs indigents et à ceux qui demandent de l'aide et pour délier les jougs, d'accomplir la Salat et d'acquitter la Zakat. Et ceux qui remplissent leurs engagements lorsqu'ils se sont engagés, ceux qui sont endurants dans la misère, la maladie et quand les combats font rage, les voilà les véridiques et les voilà les vrais pieux ! »*

CORAN 2:177

Les musulmans ne considèrent pas la *Kaaba* comme une maison où Dieu habite, mais plutôt comme un reflet du *Bait-ul Ma'mur*, où d'innombrables êtres célestes tournent en permanence dans un état perpétuel de prière. Lorsque nous tournons autour de la *Kaaba* en adorant Allah, nous nous joignons à l'univers entier dans une danse de louange au Divin. Allah est considéré comme le point central du cercle de l'existence. Il est le point d'axe autour duquel tout tourne - Il ne bouge pas, ne change pas, ne se déplace pas, car Il est en dehors du temps et de l'espace.

Tout ce qui existe est dans un état constant de circumambulation. Les électrons tournent autour du noyau d'un atome, la lune tourne autour de la Terre, la Terre tourne autour du soleil, et le soleil tourne autour d'un trou noir au centre de notre galaxie. Tout comme un trou noir attire toute la matière environnante dans son orbite par sa gravité, la Kaaba attire l'âme par la gravité infinie de l'amour divin.

Sans l'attraction divine de l'amour, il n'y aurait pas de vie, car la matière ne peut se former sans attraction. Si l'amour et l'attraction de l'électron par rapport au noyau ou de la Terre par rapport au soleil étaient supprimés, la vie cesserait d'exister. Du niveau microscopique au niveau macroscopique, nous sommes dans un état constant d'orbite. Comme 300 millions de spermatozoïdes en direction d'un seul ovule, des millions de pèlerins cherchent tous à se dissoudre dans le Divin, car c'est notre union avec Dieu qui inspire la vie en nous. De même que le noyau est le centre d'un atome et qu'un trou noir est le centre de notre galaxie, la Kaaba sert de point central géographique à la vie spirituelle d'un musulman. La vie de chaque croyant gravite autour du champ unifié de la conscience de Dieu.

Nous faisons le tour de la *Kaaba* dans le sens inverse des aiguilles d'une montre, ce que l'on appelle une circumambulation, qui symbolise le fait que notre relation avec Dieu est en dehors du temps et de l'espace et qui est une métaphore du fait que le voyage vers Dieu est sans fin. C'est pourquoi nous terminons chacune de nos sept circumambulations exactement là où nous avons commencé, à *l'Al-Hajaru Al-Aswad*, la mystérieuse pierre noire dont on dit qu'elle est tombée du ciel à l'époque d'Adam et Eve. Notre voyage sur Terre va de Dieu, qui est notre origine, à Dieu, qui est notre fin.

Le but de chaque rituel du *Hajj* est de nous débarrasser de nos attachements à ce monde, afin que nous puissions prendre conscience de la proximité de Dieu. Comme le dit Rumi : « Soyez émietté, ainsi les fleurs sauvages pousseront là où vous êtes. Vous avez été pierreux pendant trop d'années. Essayez quelque chose de différent. Abandonnez-vous. »

## Le symbolisme mystique dans les rituels du *Hajj*

Les rituels du *Hajj* sont l'occasion de contempler notre existence, en relation avec Dieu et l'ensemble de sa création. Les longues heures de prière dans le climat rude du désert, les conditions de voyage entre les sites rituels surpeuplés et les interdictions vestimentaires nous rappellent notre dépendance à l'égard de Dieu. Le pèlerinage du *Hajj* se compose de nombreux rituels magnifiques, dont la plupart sont riches en symboles. Voici quelques-uns des principaux rituels du *Hajj* :

En plus de signifier « pèlerinage », le mot *Hajj* vient de la racine à trois lettres *ha-jim-jim* qui signifie « intention complète, preuve définitive ». L'une des principales conditions du *Hajj* est d'avoir l'intention (*niyah*) de laisser derrière soi le monde et tout ce qu'il contient, en cherchant uniquement Allah. Comme le dit Rumi: « Donne ta vie à Celui qui détient déjà tes respirations et chacun de tes instants. » En s'approchant de la *Kaaba*, les pèlerins chantent tous avec amour la prière d'intention suivante, connue sous le nom de *Talbiyah* : « Me voici à Ton service, Oh Seigneur, me voici. Me voici à Ton service et Tu n'as pas d'associé. À Toi seul revient toute louange et toute munificence, et à Toi seul revient la souveraineté. Tu n'as pas d'associés. »

En plus d'une intention sincère, nous devons nous défaire de nos vêtements terrestres et entrer en état d'ihram. Le mot *ihram* désigne à la fois un type de vêtement et un état. En tant que nom, *l'ihram* est un tissu blanc sans coutures, dépourvu de marques et d'ornements de richesse, qui symbolise la sortie de la culture humaine et des poursuites mondaines. Bien que les exigences concernant les vêtements que les femmes doivent porter pour le *Hajj* ne soient pas aussi spécifiques que pour les hommes, elles sont néanmoins encouragées à porter des vêtements modestes et sans marques, afin de préserver un sentiment d'unité. L'unité extérieure symbolise le fait que chaque personne est égale devant Dieu ; il n'existe aucune division fondée sur la richesse, l'origine ou la culture.

Le *Hajj* est le seul endroit où le roi et le paysan s'habillent de la même façon, où l'artiste affamé et le milliardaire prient côte à côte, où la star de cinéma et le villageois doivent tous deux dormir dans des tentes. Lorsque les femmes et les hommes entrent dans *l'ihram*, certaines activités leur sont interdites, comme les relations sexuelles, la chasse ou le fait de se couper les cheveux, afin de détourner leur attention des désirs de l'ego vers la pure conscience de Dieu. Toutes les distinctions du moi et le « je » égoïste de chaque pèlerin fondent pour évoluer en un « nous » universel. Comme des gouttes dans l'océan, les pèlerins se fondent en une seule mer de blanc où la culture, les origines, le statut social, le sexe et l'âge ne font aucune différence face à Dieu. Aux yeux de Dieu, la hiérarchie n'est pas fondée sur la richesse matérielle accumulée, mais sur la richesse spirituelle, la droiture et la conscience de Dieu. Lorsque le pèlerin s'approche de la *Kaaba*, il doit se dépouiller de toute attache et de toute marque de séparation, se vider du monde et aspirer à être rempli de la seule présence de Dieu. *L'ihram* est parfois appelé « tissu du cercueil », car il reflète le *kaffan*, le tissu blanc dans lequel les musulmans sont enveloppés lorsqu'ils sont enterrés. Lorsque vous le mettez, vous vous abandonnez à Dieu comme un mort entre les mains du laveur et vous vous soumettez complètement à Dieu.

Une fois que nous sommes en état d'ihram, nous pouvons entrer dans la ville sainte de la Mecque et faire sept fois le tour de la Kaaba. Comme lorsque nous tournons autour des sept anneaux d'un atome, chaque fois que nous faisons le tour de la *Kaaba*, nous nous rapprochons de plus en plus du noyau de notre propre être, jusqu'à ce que nous puissions accéder à l'essence spirituelle qui est en nous, là où Dieu se reflète le plus brillamment. Par essence, l'ensemble du pèlerinage extérieur est un symbole de notre pèlerinage intérieur vers la *Kaaba* de notre cœur.

L'une des pratiques les plus symboliques du *Hajj* consiste à courir sept fois entre les collines de Safa et Marwa. L'histoire raconte qu'après avoir attendu près d'un siècle avant d'avoir un enfant, le prophète Abraham a reçu l'ordre de Dieu de laisser la mère de son enfant, Hajar, et son fils en bas âge, Ismaël, entre les deux collines de Safa et Marwa, dans un désert sec et inhabitable d'Arabie, appelé plus tard la Mecque. Il fut ordonné à Abraham de les laisser exposés aux rudes éléments de la Terre et de faire confiance à Allah pour les protéger et subvenir à leurs besoins grâce à l'océan infini de Sa miséricorde. Pendant le *Hajj*, nous courons entre ces collines pour reconstituer la course de Hajar entre Safa et Marwa, à la recherche d'eau pour son bébé assoiffé. Ces collines symbolisent le voyage terrestre consistant à courir entre les qualités de beauté (*Al-Jamal*) et de majesté (*Al-Jalal*) de Dieu, assoiffés des eaux de Son amour et de Sa miséricorde. Alors que Hajar courait à la recherche d'eau, l'enfant Ismaël pleurait et enfonçait ses talons dans le sable du désert. À l'endroit où ses pieds de bébé touchaient le sol, une source d'eau jaillissait, connue plus tard sous le nom de la miraculeuse Zam Zam.

Le puits sacré de Zam Zam a fourni de l'eau aux pèlerins de la Mecque déjà bien avant l'époque du Prophète Mohammed ﷺ. Symboliquement, cette histoire nous montre que tout comme c'est sous les pieds assoiffés d'Ismaël qu'a jailli la source de Zam Zam, c'est dans notre douleur et notre désir que réside notre guérison. Comme le dit si bien Rumi : « Là où se trouve la douleur se trouve le remède ; là où se trouve la pauvreté se trouve la provision. Partout où se trouve une question difficile, c'est là que se trouve la réponse ; partout où se trouve un bateau, l'eau y va. Ne cherchez pas l'eau, augmentez votre soif, afin que l'eau jaillisse d'en haut et d'en bas. Comment pourrait couler le lait du sein de la mère avant que l'enfant à la gorge tendre ne soit né ? »

L'une des expériences les plus mémorables et les plus marquantes du *Hajj* est la prière sur les plaines d'Arafat. On dit souvent qu'Arafat est l'apogée du *Hajj*. L'image de millions de personnes, dans des tenues ressemblant à ce qu'elles porteront le jour de leur enterrement, sortant de toutes les vallées et crevasses de la Terre, est une répétition générale symbolique du jour du jugement, lorsque nous nous présenterons devant Dieu avec rien d'autre que notre foi et nos bonnes actions. Bien que les érudits ne soient pas d'accord sur l'endroit sur Terre où Adam et Ève ont été envoyés individuellement, certains suggèrent qu'Arafat est le lieu où Adam et Ève se sont réunis après avoir été chassés du Jardin divin. D'autres savants affirment qu'Arafat est un symbole du pardon infini de Dieu, car c'est sur la montagne de la miséricorde (*Jabal Al-Rahma*) qu'Adam et Ève ont prié pour être pardonnés d'avoir mangé de l'arbre interdit, et leur prière a été acceptée[6]. Le mot Arafat vient de la racine arafa, qui signifie « reconnaître, découvrir et connaître », ce qui implique que ce lieu représente un retour à nos origines, un rassemblement, une réapparition de qui nous sommes et d'où nous venons. Par la réconciliation d'Adam et Eve, la double nature de l'Homme est symboliquement unie devant la singularité de Dieu. Comme le dit Rumi: « Bien que tu apparaisses sous une forme terrestre, ton essence est une pure conscience. Tu es le gardien intrépide de la lumière divine. Alors, viens, retourne à la racine de la racine de ta propre âme. »

Arafat est le centre de la conscience de Dieu, où les pèlerins viennent réaffirmer leur engagement divin d'allégeance et prier pour le pardon[7]. Le Prophète Mohammed ﷺ suggère que ce qui suit est l'une des meilleures supplications à faire le jour d'Arafat : « La ilaha illa Allahu, wahdahu laa sharika lah, lahul-mulku wa lahul-hamdu, wa huwa 'alaa kulli shay'in qadir », ce qui signifie « Il n'y a aucune divinité (digne d'être adorée) en dehors d'Allah, Seul, sans associé, à Lui la Royauté et la Louange, et Il est capable de toute chose[8] ».

Le rituel de jet de pierre à Mina est une pratique symbolique pour briser nos idoles et nous tourner vers Allah. Nous jetons des pierres de la taille d'un galet sur trois piliers qui symbolisent les trois épreuves auxquelles le Prophète Abraham a été confronté lorsqu'il a reçu l'ordre de sacrifier son premier fils. Symboliquement, le chiffre trois est considéré comme une représentation de la nature continue et répétitive de la tentation. Comme le veut la tradition, le pèlerin doit lapider sept fois chacun des trois piliers symbolisant le diable. Cette pratique représente le fait de remettre constamment nos affaires matérielles et spirituelles entre les mains d'Allah. Nous ne sommes pas appelés à combattre les ténèbres par nous-mêmes, mais à rechercher la lumière de Dieu et à faire appel à Lui pour éclairer notre chemin vers la paix. Le fait de lancer des pierres peut également être considéré comme un miroir de l'histoire du Prophète David, qui a pu tuer le géant de l'oppression en lançant une seule pierre de foi. Il ne s'agit pas de frapper les piliers avec le plus de force possible, mais plutôt de se débarrasser en douceur des désirs basiques et des schémas négatifs de notre vie qui entravent notre progression spirituelle. Lorsque nous faisons face et reconnaissons les domaines dans lesquels nous sommes bloqués, nous pouvons intégrer une conscience plus profonde de ce que nous voulons changer. Il existe une histoire hilarante du Mollah Nasruddin qui décrit parfaitement notre tendance à nous accrocher à des schémas qui étouffent notre progrès spirituel.

> Un jour, le Mollah a ouvert son sac de déjeuner au travail et s'est plaint : « Encore un sandwich au fromage ! J'en ai tellement marre de ces sandwichs au fromage ! » Puis le lendemain, il a de nouveau ouvert son déjeuner et dit : « Encore un sandwich au fromage ! Ces sandwichs au fromage vont finir par me tuer ! » Puis, le jour suivant, le Mollah a ouvert son sac et dit : « Sandwich au fromage ! Je déteste

les sandwichs au fromage ! Oh, pourquoi, mon Dieu ?! Pourquoi c'est toujours un sandwich au fromage ! » Finalement, un de ses collègues lui dit : « Mollah, pourquoi ne dis-tu pas à ta femme que tu n'aimes pas les sandwichs au fromage ? » Le Mollah a répondu : « Mais je n'ai pas de femme. » Son collègue lui a demandé, confusément : « Alors, qui fait ces sandwichs au fromage ? » Le Mollah a alors répondu : « Eh bien, c'est moi ! »

Cette histoire, à la fois drôle et profonde, nous amène à nous demander combien de fois nous nous plaignons des schémas de notre vie que nous tissons de nos propres mains. Le jet de pierres à Mina est un acte symbolique de prise de responsabilité pour nos actions. Il ne s'agit pas seulement de rejeter les influences extérieures du diable, mais aussi de chasser les voix intérieures de la critique, de l'envie, de la cupidité, de la jalousie, de la luxure et des autres tentations de l'ego qui nous maintiennent asservis au monde au lieu de nous aligner avec Allah.

La cupidité de l'être humain et son obsession de l'ego sont l'une des raisons pour lesquelles les pèlerins sont appelés à sacrifier un animal et à donner la viande aux pauvres. Ce sacrifice symbolise le fait que, comme le Prophète Abraham, nous sommes prêts à renoncer à ce qui est le plus important pour nous en échange du bon plaisir de Dieu. Il peut également être considéré comme un symbole du détachement des désirs bestiaux de l'ego. Comme le dit le Coran: « Accomplis la Salat pour ton Seigneur et sacrifie. » (108:2), car tout ce que tu cherches est caché sous les désirs primaires du moi inférieur. Dans le royaume divin, plus nous donnons pour l'amour de Dieu, plus nous recevons des mains de Dieu. Par conséquent, cette contribution à l'aumône nous relie non seulement aux pauvres, mais elle sert également à ouvrir nos cœurs et nous rendre plus réceptifs aux bénédictions (*baraka*) de Dieu.

Outre le fait de sacrifier un animal pour les pauvres, les pèlerins se coupent ou se rasent également les cheveux. Ce sacrifice est destiné à nous rappeler l'impermanence de nos formes physiques par rapport à la nature éternelle de Dieu. Couper nos cheveux est également un acte de sacrifice devant Dieu. Nos cheveux symbolisent notre honneur. Ainsi, lorsque nous nous rasons ou nous coupons les cheveux, nous disons en fait à Dieu : « *Je ne place rien au-dessus de Toi. Je sacrifie tous mes attachements superficiels, ma réputation et tous les ornements mondains qui me définissent en échange de Ton bon plaisir.* ». Avec la coupe des cheveux, nous quittons avec révérence l'état d'ihram.

Toutefois, avant de quitter l'état d'ihram, de nombreux musulmans retournent à la Mecque et effectuent la « circumambulation d'adieu » de la Kaaba. Symboliquement, chaque fois que nous faisons le tour de la Kaaba, nous enlevons une des couches des sept cieux, avec l'intention de nous tenir devant Dieu sans les voiles de notre ego. Comme le dit le Prophète ﷺ: « Quiconque accomplit le Hajj et ne commet aucune obscénité ou transgression reviendra [libre de tout péché] comme il l'était le jour où sa mère lui a donné naissance[9]. » Le *Hajj* est comme un raccourci pour dévoiler et accéder au caractère sacré de notre nature primaire (*fitra*). En fait, on dit qu'une fois les rituels du *Hajj* terminés, si le pèlerin s'est totalement abandonné au Divin, faire le tour de la *Kaaba* sera comme tourner autour du trône de Dieu, parmi les anges des plus hauts cieux.

## Chaque moment est un *Hajj*

Les chemins vers la *Kaaba* sont infinis et nombreux, mais le but est unique. Notre voyage sur Terre est un pèlerinage d'Allah à Allah. Chaque inspiration et chaque expiration Lui appartient. Chaque fois que vous dormez, vous retournez à Allah, et chaque matin, par Sa miséricorde, vous êtes rendu à votre corps. Le *Hajj*, c'est maintenant. En ce moment même, vous êtes en orbite autour d'une *Kaaba* dans votre vie. Tout comme la Terre tourne autour de son axe, nous, les humains, gravitons autour d'un point central.

*Quelle est votre Kaaba ?*

Quelle est la chose qui vous attire le plus, à laquelle vous pensez lorsque votre âme retourne dans votre corps le matin ? Quelle est la chose qui gravite dans votre esprit lorsque vos paupières se ferment pour vous endormir chaque nuit ? Qu'est-ce que vous désirez plus que tout ? Qu'est-ce qui est le centre de votre vie ? Quelle que soit la réponse, c'est votre *Kaaba*.

Il n'est pas nécessaire de tomber éperdument amoureux d'une chose pour qu'elle devienne une idole devant Dieu. Tout ce sur quoi nous plaçons notre attention plus qu'Allah devient un faux dieu, car en occupant une plus grande partie de notre esprit, cette chose influence davantage nos décisions. Si votre monde tourne autour de quelque chose de mortel - une personne qui mourra un jour, une chose qui se brisera un jour ou un désir qui passera - vous ne trouverez jamais la vraie paix, car vous vous êtes attaché à quelque chose d'éphémère. C'est pourquoi Bouddha a dit : « La racine de toute souffrance est l'attachement. » C'est aussi pourquoi le chemin vers Dieu commence par le fait de se détacher de toutes les idoles éphémères avec *La ilaha* (il n'y a pas de dieu), avant d'affirmer la croyance en la réalité éternelle et singulière de Dieu avec *illa Allah* (en dehors de Dieu).

Nous devons d'abord nier l'existence de fausses idoles en nous avant de pouvoir déclarer la singularité et la perfection d'Allah. Le *Hajj* nous apprend à nous détacher de ce monde mortel, afin de pouvoir nous accrocher à un Dieu éternel. Chaque acte et rituel du *Hajj* a pour but de nous dépouiller de tout ce qui nous empêche de réaliser l'unicité de Dieu, qui englobe tout. Nous ne faisons pas le *Hajj* pour gagner quelque chose, mais pour nous débarrasser de tout ce qui nous empêche de réaliser ce que nous sommes déjà.

Le *Hajj* consiste à renoncer à nos limites et aux images que nous nous faisons de ce que devrait être la réalité, pour devenir réceptif à tout ce que Dieu veut créer à travers nous. Lorsque les voiles de nos perceptions erronées sont levés, nous découvrons que la porte du Divin a toujours résidé dans la *Kaaba* de notre propre cœur sacré.

> *Mon Seigneur bien-aimé, ouvre les portes de Ton abondante*
> *miséricorde afin que je puisse visiter Ta Sainte Maison.*
> *Oh, Allah, fais de ma vie entière un Hajj, un pèlerinage*

*de tout ce que je suis vers tout ce que Tu es. Pardonne-moi mes défauts et purifie-moi par Ta grâce, afin que je puisse devenir un pèlerin sur le chemin de Ton amour. Dans les mots de mon bien-aimé Prophète* ﷺ*: « Ô Allah, éloigne-moi de mes péchés comme Tu as éloigné l'Orient de l'Occident. Ô Allah, purifie-moi de mes péchés comme le vêtement blanc est purifié des souillures. Ô Allah, purifie-moi de mes péchés avec de l'eau, la neige et la grêle*[10]*. » Ô Allah, j'attends avec amour Ton invitation à venir Te rendre visite, dans cette vie et dans l'autre. Je place mon espoir dans Ta miséricorde et ma confiance dans Ton timing parfait. Je prie en Tes noms pleins de générosité, Amin.*

## Méditation : Qu'y a-t-il dans la Kaaba de votre cœur ?

Tout le monde vénère quelque chose. Ce que nous adorons dépend de ce vers quoi nous dirigeons notre attention. Lorsque notre attention principale se porte sur autre chose qu'Allah, l'objet de notre attention devient une idole. L'exercice suivant aide à identifier et à éliminer nos idoles.

- Prenez quelques feuilles de papier et un stylo.
- Asseyez-vous sur une chaise ou sur le sol, le dos droit, et prenez trois respirations profondes. Assurez-vous d'expirer lentement.
- Contemplez les questions suivantes : à quoi pensez-vous le plus dans votre vie ? De quoi vous inquiétez-vous avant de vous endormir ? À quoi pensez-vous lorsque vous vous réveillez ? Qu'est-ce qui vous distrait le plus dans la prière ?
- Notez toutes vos réponses sur des feuilles de papier séparées.
- Posez ces papiers autour de vous et imaginez que ce sont des idoles physiques que vous avez placées dans la *Kaaba* de votre cœur. Quels sentiments vous viennent à l'esprit en voyant ces idoles ?
- Inspirez profondément par le nez pendant 5 temps, retenez votre respiration pendant 3 temps et expirez lentement par la

bouche pendant 8 à 10 temps. Faites une pause pendant 2 temps et répétez. Effectuez cet exercice 6 à 8 fois ou, jusqu'à ce que vous ressentiez un sentiment de relaxation. (Au début, cela peut être difficile à faire, mais après quelques essais, cela deviendra plus facile).

- Remarquez comment votre état a pu changer. Lorsque votre esprit commence à se calmer, prenez un par un chaque papier et demandez à Allah : « *Ô Allah, aide-moi à lâcher cette idole qui ne me sert pas pour que je puisse m'accrocher à Toi. Ô Allah, enlève ce mur entre nous, afin que je puisse témoigner de Ta présence plus clairement.* »

- Après chaque prière que vous faites, déchirez votre idole en papier en petits morceaux, comme un acte symbolique de lâcher-prise.

- Après chaque idole déchirée, récitez *la ilaha illa Allah*, qui signifie « Il n'y a pas de dieu, en dehors de Dieu » 33 à 100 fois.

- Soyez attentif à ce que vous ressentez avant et après cette pratique.

« *Et la vie présente n'est qu'un objet de jouissance trompeuse.* »

**CORAN 3:185**

« *Notre mort est notre mariage avec l'éternité.* »

**RUMI**

# 11

# LES SECRETS SPIRITUELS DE LA MORT

Nous sommes un esprit éternel, modelé par le souffle de Dieu. Nos corps sont des véhicules, mais pas ce que nous sommes réellement. Nos corps sont faits d'argile et cette Terre est le four dans lequel nous sommes cuits et vernis pour devenir une poterie divine. La Terre n'est pas notre maison, mais un cocon, une période de gestation, où nous sommes moulés pour devenir ce que nous étions destinés à devenir.

La mort n'est pas une fin, c'est une transition - une métamorphose, dans laquelle nous déshabillons nos corps de chenilles pour dévoiler nos esprits de papillons éternels. Tout ce qui est vivant commence par une mort, une perte ou un sacrifice ; c'est dans le terreau de la mort que la vie grandit et évolue. Le cocon doit être déchiré pour que le papillon puisse émerger, et la graine doit se fendre avant qu'un arbre puisse germer.

La vie, c'est mourir pour évoluer. La mort est un pont qui mène à l'évolution de notre conscience, car comme le dit Allah: « Certes, la vie future te réserve plus de joies que la vie présente » (93:4). Si vous dites à un bébé dans l'obscurité de l'utérus qu'il existe un monde de lumière, de montagnes, de mers et d'étoiles, il aura du mal à le croire. Tout comme ce bébé, notre compréhension de la réalité est limitée à ce que nous avons vécu dans le ventre de notre mère la Terre. Et tout comme le bébé, nous devons nous aussi quitter un jour le ventre de ce monde pour une autre réalité[1].

Nos corps mourront un jour, mais nos esprits continueront à vivre. La mort n'est pas une fin, mais un moyen pour un Dieu qui n'a pas de fin.

*Nous ne sommes pas des pierres, nous sommes des graines;*
*nous ne sommes pas enterrés quand nous mourons, nous*
*sommes plantés, pour ressusciter dans un autre temps.*

L'idée d'une existence après la « mort » est même évoquée scientifiquement, à travers la loi de conservation de l'énergie, qui indique que dans un système fermé, l'énergie n'est ni créée ni détruite. En d'autres termes, lorsque notre corps meurt, la lumière de la vie qui est en nous n'est pas détruite, mais transformée[2]. La mort est une saison, un hiver pour nos esprits, qui ont été écrits pour se réveiller au printemps de la résurrection. La mort est la porte de la vie éternelle, car ce n'est qu'en mourant que l'on peut faire l'expérience de l'immortalité ; ce n'est qu'en mourant que l'on réalise la valeur inestimable de la vie.

Nous subissons des pertes ou des « petites morts » tout au long de notre vie afin de nous rappeler que rien sur cette Terre n'est éternel. Seul Allah est éternel. Tout ce qui est ici-bas retournera un jour à Lui. Comme le dit le Coran : « Très certainement, Nous vous éprouverons par un peu de peur, de faim et de diminution de biens, de personnes et de fruits. Et fais la bonne annonce aux endurants » (2:155). Nous ne sommes que des châteaux de sable près d'un rivage qui s'élève, et ce n'est qu'une question de temps avant que l'océan de l'unité ne nous ramène dans son étreinte.

Des relations qui se dissolvent aux amitiés qui se terminent, en passant par les rêves qui se brisent, tout meurt et renaît constamment. Les atomes et les cellules de notre corps sont constamment en train de mourir et de se régénérer en une nouvelle existence. Chaque nuit, la Terre meurt pour renaître au matin ; chaque fois que vous dormez, vous goûtez à la mort jusqu'à ce que Dieu vous ressuscite dans un état d'éveil[3].

> « *C'est Lui qui vous fit de la nuit un vêtement, du sommeil un repos, et qui fit du jour un retour à la vie active.* »
>
> CORAN 25:47

Nous sommes constamment recréés dans une nouvelle création. La mort est intimement liée à la vie. Ne tombez pas amoureux de ce monde éphémère, ne vous habituez pas à son confort, car tout ici s'effondre, se dissout et se décompose au fil du temps.

> « *Lavez les morts et votre cœur sera ému, car un corps vide est assurément une leçon profonde.* »
>
> IMAM ALI

## Le caractère inestimable du temps

Le soleil de la réalité nous est voilé par les nuages de notre attachement à cette vie. Lorsque nous apprenons à remettre notre vie à Dieu et à faire véritablement la paix avec la mort, la lumière de la conscience perce alors, nous dévoilant ainsi la vérité. Ceci est profondément illustré par l'histoire de la mort d'Alexandre le Grand.

Lorsqu'Alexandre le Grand tomba gravement malade, il fit appel aux plus grands guérisseurs et médecins du monde entier. Il leur montra ses richesses - ses diamants, ses pièces d'or et ses rubis - et leur dit que des trésors incroyables seraient donnés à celui qui pourrait le guérir. Mais aucune herbe, aucune pilule, aucune teinture, aucune potion n'est venue à bout de son état qui s'aggravait. Alexandre le Grand, l'homme le plus puissant de la Terre, était en train de mourir, et il ne pouvait rien faire pour l'empêcher.

Lorsqu'Alexandre accepta son destin, il convoqua les vizirs et les nobles de sa cour et leur dit qu'à sa mort, ils devaient réaliser ses trois souhaits. Premièrement, il a demandé que ses médecins soient les seuls à porter son cercueil. Deuxièmement, il a demandé que le chemin menant à sa tombe soit embelli par des pierres précieuses et des richesses provenant de son trésor. Enfin, il a demandé que ses mains soient sorties hors de son cercueil.

Alexandre a expliqué : « Je veux que mes médecins portent mon cercueil pour que mon peuple sache que lorsque l'heure de la mort viendra, aucun guérisseur terrestre ne pourra l'empêcher. Je veux que le chemin de ma tombe soit pavé de diamants et d'or pour que mon peuple voie que, malgré toutes mes richesses, je ne peux emporter aucun de mes trésors avec moi ; et je ne pourrais pas acheter plus de vie que celle qui m'a été donnée, car la vie n'a pas de prix. Enfin, je veux que mes mains soient à l'extérieur de mon cercueil pour que mon peuple puisse voir que, comme tout le monde, je suis venu au monde les mains fermées, sans rien dedans, et que maintenant, lorsque je quitte ce monde, je pars les mains ouvertes, sans rien dedans. »

Alexandre le Grand a vu que sa richesse infinie et ses succès historiques ne pouvaient le sauver de la mort. Cette histoire nous rappelle que nous devons être conscients du temps qu'il nous reste, car le temps est une ressource que nous ne pouvons rattraper. Nous pouvons pécher et être pardonnés. Nous pouvons tomber malades et guérir. Nous pouvons devenir pauvres et refaire fortune. Mais une fois le temps passé, il ne peut nous être rendu. Ce sont les graines de la charité, de l'amour, de la connaissance et des bonnes actions que nous plantons pour l'amour d'Allah qui fleurissent au fil des saisons au-delà de notre vie. Seules les bonnes actions que nous avons acquises nous accompagnent dans la tombe.

> « Les biens et les enfants sont l'ornement de la vie de ce monde. Cependant, les bonnes œuvres qui persistent ont auprès de ton Seigneur une meilleure récompense et [suscitent] une belle espérance. »
>
> CORAN 18:46

Notre fortune, notre succès dans ce monde ici-bas, notre famille et nos amis - tout ce qui est mortel sera laissé derrière nous. Comme l'a dit un mystique avec profondeur, « Vous enterrerez ou serez enterré par chaque personne que vous aimez ici-bas. Il n'y a aucune autre issue[4]. »

## Perdre un être cher

Accepter véritablement la perte d'un être cher est l'une des épreuves les plus difficiles que nous ayons à affronter. Il est facile de se perdre dans ses pensées, d'avoir honte et de regretter ce que nous avons pu faire ou ne pas faire, ou de regretter les mots que nous avons pu avoir ou ce que nous n'avons jamais eu la chance de dire à la personne décédée. La clé pour traverser une perte est de ne pas se perdre dans notre chagrin et notre douleur au point de ne pas être témoin de la présence aimante d'Allah qui nous étreint même dans les moments où nous avons le cœur brisé.

Le chagrin a un but sacré. À travers nos sentiments de perte, nous réalisons ce qu'est la véritable gratitude. Lorsque nous commençons à voir la profondeur de notre chagrin comme le reflet de la profondeur de l'amour que nous ressentions, le vide laissé par un être cher passe de déclencheur de tristesse et de regret à un autel de gratitude. Le personnage de livre pour enfants, Winnie l'ourson, l'illustre magnifiquement lorsqu'il dit : « Quelle chance j'ai d'avoir quelque chose qui rend les adieux si difficiles. » Puissions-nous ne pas laisser notre chagrin de la perte d'un être cher nous empêcher d'être reconnaissants d'avoir eu cette personne dans notre vie.

Le chagrin est normal, et notre foi n'en est pas amoindrie. Après tout, le Prophète Mohammed ﷺ a pleuré sa femme et l'amour de sa vie, Khadijah, de nombreuses années après son décès. Pleurez autant que vous en ressentez le besoin, mais au milieu de la douleur, n'oubliez pas que votre Seigneur vous aime profondément et vous voit pleinement.

*« Ne craignez rien. Je suis avec vous : J'entends et Je vois.»*

CORAN 20:46

Peu importe à quel point nous avons le cœur brisé par la perte d'un être cher, nous devons nous rappeler qu'« Allah n'impose à aucune âme une charge supérieure à sa capacité » (2:286). Lorsque le poids de la vie semble trop lourd à porter, cela ne signifie pas que Dieu essaie de nous briser, mais qu'Il essaie de dévoiler une force dont nous ne soupçonnions pas l'existence.

Pour mieux comprendre cela, considérez ce qui suit : il existe une plante appelée *lliamna bakeri* dont l'enveloppe de la graine est si dure que l'une des seules façons dont elle peut germer est par le biais d'un feu de forêt. Par conséquent, pendant plus de cent ans, cette graine peut rester en sommeil sous le sol, sans produire la moindre pousse. Ce n'est que lorsqu'un feu embrase la forêt, ramollissant et brisant l'enveloppe de la graine, que l'eau peut atteindre le cœur de la plante et la faire germer. Alors que la plupart des arbres, des plantes et des fleurs brûlent dans le feu, cette fleur pousse grâce au feu[5].

Parfois, les feux de la douleur ne se contentent pas de détruire ce que nous aimons, ils dévoilent aussi en nous des graines cachées de beauté et de force dont nous ne soupçonnions pas l'existence et que nous étions incapables de manifester dans des conditions de facilité. Dieu nous met parfois à l'épreuve afin de briser la coquille de notre cœur, créant ainsi l'occasion de nous manifester dans un jardin de foi. Tout comme un œuf doit se briser pour qu'un oiseau puisse éclore, Dieu doit parfois continuer à briser nos cœurs jusqu'à ce qu'un chemin vers la lumière s'ouvre.

Plus nous nous rappelons que nos proches sont des dons de Dieu, moins nous Lui en voudrons lorsqu'Il les reprendra. Dans son sens le plus profond, la perte est le moment où nous rendons à Dieu ce qui ne nous a jamais vraiment appartenu. Avoir la foi ne signifie pas que nous ne pleurons pas cette perte, mais que, malgré notre tristesse, nous plaçons notre espoir dans la promesse de Dieu que la mort n'est pas une fin, et qu'un jour viendra où nous serons réunis. Le Prophète Mohammed ﷺ lui-même rappelle aux amoureux de Dieu que toute séparation terrestre n'est que temporaire, car à la fin « Vous serez avec ceux que vous aimez[6] ».

Au-delà de simplement pleurer la personne que nous avons perdue, nous sommes encouragés à donner en son nom, car la bonté et l'aumône transcendent les barrières de la tombe. Faire l'aumône au nom d'un être cher ne renforce pas seulement le lien entre nous et lui, mais invite également sa présence dans la vie d'autres personnes, permettant ainsi à son héritage de vivre au-delà de son passage sur Terre. La mort peut nous empêcher de voir physiquement ceux qui sont morts, mais l'amour que nous ressentons dans nos cœurs continue de transformer nos âmes.

> « Les adieux ne sont que pour ceux qui aiment avec leurs yeux. Parce que pour ceux qui aiment avec le cœur et l'âme, la séparation n'existe pas... La mort n'a rien à voir avec la disparition. Le soleil se couche. La lune se couche. Mais ils n'ont pas disparu. »
>
> RUMI

La flamme d'une bougie peut mourir lorsqu'elle brûle jusqu'au bout de sa mèche, mais la lumière et la chaleur qu'elle a dégagée perdurent. Comme les bougies, nos corps peuvent fondre avec le temps, mais les graines d'amour que nous avons plantées sur Terre continueront à fleurir au-delà de nos vies limitées. Ceux que nous avons perdus sont comme des étoiles dans le ciel, malgré leur disparition, nous continuons à ressentir leur lumière dans nos vies.

Il est également important de reconnaître que, mêlée à notre chagrin pour la perte d'un être cher, se trouve souvent la peur de notre propre départ. Malgré la douleur de perdre un être cher, la bénédiction cachée est qu'il s'agit d'un rappel divin à vivre plus pleinement, à aimer plus férocement et à donner plus librement, car chaque instant peut être le dernier.

## Ce n'est pas votre maison

Votre corps est un véhicule que Dieu vous a prêté, et ce monde n'est qu'un arrêt de bus sur le chemin qui vous ramène à Dieu. Cette vie terrestre n'est pas éternelle. L'impermanence de la vie est magnifiquement décrite dans l'histoire suivante :

Un mystique de Kufa entreprit un voyage pour rencontrer pour la première fois le maître spirituel Abu Hussein. Lorsque le mystique entra dans la maison d'Abu Hussein, il fut surpris de ne trouver aucun meuble. Le chercheur perplexe demanda à l'homme pieux: « Pourquoi votre maison n'a-t-elle pas de meubles ? » Le maître sourit et demanda: « Pourquoi n'as-tu pas apporté de meubles avec toi ? » Le chercheur confus répondit : « Je suis un voyageur. À quoi me serviraient des meubles ? » Le maître rit et dit : « Ah, oui mon ami, mais moi aussi je suis un voyageur. Je ne serai sur cette Terre que pour quelques jours seulement, puis je retournerai à ma véritable maison ! »

Notre vraie maison n'est pas celle que l'argent peut acheter - notre vraie maison est auprès de Dieu. Cette histoire reflète les paroles du Prophète Mohammed ﷺ, qui a dit: « Les conforts du monde ne sont pas pour moi. Je ne suis qu'un voyageur, qui se repose brièvement à l'ombre d'un arbre avant de poursuivre sa route.[7] »

Comme l'a déclaré de manière profonde un mystique en référence à la brièveté de notre voyage sur Terre: « Lorsque nous naissons, l'*adhan*, ou appel à la prière, est récité à nos oreilles, mais aucune prière n'est accomplie. Lorsque nous mourons, aucun *adhan* n'est récité, mais une prière est accomplie. C'est parce que l'*adhan* de notre naissance appartient à la prière de notre mort. Voilà à quel point la vie est courte.[8] »

Nous ne sommes pas des résidents de nos maisons, de nos pays, ni même de nos corps - nous sommes plutôt des visiteurs. Et tout comme aucun visiteur ne décorerait une chambre d'hôtel dans laquelle il ne resterait que quelques jours, ne perdez pas de temps à être obnubilé par les ornements d'une vie sur Terre que vous ne possédez pas ; décorez plutôt votre esprit avec de bonnes actions, car c'est la seule monnaie qui transcende le temps et l'espace. Investissez dans ce qui est éternel au lieu de cette vie mortelle.

> « *Meurs avant de mourir.* » *Tuez vos attachements aux illusions de cette vie - votre ego, votre réputation, votre orgueil et vos possessions matérielles - parce que plus vous vous détachez de ce monde, plus vous vous élèverez*[9].

Ce n'est que lorsque nous tuons notre attachement aux désirs mortels du moi que nous sommes libérés de l'anxiété liée à la perte de ce qui périt. En substance, il s'agit d'une mort volontaire de l'illusion, où nous sommes attirés par la lumière du divin jusqu'à ce que toute séparation soit éteinte. C'est l'état de *fana fi Allah*, ou la dissolution du moi séparé dans l'océan infini de l'amour de Dieu. C'est entre la mort de l'ego et la mort du corps que nous pouvons véritablement faire l'expérience de la vie. Cependant, il est important de se rappeler que la renaissance spirituelle n'est pas un événement, mais un processus. Nous ne sommes pas appelés à rejeter les bénédictions de notre vie terrestre, mais plutôt à nous rappeler de ne pas devenir esclaves de notre amour.

> « *Le détachement ne signifie pas que vous ne devez rien posséder, mais que rien ne doit vous posséder.* »
>
> IMAM ALI

Un sage a un jour prié Dieu : « Ô Seigneur, ne permets pas que la mort m'atteigne avant que je sois anéanti. » Il a compris que si nous donnons à Dieu tout ce que la mort peut prendre, y compris nous-mêmes, alors une fois que la mort arrive, il n'y a ni lutte ni douleur. Nous trouvons une paix durable lorsque nous nous abandonnons pleinement au voyage de notre retour vers la lumière divine d'Allah qui attend de nous embrasser dans Son mystère et Sa miséricorde.

## L'impermanence et la miséricorde cachée de Dieu

Dans l'islam, l'impermanence de la vie n'est pas considérée comme une punition, mais plutôt comme une partie intégrale de la miséricorde divine. La miséricorde cachée de la mort est magnifiquement illustrée par l'histoire ancienne suivante :

> Un roi chargea un conseil de sages spirituels de lui trouver une devise qui lui rappellerait d'être humble et reconnaissant dans les moments forts de la vie, tout en lui inspirant patience et espoir dans les moments de tristesse. Après de nombreuses nuits de consultation, les sages

ont apporté au roi une bague en rubis gravée des mots : « Cela aussi passera. » La conscience du caractère éphémère de toutes les choses et émotions terrestres donnait au roi l'espoir que, peu importe à quel point la vie devenait difficile ou douloureuse, la douleur ne serait pas éternelle. Les jours où les bénédictions tombaient en abondance et où la vie semblait parfaite, la bague rappelait au roi de rester humble.

L'impermanence de la vie et de tous ses drames est notre plus grande source d'espoir et d'humilité. La mort nous rappelle la miséricorde de Dieu, car si tout était infini, nos peines et nos douleurs seraient elles aussi éternelles.

La mort nous supplie d'ancrer notre bonheur non pas à ce qui est éphémère, mais plutôt à Dieu, dont l'amour est éternel et immuable. La mort nous rappelle que la seule chose qui soit réelle et immuable est Dieu. Tout le reste de l'existence, bon ou mauvais, finira par périr. Comme l'a dit poétiquement le grand maître tibétain Jetsun Milarepa: « Le son du tonnerre, bien qu'assourdissant, est inoffensif ; l'arc-en-ciel, malgré ses couleurs brillantes, ne dure pas ; ce monde, bien qu'il semble agréable, est comme un rêve ; les plaisirs des sens, bien qu'agréables, mènent finalement à la désillusion[10] ».

Lorsque nous détournons notre attention de notre ego et de notre corps mortel pour la diriger vers le souffle éternel et mystique de Dieu en nous, la peur de la mort se dissout lentement, comme un flocon de neige au soleil. Notre essence spirituelle ne peut pas mourir, car nos esprits vivent au-delà des limites de notre temps sur Terre. Ce monde ne fait que briser les enveloppes des graines de ce que vous pensez être, afin que Dieu puisse manifester l'arbre de votre véritable essence, que vous avez toujours porté en vous.

Le nuage ne reproche pas à la nature de le déchirer chaque fois que les fleurs et les fruits de la Terre aspirent à la pluie. L'or ne maudit pas le feu qui le purifie. La mère ne s'afflige pas de la perte de son placenta lorsqu'elle met son bébé au monde. En sachant qu'« À côté de la difficulté est, certes, une facilité ! » (94:5), nous ne pleurons pas ce qui est perdu. Comme le dit le Coran: « Si Allah sait qu'il y a quelque bien dans vos cœurs, Il vous donnera mieux que ce qui vous a été pris et vous pardonnera. Allah est Pardonneur et Miséricordieux » (8:70). Tout comme l'hiver dépouille les arbres de leurs feuilles mortes pour faire place aux fleurs du printemps, Dieu nous prend pour nous donner. La véritable paix consiste à ne jamais s'accrocher à quoi que ce soit plus que nous ne nous accrochons à Dieu.

*Si vous êtes fatigué de la douleur, cessez de vous attacher*
*aux choses qui sont vouées à disparaître.*

A R U   B A R Z A K ,   P O È T E

Détachez-vous de ce qui périt et accrochez-vous à ce qui est réel et éternel - Dieu. Après tout, tout ce qui est mortel est, par sa définition même, un voile devant un Dieu immortel. Ayez confiance que l'esprit qui est en vous ne peut être brisé, seules les illusions mortelles de ce monde peuvent l'être. Laissez les feux sauvages du décret divin brûler chaque once de votre ego jusqu'à ce qu'il soit transformé en compost pour le jardin de la foi qui meurt d'envie de prendre vie.

## La mort dévoile la vérité

Les amoureux de Dieu, à travers le temps, ont dit : « Cette vie est un rêve et quand nous mourons, nous nous réveillons » pour voir ce monde sans ses artifices[11]. La mort dévoile nos masques ; elle ne tue que ce qui est faux, car la vérité ne meurt jamais (17:81). Pour ceux qui soumettent leur volonté à la volonté de Dieu, qui vivent dans la vérité, qui plantent l'amour là où la vie les mène, il n'y a pas de peur dans la mort, car la mort est un retour à l'Origine de l'Amour (*Al-Wadud*). Pour ceux qui font de leur mieux pour être bons, pour ceux qui s'efforcent d'être fidèles, pour ceux qui recherchent sincèrement la miséricorde de Dieu lorsqu'ils pèchent, ils sont accueillis dans la mort avec compassion et pardon.

Mais pour le tyran, ou pour celui qui opprime les autres, ou qui crée la séparation en arrosant les mauvaises herbes de la haine, la mort est une source de douleur. La mort est la porte du jour du jugement où

Dieu équilibre les balances de la justice laissées en suspens depuis notre passage sur Terre. La mort est l'égalisateur cosmique. Peu importe que vous soyez riche, célèbre ou beau, personne ne peut échapper au destin de la mort - tout le monde connaîtra la tombe. La mort nous rappelle que nous ne serons pas sauvés par notre richesse, ceux que nous avons aimés, nos enfants ou par nos propres mains. La mort ne fait aucune distinction d'âge, d'origine ou de religion. Le Coran indique clairement que « nul homme ne sait en quelle terre il mourra » (31:34) et que lorsque le moment de la mort arrive, personne ne peut « ni le retarder d'une heure ni l'avancer » (16:61). L'inévitabilité de la mort est profondément illustrée dans la parabole suivante :

> Un jour, l'ange de la mort se manifesta sous la forme d'un homme et entra dans la cour du Prophète Salomon. L'ange fixa les yeux d'un des sujets de Salomon, lui lançant un regard féroce et perplexe. Lorsque l'ange de la mort quitta le royaume, le sujet courut vers Salomon et lui demanda qui il était. Lorsque Salomon répondit que c'était l'ange de la mort, l'homme se mit à trembler et dit avec crainte : « J'ai peur, vu la façon dont il m'a regardé, qu'il vienne chercher mon âme. Je t'en prie, ordonne aux vents de m'emmener loin, dans les terres de l'Inde, afin que je sois protégé. » Salomon, qui avait reçu de Dieu le contrôle des forces de la nature, ordonna aux vents d'emmener l'homme en Inde.
>
> Le lendemain, lorsque Salomon vit l'ange de la mort, il lui demanda : « Pourquoi avez-vous regardé cet homme dans ma cour avec tant de sévérité hier ? » L'ange répondit : « J'ai été surpris de le voir dans votre royaume, car on m'a ordonné de lui ôter la vie quelques heures plus tard, à des milliers de kilomètres de là, en Inde. »

Cette histoire nous confronte au fait que si nous tentons de fuir la mort, nous ne ferons que courir vers elle. Comme le dit le Coran: « Jamais la fuite ne vous sera utile si c'est la mort [...] que vous fuyez » (33:16), car lorsque votre heure viendra, « Où que vous soyez, la mort vous atteindra, fussiez-vous dans des tours imprenables » (4:78).

La mort nous apprend à nous accrocher à Dieu uniquement, car le vide laissé par la perte ne peut être éternellement rempli que par la lumière de la grâce de Dieu. La notion spirituelle de « mourir avant de mourir » consiste à se défaire de tout ce qui périt pour renaître à l'éternité dès maintenant. Les amoureux de Dieu ne craignent pas la mort parce qu'ils sont avec Dieu dans l'instant présent et savent qu'ils seront aussi avec Dieu quand ils mourront.

*Toute notre vie, nous mourons d'envie de rencontrer Dieu.*

ARU BARZAK, POÈTE

Comme le dit Rumi: « Tout le monde a extrêmement peur de la mort, mais les vrais mystiques se contentent de rire : rien ne tyrannise leur cœur. Ce qui frappe la coquille d'huître n'endommage pas la perle. » Alors que votre corps mourra et sera rendu à la terre, qui l'a composé, votre esprit est comme une perle éternelle qui restera à jamais dans l'océan de la grâce de Dieu.

## Si vous craignez la mort, voici pourquoi

La peur de la mort est un signe que nous nous accrochons à quelque chose d'autre qu'Allah, à quelque chose dont le fondement est accidentel. Tant que notre bonheur dépendra de choses que nous ne pouvons pas contrôler, nous ne connaîtrons jamais le contentement. La paix intérieure dépend de notre lien avec Dieu, car Dieu seul est éternel et immuable.

La base de l'islam est la soumission, car ce n'est qu'en abandonnant notre faux sentiment de contrôle que nous faisons l'expérience de la vraie liberté. En un sens, la mort vous pousse soit à la peur, soit à la foi. Lorsque nous acceptons que nous n'avons aucun contrôle sur l'avenir et que nous nous en remettons entièrement à Dieu, nous ressentons la paix. Comme le dit le Coran: « quiconque croit en son Seigneur ne craint alors ni diminution de récompense ni oppression » (72:13).

Mais si nous nous tournons vers nous-mêmes pour gérer l'avenir inconnu, nous nous retrouverons criblés de sentiments d'anxiété et de désespoir. Lorsque nous identifions cette partie de nous qui pense mieux savoir que Dieu et que nous tournons doucement et avec compassion notre confiance de nous-mêmes vers le Divin, nous commençons à ressentir la sérénité qui vient avec l'abandon.

Ce n'est que lorsque nous nous penchons sur la mort tout en nous accrochant à Allah que nous commençons à transcender notre anxiété à son égard. Mais le problème, c'est que nous fuyons la mort, nous l'excluons de nos conversations, nous la qualifions de malsaine et nous la remettons à plus tard, comme si nous savions combien de temps il nous reste avant que la mort ne frappe à notre porte. Nous balayons la mort sous le tapis comme si nous n'allions pas un jour être balayés sous le tapis de la Terre. La mort n'arrive pas qu'aux autres. Elle nous arrivera à vous et à moi. Le Prophète ﷺ nous dit de penser à notre mort et de visiter les cimetières[12], car les cimetières sont peut-être des lieux de silence, mais le message est fort :

*Nous passerons plus de temps sous le sol qu'au-dessus.*

Notre culture et notre société nous ont appris que la mort est quelque chose que nous devons guérir ; mais nous ne pouvons réparer la mort parce qu'elle n'est pas une faille dans le système qui aurait besoin d'être réparée. Dans le logiciel de Sa création, Allah a intentionnellement créé chacun d'entre nous avec une mort programmée. La mort n'est pas un accident, elle est intentionnelle. Car c'est par la mort que la vie éternelle a un sens. Sans séparation, nous ne pouvons pas réaliser la valeur de la connexion et de la proximité. Si nous considérons la mort comme une maladie, nous finirons par voir notre chagrin comme quelque chose qui doit être réparé, plutôt qu'un rappel que la mort fait naturellement partie de la condition humaine. Ce n'est que lorsque nous confions notre chagrin et nos sentiments de perte à une puissance supérieure qu'une profonde transformation spirituelle commence.

La voie spirituelle ne consiste pas à contourner nos sentiments, mais à être présent avec notre douleur et à inviter la lumière d'Allah dans nos blessures. Nier notre douleur ne nous aidera pas à guérir. Tenter d'échapper à notre douleur revient à essayer de fuir notre ombre. Le fait d'avoir du mal à nous sortir de notre chagrin ne fait pas de nous des croyants moins fidèles. Tous les prophètes de Dieu ont traversé des épreuves et ont été profondément affligés par les pertes qu'ils ont subies. Dans le Coran, il est dit que, lorsque le Prophète Jacob a perdu ses fils, il a déclaré ce qui suit :

> « *Je ne me plains qu'à Allah de mon déchirement et de mon chagrin.* »
>
> CORAN 12:86

S'éveiller à la foi ne signifie pas que nous devenons immunisés contre la douleur, mais que nous remettons cette douleur à sa juste place - dans les mains d'Allah. Nous pouvons toujours chercher l'aide des autres, mais nous devons toujours commencer et terminer le chemin de notre guérison en nous tournant vers Allah dans la prière. Nous devons être honnêtes avec ce que nous ressentons, car nous ne pouvons pas recevoir la guérison profonde de Dieu si nous évitons continuellement de faire face à notre douleur. C'est ici, dans le creuset divin de la douleur, que commence l'alchimie de l'âme. Lorsque le sacré et le mondain se tissent, la séparation entre nous et le Divin commence à se dissoudre. C'est dans ce paysage sacré que les voiles tombent et que le visage d'Allah commence à émerger, reflétant le visage de toute la création. Des arbres aux mers, des étoiles aux abeilles, tout commence à parler de Dieu. Même l'existence de la mort devient un appel au retour de Dieu - un appel à se souvenir de qui nous sommes et à Qui nous sommes.

## Vous allez mourir...

La mort est le plus grand prédicateur que nous ne rencontrerons jamais, car elle nous apprend à ne nous accrocher qu'à Dieu, car tout périt sauf la Face de Dieu (55:26-27). Lorsque nous réfléchissons à notre mort, cela nous amène naturellement à donner la priorité à ce qui est le plus important dans notre vie. Le Coran dit : « Toute âme goûtera à la mort. » (29:57), mais la question est de savoir combien goûteront vraiment à la douceur de la vie.

Ce n'est pas la mort que nous craignons ; ce que nous craignons, c'est de ne pas vivre la vie pour laquelle nous savons que nous avons été créés. Nous craignons de manquer de temps avant d'être en mesure de réaliser ce pour quoi notre âme a été faite. La mort est l'ultime confrontation. Lorsque nous pensons à la mort, nous regrettons tout le temps que nous avons perdu à procrastiner. Lorsque la mort arrive, tous nos secrets, nos péchés et nos défauts se manifestent. Nous serons confrontés à tous les rêves que nous n'avons pas poursuivis, au repentir que nous n'avons pas effectué et à l'aumône que nous n'avons pas donnée.

> « *Vivez aussi longtemps que vous le pouvez, mais sachez qu'un jour vous mourrez. Aimez qui vous voulez, mais sachez qu'un jour vous goûterez à la séparation. Faites ce que vous voulez, mais sachez qu'un jour, vous devrez rendre des comptes[13].* »

IMAM AL-GHAZALI, MYSTIQUE DU 11E SIÈCLE

L'inévitabilité de la mort nous confronte et nous pousse à nous demander : vivons-nous chaque jour comme si c'était le dernier ? La mort nous oblige à réfléchir pour savoir si nous vivons une vie qui a du sens ou si nous essayons simplement de tuer le temps pendant que le temps nous tue.

L'Imam Ali a dit : « Fais pour cette vie comme si tu allais vivre éternellement, fais pour l'au-delà comme si tu allais mourir demain. » Le Prophète ﷺ nous dit de méditer sur la mort afin de profiter pleinement de notre temps limité sur Terre[14]. Le Coran dit qu'Allah est « Celui qui a créé la mort et la vie afin de vous éprouver (et de savoir) qui de vous est le meilleur en œuvre, et c'est Lui le Puissant, le Pardonneur » (67:2).

C'est la mort qui nous appelle à profiter du moment présent et à être « fils et filles de l'instant présent », en vivant et en honorant le présent comme une bénédiction inestimable qui nous est donnée par Dieu. Nous ne pouvons pas décider quand ou comment nous allons mourir, mais nous pouvons choisir la manière dont nous vivons. En fait, dans une narration, lorsqu'un homme a demandé au Prophète ﷺ quand serait le jour du jugement, le Prophète ﷺ répondit profondément en disant : « Qu'as-tu préparé pour lui ?[15] » Le Prophète ﷺ confrontait l'homme à ce qui compte vraiment. Dans une autre narration, le Prophète ﷺ dit : « Si la dernière heure a lieu alors que l'un d'entre vous a un petit palmier à planter dans sa main, s'il peut le planter avant qu'elle n'ait lieu qu'il le plante[16]. »

Le Coran décrit le jour du jugement comme le jour où tous les êtres humains seront ressuscités pour faire face à Dieu et être tenus responsables de leurs bonnes et mauvaises actions. À l'instar des récits bibliques, le Coran décrit ce jour avec des images saisissantes. Il nous dit que la Terre tremblera (99:1), que les montagnes seront comme de la laine cardée (101:5), que les gens seront dispersés comme des papillons (101:4), que les étoiles deviendront ternes (81:2), que les océans seront portés à ébullition (81:6), que le soleil et la lune fusionneront (75:9), que les cieux seront roulés comme des parchemins (21:104) et que les morts seront ramenés à la vie (36:51). Ce jour-là, toute l'existence s'inclinera devant Dieu seul. C'est le jour où la balance de la justice, laissée inégale sur la Terre, sera équilibrée et où la miséricorde de Dieu sera plus abondante que nous ne pourrions l'imaginer.

Personne ne sait quand il va mourir ou quand le jour du jugement dernier arrivera. La seule chose qui est en notre pouvoir est la façon dont nous choisissons activement de vivre la seule vie qu'Allah nous a donnée en ce moment même. Au lieu de nous inquiéter du moment de notre mort, nous ferions mieux de nous concentrer sur ce que nous pouvons faire pour avoir un impact positif sur ce monde. Comme l'a dit l'érudit perse du XIe siècle Abu Sa'id Abul-Khayr: « Vous êtes né en pleurant et tout le monde autour de vous riait. Efforcez-vous de vivre de manière que, lorsque vous mourrez, vous riiez et que tout le monde autour de vous pleure[17]. »

Lorsque vous prenez conscience de la proximité de la mort, du fait que demain matin vous pourriez ne pas vous réveiller, comment vous sentez-vous ? Vous sentez-vous paralysé par la peur, imprégné d'anxiété et incapable d'être dans le moment présent ? Ou bien ressentez-vous un sentiment d'urgence, une motivation divine pour vivre chaque jour à fond

? Lorsque nous faisons confiance à Dieu, le fait d'accepter que notre temps soit limité a le don de dissoudre nos peurs, de briser notre orgueil et de nous rendre plus humbles. La nature inconnue de notre mort nous incite à nous excuser lorsque nous avons tort, à pardonner aux autres lorsqu'ils ont tort, à donner librement ce que nous aimons, à ne pas retenir nos mots de gentillesse, à être honnêtes avec nos sentiments, à prier avec tout notre esprit, à ne pas remettre à plus tard l'accomplissement du travail de notre âme, à considérer ce moment comme le seul moment dont nous disposons, à manifester les qualités d'amour, de miséricorde, de compassion et d'égalité de Dieu envers tous les êtres humains, sans discrimination. Comme le dit Rumi : « Avec une vie aussi courte qu'un souffle à moitié coupé, ne plantez rien d'autre que de l'amour. »

## ...Mais vous n'avez pas été fait pour la mort.

Si Dieu nous avait créés pour cette vie seulement, alors il n'y aurait pas de mort. Le contraire de la vie, c'est la non-existence, pas la mort. La mort est la preuve que nous avons été créés pour quelque chose de plus grand que la vie. Comme le dit Rumi: « Mon âme vient d'ailleurs. J'en suis sûr. Et j'ai l'intention de finir là-bas. » La mort n'est pas une entrée dans le néant - c'est plutôt le canal de naissance que nous devons traverser pour naître à la vie éternelle. De la même manière que nous nous réveillons d'un rêve en ouvrant les yeux, lorsque nous mourons, nous ne disparaissons pas, nous ouvrons simplement les yeux sur une autre réalité.

> « La mort n'éteint pas la lumière, elle ne fait qu'éteindre la lampe parce que l'aube est venue. »
> RABINDRANATH TAGORE, POÈTE INDIEN DU 20EME SIÈCLE

Comme le dit le Coran : « Tu vois la terre désertique, mais dès que nous y faisons descendre de l'eau, elle remue, elle gonfle, elle fait pousser toutes sortes de belles espèces de plantes. » (22:5) Tout comme les graines mortes en hiver ressuscitent chaque printemps, la mort n'est pas notre fin, mais la prochaine saison de notre croissance spirituelle.

Comme le dit joliment le cheikh Sidi Muhammad Al-Jamal : « Écoutez le son de la mort, qui est en réalité le chant de la vie éternelle. » Ne vous affligez pas de laisser derrière vous ce que vous aimez de ce monde, car ce royaume n'est que le parfum du monde à venir.

> « *La valeur de ce bas monde en comparaison de l'au-delà est semblable à ce que l'un d'entre vous retire de l'océan lorsqu'il y plonge son doigt : qu'il regarde donc ce qu'il en retire !*[18] »
>
> PROPHÈTE MOHAMMED

Par la mort, vous passez de l'odeur au goût, du superficiel à l'essence, des objets d'amour à l'Origine de l'Amour (*Al-Wadud*). Lorsque nous mourons, notre conscience ne cesse pas d'exister, mais elle est purifiée et dévoilée. Cela nous permet de voir la vérité telle qu'elle est, et non telle que nous l'imaginons ou l'interprétons. Lorsque vous mourez, vous ne perdez pas ce que vous aimez, vous en devenez une partie intégrante.

Pour les amoureux fidèles de Dieu, la date de leur mort est considérée comme une célébration - le retour au paradis. Lorsque nous mourons dans un état de conscience de Dieu, les derniers voiles entre nous et Dieu disparaissent et nous sommes témoins du visage de beauté et d'amour de Dieu. La mort n'est pas la grande inconnue, car nous n'allons pas vers un lieu qui ne nous est pas familier, nous retournons à notre origine. Nous sommes comme des vagues qui retournent vers le même océan éternel qui nous a inspirés à nous élever.

> « *Certes nous sommes à Allah, et c'est à Lui que nous retournerons.* »
>
> CORAN 2:156

Lorsque nous nous abandonnons à la volonté de Dieu, la mort devient notre ultime libération. Une mort dans la dévotion est une évasion de la cage limitante de l'ego : l'oiseau spirituel est enfin libre de déployer ses ailes dans l'étreinte de Dieu. La mort n'est pas la fin - elle est plutôt le début de l'éternité.

*Ô Allah, je prie pour que Tu m'aides à me rappeler que mon temps sur cette Terre est court et que chaque jour pourrait être mon dernier. Allah, aide-moi à vivre chaque instant de ma vie à ton service et à celui des opprimés, des nécessiteux, des pauvres et des désespérés. Seigneur, aide-moi à m'excuser lorsque je fais du tort aux autres, à rendre ce qui m'a été confié, et à toujours être assez humble pour assumer la responsabilité de mes erreurs. Ô Seigneur, je prie pour que la conscience de mon impermanence m'inspire à être bon, généreux et indulgent envers toutes les personnes qui souffrent et ont besoin d'amour. Allah, rappelle-moi que cette vie n'est pas la seule qui m'ait été donnée. Aide-moi à me rappeler que ma véritable vie ne commencera que lorsque j'aurai quitté ce corps, comme Tu l'as décidé. Ô Allah, « Créateur des cieux et de la terre, Tu es mon Maître, en ce monde et dans l'autre. Fais-moi mourir soumis à Toi et accorde-moi de rejoindre les justes » (12:101). Je prie en Tes noms éternels, Amin.*

## Méditation : Contempler la mort

En contemplant la mort, nous acquérons une compréhension plus profonde de la façon dont nous voulons vivre. La pratique suivante nous aide à nous rappeler ce que nous apprécions vraiment dans la vie et nous appelle à vivre consciemment.

- Allongez-vous sur le sol, les mains l'une sur l'autre sur votre ventre.
- Fermez les yeux et imaginez que vous prenez vos dernières respirations de la vie terrestre.
- Observez ce qui se présente à vous.
- Avez-vous des regrets en ce moment ? Comment auriez-vous aimé dépenser votre temps et vos ressources ? Quels risques regrettez-vous de ne pas avoir pris ? Y a-t-il quelque chose que vous auriez aimé dire à quelqu'un que vous aimez ? Comment

auriez-vous pu vous comporter différemment avec vos proches ? Quelles erreurs auriez-vous aimé réparer ? Quels sont les rêves que vous auriez aimé réaliser ? Qu'auriez-vous voulu dire à Allah ? Comment auriez-vous pu être plus proche d'Allah ?

- Notez vos réponses et soyez conscient des sentiments qui vous viennent à l'esprit.
- Formulez l'intention de faire ces choses aujourd'hui, au lieu d'attendre un lendemain qui ne viendra peut-être jamais.

« *Le chemin vers le paradis est en nous. Secoue les ailes de l'amour, car lorsque les ailes de l'amour sont fortes, il devient inutile de se préoccuper d'avoir une échelle.* »

RUMI

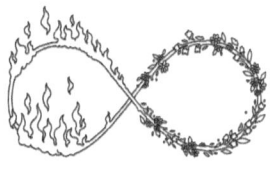

# 12

# LES MYSTÈRES DU PARADIS ET DE L'ENFER

Allah dit dans le Coran : « Nous avons créé un couple de chaque chose. » (51:49), car toute expérience de l'existence dépend de sa relation avec son opposé. Sans intérieur, il ne peut y avoir d'extérieur, sans yin il n'y a pas de yang, sans féminin il n'y a pas de masculin. Que signifie la lumière sans l'obscurité ? Qu'est-ce que le paradis sans l'enfer ? S'il n'y a pas de contraste, nos yeux ne peuvent pas voir et s'il n'y a pas d'ondes sonores, nos oreilles ne peuvent pas entendre, car la compréhension de l'esprit dépend de la relation, de la relativité et de l'association. La dualité de la création est nécessaire pour que l'être humain puisse faire l'expérience des qualités de Dieu reflétées dans le monde créé et, par cette expérience, tomber amoureux de Lui.

Puisque les fruits de l'amour ne peuvent s'épanouir par la coercition, Dieu nous a donné le libre arbitre afin que la réalité de l'amour puisse exister. Dans son sens le plus élémentaire, l'enfer est un sous-produit de notre libre arbitre, car une fois qu'Allah nous a donné la liberté de choisir de L'aimer, il devait aussi permettre la possibilité que nous choisissions de nous détourner de Lui. S'il est vrai que ce que nous semons dans cette vie, nous le récoltons dans la suivante, si nous réduisons l'existence de l'au-delà à une punition et une récompense juste, nous passerons à côté de l'âme du message. Le Paradis et l'Enfer ne sont pas seulement des manifestations physiques, ce sont aussi des états d'être qui reflètent ce que ressent l'esprit lorsqu'il est proche ou éloigné du Divin. En fait, le Paradis et l'Enfer sont comme des miroirs qui nous renvoient la relation entre notre âme et Dieu.

## Les dimensions profondes du Paradis et de l'Enfer

Le Paradis et l'Enfer ne sont pas seulement des destinations physiques ; ce sont aussi des réalités métaphysiques. Nous ne pouvons pas parler littéralement seulement du Paradis et de l'Enfer, car ce sont des réalités qui transcendent ce que nous, en tant qu'êtres humains, avons collectivement expérimenté avec nos sens. C'est pourquoi, en plus des versets du Coran et des paroles du Prophète ﷺ, les histoires, la poésie et le symbolisme peuvent être vitaux pour faire l'expérience des vérités plus profondes de l'au-delà. Ce qui suit est l'une des histoires les plus révélatrices et métaphoriques concernant le Paradis et l'Enfer :

> Un jour, un homme priait Dieu et demandait sincèrement : « Dieu, quelle est la différence entre le Paradis et l'Enfer ? » Cette nuit-là, Dieu est apparu à l'adorateur en rêve et lui dit : « Viens avec Moi, Je vais te montrer en quoi le Paradis est différent de l'Enfer. »

> Dieu a d'abord emmené l'homme en enfer, lui montrant une table avec un incroyable festin aux odeurs si agréables que l'homme ne pouvait s'empêcher de saliver à sa vue. L'homme vit que les gens autour de la table avaient des cuillères à leurs mains, avec des manches plus longs que leurs bras. Les gens étaient à la fois maigres et en colère, car le manche de la cuillère était trop long pour que quiconque puisse se nourrir. L'homme qui regardait se tourna vers Dieu et dit : «

L'Enfer doit être le lieu où nous sommes témoins des bienfaits de Ta gloire, mais nous sommes incapables d'y prendre part. » Dieu dit : « Maintenant, laisse-moi t'emmener au Paradis. »

Lorsque Dieu ouvrit la deuxième porte, l'homme fut choqué de voir exactement la même table, le même festin de nourriture, les mêmes odeurs délicieuses et les mêmes longues cuillères. L'homme confus regarda Dieu et dit : « Comment le Paradis et l'Enfer peuvent-ils être identiques ? » Dieu dit : « Continue à regarder. » L'homme ramena son regard sur la table et remarqua que les gens du Paradis avaient l'air repus, en bonne santé et heureux. Il regarda chaque personne du Paradis remplir sa cuillère de toutes les choses qu'elle désirait manger, et nourrir ses voisins. L'un après l'autre, cuillère après cuillère, les gens du Paradis se donnaient les uns aux autres ce qu'ils aimaient.

Dieu dit à l'homme : « Le Paradis et l'Enfer sont des réalités fondées sur la conscience de ceux qui y vivent. Ceux qui reflètent mes qualités de générosité, d'amour, de bonté et de compassion transforment chaque endroit en paradis. Et pour ceux qui sont arrogants, égocentriques, en colère et orgueilleux, ils transformeront même le Paradis en Enfer. »

En d'autres termes, Dieu nous donne la possibilité d'expérimenter les attributs célestes en fonction des qualités que nous arrosons dans le jardin de notre âme. Alors que certaines personnes sont comme des papillons qui sortent le jour, cherchant la lumière du soleil et le parfum des fleurs, d'autres sont comme des mites qui sortent la nuit, cherchant l'obscurité et la flamme brûlante du feu.

Dans l'au-delà, Dieu nous facilite l'accès à ce que nous recherchons. La vie suivante est formée selon cette vie ; nos jardins au Paradis sont semés avec les bonnes actions que nous plantons sur Terre. Le Coran dit : « Mangez et buvez en paix en récompense de ce que vous avez accompli dans les jours passés. » (69:24) Si vous avez vécu dans la séparation, le rejet et la haine de Dieu, alors Allah vous apportera une réalité qui reflète la vie que vous avez choisi de vivre sur Terre. L'enfer est un état de séparation, où l'être humain est voilé de la miséricorde d'Allah. En revanche, au Paradis, vous êtes complètement dissous dans l'océan d'amour et de paix divins.

> « Ne cherchez pas le paradis et l'enfer dans le futur. Les deux sont dans le moment présent. Lorsque nous parvenons à aimer sans attentes, sans calculs, sans négociations, nous sommes au Paradis. Chaque fois que nous nous battons et que nous haïssons, nous sommes en Enfer. »
>
> SHAMS TABRIZI, GUIDE SPIRITUEL DE RUMI

Notre but sur Terre n'est pas seulement d'atteindre le paradis, mais plutôt d'apprendre sincèrement à connaître, aimer et adorer Dieu. En fin de compte, si nous voulons vraiment savoir quelle est notre place auprès de Dieu, nous devons examiner la place que nous accordons à Dieu dans notre vie. Si la seule raison pour laquelle nous adorons Dieu est la recherche d'une récompense, alors notre relation avec Dieu devient transactionnelle et nous passons à côté de l'objectif même de notre création. Si nous adorons Dieu uniquement pour obtenir la récompense du Paradis, alors ce même paradis devient un voile ou une idole devant la présence de Dieu.

Dieu ne dit jamais dans le Coran que nous avons été créés uniquement pour rechercher le Paradis ou l'Enfer. Au contraire, le Coran nous rappelle constamment que nous avons été créés pour adorer Dieu, pour surmonter nos égos et pour polir nos cœurs jusqu'à ce que nous soyons capables de voir le visage aimant de Dieu reflété en tout et en chacun. Comme l'a profondément dit la poétesse mystique Rabia Al-Adawiyya: « Ô Dieu ! Si je Te vénère par crainte de l'enfer, brûle-moi en enfer ; et si je Te vénère dans l'espoir du paradis, exclue-moi du paradis ; mais si je Te vénère pour Toi-même, ne me refuse pas Ta beauté éternelle. »

Le Coran promet aux croyants « de belles demeures dans des jardins de félicité éternelle », mais dit ensuite qu'au-delà de toutes les récompenses matérielles : « La satisfaction de Dieu est préférable : voilà le bonheur sans limites ! » (9:72). Les mystiques disent que si Dieu dévoilait son visage au centre de l'enfer, les feux se transformeraient en un jardin de joie ; et si

Dieu voilait sa présence au cœur du paradis, les plaisirs infinis du paradis perdraient toute signification. La beauté du paradis provient uniquement de la proximité de la création avec le Créateur.

## Symboles et métaphores mystiques

Le paradis est un endroit où vous êtes enveloppé dans les manifestations physiques des qualités d'Allah. C'est un royaume où vous êtes couvert de l'ombre de la bonté d'Allah, où vous vivez dans les palais de Sa gloire, où vous profitez des jardins de Sa générosité, où vous buvez aux rivières de Sa miséricorde, où vous êtes enveloppé dans la soie de Sa beauté, où vous êtes allongé sur les divans de Sa paix, où vous buvez le vin de Son amour[1], où vous nagez dans les fontaines de Sa vérité, où vous êtes entouré des arbres majestueux de Sa grandeur, où vous mangez les dattes de Sa générosité et des grenades de Sa sagesse. Par-dessus tout, le Prophète Mohammed ﷺ dit qu'au Paradis:  « vous verrez votre Seigneur comme vous voyez à présent cette lune[2] ». Le paradis est le royaume où l'invisible se manifeste, où les qualités de Dieu prennent vie, où l'anxiété, la dépression ou le chagrin ne peuvent entrer, car tout ce que vous cherchez vous est donné avant même que vous ayez envie de demander.

Le Coran déclare : « Ceux qui disent : "Notre Seigneur est Allah", et qui se tiennent dans le droit chemin, les Anges descendent sur eux : "N'ayez pas peur et ne soyez pas affligés ; mais ayez la bonne nouvelle du Paradis qui vous était promis". » (41:30) En référence à ce royaume éternel qu'est le Paradis, notre Seigneur aimant dit : « J'ai préparé pour mes serviteurs vertueux ce que nul œil n'a vu, nulle oreille n'a entendu et ce que nul cœur n'a imaginé[3]. »

Au Paradis, nous serons une nouvelle création ; nous serons façonnés dans une forme qui nous est totalement inconnue, dans un monde complètement différent de ce que l'intellect peut imaginer. Nous recherchons les réussites dans un monde fini, mais Dieu recherche pour nous des récompenses éternelles dans un Paradis éternel.

*« Vous voulez les biens de ce monde. Dieu veut, pour vous,*
*la vie future. Dieu est Tout-Puissant et juste. »*

CORAN 8:67

La générosité de Dieu est trop vaste pour s'inscrire dans un monde fini comme le nôtre. Pour que nous puissions faire l'expérience de la miséricorde infinie de Dieu de manière plus complète, nous avons besoin d'un royaume éternel infini comme le Paradis.

Lorsque Dieu décrit le Paradis, Il mentionne qu'il y a quatre fleuves : « Des fleuves dont l'eau est incorruptible, des fleuves de lait au goût inaltérable, des fleuves de vin, délices pour ceux qui en boivent, et des fleuves de miel purifié. Ils y trouveront aussi toutes sortes de fruits et le pardon de leur Seigneur. » (47:15) Certains ont avancé que l'eau, le lait, le miel et le vin représentent les quatre types de connaissance : naturelle, spirituelle, intellectuelle et sensuelle[4].

Des chercheurs plus ésotériques ont suggéré que le vin est le symbole du chercheur spirituel métaphoriquement enivré par l'amour divin. Le lait représente le retour à la *fitra* ou essence primordiale, où nous sommes appelés à être avec Dieu comme un enfant avec sa mère. Le miel nous rappelle que nous devons goûter la douceur de la spiritualité dans l'expérience, et pas seulement dans les mots et les discours. Enfin, l'eau représente l'humilité, car l'eau coule naturellement vers le bas. Les mystiques disent que lorsque nous pouvons être humbles, vivre notre foi dans la pratique, garder notre âme d'enfant et nous enivrer de l'amour de Dieu, alors, où que nous soyons, cet endroit devient un reflet du Paradis sur Terre[5].

Alors que le paradis est synonyme de proximité éternelle avec Dieu et d'unité, l'enfer est l'expression de la séparation la plus totale. Pensez à quelqu'un que vous aimez plus que quiconque sur cette Terre. Imaginez maintenant qu'elle soit envoyée dans l'espace, dans un endroit que vous ne pourrez jamais atteindre. Quelle impression cela vous ferait-il ? Sentez les voix rugissantes du désespoir dans votre esprit (23:106), sentez la fosse sans fin de la douleur et du désir (25:22), regardez la fumée de l'anxiété voler votre souffle, sentez l'ébullition du désespoir brûlant (44:46), les papillons faits de lames de rasoir dans votre estomac (44:45), regardez comment vous tombez dans un abîme sans espoir, sans aucun refuge ou endroit sûr pour vous reposer (7:50).

La douleur de la séparation d'avec ce que nous aimons est la description même de l'enfer. L'enfer est un état d'être dans lequel notre conscience est non seulement éloignée de Dieu, mais aussi éloignée de notre véritable être, celui que Dieu nous a destinés à devenir. C'est un état de regret perpétuel, du temps perdu, du potentiel gaspillé, d'avoir perdu l'opportunité d'être réuni avec la source de paix (*As-Salam*). Les punitions de l'enfer représentent symboliquement l'agonie que peut ressentir l'esprit divinement inspiré et intimement lié à Dieu lorsqu'il est séparé de la source de son existence.

> *Le paradis, c'est lorsque les voiles de séparation entre vous*
> *et Dieu sont levés, et que vous êtes placé en situation de*
> *témoignage direct de Lui.*

L'Imam Ali décrit le paradis comme étant à seulement deux pas de nous : le premier pas consiste à marcher sur les désirs qui guident votre ego, et le second pas consiste à marcher vers le paradis[6]. Certains disent que ce que les feux de l'Enfer brûlent en réalité, c'est la volonté de séparation de l'Homme et toute résistance à la volonté suprême divine de paix, d'amour, de justice et de liberté[7]. Au Paradis, chacun est pleinement aligné avec qui il est et vit en pleine conscience de sa nature spirituelle. Les récompenses promises aux amoureux de Dieu au Paradis sont une manifestation de la joie transcendante ressentie par l'esprit lorsqu'il retourne à l'étreinte du Seigneur aimant qui l'a façonné. Comme le dit le Coran: « La fin heureuse sera aux pieux. » (7:128)

## Nous nous mettons nous-mêmes dans le feu

Dans la vision islamique du monde, chaque être humain est considéré comme bon par nature, avec une essence primordiale (fitra) qui est spirituellement alignée avec le Divin. Puisque la foi est une partie intrinsèque de la nature humaine, se détourner des qualités divines de compassion, de tolérance, de bonté, de miséricorde, d'amour et d'unité revient à se détourner de nos esprits divinement alignés. Le paradis est considéré comme une destination pour tous les êtres humains, tandis que l'enfer est considéré comme le royaume de ceux qui ont commencé en tant qu'humains, mais qui ont finalement rejeté leur véritable humanité, en menant une vie de haine, d'égoïsme et de séparation d'avec le Divin.

Il est intéressant de noter que le mot pour « diable » en arabe est *Shaytan*, qui vient de la racine *shatana*, qui dans un contexte peut signifier « éloigner ou distancer les gens ». En d'autres termes, le but du diable est de créer l'isolement, la séparation et l'arrogance en arrosant les mauvaises herbes de l'ego. Plus nous plantons des graines d'orgueil, d'envie, de cupidité et de luxure dans le sol fertile de notre humanité, moins la lumière atteindra nos cœurs. Tout ce que nous faisons dans cette vie pour l'amour de Dieu est semé dans le champ de l'au-delà pour être récolté le jour du jugement.

> « *Quiconque fait un bien fût-ce du poids d'un atome, le verra, et quiconque fait un mal fût-ce du poids d'un atome, le verra.* »
>
> CORAN 99:7-8

Allah ne nous soumet pas à l'enfer ; il nous donne plutôt la liberté de choisir de vivre dans la séparation ou au contraire dans une relation intime avec Lui. Comme le dit le Coran: « En vérité, Allah n'est point injuste à l'égard des gens, mais ce sont les gens qui font du tort à eux-mêmes. » (10:44) C'est notre libre arbitre qui crée la possibilité de l'enfer. Par conséquent, le Coran ne dit nulle part que les animaux ou les plantes de ce monde seront en enfer parce qu'ils vivent instinctivement et non par libre choix. C'est nous qui allumons les feux de l'enfer avec les flammes de nos actions.

Peut-être que les êtres humains ont reçu le libre arbitre parce que nous ne pouvons pas connaître et expérimenter pleinement la miséricorde, le pardon ou la compassion de Dieu si nous ne faisons jamais d'erreurs. En un sens, le mal a pour fonction de créer le contraste nécessaire à l'expérience du bien. Pour créer un monde moral dans lequel le bien existe, le mal doit également exister. Tout comme le froid est une absence de chaleur, et l'obscurité une absence de lumière, le mal n'est pas attribué à Dieu, car il est le résultat d'un détournement de Dieu.

Le Coran dit : « Tout bien qui t'atteint vient d'Allah, et tout mal qui t'atteint vient de toi-même. » (4:79) En d'autres termes, le mal est un voile créé par la mauvaise perception humaine. Comme le dit le Coran: « Ô vous qui avez cru ! Préservez vos personnes et vos familles, d'un Feu dont le combustible sera les gens et les pierres. » (66:6) Ici, Dieu semble nous dire que c'est nous qui allumons les feux de l'enfer avec les flammes de nos actions. « Vous serez, vous et ce que vous adoriez en dehors d'Allah, le combustible de l'Enfer » (21:98). L'enfer n'est pas seulement un endroit où nous allons, mais aussi un état d'être que nous portons en nous.

> Un homme à la recherche de spiritualité rencontra un jour un mystique errant et lui demanda: « Ô adorateur de Dieu, d'où viens-tu ? » Le mystique répondit : « Je reviens de l'enfer. » L'homme eut l'air horrifié par cette réponse, mais écouta néanmoins attentivement le mystique poursuivre : « J'avais besoin de feu, et je pensais que l'enfer serait le meilleur endroit pour en obtenir. Mais lorsque je suis arrivé aux portes et que j'ai demandé à l'ange responsable de m'accorder quelques flammes, il m'a répondu : "Il n'y a pas de feu ici." Confus, je lui ai demandé : "Mais l'enfer n'est-il pas censé être l'entrepôt du feu et des flammes ?" L'ange m'a répondu : "L'enfer n'a pas son propre feu, chaque personne qui vient ici vient avec son propre feu[8]." »

D'une certaine manière, nous nous mettons nous-mêmes dans le feu, en fermant les yeux à la lumière éternelle de la miséricorde divine. Lorsque nous nous détournons de la lumière de Dieu, les pétales de notre cœur se ferment et se flétrissent par la douleur de l'éloignement de la Source de vie (*Al-Hayy*). Le paradis n'est pas seulement une destination à atteindre - le paradis est un lieu où nous sommes pleinement témoins de Dieu. C'est une réalité faite pour les personnes qui soumettent leur volonté pour être enveloppées dans la volonté de Dieu.

*« Le Paradis sera rapproché à proximité des pieux. »*

CORAN 50:31

L'enfer, en revanche, est un endroit fait pour ceux qui cherchent une vie indépendante de Dieu, se soumettant à leur propre volonté, vivant et mourant pour leurs propres désirs, se détournant d'une vie centrée sur Dieu en échange d'une vie centrée sur l'ego. Si vous voulez être indépendant de Dieu dans ce monde, la vie suivante reflétera également cette séparation du Divin. Dieu ne vous fait pas de tort dans l'au-delà, au contraire, comme le dit le Coran : « Vous ne serez rétribués que selon ce que vous œuvriez. » (66:7).

Si vous souhaitez qu'il n'y ait pas d'enfer, vous demandez alors à Dieu de vous priver de votre libre arbitre[9]. Si vous souhaitez avoir la liberté de choisir, mais sans qu'il y ait de conséquences à vos choix, alors vous demandez un Dieu qui n'est pas juste. Comme le demande le Coran de manière rhétorique : « Traiterons-Nous les soumis à Allah à la manière des criminels ? Qu'avez-vous ? Comment jugez-vous ? » (68:35-36).

L'existence du Paradis et de l'Enfer sert à équilibrer la balance de l'injustice laissée inégale à notre passage sur Terre. Le fait qu'Allah ait choisi de créer un univers moral, en nous honorant de la liberté de choix, nous place à un rang inégalé dans la création. En tant qu'êtres humains, nous pouvons être à un rang plus élevé que les anges, car notre adoration est issue du libre arbitre - mais notre rang peut aussi être plus bas que celui des animaux, lorsque nous faisons le choix de nous laisser guider par nos désirs.

Si vous demandez au paradis d'inclure les égocentriques, vous demandez au paradis d'être quelque chose qu'il n'est pas. La lumière ne peut faire de place aux ténèbres, car lorsque la lumière arrive, toutes les ténèbres disparaissent. Dieu n'exclut pas les gens du paradis, ce sont plutôt les gens eux-mêmes qui choisissent de vivre dans une réalité qui contredit les qualités divines.

Dieu ne ferme pas Ses portes à ceux qui cherchent à être guidés, mais si nous choisissons d'aller à gauche quand le système de navigation de la révélation nous dit d'aller à droite, nous n'atteindrons pas la destination prévue. Si nous choisissons d'ignorer les indications de Dieu et que nous nous perdons, ce n'est pas la faute de Dieu, mais de nos propres choix qui nous ont égarés. Si nous voulons nous détourner des orientations de Dieu pour vivre selon notre propre volonté, alors c'est nous qui sommes étroits - rejetant un Dieu d'amour qui nous a donné des manières infinies de Le chercher, en échange d'une vie égocentrique.

Dieu ne nous forcera pas à suivre le chemin qu'Il a affectueusement tracé pour nous. Cependant, puisque Dieu nous aime, il ne cessera de nous rappeler, à travers les mots des Écritures, les personnes que nous rencontrons, les endroits où nous allons et les circonstances auxquelles nous sommes confrontés, que la paix véritable ne peut être trouvée que dans une relation avec Lui. Le Coran nous rappelle constamment que, même si nous nous éloignons d'Allah de 100 milliards de pas, la porte du retour à Lui est toujours ouverte pour nous. Allah affirme clairement qu'aucun péché n'est trop grand pour être pardonné.

> « *Ô Mes serviteurs, vous commettez des fautes la nuit*
> *et le jour, et c'est Moi qui pardonne toutes les fautes.*
> *Demandez Mon pardon et Je vous l'accorderai*[10]. »
>
> ALLAH

Nous ne devons pas oublier que le paradis et l'enfer ont été tous deux créés pour les pécheurs : l'enfer a été créé pour le pécheur arrogant et ignorant, tandis que le paradis a été créé pour le pécheur qui regrette et se repent. Le Coran insiste constamment sur la miséricorde d'Allah, pour nous montrer que notre Seigneur aimant souhaite que nous retournions au paradis de nos origines. Il existe un récit selon lequel, lorsque le Prophète ﷺ vit une femme allaiter un enfant, il demanda à ses compagnons : « Pensez-vous que cette femme pourrait jeter son enfant dans le feu ? » Ses compagnons répondirent : « Non, pas si elle est capable de l'arrêter. » Le Prophète ﷺ a dit : « Allah est plus miséricordieux envers Ses serviteurs qu'une mère ne l'est envers son enfant[11]. » Allah ne nous juge pas en fonction des normes de notre culture ou de notre société, mais en fonction de Sa miséricorde éternelle et infinie qui englobe tout ce qui existe.

# Nous ne pouvons pas prédire la destination éternelle d'autrui

Nous ne savons pas qui ira au paradis ou en enfer, car nous sommes jugés sur la base de l'état de nos cœurs et personne ne connaît le contenu de nos cœurs en dehors de Dieu. Le Coran dit qu'au jour du jugement, notre richesse et nos enfants ne nous sauveront pas, sauf « celui qui vient à Allah avec un cœur sain » (26:88-89). En fait, le Coran nous met en garde contre le fait de spéculer sur la situation d'autrui lorsqu'il dit : « Ô vous qui avez cru ! Évitez de trop conjecturer [sur autrui], car une partie des conjectures est un péché. » (49:12). Le Prophète ﷺ met également en garde contre le fait d'étiqueter les gens en disant : « Celui qui traite son frère de mécréant ou d'ennemi d'Allah alors qu'il ne l'est pas, son accusation se retourne contre lui[12]. »

Le Coran dit : « Et on ne vous a donné que peu de connaissances. » (17:85). Comment pourrions-nous donc juger quelqu'un sur la base de notre vision limitée de la réalité ? Bien sûr, le Coran nous appelle à inspirer les gens à la droiture et la croyance, mais Allah est le seul digne de nous juger. Le Coran dit : « Qui te dira ce qu'est le jour de la Rétribution ? Le jour où aucune âme ne pourra rien en faveur d'une autre âme. Et ce jour-là, le commandement sera à Allah. » (82:18-19). Dans ce verset, l'accent est mis sur le fait que le commandement appartient à Dieu et non à nous.

La destination éternelle des autres ne change en rien la façon dont les musulmans sont appelés à traiter la création de Dieu. Notre amour et notre respect envers les autres ne doivent pas dépendre de la foi ou du système de croyances de quelqu'un, mais de notre foi. Puisque nous croyons que chaque personne a été créée par Dieu et qu'elle est continuellement soutenue par Lui, la vie de chaque être humain est infiniment inestimable, indépendamment de ce qu'il croit ou recherche dans cette vie et dans la suivante.

## La miséricorde de Dieu embrasse toute chose

Dans le Coran, Allah dit : « Ma miséricorde embrasse toute chose » (7:156), ce qui signifie que la miséricorde de Dieu n'est pas invalide en enfer. Par Sa miséricorde divine, Dieu embrasse le pécheur dans les feux de l'enfer, dans le but de purifier et de raffiner son âme, afin qu'elle puisse passer les filtres des portes du paradis. Comme le dit Rumi: « Les coups portés contre le tapis ne le sont pas contre le tapis, mais contre la saleté qui le recouvre. »

Il est intéressant de noter que le mot pour « lumière » en arabe est « *nour* », qui a la même racine que le mot arabe désignant le feu, qui est « *nar* ». Certains érudits ont laissé entendre de manière poétique que l'élément éclairant de la lumière divine se manifeste au paradis, éveillant les yeux du cœur aux nombreux mystères et miracles de Dieu. D'autre part, la chaleur associée à la lumière descend en enfer, afin de purifier les âmes de l'humanité, comme la flamme purifie l'aiguille[13].

Alors que la majorité des érudits traditionnels affirment que pour certains, l'enfer sera une réalité éternelle et infinie de séparation d'avec Dieu, certains linguistes considèrent que le mot « toujours » signifie « atemporel » ou au-delà du concept de temps. Puisque, dans l'Arabie du VIIe siècle, les gens utilisaient des chiffres comme approximations, au lieu d'impliquer que l'enfer serait constitué d'un nombre infini de jours, cela pourrait très bien signifier que l'enfer est au-delà de notre compréhension du temps. Certains érudits classiques éminents ont même suggéré que les âmes qui vont en enfer seront finalement purifiées et que toute l'humanité entrera au paradis[14]. En fin de compte, Dieu seul sait ce qu'Il a voulu faire ; cependant, nous ne devons pas oublier que la miséricorde d'Allah englobe tout, y compris l'enfer. Bien que le Coran indique très clairement que le paradis et l'enfer sont des lieux réels, certaines personnes sont enclines à rejeter l'existence de l'enfer. Cependant, lorsque nous refusons d'accepter pleinement la réalité de l'enfer, nous sommes incapables de recevoir pleinement le don de la miséricorde de Dieu. Il est important de se rappeler que le paradis n'est pas rempli de personnes parfaites, mais plutôt de pécheurs, qui se sont repentis et ont été pardonnés par Dieu. Si l'on considère l'importance accordée à la miséricorde, au pardon et à la compassion de Dieu dans l'islam, on pourrait presque penser que l'enfer est plus difficile à atteindre que le paradis !

Allah dit qu'Il récompense une bonne action de 10 à 700 fois ; Il dit que même la pensée d'une bonne action est comptée comme une bonne action, et une mauvaise pensée non commise est comptée comme une bonne action. De plus, un péché commis, s'il y a repentir sincère, est compté comme une bonne action[15]. Voyez-vous comment Allah fait pencher la balance en votre faveur ? Maintenant, pensez à la façon dont le Prophète ﷺ a dit que toute la miséricorde sur Terre équivaut à seulement 1 % de la miséricorde d'Allah, tandis que les 99 % restants sont conservés pour le Jour du Jugement[16]. Bien que nos actions seront pesées et que l'état de nos cœurs sera jugé, nous ne pouvons pas atteindre ou obtenir le paradis uniquement par nos actions, car nous ne pourrons jamais adorer Dieu comme Il le mérite.

Puisqu'un paradis éternel ne peut pas être acheté par des actions finies, le paradis n'est pas quelque chose que l'on gagne, mais plutôt quelque chose que l'on apprend à recevoir. Comme l'a dit le Prophète ﷺ lui-même: « Aucun d'entre vous n'entrera au Paradis en raison de ses seules actions. » Il fut alors demandé par ses compagnons : « Pas même toi, ô Messager d'Allah ? » Et le Prophète ﷺ répondit : « Pas même moi, à moins qu'Allah ne me couvre de Sa grâce et de Sa miséricorde[17]. » C'est pourquoi les croyants ne sont jamais fiers de leur obéissance, car ils savent que c'est par l'amour qu'Allah leur porte qu'ils sont attirés vers Lui, et non par leurs propres efforts. Après tout, ce n'est pas nous qui appelons Dieu en prière - c'est Lui qui nous appelle vers Lui à travers le désir de notre cœur. Il se peut que nous ne comprenions pas, de notre point de vue humain limité, comment la miséricorde et la justice divines prendront en compte les variables infinies en jeu dans la vie de chaque personne, mais le Coran nous rappelle constamment qu'au jour du jugement, personne ne sera traité injustement « fut-ce d'un brin de noyau de datte » (4:49). Comme l'a dit un mystique : « Allah ne cherche pas de raison pour vous mettre en enfer, mais, par Sa miséricorde, Il cherche à vous mettre dans les jardins éternels de son amour infini[18].»

> *Mon Seigneur bien-aimé, tourne le jeune plant qu'est mon cœur vers Ta lumière, nourris le sol de mon âme avec l'eau de Ta miséricorde, et aide-moi à grandir vers Ta présence dans tout ce que je fais, à la fois dans cette vie et dans l'au-delà. « Seigneur ! Accorde-nous une belle part ici-bas, et une belle part aussi dans l'au-delà ; et protège-nous du châtiment du Feu ! » (2:201). Mon Seigneur, éteins les feux de la séparation entre nous et enveloppe-moi de Ton amour. Ô Allah, sème les graines de Ta beauté en moi et aide-moi à cultiver le jardin de ma foi, jusqu'à ce que je devienne un reflet du Paradis sur Terre. « Seigneur, construis-moi auprès de Toi une maison dans le Paradis » (66:11). Ô Allah, montre-moi comment adoucir mon cœur, afin que Ta lumière puisse atteindre les coins cachés de mon âme. Ô Allah, sois l'aube de l'espoir dans mes moments les plus sombres. Mon Seigneur, dévoile-moi de moi-même et aide-moi à voir qui je suis vraiment. Allah, aide-moi à transcender mon ego, à polir mon cœur et à devenir un miroir pur pour Toi sur cette Terre. « Seigneur ! C'est en Toi que nous mettons notre confiance et à Toi que nous revenons [repentants]. Et vers Toi sera le retour. » (60:4). Je prie en Tes noms pleins de pardon, Amin.*

## Méditation : Refléter le paradis sur Terre

Le paradis est un royaume où les qualités de Dieu telles que l'amour, la miséricorde, la compassion et la bonté se manifestent parfaitement, sans être obscurcies par les voiles de l'ego humain. C'est pourquoi, plus nous polissons les miroirs de nos cœurs et reflétons les qualités divines d'Allah, plus nous commençons à importer le paradis sur Terre d'une certaine manière. La pratique suivante est un moyen puissant d'entrer intentionnellement dans un état d'esprit en accord avec le paradis ici et maintenant :

- Chaque matin, au réveil, dites la prière suivante avec vos propres mots : « *Ô Allah, aide-moi à être bon avec mes mots, à être miséricordieux avec mes pensées, et à être un reflet de Toi à chaque pas que je fais. Ô Allah, permets à mes yeux de ne voir que Toi, dévoile mes oreilles pour n'entendre que Tes louanges, et aide-moi à utiliser mes mains comme un moyen de guérison pour Ton monde et Ta création. Ô Allah, apporte Ta lumière dans mon esprit, afin que mon intellect puisse être utilisé à Ton service. Ô Allah, élargis mon cœur pour qu'il soit ouvert à toutes Tes créatures, à tout moment et en tout lieu. Amin.* »

- Une fois cette prière faite, choisissez un petit objet que vous pouvez garder sur vous, tel qu'une bague, une montre, ou même simplement une ficelle que vous pouvez nouer autour de votre poignet, qui servira de rappel de cette prière. Vous pouvez également programmer une alerte sur votre montre ou votre téléphone toutes les heures, afin de vous rappeler de vous réaligner sur votre intention.

- Chaque fois que vous remarquez l'objet choisi ou que votre alerte se déclenche, prenez un moment pour diriger votre attention sur votre respiration. Inspirez profondément 3 fois, en inspirant par le nez et en expirant par la bouche.

- Demandez à Allah de vous aider dans votre intention d'avoir des mots plus doux envers vous-même et les autres, d'être plus miséricordieux dans vos pensées et vos jugements, et d'être plus compatissant et aimant dans vos actions.

- Chaque fois que vous vous rappelez cette prière, dites : « *Alhamdullilah*, merci, Allah, de garder mon cœur en alignement avec Tes qualités. » Si vous constatez que vous n'avez pas atteint votre intention, laissez-vous aller à un sentiment de gratitude envers Allah pour vous en avoir fait prendre conscience, et ramenez doucement votre attention sur Allah et sur votre respiration.

- Formulez l'intention d'incorporer cette courte pratique dans votre vie quotidienne, afin de vous aider à vous aligner de manière cohérente sur les qualités divines d'Allah.

« *Arrêtez de vous faire si petit. Vous êtes l'univers en mouvement extatique.* »

RUMI

# Vous Êtes Aimé

Le Créateur du cosmos a soufflé son esprit en vous, plantant Ses secrets d'amour divin dans les profondeurs de votre âme. Le Dieu de l'existence vous a choisi, *vous*, parmi toute Sa création, pour être un représentant de Sa grâce aimante. Vous avez été créé par Allah pour Allah. Vous n'avez pas été créé pour plaire aux autres ni pour entrer dans le moule façonné par votre culture et votre société. Vous avez été créé pour vous connaître, pour connaître Dieu, pour L'aimer et pour L'adorer de tout votre cœur. Vous avez été créé pour rechercher et louer Dieu, pour nager dans Son océan de miséricorde et pour découvrir les joyaux spirituels cachés dans les profondeurs de votre âme. Bien que Dieu n'ait pas besoin que nous le louions, notre adoration de Dieu dévoile la véritable personne que nous sommes, celle que nous sommes destinés à devenir. Comme un bourgeon qui se tourne vers le soleil lorsqu'il fleurit, dévoilant son parfum caché, c'est en se tournant vers la lumière d'Allah que votre véritable essence s'épanouit.

## Vous êtes important

Le Créateur de l'univers a choisi intentionnellement de vous créer à partir de la lumière de Son amour et de Sa miséricorde éternels. Votre valeur est fondée sur Celui dont le souffle vous a donné la vie. Vous n'êtes pas ce corps qui se brisera un jour ; vous êtes l'âme éternelle. Comme le dit Rumi: « Vous vous considérez comme un citoyen de l'univers. Vous pensez que vous appartenez à ce monde de poussière et de matière. De cette poussière, vous avez créé une image personnelle, et vous avez oublié l'essence de votre véritable origine. »

*Pourquoi permettez-vous aux gens de dicter votre valeur, alors que l'origine éternelle de toute l'existence - Allah - a déclaré que votre vie est plus sacrée que ce que nous pouvons concevoir ?*

Allah vous aime infiniment plus que vous ne pouvez l'imaginer. Vous avez une valeur immense. Vous êtes important. Ce monde entier a été créé pour que vous puissiez dévoiler le trésor que vous portez déjà en vous et c'est par l'adoration et la soumission à Allah que vous pourrez le manifester.

## Dieu vous aime inconditionnellement

N'oubliez pas que, puisque Dieu est indépendant de Ses créations, Ses qualités d'amour et de miséricorde ne sont pas affectées par nos actions. L'amour que Dieu nous porte ne diminue pas lorsque nous péchons ; au contraire, ce sont nos péchés qui nous empêchent d'être réceptifs à l'amour éternel et infini de Dieu. L'amour de Dieu pour nous est immuable - c'est notre expérience de Son amour qui change.

Les piliers et les principes de l'islam sont comme des chiffons de polissage qui effacent la saleté du péché, de l'oubli et des tentations, pour dévoiler le caractère inestimable de votre vrai visage. Lorsque vous réaliserez que vous êtes important parce que Dieu vous a choisi, vous ne tournerez plus en rond, à la recherche de la validation du monde.

L'amour de Dieu est inconditionnel et inestimable, il ne s'achète donc pas ; cependant, nos bonnes actions sont importantes, car elles nous permettent de faire l'expérience de l'amour que Dieu déverse sur nous depuis toujours. Tout comme un bateau doit ouvrir ses voiles pour être poussé par le vent, nous devons ouvrir nos mains et nos cœurs dans la prière et nous en remettre à Lui, pour être poussés par la brise de l'amour débordant de Dieu.

## Vous avez déjà tout ce dont vous avez besoin

Vous êtes un microcosme du macrocosme. Vous êtes un reflet de l'univers tout entier, tenu dans l'étreinte de l'argile. Dieu n'est pas dans un paradis lointain, Il est avec vous en ce moment même, peu importe qui vous êtes ou ce que vous avez fait. Rien n'est vide de Lui. Tout ce qui a une vie est un reflet de Sa vie. Tout ce qui a une existence est le reflet de Son unicité. Comme l'a dit le poète indien du quinzième siècle Kabir: « Je ris quand j'entends dire que le poisson dans l'eau a soif. » Vous renfermez déjà la chose même que vous recherchez. La voie de l'islam fournit le cadre nécessaire pour éliminer vos croyances limitantes afin que vous soyez en mesure de recevoir l'amour de Dieu.

Les noms d'Allah sont déjà plantés dans le sol de votre cœur. Notre travail consiste à sortir du chemin de nous-mêmes, en nous abandonnant à Allah et en permettant à la lumière de Son amour et aux pluies de la révélation et de la miséricorde d'arroser nos esprits. Le paradis n'est pas seulement un endroit que nous atteignons à travers la mort ; c'est un endroit que nous arrosons à l'intérieur de nous-mêmes. Vivre une vie *inspirée*, c'est vivre une vie *en esprit*, en connexion avec sa véritable essence et son but dans la vie. Nous ne sommes pas appelés à servir Dieu uniquement dans le but d'atteindre un futur paradis - nous sommes appelés à devenir un reflet du paradis sur Terre, en incarnant les qualités d'amour de Dieu.

## Vous avez un but divin

Dieu vous a créé à dessein pour que vous Le connaissiez, L'aimiez et L'adoriez. L'ensemble du monde visible est le reflet de Ses visages infinis. Dieu ne se cache pas dans la *Kaaba*, une église ou un temple. Dieu se reflète partout et dans tout.

Il vous a créé comme un reflet de ses qualités de beauté et de majesté. Il vous a envoyé sur cette Terre pour L'adorer, pour vous connaître vous-même, pour protéger le caractère sacré de la vie, pour servir les personnes sans défense, pour prendre soin de cette Terre sainte et pour aimer tous les Hommes de toute votre âme. Dieu remplit la cruche de votre vie avec l'eau des bénédictions, afin que vous puissiez arroser généreusement les cœurs assoiffés que vous rencontrez.

Par Lui, vous êtes appelés à être une main pour ceux qui tombent, une béquille pour ceux qui sont brisés, une présence qui guérit pour les malades. Vous n'êtes pas appelés à partager la bonne nouvelle de l'amour inconditionnel et de la miséricorde de Dieu uniquement avec les fidèles.

*Vous êtes appelé à sortir de votre zone de confort et à pénétrer dans les vallées du désespoir, comme un phare éclairant les coins sombres de la Terre.*

Le Coran dit : « Combattez avec vos biens et vos personnes dans le chemin d'Allah. » (61:11). Mais ne partagez pas votre foi dans le seul but de convaincre les gens de croire en ce que vous croyez. Incarnez votre foi, pour rappeler aux gens que Dieu les aime. Appelez les gens à l'amour divin, et laissez Dieu décider du chemin qu'ils sont censés emprunter. Nous pleurons tous les mêmes larmes, c'est le même sang qui coule lorsque nous saignons, nous ressentons tous le même chagrin, alors pourquoi devriez-vous discriminer en choisissant en fonction de leur foi ceux que vous pouvez réconforter en cas de besoin ?

L'objectif de l'islam est d'être un visage de soumission à la volonté aimante de Dieu sur Terre pour tous les peuples. Les principes de l'islam nous enseignent à être des messagers de paix - à être comme l'eau, assez douce pour laver les larmes et assez forte pour noyer la haine. Être musulman, c'est protéger les faibles, les orphelins, les mendiants, les personnes en situation de handicap de tous horizons et toutes cultures. Être musulman, ce n'est pas être indifférent aux différences, c'est au contraire voir les différences entre les gens et célébrer cette diversité comme un produit du libre arbitre que Dieu a choisi de nous donner.

*« Parmi Ses signes : la création des cieux et de la Terre ; la diversité de vos idiomes et de vos couleurs. Il y a vraiment là des signes pour ceux qui savent. »*

CORAN 30:22

Nous sommes tous des créations de Dieu, alors comment une personne pourrait-elle être moins digne qu'une autre alors que le même Dieu a pris le même souffle pour les créer toutes les deux ? Détachez-vous de ces différences extérieures et plongez dans le souffle de la divinité au sein de cette âme unique que nous portons tous deux.

Nous sommes nombreux dans l'un. Nous sommes d'innombrables fruits dans une seule graine. Nous sommes une goutte qui porte tous les océans, et vous êtes vous, mais vous êtes aussi moi. Montrez-moi où je finis et où vous commencez, mais ne désignez pas notre peau. Je vous aime où que vous soyez, qui que vous soyez. Comment pourrais-je ne pas aimer ce que l'Amour Lui-même a créé ? Comment pourrais-je ne pas aimer ce qui *est* amour ? Vous êtes amour, car seul l'amour peut venir de l'amour.

*Comprenez-vous qui vous êtes ? Vous êtes le reflet de l'amour de Dieu.*

Comme les flocons de neige, nous avons tous des formes différentes, avec une mission unique sur Terre. Quelle que soit votre vocation, ce monde dépend de vous. L'existence est un puzzle ; sans vous, il serait incomplet. Le moment est venu pour vous de vous engager dans tout ce que vous savez que vous pouvez être, mais que vous craigniez jusque-là de devenir.

*Dieu s'adresse à vous lorsqu'Il dit : « Ne craignez rien. Je suis avec vous. » (20:46). Dieu s'adresse à vous lorsqu'Il dit : « Et Je t'ai assigné à Moi-Même. » (20:41). Dieu ne vous a pas promis que le chemin vers le bien serait toujours facile, mais le Coran dit : « Et soyez endurants, car Allah est avec les endurants. » (8:46)*

Vous serez tenté, troublé et éprouvé par des épreuves, mais avec Allah à vos côtés, vous serez triomphant. Comme le Prophète ﷺ nous le rappelle joliment : « Observe les prescriptions d'Allah, Il te protégera. Observe les prescriptions d'Allah, tu Le trouveras toujours avec toi. Si tu dois demander, demande à Allah et si tu demandes de l'aide, demande-la à Allah. Et sache que si la communauté entière se rassemblait pour te faire bénéficier d'un bien, elle ne te ferait bénéficier que de ce qu'Allah t'a destiné. Et si elle se rassemblait pour te causer un tort, elle ne te causerait que le tort qu'Allah t'a destiné. Les plumes ont cessé d'écrire et l'encre des pages a séché[1]. »

Allah a écrit une histoire d'amour parfaite entre vous et Lui. Tout ce que vous affrontez, chaque montagne que vous escaladez, chaque mer que vous traversez et chaque désert que vous traversez a été placé sur votre chemin pour vous permettre d'apprendre à vous connaître et à connaître votre Seigneur. Chaque plaisir et chaque douleur, chaque succès et chaque échec, chaque haut et chaque bas vient d'Allah. Tout ce dont vous êtes témoin est un appel pour que vous reveniez à Lui.

Allah vous a attendu. Il a toujours été là, plus proche que votre veine jugulaire, plus proche que le souffle dans vos poumons, plus proche que les mots sur vos lèvres. Dieu est ici avec vous. Revenez à Lui.

« *Ô toi, âme apaisée, retournes vers ton Seigneur, satisfaite et agréée* »

CORAN 89:27-28

Vous comptez pour Allah et Il vous aime inconditionnellement. Vous avez été créé intentionnellement, dans un but divin. Les graines ont été plantées pour que vous vous épanouissiez pour devenir la personne qu'Allah vous a destinée à être. Revenez donc à votre Seigneur, quel que soit le laps de temps durant lequel vous avez été perdu. Peu importe ce que vous avez fait ou dit, Allah attend de vous étreindre de Son pardon et de Son amour. Revenez à Lui. Laissez-Le vous aimer, vous guérir et vous rappeler que vous êtes digne. Laissez-Le vous montrer que vous êtes plus que suffisant et qu'à Ses yeux vous êtes parfait, car Il ne fait jamais d'erreur. Revenez à Lui et laissez-Le dissiper les nuages de votre chagrin et vous montrer le soleil brillant que vous portez au fond de vous. Laissez-Le dévoiler les pierres précieuses qui sont cachées dans votre âme. Revenez à Lui et laissez-Le déverser la paix dans chaque crevasse et fissure de votre cœur. Chaque fois que vous vous égarez, revenez à Lui. Chaque fois que vous échouez, revenez à Lui. Allah vous attend. Revenez à son océan d'amour et laissez-Le vous envelopper avec les vagues de guérison de Sa miséricorde infinie.

> *Alhamdullilah. « Louange à Allah, Seigneur de l'univers. »*
> *(1:2) Alhamdullilah, louanges à Allah, le Dieu de l'univers,*
> *le Seigneur de l'amour, le visage de la miséricorde, et le*
> *Créateur de tout ce qui est et sera toujours. Ô Allah, merci*
> *de nous donner l'opportunité de Te connaître, de T'aimer et*
> *de T'adorer. Merci de nous tendre la main, de nous parler,*
> *de nous envoyer des messagers, et de nous aimer infiniment*
> *plus que nous ne pourrions jamais l'imaginer. « Ô Allah, Tu*
> *es la source de paix et c'est de Toi que vient toute paix, alors*
> *Allah entoure-moi de Ta paix[2]. » Mon Seigneur Bien-aimé,*
> *je prie en Ton nom pour que tous ceux qui souffrent dans le*
> *monde trouvent la paix qu'ils recherchent si désespérément.*
> *Je prie pour les cœurs brisés, les déprimés, les affamés, les*
> *malades, les opprimés, les endeuillés, les exclus, ceux qui*
> *vivent dans des pays déchirés par la guerre, ceux qui sont*
> *injustement expulsés de leurs maisons, et pour tous ceux*
> *qui ont perdu quelque chose qu'ils ne peuvent récupérer.*
> *Ô Allah, fais pleuvoir Ton amour sur cette Terre, répare ce*
> *qui est cassé, raccommode ce qui est déchiré, et apporte une*
> *paix durable à ce monde. Ô Allah, aide-moi à devenir un*
> *représentant de Ton amour divin et de Ta guérison pour*
> *tous les gens, sans discrimination. Ô Allah, fais que mon*
> *âme soit généreuse et ma langue pleine de bonté. Ô Allah,*
> *fais que ma foi soit forte et mon cœur doux. Ô Allah, fais que*

*mon esprit soit pur et mes actions sincères. Mon Seigneur Bien-aimé, aide-moi à rester fermement sur le droit chemin et à devenir un serviteur fidèle à Ton service et à celui de Ta création. Je prie en Tes noms magnifiques, majestueux et aimants, Amin.*

ANNEXE

# Prière de Lumière

*Ô Allah !*
*Mets de la lumière dans mon cœur*
*Et de la lumière dans ma langue*
*Et de la lumière dans mon ouïe*
*Et de la lumière dans ma vue*
*Et de la lumière au-dessus de moi*
*Et de la lumière au-dessous de moi*
*Et de la lumière à ma droite*
*Et de la lumière à ma gauche*
*Et de la lumière devant moi*
*Et de la lumière derrière moi*
*Mets de la lumière dans mon âme*
*Magnifie-moi cette lumière*
*Et agrandis-moi cette lumière*
*Accorde-moi de la lumière*
*Et fais de moi une lumière*
*Ô Allah !*
*Donne-moi de la lumière*
*Et place de la lumière dans mes nerfs*
*Et de la lumière dans mon corps*
*Et de la lumière dans mon sang*
*Et de la lumière dans mes cheveux*
*Et de la lumière dans ma peau*
*Augmente-moi en lumière*
*Augmente-moi en lumière*
*Augmente-moi en lumière*
*Accorde-moi lumière sur lumière !*

PROPHÈTE MOHAMMED ﷺ

# Les 99 Noms Divins d'Allah

*Allah* ...........................................................Le Plus Grand des Noms

1. *Ar-Rahman*...Le Très-Miséricordieux, Le Seigneur de la Miséricorde
2. *Ar-Rahim*.Le Tout-Miséricordieux, Le Dispensateur de Miséricorde
3. *Al-Malik* ............................................Le Seigneur Eternel, Le Roi
4. *Al-Quddus*.........................................L'infiniment Saint, Le plus Pur
5. *As-Salam*...........................................La Source de Paix, Salut
6. *Al-Mu'min*......La Source de Foi, Le Sécurisant, Celui qui supprime la peur
7. *Al-Muhaymin* .................Le Gardien, Le Protecteur, Celui qui assure la sécurité
8. *Al-'Aziz*...................................................Le Tout-Puissant, L'Honorable
9. *Al-Jabbar*.........................................Le Contraignant, Celui qui restaure
10. *Al-Mutakabbir*.........Le Superbe, Celui qui est supérieur à Sa création
11. *Al-Khaliq* ...............................................................Le Créateur
12. *Al-Bari'* ......Le Créateur, Celui qui donne un commencement à toute chose
13. *Al-Musawwir*............................Celui qui façonne la beauté, Le Sculpteur
14. *Al-Ghaffar* ...........................................................Le Tout Pardonneur

15. *Al-Qahhar* ................................Le Dominateur Suprême, Le Conquérant

16. *Al-Wahhab* .......................Le Grand Donateur, Le Dispensateur de dons

17. *Ar-Razzaq* .............................Celui qui pourvoit, Celui qui sustente

18. *Al-Fattah* ................................ Celui qui ouvre, Celui révèle

19. *Al-'Alim* ...............................Le Très-Savant, l'Omniscient

20. *Al-Qabid* ...............................................Celui qui restreint

21. *Al-Basit* .....Celui qui donne largement, Celui qui étend Sa générosité

22. *Al-Khafid* ...............................Celui qui humilie, Celui qui adoucit

23. *Ar-Rafi'* ................................................ Celui qui élève

24. *Al-Mu'izz* .........................Celui qui donne l'honneur, Celui qui renforce

25. *Al-Mudhil* ...............................Celui qui déshonore, Celui qui humilie

26. *As-Sami'* ............................. L'Audient, Celui qui entend toute chose

27. *Al-Basir* ................................ Le Voyant, Celui voit toute chose

28. *Al-Hakam* ................................................Le Juge

29. *Al-'Adl* ................................................Le Juste, L'Équitable

30. *Al-Latif* ...............................Le Subtil, le Très Raffiné

31. *Al-Khabir* ............. Le Parfaitement Connaisseur, Le Connaisseur de la Réalité

32. *Al-Halim* ................................ Le Très-Clément, le Doux

33. *Al-'Azim* ................................................Le Magnifique

34. *Al-Ghaffur* ...............Le Tout-Pardonneur, Celui qui couvre les erreurs

35. *Ash-Shakur* ...............................Le Très-Reconnaissant

36. *Al-'Aliy* ................................Le Très-Haut, Le Sublime

37. *Al-Kabir* ................................................L'Infiniment Grand

38. *Al-Hafiz* ...............................Le Gardien, Le Protecteur

39. *Al-Muqit* ...............................Celui qui accorde les moyens de subsistance, Le Nourricier

40. *Al-Hasib* ...............................Celui qui tient compte de tout

41. *Al-Jalil* ................................Le Majestueux, Le Glorieux

42. *Al-Karim* ...............................Le Très Généreux

43. *Ar-Raqib* ................................................Le Vigilant

44. *Al-Mujib* ...............................Celui qui répond, Celui qui exauce les prières

45. *Al-Wasi'* ............Celui qui est vaste et sans limites, Celui qui embrasse toute chose

46. *Al-Hakim* ................................................................ Le Parfaitement Sage

47. *Al-Wadud* ............................... Le Bien-Aimant, La Source de tout amour

48. *Al-Majid* ...................................................................... Le Tout-Glorieux

49. *Al-Ba'ith* ........................... Celui qui éveille, Celui qui ressuscite

50. *Ash-Shahid* ............................................................................. Le Témoin

51. *Al-Haqq* ................................... Le Vrai, Celui qui est la Réalité

52. *Al-Wakil* ................. Le Gérant, Le Défenseur, Celui à qui l'on se confie

53. *Al-Qawiy* ....................................................................... Le Très-Fort

54. *Al-Matin* .............................. Le Très-Ferme, Le Résolu, L'Inébranlable

55. *Al-Waliy* ........................... L'Ami Très-Proche, Le Protecteur Aimant

56. *Al-Hamid* ................................ Celui qui est digne de louanges

57. *Al-Muhsi* .................. Celui dont le savoir cerne toute chose, Celui qui garde en compte

58. *Al-Mubdi'* ............ Le Créateur, Celui qui donne un début à ce qui n'existe pas

59. *Al-Mu'id* ........................ Le Régénérateur, Celui qui fait renaître

60. *Al-Muhyi* ........................................................ Celui qui fait vivre

61. *Al-Mumit* .......................................................... Celui qui ôte la vie

62. *Al-Hayy* ......................................................................... Le Vivant

63. *Al-Qayyum* .......................... Celui qui subsiste par Lui-même

64. *Al-Wajid* ................................................................. Le Tout-Voyant

65. *Al-Majid* ............................................. Le Noble, Le Majestueux

66. *Al-Wahid* ......................... L'Unique, La manifestation de l'Unicité

67. *Al-Ahad* ................................. Le Seul et Unique, L'Indivisible

68. *As-Samad* ..................... L'Éternel, Celui qui comble tous les besoins

69. *Al-Qadir* .......................... Le Tout-Puissant, Capable de toute chose

70. *Al-Muqtadir* ............................................... Le Tout-Déterminant

71. *Al-Muqaddim* ................ Celui qui met en avant, Celui qui accélère ce qu'Il veut

72. *Al-Mu'akhkhir* ............................... Celui qui retarde, Celui qui reporte

73. *Al-Awwal* .................................... Le Premier, Le Pré-existantg

74. *Al-Akhir* ............................................... L'Ultime, Le Dernier

75. *Az-Zahir* ................................... Le Manifeste, L'Apparent

76. *Al-Batin* ................................ Le Caché, L'Invisible, L'Intérieur

77. *Al-Wali* ................................ Le Gouverneur Unique, Le Maître

78. *Al-Muta'ali* ................................ L'Exalté, Le Suprême

79. *Al-Barr* ................................ La Source de Bonté

80. *At-Tawwab* ................................ Celui qui ne cesse d'accueillir le repentir

81. *Al-Muntaqim* ................................ Le Vengeur, Celui qui rend justice

82. *Al-'Afuw* ................................ Celui qui efface les péchés, Celui qui pardonne

83. *Ar-Ra'uf* ................................ Le Clément, Le plein de compassion

84. *Malik al-Mulk* ................................ Le Maître du Royaume, Le propriétaire de toute souveraineté

85. *Dhul-Jalali Wal-Ikram* ................................ Seigneur de Majesté et de Générosité

86. *Al-Muqsit* ................................ Le Plus Équitable, Le Juste

87. *Al-Jami'* ................................ Le Rassembleur, Celui qui réunit

88. *Al-Ghaniy* ................................ Le Riche, Le Suffisant en Soi

89. *Al-Mughni* ................................ Celui qui enrichit, Celui qui satisfait les besoins

90. *Al-Mani'* ................................ Le Protecteur, Celui qui évite le mal

91. *Ad-Darr* ................................ Celui qui punit, Celui qui afflige

92. *An-Nafi'* ................................ Le Créateur du bien, Celui qui accorde ce qui est bénéfique

93. *An-Nur* ................................ La Lumière, L'Illuminateur

94. *Al-Hadi* ................................ Le Guide

95. *Al-Badi'* ................................ L'Initiateur, La Cause Absolue

96. *Al-Baqi* ................................ L'Éternel, Le Toujours Présent

97. *Al-Warith* ................................ L'Héritier

98. *Ar-Rashid* ................................ Le Guide, Celui qui guide vers la bonne voie

99. *As-Sabur* ................................ Le Patient, Le Très-Constant

\*Les noms divins d'Allah sont multidimensionnels et ne peuvent pas être parfaitement traduits par un seul mot, ni même une seule phrase. Tout au long du livre, un même nom divin peut être traduit différemment afin de refléter la profondeur et la multitude de significations comprises au sein du même nom. La liste ci-dessus est une sélection de traductions inspirées par les références suivantes :

- *Divine Names: The 99 Healing Names of the One Love,* par RosinaFawzia Al-Rawi
- *The Most Beautiful Names,* par Tosun Bayrak al-Jerrahi al-Halveti

# Suggestions de
# Lecture

Il existe des dizaines de livres incroyables que je pourrais recommander pour une réflexion plus poussée, mais si je ne devais en choisir que quelques-uns pour faciliter votre compréhension plus approfondie de l'islam, mon choix se porterait sur les suivants :

- *Le Coran,* par Allah. Si vous savez lire l'arabe, alors vous pouvez acheter n'importe quel Coran, car ils seront tous identiques (les seules différences seront la taille et le style de la police).
- *The Holy Qur'an in Today's English,* par Yahiya Emerick. C'est une de mes traductions favorites du Coran. Il est rédigé dans un anglais moderne, facile d'accès et inclut de nombreuses notes de bas de page pour pouvoir effectuer ses recherches et ouvrir la réflexion.
- *The Study Quran,* édité par Seyyed Hossein Nasr. Ce livre est fantastique pour ceux qui sont à la recherche d'un recueil de commentaires des versets du Coran. C'est un des seuls livres que j'ai eu l'occasion de voir en anglais qui incorpore une large variété d'opinions théologiques de savants sunnites, chiites et soufis d'une manière holistique. Il contient également une multitude d'essais sur divers sujets incroyablement intéressants.

- *Muhammad: A Prophet for Our Time,* par Karen Armstrong. Je pense sincèrement que c'est un des meilleurs livres en anglais à propos de la vie du Prophète Mohammed ﷺ. L'auteure fait un superbe travail pour dépeindre l'Arabie du septième siècle et aide les lecteurs à mieux comprendre le contexte historique dans lequel le Coran a été révélé. Elle articule également parfaitement la compassion, la bonté et la position spirituelle du Prophète ﷺ, à travers d'innombrables histoires et de Hadiths magnifiquement choisis.

- *He Who Knows Himself, Knows His Lord,* par Shaykh Muhammad al-Jamal Rifa'i. Ce livre a été écrit par un des plus grands maîtres spirituels de notre époque. Ce livre peut véritablement changer la vie de ceux qui sont dans une recherche spirituelle sérieuse, car il aborde spécifiquement les angles morts sur le chemin spirituel et la manière de les surmonter. Je classerais ce livre comme une lecture de niveau avancé qui demande de la patience et du dévouement pour être pleinement comprise et intégrée.

- *Jewels of Remembrance: A Daybook of Spiritual Guidance Containing 365 Selections from the Wisdom of Mevlana Jalaluddin,* par Camille Adams Helminski et Kabir Helminski. Celui-ci est mon recueil préféré de poèmes de Rumi rédigé en anglais. Il est passionnant, inspirant, facile à lire tout en étant instructif et profond.

- *Vision of Islam,* par Sachiko Murata et William Chittick. Bien que ce livre soit plutôt écrit comme un manuel sur l'islam, il n'en reste pas moins intéressant et enrichissant. Les auteurs font un travail formidable en mélangeant les perspectives exotériques et ésotériques avec le Coran et les Hadiths.

- *Spiritual Gems of Islam: Insights and Practices from the Qur'an, Hadith, Rumi, and Muslim Teaching Stories to Enlighten the Heart and Mind,* par Imam Jamal Rahman. C'est l'un des livres sur l'islam le plus léger, mais aussi le plus instructif et le plus inspirant que je n'aie jamais lus. C'est un mélange de versets coraniques, de poésie et d'histoires mystiques. C'est un véritable bijou!

- *Divine Names: The 99 Healing Names of the One Love,* par Rosina Fawzia Al-Rawi. Pour une plongée en profondeur dans certains des secrets spirituels cachés dans les noms divins d'Allah, c'est un excellent livre.

# Notes

1 Rapporté par Tirmidhi

2 «The Sunni-Shia Divide. » Council on Foreign Relations. www.cfr.org/interactives/sunni-shia-divide#! /sunni-shia-divide.

3 Il est intéressant de prendre en considération que dans la toxicologie médiévale, le mot « tolérant » fait référence à la quantité de substance étrangère et toxique que le corps peut consommer avant d'en mourir. D'un point de vue linguistique, être tolérant implique simplement de subir les perspectives différentes des autres, au lieu de faire de la place pour apprendre de la diversité des cultures, des couleurs et des points de vue théologiques d'autrui.

## Chapitre 1—Allah : L'Origine de l'Amour

1 Shah-Kazemi, Reza. Common Ground between Islam and Buddhism. Louisville, KY : Fons Vitae, 2011.

2 Gagnon, Steve. "Questions and Answers." It's Elemental—The Element Californium, education.jlab.org/qa/how-much-of-an-atom-is-emptyspace.html.

3 Le prophète Mohammed ﷺ a dit : « Tous les cœurs des enfants d'Adam sont entre deux des doigts du Miséricordieux, comme un seul cœur, et Il les dirige à Sa guise ». Ensuite, le Prophète ﷺ a dit : « Oh, Allah, Toi qui diriges les cœurs, dirige nos cœurs vers Ton obéissance. » (Rapporté par Muslim)

4 Le Coran dit « Dieu ne pardonne pas qu'on Lui associe quoi que ce soit, mais Il pardonne à qui Il veut des péchés de moindre importance, car qui associe à Dieu s'égare profondément.» (4 :116). Le shirk ou le fait

d'associer à Allah un autre que Lui, peut être pardonné s'il y a un repentir sincère et qu'Allah l'accepte. Il est important de faire cette distinction, car certaines personnes pensent à tort que certains péchés comme le shirk ne peuvent être pardonnés ; ce n'est pas ce que dit ce verset. Le fait que tous les péchés soient pardonnables grâce au repentir est clairement formulé dans le verset suivant : « Dis : "Ô Mes serviteurs qui ont commis des excès à votre propre détriment, ne désespérez pas de la miséricorde d'Allah. Car Allah pardonne tous les péchés. Oui, c'est Lui le Pardonneur, le Très Miséricordieux." » (39 :53)

5    Anonyme

6    Le Prophète Mohammed ﷺ a dit : « Dieu a soixante-dix mille voiles de lumière et d'obscurité ; s'Il les enlevait, les splendeurs rayonnantes de sa Face brûleraient quiconque (ou « quelque créature ») serait atteint par Son regard. » (Rapporté par Ibn Majah. Source: Morris, James Winston (2005). *The Reflective Heart: Discovering Spiritual Intelligence in 'Ibn Arabi's Meccan Illuminations.* Louisville : Fons Vitae. p. 115.)

7    Nous avons une conscience par la grâce de Dieu. C'est grâce à Allah que nous voyons, entendons, touchons, sentons, ou goûtons. Bien qu'Allah ait créé nos perceptions sensorielles, Il est plus proche de nous que tout ce que nous ne pourrions jamais expérimenter. De la même manière que l'iris de nos yeux est si proche de nous que nous ne pouvons pas le percevoir et pourtant nous voyons grâce à lui, Dieu est si proche de nous que nous ne pouvons pas être témoins de Lui directement, mais notre capacité à être témoins est due à Sa proximité et à Son amour pour nous.

8    On retrouve un exemple de Dieu réitérant Son unicité après l'utilisation du mot « Nous » dans le verset suivant : « Et Nous ne t'avons envoyé qu'en miséricorde pour l'univers. Dis : "Voilà ce qui m'est révélé : Votre Dieu est un Dieu unique ; êtes-vous Soumis ?" » (21 :107-108)

9    Cette narration est considérée comme un Hadith Qudsi. Ce type de narration est différent d'un Hadith Nabawi ou d'une parole rapportée du Prophète ﷺ , car la chaîne de transmission d'un Hadith Qudsi remonte directement à Dieu et non pas à une chaîne de narrateurs se terminant par le Prophète Mohammed ﷺ. Cependant, un Hadith Qudsi est différent d'un verset du Coran. Alors qu'un Hadith Qudsi est une parole dans laquelle le sens est envoyé par Dieu, mais les mots sont formulés par le

Prophète ﷺ, le Coran comprend le discours exact de Dieu, tant dans le sens que dans la formulation.

10    Allah commence par Bismillahi Ar-Rahman Ar-Rahim, autrement dit Basmala, dans chaque chapitre du Coran, sauf pour ce qui est du chapitre 9, sourate At-Tawba. Cependant, dans les versets 27 :30 on retrouve une Basmala supplémentaire.

11    Car c'est dans la forme du ism fa'il ou « participe actif. »

12    Khan, Nouman Ali. "The Word Ar-Rahman." 2014.

13    Rapporté par Muslim

14    Certains savants soutiennent que l'amour de Dieu est conditionnel. Ils suggèrent que l'amour de Dieu n'est donné qu'à ceux qui le « méritent ». Ils soulignent que le Coran spécifie quelles sont les personnes que Dieu aime et celles qu'Il n'aime pas. Selon eux, le Coran dit qu'Allah n'aime que les patients (3 :146), ceux qui se repentent et se purifient (2 :222), les justes (60 :8), ceux qui font le bien (2 :195), les pieux (3 :76), qui suivent le Prophète ﷺ (3 :31), qui s'en remettent à Lui (3 :159), qui sont humbles, reconnaissants, fidèles et se rappellent Dieu souvent. Ensuite, ils soulignent que le Coran spécifie qu'Allah n'aime pas les mécréants pêcheurs (2 :276), les semeurs de désordre (5 :64), les transgresseurs (2 :190), les oppresseurs (3 :140), les traîtres et les pécheurs (4 :107), les présomptueux (4 :36), les arrogants (16 :23), ceux qui commettent des excès (7 :31), et ainsi de suite. Bien qu'à première vue cela puisse suggérer que l'amour de Dieu est conditionnel, le Coran nous renvoie également au verset dans lequel Allah affirme clairement « Et ma miséricorde embrasse toute chose » (7 :156). Allah ne dit pas que Sa miséricorde (Ar-Rahman) embrasse seulement les fidèles ou ceux qui Lui obéissent. Allah dit : « Ma miséricorde embrasse toute chose. » Comme mentionné auparavant, le mot Rahma, traduit en français par « miséricorde » signifie également compassion, amour et bonté. Si la Rahma d'Allah englobe toute chose, alors elle doit englober avec amour et compassion même les pécheurs qui ne se montrent pas reconnaissants, les oppresseurs et les tyrans arrogants. Cependant, il est important que la justice et la responsabilité existent. La distinction à faire ici est que ceux qui vivent une vie en opposition à ce que Dieu a dicté deviennent voilés et incapables de recevoir l'amour inconditionnel de Dieu. Pour mieux comprendre cela, prenez l'exemple

suivant : si je m'enfonce de trente pieds sous terre dans un sous-sol en béton, sans fenêtre, je serais dans l'obscurité totale. De cet endroit, je ne pourrais plus faire l'expérience de la lumière du soleil, car elle me sera voilée. Cependant, ce n'est pas parce que je suis dans un endroit où je ne peux pas voir le soleil que le soleil a cessé de briller. De la même manière, Dieu ne cesse jamais de nous aimer, mais lorsque nous sommes durs, ingrats ou tyranniques, nous sommes privés de l'expérience de l'amour de Dieu. Ce n'est pas Dieu qui nous opprime, mais nous qui nous oppressons nous-mêmes en voilant les yeux de notre cœur par le manque de sincérité et le péché, ce qui nous rend incapables d'être témoin de l'amour universel de Dieu.

15     Rapporté par Muslim

16     "Verse (3:32)—Word by Word." The Quranic Arabic Corpus: Word by Word Grammar, Syntax and Morphology of the Holy Quran, corpus. quran.com/wordbyword.jsp?chapter=3&verse=32# (3:32:1). *En référence à ce qu'Allah n'aime pas, on retrouve dans le Coran « la yuhibbu » qui signifie littéralement « n'aime pas ».

17     Le Coran fait référence à Dieu se mettant en colère, mais cette juste colère n'est pas séparée de sa miséricorde (Ar-Rahman). Pour mieux comprendre cela, prenez l'exemple suivant : lorsqu'un parent crie après son enfant parce qu'il a couru dans la circulation, c'est parce qu'il aime son enfant. Le parent qui crie veut protéger son enfant, pas le blesser. Dans un sens plus profond, la colère de Dieu n'est pas une manifestation de sa haine, mais plutôt une expression plus forte de sa miséricorde. Parfois, Dieu doit symboliquement nous crier dessus pour nous empêcher de foncer dans le trafic de la cupidité, de la luxure, de l'envie, etc.

18     Meyer, Wali Ali., and Bilal Hyde. Physicians of the Heart: A Sufi View of the Ninety-Nine Names of Allah. Sufi Ruhaniat International, 2012.

19     Rapporté par Bukhari

20     Rapporté par Tirmidhi

21     Hawking, Stephen. "The Beginning of Time." www.hawking.org.uk/the-beginning-of-time.html.

22     Pour mieux comprendre la signification de 120 décimales, considérez ce qui suit : dans le nombre 2,1 le chiffre 1 se trouve à la première décimale. Dans le nombre 2,0000001 le chiffre 1 se trouve à la septième décimale.

Imaginez maintenant à quel point la précision d'un nombre devrait être parfaite pour 120 décimales.

23 Hawking, Stephen. Une brève histoire du temps, J'AI LU 2007.

24 La façon dont les lois connues de la science semblent s'effondrer dans le monde de la physique quantique en est une bonne preuve.

25 Demander qui a créé Dieu ne fait que conduire à se demander ensuite qui a créé celui qui a créé Dieu, et ensuite qui a créé celui qui a créé celui qui a créé Dieu, et ainsi de suite à l'infini. En d'autres termes, la régression infinie commence par une création et remonte à l'infini. Si l'on remonte à l'infini, l'univers n'aurait jamais pu voir le jour, car par définition, on ne peut pas franchir la distance de l'infini. C'est pourquoi la théologie islamique postule que Dieu est éternel et incréé, car sinon vous vous heurteriez au problème de la régression infinie et ce monde n'aurait jamais été créé.

26 Le mot Jalal vient de la même racine que le mot Al-Jalil. Ces deux noms signifient « majesté, sublimité et grandeur ». Jalal est généralement utilisé pour expliquer la catégorie des noms majestueux de Dieu, tandis que Al-Jalil est habituellement le nom utilisé dans les listes des 99 noms divins pour « Le Majestueux. » Jalal est également inclus dans les 99 noms divins en tant que partie du nom DhulJalali-wal-Ikram, qui signifie « Le possesseur de la majesté et de l'honneur. »

27 Comme le dit le Coran : « Nous leur montrerons Nos signes dans l'univers et en eux-mêmes, jusqu'à ce qu'il leur devienne évident que c'est cela (le Coran), la vérité. » (41 :53).

28 Rapporté par Bukhari et Muslim

## Chapitre 2— Qui êtes-vous ?

1 Rapporté par Muslim. Ce hadith fait allusion au fait qu'Allah a toujours eu l'intention de créer les êtres humains avec le don du libre arbitre. Puisque notre faillibilité est le produit de notre libre arbitre, si nous ne faisions pas d'erreurs, Dieu créerait une création qui en fait, car c'est dans notre faillibilité que nous sommes capables d'expérimenter et de goûter pleinement la miséricorde et le pardon de Dieu.

2 Rapporté par Bukhari et Muslim

3    Dieu nous a envoyés dans ce monde comme Ses représentants sur Terre
     (2 :30).  Une partie de nos objectifs est de prendre soin de la Terre et de
     refléter les qualités de Dieu envers toute la création. Puisque le Ciel est une
     réalité où Dieu est apparent, lorsque nous reflétons les noms de Dieu sur la
     Terre, nous devenons un reflet du Ciel sur la Terre.

4    Safi, Omid. *Radical Love: Teachings from the Islamic Mystical Tradition.*
     Yale University Press, 2018, p. 33.

5    Comme déjà mentionné, le Prophète Mohammed ﷺ a dit : « Allah ne
     regarde pas vos apparences, mais Il regarde vos cœurs et vos actions. »
     (Rapporté par Muslim)

6    Rapporté par Abu Dawud, Tirmidhi

7    *The American Heritage Dictionary.* Houghton Mifflin Harcourt, 2012.

8    Le Prophète Mohammed ﷺ réitère le statut élevé des femmes lorsqu'il dit
     : « Le Paradis se trouve sous les pieds des mères. » (Rapporté par Ahmad,
     Nasai)

9    Leaman, Oliver. T*he Qur'an: An Encyclopedia.* Routledge, 2010.

10   Certains savants ont suggéré qu'Iblis était un ange, car il adorait Dieu
     parmi les anges. Ces savants citent souvent le verset suivant comme preuve
     : « Et lorsque nous dîmes aux Anges : " Prosternez-vous devant Adam
     " , ils se prosternèrent, excepté Iblis (Satan)... » (18 :50). Cependant, la
     preuve qu'Iblis était un djinn est beaucoup plus forte si l'on considère que
     le même verset continue comme suit : « ... qui était du nombre des djinns
     et qui se révolta contre le commandement de son Seigneur. » (18 :50). Iblis
     dit lui-même à propos d'Adam : « Je suis meilleur que lui : Tu m'as créé
     de feu, alors que Tu l'as créé d'argile. » (7 :12). Le Coran confirme qu'Iblis
     est un djinn en précisant : « Et Il a créé les djinns de la flamme d'un feu
     sans fumée. » (55 :15). Sans oublier que le Prophète ﷺ a dit : « Les anges
     ont été créés de lumière, les djinns ont été créés de feu sans fumée et
     Adam a été créé tel qu'on vous l'a décrit. » (Rapporté par Muslim, Ahmad,
     Al-Bayhaqi)

11   Fait amusant : Le mot « génie » vient du mot arabe Jinn.

12   Wheeler, Brannon M. *Prophets in the Quran: An Introduction to the Quran
     and Muslim Exegesis.* Continuum, 2002.

13   Le Coran dit : « Tous deux (Adam et Eve) en mangèrent. Alors leur
     apparut leur nudité. Ils se mirent à se couvrir avec des feuilles du paradis.

Adam désobéit ainsi à son Seigneur et il s'égara. Son Seigneur l'a ensuite élu, agréé son repentir et l'a guidé. » (20 :121-122)

14 Ce qui suit est un extrait du *chapitre 11 – Les secrets spirituels de la mort*: « Le Coran décrit le jour du jugement comme le jour où tous les êtres humains seront ressuscités pour faire face à Dieu et être tenus responsables de leurs bonnes et mauvaises actions. À l'instar des récits bibliques, le Coran décrit ce jour avec des images saisissantes. Il nous dit que la Terre tremblera (99 :1), que les montagnes seront comme de la laine cardée (101 :5), que les gens seront dispersés comme des papillons (101 :4), que les étoiles deviendront ternes (81 :2), que les océans seront portés à ébullition (81 :6), que le soleil et la lune fusionneront (75 :9), que les cieux seront roulés comme des rouleaux (21 :104) et que les morts seront ramenés à la vie (36 :51). Ce jour-là, toute l'existence s'inclinera devant Dieu seul. C'est le jour où la balance de la justice, laissée inégale sur la Terre, sera équilibrée et où la miséricorde de Dieu sera plus abondante que nous ne pourrions l'imaginer. »

15 Allah est *Ash-Shakur* ou Le Très Reconnaissant en réponse aux bonnes actions que nous accomplissons. La gratitude d'Allah se manifeste sous la forme de générosité, de pardon et l'octroi de bénédiction à Sa création.

16 Rapporté par Bukhari

17 Rapporté par Bukhari

18 Le mot *kufr* est souvent traduit par « non-croyance ou mécréance », mais il signifie non seulement « dissimuler la vérité », mais il peut également être traduit linguistiquement par « le rejet d'une bénédiction ».

19 Rapporté par Muslim

20 Comme mentionné précédemment : en arabe, le mot pour désigner un être humain est « *insan* », qui vient de « *nisyan* », qui signifie « oubli ».

21 Pour en savoir plus sur la pratique de la *Tawba*, référez-vous au chapitre 5.

22 Rapporté par Muslim

23 Bin Younis, Imam. "Question and Answer." 2017, California.

24 Ce dicton n'est attribué à aucun auteur en particulier, mais il a souvent été utilisé comme un outil pour expliquer les dimensions profondes de l'ego (*nafs*). Ce dicton est également connu pour être largement utilisé dans les programmes en 12 étapes des traitements contre les dépendances.

25    25 Il est important de souligner qu'étant donné qu'au paradis nous vivrons
      en tant que nouvelles créations dans une nouvelle réalité, nous ne serons
      peut-être plus soumis aux mêmes règles que celles de notre vie terrestre.
      Il est dit que ceux qui entrent au paradis auront la bénédiction de faire
      l'expérience directe de Dieu sans les mêmes voiles que ceux que nous
      avons connus sur Terre. Comme le dit le Coran : « Ce jour-là, il y aura
      des visages resplendissants qui regarderont leur Seigneur. » (75 :22-23) Le
      Prophète Mohammed ﷺ a aussi dit : « Certes, vous verrez votre Seigneur
      (dans l'au-delà) de vos propres yeux comme vous voyez à présent cette
      lune » (Rapporté par Tirmidhi)

26    Le Coran affirme clairement que les êtres humains ont été créés comme
      des représentants de Dieu sur Terre, avant même qu'Adam et Eve aient
      mangé le fruit de l'arbre défendu. Comme le dit le Coran : « Je vais établir
      sur Terre un vicaire » (2 :30).

27    Rapporté par Bukhari, Muslim

28    Cela a été attribué au Prophète Mohammed ﷺ, l'Imam Ali, et de
      nombreuses autres personnes à travers l'histoire.

29    Rapporté par Muslim

30    Rapporté par Bukhari. Un compagnon du Prophète ﷺ lui a un jour
      demandé : « Ô Messager d'Allah ! Quels sont les gens qui subissent les plus
      grandes épreuves ?» Le Prophète ﷺ répondit : « Les Prophètes, puis ceux
      qui leur sont les plus proches, puis ceux qui leur sont les plus sont proches.
      L'homme est éprouvé selon sa religion, s'il est ferme dans sa religion, alors
      ses épreuves sont plus dures, et s'il est faible dans sa religion, alors il est
      éprouvé selon son niveau. Le serviteur continuera à être éprouvé jusqu'à ce
      qu'il marche sur terre sans aucun péché. » (Rapporté par Tirmidhi)

31    Certaines personnes traduisent incorrectement le terme *jihad* par « guerre
      sainte ». « Guerre sainte » se traduirait en arabe par *al-harb almuqaddasah*,
      ce qui ne se trouve ni dans le Coran ni dans les Hadiths.

32    Muhammad Ibn Talāl Ghāzī ibn, et al. *War and Peace in Islam the Uses
      and Abuses of Jihad*. The Islamic Texts Society, 2013.

33    Rapporté par Abu Dawud

34    Rapporté par Ahmad

35    Rapporté par Bukhari, Muslim

36    Formica, Michael J. "The Longest Distance in the World
      Is from the Head to the Heart." *Psychology Today*. www.
      psychologytoday.com/us/blog/enlightened-living/200808/
      the-longest-distance-in-the-world-is-the-head-the-heart.

37    Monastra, Yahya. "Theology: Intelligence (en Arabe)." *Sharia Law and
      Women*. www.mwcoalition.org/id49.html.

38    Rapporté par Bukhari

39    Wells, Diana. "24 Fun Facts About the Heart." Healthline Media. 23
      janvier, 2019. www.healthline.com/health/fun-facts-about-the-heart#1.

40    Yusuf, Hamza. "The Ethereal Essence of Our Hearts." 2016.

41    Rapporté par Al-Darimi, selon Al-Haytami Al-Makki

42    "The Energetic Heart Is Unfolding." HeartMath Institute. 25 mars,
      2015. www.heartmath.org/articles-of-the-heart/science-of-the-heart/
      the-energetic-heart-is-unfolding/.

43    Le Prophète ﷺ a dit : « La droiture est ce à propos de quoi l'âme se sent
      tranquille et le cœur se sent tranquille, et le péché est ce qui crée l'agitation
      dans l'âme et la poitrine. » (Rapporté par Al-Darimi, d'après Al-Haytami
      Al-Makki). Le Prophète ﷺ a aussi dit : « La droiture est le bon caractère,
      et le péché est ce qui vous ennui et que vous ne voulez pas que les gens
      sachent. » (Rapporté par Muslim)

44    Allah fait référence au cœur dans le Coran par le biais de deux mots :
      « qalb » et « *fu'ad* ». Le mot « fu'ad » vient du verbe « fa'ada », qui peut
      signifier « brûlant, une flamme, ou rôtir ». Le Coran qualifie généralement
      le cœur de *fu'ad* lorsque l'être humain est en proie à des émotions et
      « dans le feu de l'action » - lorsque le cœur est très émotif, qu'il soit
      extrêmement heureux, triste, craintif, en colère, plein de regrets, lascif
      ou frustré. En d'autres termes, *fu'ad* est utilisé dans toutes les situations
      émotionnelles intenses, tandis que *qalb* est utilisé dans un sens plus
      général. Le mot *qalb* vient du mot *taqalub*, qui signifie « changer, déplacer,
      tourner ». Il s'agit d'une référence à la fois au cœur physique, qui tourne
      et se déplace lorsqu'il se contracte et se dilate, et au cœur spirituel, qui
      se rapproche et s'éloigne constamment d'Allah. Le Coran utilise le mot
      *sadr* non pas pour le cœur, mais pour la poitrine. Le mot *sadr* est utilisé
      lorsqu'Allah parle de nos secrets, de nos motivations et de nos intentions,
      qui ne peuvent être connus ou vus. (17 :36, 28 :10, 7 :179, 22 :46).

45    Rapporté par Tirmidhi

46    Pour en savoir plus sur la pratique de la *tawba*, référez-vous au chapitre 5.

47    Rapporté par Bukhari

48    Macdonell, Arthur A. *A Sanskrit Grammar for Students*. Oxford University Press, 3rd edition, 1927.

49    Se référer à l'Annexe « Les 99 Noms divins d'Allah »

50    Chittick, William C. *The Inner Journey: Views from the Islamic Tradition*. Morning Light Press, 2007.

51    Borenstein, Seth. "Titanic's Legacy: A Fascination with Disasters." NBCNews.com, NBCUniversal News Group, April 1, 2012. www.nbcnews.com/id/46916279/ns/technology_and_science-science/t/titanics-legacy-fascination-disasters/.

52    Le mot « Ubuntu » vient de la phrase Zulu « Umuntu ngumuntu ngabantu ». Ifejika, Nkem. "The Question: What Does Ubuntu Really Mean?" *The Guardian*, Guardian News and Media. 28 September, 2006. www.theguardian.com/theguardian/2006/sep/29/features11.g2.

53    Anonyme

54    Rapporté par Bukhari

55    Rapporté par Bukhari, Muslim, Abu Dawud, Ahmad

56    Peterson, Eugene H. *The Message: The Bible in Contemporary Language*. NavPress, 2017.

57    Certaines sources attribuent cette histoire au poète persan Attar de Nishapur.

58    Rapporté par Tirmidhi

## Chapitre 3—Le monde mystérieux du Coran

1    Rapporté par Ahmad

2    Forrin, Noah D., and Colin M. Macleod. "This Time It's Personal: The Memory Benefit of Hearing Oneself." *Memory*, vol. 26, no. 4, 2017, pp. 574–579. Doi :10.1080/09658211.2017.1383434.

3    La lune ne produit pas de lumière, elle reflète un faible pourcentage de la lumière du soleil, qui rebondit sur sa surface.

4    Le Coran dit : « Ce (Coran) ci, c'est le Seigneur de l'univers qui l'a fait descendre, et l'Esprit fidèle [ange Gabriel] est descendu avec cela sur ton cœur [Prophète], pour que tu sois du nombre des avertisseurs, en une

langue arabe très claire. » (26 :192-195).

5 Les musulmans pratiquants répètent *Bismillahi Ar-Rahman Ar-Rahim* plus d'une dizaine de fois par jour à travers le rituel de la prière (salat). *Bismillah* est également souvent prononcé avant de manger, de sortir ou d'entrer dans une maison et à peu près toutes les autres actions tout au long de la journée. En conséquence, certains linguistes ont suggéré que le mot *Bismillah* est le mot le plus répété de toutes les langues de la planète.

6 Le Coran peut être strict sur certaines règles et interdictions, mais la façon dont nous partageons les enseignements plus profonds de la loi divine (*shari'a*) doit toujours être empreinte de miséricorde et d'amour. Nous ne sommes pas appelés à faire ressentir de la honte aux gens ou à les juger. Le Coran nous appelle à conseiller et à enjoindre les gens à faire le bien, mais nous devons toujours nous rappeler que le jugement appartient à Dieu seul.

7 Khan, Nouman Ali. "Alif Lam Mim." 2012.

8 Naik, Zakir. "What Is the Meaning of Alif Laam Meem?" 2011.

9 Rapporté par Tirmidhi

10 Zakariya, Abu. *The Eternal Challenge: A Journey through the Miraculous Qur'an*. One Reason, 2015.

11 Bien que la version la plus répandue de l'hadith soit la narration du Prophète ﷺ: « Je vous laisse deux choses que, si vous vous y tenez, vous ne serez jamais égarés : le livre d'Allah et ma *sunnah*. », on ne trouve pas cette narration dans les six livres Sunnites de Hadiths authentiques, ni dans les sources Chiites et Soufies. Bien sûr, la *sunnah* ou les exemples laissés par le Prophète ﷺ sont inestimables et intemporels, mais en ce qui concerne cette narration, on trouve souvent, dans les recueils de Hadiths suivis par la majorité des musulmans (*Sunnites*) et par la minorité de musulmans (*Chiites*) une version dans laquelle le Prophète Mohammed ﷺ dit qu'il laisse « Le livre d'Allah et les gens de ma maison ». Il était naturellement plus sensé de citer la version la plus authentique de ce Hadith, qui est très souvent appelé le Hadith al-Thaqalayn. (Sahih Muslim, Sahih Tirmidhi, Al-Kafi).

12 Certains considèrent que Ahlul bayt se compose de l'Imam Ali, la fille du Prophète ﷺ Fatima Zohra, et les deux petits-fils du Prophète ﷺ, Hussein et Hassan, et leurs descendants. « Aicha a rapporté que le Prophète ﷺ

est sorti un matin, portant un manteau rayé fait de poil de chameau noir. Alors vint Hassan, le fils de 'Ali, Le Prophète ﷺ l'enveloppa sous le manteau, puis vint Hussein et il l'enveloppa sous le manteau en même temps que ce dernier. Puis vint Fatima Zohra et il la prit sous le manteau, puis vint Ali et il le prit également dessous. Après quoi, il dit : « Allah ne veut que tenir éloignée de vous toute souillure, ô gens de la maison (*Ahl al-Bayt*), et vous purifier complètement. » (Rapporté par Muslim) Certains savants incluent les femmes du Prophète ﷺ dans cette catégorie en citant le verset 33 :33 pour le prouver.

13    Rapporté par : Bukhari, Muslim

14    Anonyme

15    Il est important de souligner qu'il n'y a rien de mal à lire le Coran de manière littérale, à condition de garder à l'esprit le contexte historique des versets. Néanmoins, il est important de comprendre qu'Allah utilise le symbolisme et de nombreuses métaphores à travers le texte qui ne peuvent pas toujours être compris dans le contexte littéral. Afin d'avoir une compréhension plus complète de la révélation, nous devons aborder le texte à la fois littéralement et ésotériquement.

16    Shari'ati, Ali. *On the Sociology of Islam*. Algorithm, 2017.

17    Des savants affirment que certains versets du Coran, en référence à la nature, sont volontairement vagues afin que des personnes de toutes capacités intellectuelles puissent expérimenter les signes de Dieu à la hauteur de leur compréhension.

18    Rapporté par Abu Dawud

19    Hixon, Lex. *The Heart of the Qur'an: An Introduction to Islamic Spirituality*. 2nd ed., The Theosophical Publishing House, 2003.

20    En arabe, le mot « *kun* » est composé de deux lettres. Il commence par la lettre *kaf*, qui donne le son « *k* ». Sur le kaf, il y a une petite voyelle qu'on appelle *damma*, qui donne le son « *ou* ». Ensuite le mot termine par la lettre « *nun* », qui donne le son « *n* ». En examinant le code sonore sacré du mot *kun*, on peut imaginer que la puissance du *K* a poussé l'univers entier dans la création avec un bang, un éclat de lumière. Le son du *U* a élargi l'espace, dispersant tout sur des distances où chaque atome aurait la possibilité de s'épanouir et de fleurir. Le *N*, avec sa résonance et sa vibration, est l'énergie de la lumière qui se déplace si rapidement qu'elle crée l'illusion de la forme. (Ceci est basé sur les enseignements de la

théorie du son sacré, qui est une étude ancienne du son et de la vibration).

21  Rapporté par Bukhari

22  Koberlein, Brian. "How Are Energy and Matter the Same?" *Universe Today*, December

23  2015. www.universetoday.com/116615/ how-are-energy-and-matter-the-same/. "Scientist Proves DNA Can Be Reprogrammed by Words and Frequencies." *Collective Evolution*, August 27, 2013. www.collective-evolution.com/2011/09/02/scientist-prove-dna-can-be-reprogrammed-by-words-and-frequencies/.

24  En arabe, le mot « signe » est « ayah », et ce même mot est utilisé pour désigner les versets du Coran. Tout comme les mots du Coran désignent Dieu, le monde en soi est également une *ayah* ou un signe du pouvoir créateur de Dieu.

25  Safi, Omid. "The Sufi Tradition—Literary and Cultural Dimensions." Bayan Claremont. February 11, 2019, Claremont.

26  Le mot « *surrah* » désigne une section ou un chapitre du Coran.

27  Le Prophète Mohammed ﷺ a dit : « Chaque nouveau-né vient au monde selon la *fitra* » ou l'inclination naturelle à croire à l'unicité de Dieu. (Sahih Muslim, Sahih Bukhari). Comme le dit le Coran : « Dirige tout ton être vers la religion exclusivement [pour Allah], telle est la nature qu'Allah a originellement donnée aux hommes -pas de changement à la création d'Allah -. Voilà la religion de droiture ; mais la plupart des gens ne savent pas. » (30:30).

28  Paul, Annie Murphy. "Why We Remember Song Lyrics So Well." *Psychology Today*, Sussex Publishers. www.psychologytoday.com/us/ blog/how-be-brilliant/201206/why-we-remember-song-lyrics-so-well.

29  "Memory and Mnemonic Devices." *Psych Central*, July 17, 2016. psychcentral.com/lib/memory-and-mnemonic-devices/.

30  Graham, William Albert. *Beyond the Written Word: Oral Aspects of Scripture in the History of Religion*. Cambridge University Press, 2001.

31  Rapporté par Tabarani

32  Nasr, Seyyed Hossein. Ideals and Realities of Islam. The Islamic Texts Society, 2006.)

33  Khan, Nouman Ali. "Miracle Word Count." 2014.

34  Le Coran étant considéré comme la révélation finale qui sera envoyée

à l'humanité, la protection de cette révélation est assumée par Dieu lui-même. Comme le dit Allah : « En vérité c'est Nous qui avons fait descendre le Coran, et c'est Nous qui en sommes gardiens. » (15 :9).

35    Le Coran dit : « Et sur toi (Mohammed) Nous avons fait descendre le Livre avec la vérité, pour confirmer le Livre qui était là avant lui et pour prévaloir sur lui. Juge donc parmi eux d'après ce qu'Allah a fait descendre. Ne suis pas leurs passions, loin de la vérité qui t'est venue. À chacun de vous Nous avons assigné une législation et un plan à suivre. Si Allah avait voulu, certes Il aurait fait de vous tous une seule communauté. Mais Il veut vous éprouver en ce qu'Il vous donne. Concurrencez donc dans les bonnes œuvres. C'est vers Allah qu'est votre retour à tous ; alors Il vous informera de ce en quoi vous divergiez. » (5 :48).

36    Le Prophète ﷺ a dit : « La quête du savoir est une obligation pour tout musulman » (Rapporté par Ibn Majah). Le Prophète ﷺ a dit : « Demander le savoir est obligatoire pour chaque homme et chaque femme » (Rapporté par Bahar Al-Anwar)

37    Rapporté par Darimi

38    Arnett, Patricia. "How the Atmosphere Protects the Earth." Sciencing, April 24, 2017. sciencing.com/atmosphere-protects-earth-6933411.html.

39    Il existe de nombreuses ressources gratuites en ligne qui donnent accès à des enregistrements du Coran. Si vous recherchez des sites Web qui intègrent l'arabe coranique aux côtés de la traduction anglaise, de la translittération et d'un enregistrement de chaque verset, vous pouvez utiliser Corpus.Quran.com ou Quran.com. Si vous ne recherchez que l'enregistrement, vous pouvez rechercher n'importe quel verset ou chapitre du Coran sur la plupart des sites publics de diffusion vidéo ou audio, tels que YouTube, suivi du nom d'un récitant célèbre. Vous pouvez essayer l'un des récitateurs populaires suivants : Abdul Basit, Mishary Alafasy, ou Sharifah Khasif Fadzilah

## Chapitre 4— Les dimensions spirituelles de l'Islam

1    Le paiement de notre dette envers Dieu n'est pas un événement ponctuel ; il s'agit d'un processus et d'une intention que nous nous efforçons continuellement d'atteindre, même si nous n'y parviendrons jamais complètement, car nous ne pourrons jamais adorer Dieu comme il mérite

d'être adoré.

2    Comme mentionné précédemment : L'alignement inné avec le Divin qui
     réside au cœur de l'être humain est souvent appelé « l'essence primordiale
     » ou désigné en arabe par le terme *fitra*. Le mot *fitra* vient d'un mot racine
     qui signifie « diviser ou faire naître ». Cela implique que notre travail sur
     cette Terre consiste à fendre la coquille de notre ego et à faire naître les
     graines divines que Dieu a déjà plantées dans le jardin de notre esprit par
     la générosité de Son amour.

3    Sakaamini, Ahmad, and Ihsan Alexander Torabi. "Hajj and the
     Journey to The Divine." Soulofislamradio.com, February 7, 2019. www.
     soulofislamradio.com/blog/hajj-and-the-journey-to-the-Divine.

4    Rapporté par Bukhari, Muslim

5    Redd, Nola Taylor. "Earth's Stabilizing Moon May Be Unique Within
     Universe." Space.com, July 29, 2011. www.space.com/12464-earth-
     moonunique-solar-system-universe.html.

6    Rapporté par Tirmidhi

7    Rapporté par Muslim

8    Anonyme

9    White, Mark D. "The Wisdom of Wei Wu Wei: Letting Good
     Things Happen." *Psychology Today*, Sussex Publishers, July 9, 2011.
     www.psychologytoday.com/us/blog/maybe-its-just-me/201107/
     the-wisdom-wei-wu-wei-letting-good-things-happen.

10   Rapporté par Muslim

11   Ce dicton a été cité par de nombreuses personnes. Certains l'ont attribué
     au Prophète Mohammed ﷺ, alors que d'autres l'attribuent à Abdullah Bin
     Mas'ud.

12   Rapporté par Tirmidhi

13   Lorsque nos croyances sont testées, les conditions sont créées pour que la
     foi ou *l'iman* s'épanouisse.

14   *L'iman* de chaque personne est lié à ses actions, à sa sincérité, à sa
     croyance en l'invisible et aux décrets de Dieu. Comme le dit le Coran : « Et
     il y a des rangs [de mérite] pour chacun, selon ce qu'ils ont fait » (46 :19).

15   Rapporté par Daraqutni

16   Rapporté par Bukhari

17   Cette citation a également été attribuée à l'Imam Ali

18     Rapporté par Bukhari, Muslim

19     Lorsqu'une personne meurt, son corps n'a plus de volonté propre. La personne qui effectue le lavage mortuaire a un contrôle total du corps. Nous sommes appelés à être comme les morts dans les mains de Dieu, Le laissant nous déplacer comme Il le veut.

20     Il est intéressant de noter que dans le farsi original de ce poème, Rumi utilise le mot *kufr*, qui est traduit ici par « mauvaise action » et *iman*, qui est traduit ici par « bonne action ». La traduction littérale de ce poème serait plus proche de « Au-delà des idées de non-croyance (*kufr*) et de foi (*iman*)... » (Rumi Jalal-ad-Din, and Coleman Barks. *The Essential Rumi*. Harper, 2010.)

21     Puisque lorsque nous faisons l'expérience d'être en présence de Dieu, nous sommes en mesure de l'adorer véritablement, c'est par l'abandon que nous établissons vraiment une relation avec le Divin. L'expression « connaissance de Dieu » implique que nous avons une expérience de Dieu qui transcende la compréhension de l'esprit. Ce type de connaissance ne peut être appris, il ne peut nous être donné que par Dieu Lui-même. Nous devenons plus réceptifs à ce type de sagesse lorsque nous alignons notre cœur et notre âme sur Allah par les pratiques de la prière (*salat*), du repentir (*tawba*) et du rappel (*dhikr*).

## Chapitre 5—Tawba : Le repentir et le retour à l'Unicité

1     Cette narration est considérée comme un *Hadith Qudsi*. Ce type de narration est différent d'un *Hadith Nabawi* ou d'une parole générale du Prophète ﷺ, car la chaîne de transmission d'un *Hadith Qudsi* remonte directement à Dieu, alors que pour les *Hadith Nabawi*, la chaîne de transmission se termine par le Prophète Mohammed ﷺ. Cependant, un *Hadith Qudsi* est différent d'un verset du Coran. Alors qu'un *Hadith Qudsi* est une parole dont le sens est envoyé par Dieu, mais dont les mots sont formulés par le Prophète ﷺ, le Coran comprend le discours exact de Dieu, tant dans le sens que dans la formulation.

2     Comme le dit le Coran : « Allah n'est point tel qu'Il les châtie, alors que tu es [Mohammed] au milieu d'eux. Et Allah n'est point tel qu'Il les châtie

alors qu'ils demandent pardon. » (8 :33).

3   Il s'agit d'une référence à l'essence primordiale de pureté et de bonté (fitra) au cœur de chaque être humain.

4   Rapporté par Ahmad

5   Covey, Stephen R. *How to Develop Your Personal Mission Statement.* GABAL, 2010.

6   Collection: Bukhari

7   Doyle, John Sean. "Resilience, Growth, and Kintsukuroi." *Psychology Today*, Sussex Publishers, October 3, 2015. www.psychologytoday.com/us/ blog/luminous-things/201510/resilience-growth-kintsukuroi.

8   Rapporté par Bukhari, Muslim

9   Rapporté par Bukhari, Muslim

10  King, Martin Luther. "Love Your Enemies." November 17, 1957, Dexter Baptist Church, Dexter Baptist Church.

11  Rapporté par Bukhari

12  Rapporté par Tirmidhi

13  Bien que l'opinion de quelques savants diffère, cette citation est communément attribuée à l'Imam Ali.

14  Rapporté par Abu Dawud

15  Rapporté par Abu Dawud, Tirmidhi

16  Rapporté par Bukhari

## Chapter 6—Shahadah : L'extase de l'Unicité

1   Comme indiqué précédemment : « Le Coran nous rappelle un royaume où Dieu a planté les graines de la foi, de l'amour et de l'unité dans les cœurs fertiles de toute l'humanité, connu sous le nom de Pacte d'Alast. Dans un royaume pré-éternel, avant ce monde tel que nous le connaissons, chaque âme qui se manifesterait un jour sous une forme terrestre s'est vu demander par Allah : « Ne suis-Je pas votre Seigneur ? » Cette soupe d'âmes a vibré en une symphonie d'affirmation, chaque être ayant répondu « Oui, oui, nous témoignons » de la singularité de Dieu. À la suite de cette alliance, on peut dire qu'au niveau de l'âme, chaque personne, quelle que soit sa croyance consciente, est pleinement alignée sur le Divin. » (7 :172)

2   Rapporté par Muslim

3   Une des femmes du Prophète Mohammed ﷺ l'a décrit en disant : « En

vérité, le caractère du Prophète d'Allah était le Coran. » (Rapporté par Muslim)

4  Cette narration est considérée comme un *Hadith Qudsi*. Ce type de narration est différent d'un *Hadith Nabawi* ou d'une parole générale du Prophète ﷺ, car la chaîne de transmission d'un *Hadith Qudsi* remonte directement à Dieu, alors que pour les *Hadith Nabawi*, la chaîne de transmission se termine par le Prophète Mohammed ﷺ. Cependant, un *Hadith Qudsi* est différent d'un verset du Coran. Alors qu'un *Hadith Qudsi* est une parole dont le sens est envoyé par Dieu, mais dont les mots sont formulés par le Prophète ﷺ, le Coran comprend le discours exact de Dieu, tant dans le sens que dans la formulation. (Rapporté par Bukhari)

5  Comme le dit le Coran : « Ceux qui te prêtent serment d'allégeance ne font que prêter serment à Allah : la main d'Allah est au-dessus de leurs mains. Quiconque viole le serment ne le viole qu'à son propre détriment ; et quiconque remplit son engagement envers Allah, Il lui apportera bientôt une énorme récompense. » (48 :10).

6  Alors que le Prophète Moïse descendait du deuxième fils d'Abraham, le Prophète Isaac, le Prophète Mohammed ﷺ est un descendant du fils aîné d'Abraham, le Prophète Ismaël.

7  Rapporté par Bukhari

8  Le Prophète ﷺ et ses compagnons partirent pour le *Hajj* une fois auparavant, mais les Mecquois ne les laissèrent pas entrer dans l'enceinte de la ville de La Mecque. C'est la même année que le prophète ﷺ signa le traité de Hudaybiyyah.

9  Avant que le Prophète Mohammed ﷺ ne partage le message de l'islam à La Mecque, la *Kaaba* était utilisée comme centre de culte des idoles en Arabie. Aujourd'hui, la *Kaaba* est connue comme la « Maison de Dieu » et est considérée comme le lieu le plus sacré sur Terre pour les musulmans.

10  L'*Al-Hajaru Al-Aswad* est une mystérieuse pierre noire qui serait tombée des cieux. Certains chercheurs suggèrent qu'elle est tombée à l'époque d'Adam et d'Eve et qu'elle a été retrouvée plus tard par le Prophète Abraham et son fils Ismaël.

11  A'zami Muhammad Mustafa. *The History of the Qur'ānic Text: From Revelation to Compilation: A Comparative Study with the Old and New Testaments.* Al-Qalam Pub., 2011.

12 Rapporté par Bukhari, Muslim

13 Rapporté par Ahmad

14 Rapporté par Bukhari

15 Arbil, Majd. "The Compassion of the Prophet Towards Those Who Abused Him." *IslamiCity*, June 26, 2018. www.islamicity.org/8645/the-compassion-of-the-prophet-towards-those-who-abused-him/.

16 Rapporté par Muslim

17 Rapporté par Bukhari, Muslim. La miséricorde et la patience des prophètes élus de Dieu dépassent notre entendement. Un des compagnons du Prophète ﷺ a rapporté la narration suivante : « Je me souviens avoir vu le messager d'Allah, que la paix et la bénédiction soient sur lui, nous raconter l'histoire d'un prophète parmi les prophètes que son peuple avait battu et blessé, et pendant qu'il essuyait le sang sur son visage disait « Seigneur ! Pardonne à mon peuple, car certes ils ne savent pas ». (Rapporté par Bukhari, Muslim)

18 Taylor, Bill. "What Breaking the Four-Minute Mile Taught Us About the Limits of Conventional Thinking." *Harvard Business Review*, April 10, 2018. hbr.org/2018/03/what-breaking-the-4-minute-mile-taught-us-about-thelimits-of-conventional-thinking.

19 Rapporté par Ahmad

20 Cette histoire est une restitution basée sur une traduction du livre suivant : Nicholson, Reynold Alleyne. *The Mathnawi*. E.J. Brill Luzac & Co., 1925.

## Chapitre 7—Salat : Comment s'accorder à l'amour divin

1 Certains chercheurs suggèrent que le mot salat vient de la racine du mot *salla*, qui signifie « supplication ». D'autres ont dit que le mot *salat* venait de la racine du mot *silla*, qui signifie « relier, attacher et lier ensemble ». Ces deux perspectives peuvent être acceptées lorsque nous notons que le mot *salat* vient également de la racine à trois lettres *sad-lam-waw*, qui peut signifier « prière, supplication, bénédiction, magnifier, faire avancer, suivre de près, marcher/suivre de près, rester attaché ». L'élément de connexion est au cœur de la supplication et de la prière. On dit également que dans une course de chevaux, lorsqu'un cheval suit le cheval qui le précède de si près que sa tête est pratiquement attachée au corps du premier cheval,

ce deuxième cheval est appelé *Al-Mussalli*. En substance, puisque « *salat* » signifie implorer Dieu, la racine peut être considérée, d'un point de vue linguistique, comme l'attachement et le lien étroit avec Dieu.

2      Rapporté par Bukhari, Muslim

3      Comme l'a dit le grand penseur du huitième siècle, l'imam Muhammad Al-Baqir, « la prière est le pilier de la religion et sa parabole est celle du soutien d'une tente - lorsque le mât reste droit, les piquets et les cordes restent bien droits, mais si le mât plie ou casse, alors ni les piquets ni les cordes ne restent droits » (Biharul Anwar)

4      Rapporté par Tirmidhi

5      Il s'agit d'un enseignement populaire que l'on retrouve dans différentes traditions spirituelles, c'est pourquoi il n'a pas été attribué à un seul auteur.

6      Redd, Nola Taylor. "Einstein's Theory of General Relativity." Space.com, November 8, 2017. www.space.com/17661-theory-general-relativity.html.

7      Alban, Deane. "How to Increase Blood Flow to the Brain." Be Brain Fit, June 24, 2018. bebrainfit.com/increase-blood-flow-brain/.

8      Ober, Clinton, et al. *Earthing: The Most Important Health Discovery Ever!* Basic Health Publications, 2014.

9      Chevalier, Gaétan, et al. "Earthing: Health Implications of Reconnecting the Human Body to the Earth's Surface Electrons." *Journal of Environmental and Public Health.* www.ncbi.nlm.nih.gov/pmc/articles/PMC3265077/.

10     "Dr. Stephen Sinatra Talks About Grounding Benefits." Mercola.com. www.articles.mercola.com/sites/articles/archive/2013/08/04/barefootgrounding-effect.aspx.

11     Rapporté par Muslim

12     Rapporté par Bukhari

13     Rapporté par Ibn Hibban

14     Hilyat al-Abrar, Vol. 1, pp. 321.

15     Rapporté par Bukhari

16     Le mot *falah* vient de la racine à trois lettres *fa-lam-ha*, qui signifie « prospérer, réussir, atteindre, labourer, cultiver ». Le mot *falah* a la même racine que le mot *fellah* ou « fermier ». Encore une fois, cela réitère la notion que tout ce que nous plantons dans cette vie, nous le récoltons dans la suivante.

17    Rapporté par Muslim

18    Yusuf, Hamza. "Islam on Demand." 2011.

19    Rapporté par Tirmidhi

20    « La première Maison qui ait été édifiée pour les gens, c'est bien celle de Bakka (la Mecque) bénie et une bonne direction pour l'univers. » (3 :96).

21    Goleman, Daniel. "A Feel-Good Theory: A Smile Affects Mood." *The New York Times*, July 18, 1989. www.nytimes.com/1989/07/18/science/a-feelgood-theory-a-smile-affects-mood.html.

22    Prononcer correctement l'arabe coranique est important, mais Allah est miséricordieux envers ceux qui ne maîtrisent pas parfaitement l'arabe. Comme l'a dit le Prophète Mohammed ﷺ: « Celui qui est habile dans la récitation du Coran est avec les anges nobles et bons. Et celui qui récite le Coran avec hésitation et difficulté recevra une double récompense. » (Rapporté par Bukhari, Muslim)

23    Le Prophète Mohammed ﷺ a dit : « La sourate commençant par 'Louange à Allah, Seigneur de l'univers' est la Mère du Coran, la Mère du Livre, les Sept versets répétés et le Noble Coran » (Rapporté par Tirmidhi)

24    Le Prophète ﷺ a dit :« Allah Le Très Haut a dit : J'ai divisé la prière entre Moi et Mon serviteur en deux parties et mon serviteur a ce qu'il demande. Ainsi lorsque le serviteur dit : « Louange à Allah, Seigneur de l'univers ». Allah dit : « Mon serviteur m'a loué. » Lorsqu'il dit : « Le Tout Miséricordieux, le Très Miséricordieux », Allah dit : « Mon serviteur m'a glorifié. » Lorsqu'il dit : « Maître du Jour de la rétribution », Allah dit : « Mon serviteur m'a glorifié et mon serviteur s'est soumis à moi. » Lorsqu'il dit : « C'est Toi [Seul] que nous adorons, et c'est Toi [Seul] dont nous implorons secours », Allah dit : « Ceci est entre Moi et Mon serviteur et Mon serviteur aura ce qu'il a demandé. » Lorsqu'il dit : « Guide-nous dans le droit chemin, le chemin de ceux que Tu as comblés de faveurs, non pas de ceux qui ont encouru Ta colère, ni des égarés. », Allah dit : « Ceci est pour Mon serviteur et Mon serviteur aura ce qu'il a demandé ». (Rapporté par Muslim)

25    Le moment de la première prière de la journée fait l'objet d'un débat permanent. Certains savants affirment que la première prière est le maghrib, tandis que d'autres pensent qu'il s'agit du *fajr*. Ce débat rejaillit

sur le verset suivant : « Soyez assidus aux prières et surtout la prière médiane ; et tenez-vous debout devant Allah, avec humilité. » (2 :238). Ceux qui suggèrent que la première prière est le *maghrib*, considèrent que la prière médiane est le *fajr*, alors que ceux qui disent que la première prière est le *fajr* considèrent que la prière médiane est *l'asr*. D'autres savants suggèrent quant à eux que la « prière médiane » est le *dhuhr* car il se trouve en milieu de journée.

26   Anonyme

27   Rapporté par Abu-Dawud, An-Nasa'i

28   Pour en savoir plus sur la pratique de la *Tawba*, se référer au chapitre 5

## Chapitre 8—Zakat : Le don comme instrument de Dieu

1    Rapporté par Bukhari, Muslim

2    Rapporté par Abu Dawud

3    Rapporté par Muslim

4    Rapporté par Tirmidhi

5    Rapporté par Bukhari, Muslim

6    Cette réflexion s'inspire des paroles suivantes du boxeur Muhammad Ali : « Le service aux autres est le loyer que vous payez pour votre chambre ici sur Terre. »

7    Rapporté par Bukhari

8    Rapporté par Tirmidhi

9    La version originale est « mice and weevils. » Le charançon étant un type de coléoptère, j'ai choisi le mot coléoptère.

10   Rapporté par Muslim

11   Safi, Omid. *Radical Love: Teachings from the Islamic Mystical Tradition.* Yale University Press, 2018.

12   Gibran, Kahlil. *The Prophet.* VIVI Books, 2016.

13   Rapporté par Bukhari

14   Rapporté par Al-Asfouri, dans son livre *Nuzhat al-Majalis*, sur l'autorité d'Ibn al-Tawous.

15   Rapporté par Muslim

16   Rapporté par Bukhari, Muslim

17   Bea, Scott. "Why Giving Is Good for Your Health." *Health Essentials*

*from Cleveland Clinic*, January 30, 2018. health.clevelandclinic.org/
why-giving-is-good-for-your-health/.

18    Suttie, Jill, and Jason Marsh. "5 Ways Giving Is Good for You."
Greater Good, December 13, 2010, greatergood.berkeley.edu/article/
item/5_ways_giving_is_good_for_you.

19    Cette citation est l'interprétation par le pasteur Rick Warren d'une phrase
de C.S. Lewis.

20    Swalin, Rachel. "4 Health Benefits of Being Generous."
Health.com, December 2, 2014. www.health.com/stress/
giving-tuesday-health-benefits-of-generosity.

21    Waters, Lea, et al. "Why Giving Is Good for the Soul." *Pursuit*, The
University of Melbourne, July 23, 2018. pursuit.unimelb.edu.au/articles/
why-giving-is-good-for-the-soul.

22    "Exploring the Eel River Valley." *Logging Industry*. sunnyfortuna.com/
explore/redwoods_and_water.htm

23    "About Coast Redwoods." CA State Parks. www.parks.
ca.gov/?page_id=22257.

24    Rapporté par Al-Kubra, Ibn Abbas

25    Rapporté par Bukhari, Muslim

26    Cette narration est considérée comme un *Hadith Qudsi*. Ce type de
narration est différent d'un *Hadith Nabawi* ou d'une parole générale du
Prophète ﷺ, car la chaîne de transmission d'un *Hadith Qudsi* remonte
directement à Dieu, alors que pour les *Hadith Nabawi*, la chaîne de
transmission se termine par le Prophète Mohammed ﷺ. Cependant,
un *Hadith Qudsi* est différent d'un verset du Coran. Alors qu'un *Hadith
Qudsi* est une parole dont le sens est envoyé par Dieu, mais dont les mots
sont formulés par le Prophète ﷺ, le Coran comprend le discours exact de
Dieu, tant dans le sens que dans la formulation.

27    Rapporté par Bukhari

28    Cette prière est connue sous le nom de « prière de la sérénité ». Elle a été
écrite par le théologien chrétien Reinhold Niebuhr.

## Chapitre 9—Ramadan : Le mois sacré du jeûne

1    L'Imam Qurtubi a dit : « Il (ce mois) a été nommé Ramadan parce qu'il

brûle les péchés des gens par des actes justes. »

2     Rapporté par Bukhari

3     Rapporté par Tirmidhi

4     Puisque le matérialisme et l'adoration du monde sont souvent cités dans la théologie islamique comme l'une des racines du mal, lorsque nous jeûnons, nous cherchons intentionnellement à détourner notre conscience de cette création éphémère pour nous tourner vers le Créateur éternel. Il existe également un hadith tiré du Shu'ab al-Iman de Bayhaqi et remontant à al-Hasan al-Basri, qui dit que le Prophète ﷺ avait dit : « L'amour de ce monde est la racine de tout mal. » Dans certaines narrations, cette phrase est également attribuée à Jésus. L'idée que l'amour du monde détourne le cœur de l'adoration n'est pas considérée comme un concept nouveau ou révolutionnaire en Islam, mais existe également dans le judaïsme et le christianisme.

5     Rapporté par Muslim

6     Rapporté par Bukhari, Muslim, Malik, Tirmidhi, An-Nasa'i, Ibn Majah

7     Comme mentionné précédemment : « L'alignement inné avec le divin qui réside au cœur de l'être humain est souvent appelé « l'essence primordiale » ou désigné en arabe par le terme *fitra*. Le mot *fitra* vient d'une racine qui signifie « diviser ou faire naître ». Cela implique que notre mission sur cette Terre consiste à fendre la coquille de notre ego et à faire naître les graines divines que Dieu a déjà plantées dans le jardin de nos esprits grâce à la générosité de Son amour. »

8     Rapporté par Tirmidhi

9     Group, Dr. Edward. "20 Health Benefits of Fasting for Whole Body Wellness." *Dr. Group's Healthy Living Articles*, Global Healing Center, Inc, June 13, 2017. www.globalhealingcenter.com/natural-health/ health-benefits-of-fasting/.

10    Whiteman, Honor. "Fasting: Health Benefits and Risks." *Medical News Today*, MediLexicon International, July 27, 2015. www.medicalnewstoday. com/ articles/295914.php.

11    Stibich, Mark. "Hara Hachi Bu: The Japanese Secret to Longevity." *Verywell Health*, October 19, 2017. www.verywellhealth.com/ hara-hachi-bu-the-okinawans-secret-to-longevity-2224043.

12    Rapporté par Tirmidhi

13    Cette narration est considérée comme un *Hadith Qudsi*. Ce type de

narration est différent d'un *Hadith Nabawi* ou d'une parole générale du Prophète ﷺ, car la chaîne de transmission d'un *Hadith Qudsi* remonte directement à Dieu, alors que pour les *Hadith Nabawi*, la chaîne de transmission se termine par le Prophète Mohammed ﷺ. Cependant, un *Hadith Qudsi* est différent d'un verset du Coran. Alors qu'un *Hadith Qudsi* est une parole dont le sens est envoyé par Dieu, mais dont les mots sont formulés par le Prophète ﷺ, le Coran comprend le discours exact de Dieu, tant dans le sens que dans la formulation.

14 Rapporté par Abu Huraira, Darimi

15 Rapporté par Bukhari

16 Adams, AJ. "Seeing Is Believing: The Power of Visualization." *Psychology Today*, Sussex Publishers. www.psychologytoday.com/us/blog/flourish/200912/seeing-is-believing-the-power-visualization.

17 Lohr, Jim. "Can Visualizing Your Body Doing Something Help You Learn to Do It Better?" *Scientific American*. www.scientificamerican.com/article/can-visualizing-your-body-doing-something-help-you-learn-to-do-itbetter/.

18 B., Zoe. "Harvard Research—How Thoughts Affect Your Brain." *Simple Life Strategies*, 2013. simplelifestrategies.com/harvard-research/.

19 Pillay, Srinivasan. "The Science of Visualization: Maximizing Your Brain's Potential During the Recession." The Huffington Post. www.huffingtonpost.com/srinivasan-pillay/the-science-of-visualizat_b_171340.html.

20 Rapporté par Bukhari

21 Rapporté par Bukhari

22 Le Prophète Mohammed ﷺ a dit, « Cherchez la nuit du destin dans les nuits impaires des dix derniers jours de Ramadan » (Rapporté par Bukhari)

23 Rapporté par Ahmad

24 Rapporté par Tirmidhi

25 Rapporté par Tirmidhi

# Chapitre 10—Hajj : Un pèlerinage vers Dieu

1   Chittick, William C. *The Inner Journey: Views from the Islamic Tradition.*
    Morning Light Press, 2007. *Note : Cette citation ne dit pas que nous
    devenons Dieu, mais plutôt que, par l'abandon, nous contournons les
    voiles de l'arrogance afin de faire l'expérience de Dieu.

2   Les juifs et les chrétiens croient que le Prophète Abraham a été appelé par
    Dieu à sacrifier le premier fils qu'il a eu de sa femme Sara, du nom d'Isaac.

3   Comme indiqué précédemment : « Le Coran nous rappelle un royaume
    où Dieu a planté les graines de la foi, de l'amour et de l'unité dans les
    cœurs fertiles de toute l'humanité, connu sous le nom de Pacte d'Alast.
    Dans un royaume pré-éternel, avant ce monde tel que nous le connaissons,
    chaque âme qui se manifesterait un jour sous une forme terrestre s'est
    vu demander par Allah : « Ne suis-Je pas votre Seigneur ? » Cette soupe
    d'âmes a vibré en une symphonie d'affirmation, chaque être ayant répondu
    « Oui, oui, nous témoignons » de la singularité de Dieu. À la suite de cette
    alliance, on peut dire qu'au niveau de l'âme, chaque personne, quelle que
    soit sa croyance consciente, est pleinement alignée sur le Divin. » (7 :172)

4   Certains savants pensent que c'est un bélier qui a été sacrifié.

5   Anwaar, Amna. "All You Need to Know about Bait-Ul Ma'mur."
    *IslamicFinder*, July 21, 2017. www.islamicfinder.org/news/
    all-you-need-to-know-about-bait-ul-mamur/.

6   Certains chercheurs plus mystiques ont même suggéré qu'Arafat est le lieu
    où toutes les âmes qui se manifesteraient un jour dans des corps terrestres
    ont conclu l'alliance pré-éternelle d'Alast, où elles ont déclaré que la
    seigneurie et la suprématie de Dieu sont au-dessus de toute la création.

7   Le Prophète Mohammed ﷺ a dit : « Il n'y a pas un jour au cours duquel
    Allah affranchit autant de serviteurs de l'enfer que le jour de Arafat. »
    (Rapporté par Muslim)

8   Rapporté par Tirmidhi

9   Rapporté par Bukhari

10  Rapporté par Bukhari, Muslim, Abu Dawud, An-Nasa'i

## Chapitre 11— Les secrets spirituels de la mort

1 Comme le dit Rumi : « Quelle graine fut semée dans la terre qui n'ait poussé ? Pourquoi avoir ce doute au sujet de la graine qu'est l'homme ? »

2 Tuckerman, Mark E. "Law of Conservation of Energy." New York University. www.nyu.edu/classes/tuckerman/adv.chem/lectures/lecture_2/node4.html

3 « Et, la nuit, c'est Lui qui prend vos âmes, et Il sait ce que vous avez acquis pendant le jour. » (6 :60).

4 Anonyme

5 Poore, Jennifer. "These Flowers Only Bloom After Forest Fires." *Redding Record Searchlight*, June 2, 2017. www. redding.com/story/life/home-garden/2017/06/02/these-flowers-only-bloom-after-forest-fires/364114001/.

6 Rapporté par Bukhari

7 Rapporté par Tirmidhi

8 Anonyme

9 La citation « Meurs avant de mourir » a été attribuée au Prophète Mohammed ﷺ, à l'Imam Ali, et à de nombreux mystiques de différentes traditions.

10 Ricard, Matthieu. *On the Path to Enlightenment: Heart Advice from the Great Tibetan Masters*. Shambhala, 2013.

11 Cette citation est souvent attribuée à l'Imam Ali.

12 En référence à la mort, le Prophète Mohammed ﷺ a dit : « Rappelez-vous fréquemment celle qui coupe les plaisirs » (Rapporté par Tirmidhi)

13 Al-Ghazali, Abu Hamid. Dear Beloved Son— Ayyuhal Walad. Lulu.com, 2015.

14 Rapporté par Tirmidhi

15 Rapporté par Bukhari

16 Rapporté par Al-Albani

17 Cette citation a également été attribuée au Prophète Mohammed ﷺ, à l'Imam Ali, mais on la trouve également dans les traditions amérindiennes.

18 Rapporté par Muslim, Ahmad

## Chapitre 12— Les mystères du paradis et de l'enfer

1    Ceci est une référence métaphorique au Coran 52 :23.

2    Rapporté par Tirmidhi

3    Rapporté par Tirmidhi. Le Coran réaffirme que les récompenses du Paradis ne ressemblent à rien de ce que l'homme n'a jamais connu lorsqu'il dit : « Aucun être ne sait ce qu'on a réservé pour eux comme réjouissance pour les yeux, en récompense de ce qu'ils œuvraient » (32 :17).

4    Quraeshi, Samina, et al. *Sacred Spaces: A Journey with the Sufis of the Indus.* Peabody Museum of Archaeology and Ethnology, 2009.

5    Safi, Omid. "The Sufi Tradition—Literary and Cultural Dimensions." Bayan Claremont, February 11, 2019, Claremont.

6    Vakil, Mohammed Ali, and Mohammed Arif Vakil. 40 Sufi Comics. Sufi Studios, 2012.

7    Certains spécialistes suggèrent que l'enfer, pour certains, n'est pas une destination éternelle, mais un lieu de purification.

8    Certains ont attribué cette histoire au Mollah Nasruddin. Cette histoire est en forte corrélation avec des versets du Coran 66 :6 et 21 :98

9    Dès que Dieu nous a donné le libre arbitre, Il a dû prévoir la possibilité que nous nous détournions de Lui. Notre libre arbitre crée une dualité, et cette dualité nécessite deux destinations ultimes : l'une vers la lumière et l'autre loin de la lumière. Si nous voulons éliminer l'enfer et n'avoir que le paradis, nous devons également éliminer tous les choix possibles qui nous conduiraient en enfer. Si Dieu ne nous permettait que de choisir le chemin du Paradis, nous ne pourrions pas manifester notre libre arbitre, car nous n'aurions qu'une seule option, sans la liberté de refuser ce choix.

10    Cette narration est considérée comme un *Hadith Qudsi*. Ce type de narration est différent d'un *Hadith Nabawi* ou d'une parole générale du Prophète ﷺ, car la chaîne de transmission d'un *Hadith Qudsi* remonte directement à Dieu, alors que pour les *Hadith Nabawi*, la chaîne de transmission se termine par le Prophète Mohammed ﷺ. Cependant, un *Hadith Qudsi* est différent d'un verset du Coran. Alors qu'un *Hadith Qudsi* est une parole dont le sens est envoyé par Dieu, mais dont les mots sont formulés par le Prophète ﷺ, le Coran comprend le discours exact de Dieu, tant dans le sens que dans la formulation. (Rapporté par Muslim)

11    Rapporté par Bukhari

12    Rapporté par Bukhari

13    Al-Rawi, Rosina Fawzia. *Divine Names: The 99 Healing Names of the One Love*. Olive Branch Press, 2015.

14    Khalil, Mohammad Hassan. *Islam and the Fate of Others the Salvation Question*. Oxford University Press, 2012.

15    Le Prophète Mohammed ﷺ a dit : « Certes Allah a écrit les bonnes comme les mauvaises actions, puis Il les expliqua : « Quiconque a donc l'intention d'accomplir une bonne action et ne la fait pas se la verra comptée comme une bonne action à part entière. S'il l'accomplit après avoir eu l'intention de la faire, Allah multipliera cette bonne action en la comptant de dix à sept cents fois plus ou encore davantage. Et quiconque pense à commettre un péché puis s'en abstient, Allah lui comptera une bonne action à part entière. S'il la commet après y avoir songé, Allah la lui inscrira comme étant une seule mauvaise action. » (Rapporté par : Bukhari)

16    Rapporté par Bukhari

17    Rapporté par Bukhari, Muslim

18    Anonyme

## Vous êtes aimé

1    Rapporté par Tirmidhi

2    Une prière islamique traditionnelle

## Annexe

1    Rapporté par Muslim

# BIBLIOGRAPHIE

Al-ʿArabi Ibn, et al. *101 Diamonds from the Oral Tradition of the Glorious Messenger Muhammad Mishkat Al-Anwar: A Collection of Hadith.* Pir Press, 2002.

Al-Ghazali, Abu Hamid. *The Alchemy of Happiness.* WLC, 2009.

Al-Husayn Sharif al-Radi Muhammad ibn, et al. *Nahjul Balagha.* Peermahomed Ebrahim Trust, 1972.

Al-Husayn Sharif al-Radi Muhammad ibn, and Thomas F. Cleary. *Living and Dying with Grace: Counsels of Hadrat ʿAlī.* Shambhala, 1996.

Ali, Abdullah Yusuf. *The Meaning of the Holy Qurʾān: Explanatory English Translation, Commentary, and Comprehensive Index.* Amana Publications, 2016.

"Al-Qurʾan Al-Kareem." *Al-Qurʾan Al-Kareem.* quran.com.

Al-Rawi, Rosina Fawzia. *Divine Names: The 99 Healing Names of the One Love.* Olive Branch Press, 2015.

Ananda, Maitreya. *The Dhammapada.* Parallax Press, 2001.

Armstrong, Karen. *Muhammad Prophet of Our Time.* HarperPress, 2006.

Asad, Muhammad, and Ahmed Moustafa. *The Message of the Qurʾān: the Full Account of the Revealed Arabic Text Accompanied by Parallel Transliteration.* Book Foundation, 2012.

Aʿzami, Muhammad Mustafa. *The History of the Qurʾānic Text: From Revelation to Compilation: A Comparative Study with the Old and New Testaments.* AlQalam Pub., 2011.

Barks, Coleman, and Michael Green. *The Illuminated Prayer: The Five-Times Prayer of the Sufis as Revealed by Jellaludin Rumi and Bawa Muhaiyaddeen.* Ballantine Wellspring, 2000.

Bayrak, Tosun. *The Most Beautiful Names.* Threshold Books, 1985.

Berg, Yehudah. *Satan: An Autobiography.* Kabbalah Centre, 2016.

Bly, Robert, and Kabir. *Kabir: Ecstatic Poems.* Beacon Press, 2004.

Bradshaw, John. *Healing the Shame That Binds You.* Health Communications, Inc., 2005.

Bucaille, Maurice. *The Bible, the Qur'an, and Science: The Holy Scriptures Examined in the Light of Modern Knowledge*. Tahrike Tarsile Qur'an, 2014.

Chittick, William C. *The Inner Journey: Views from the Islamic Tradition*. Morning Light Press, 2007.

Cleary, Thomas, and Bukari Muhammad. *The Wisdom of the Prophet: Sayings of Muhammad*. Shambhala, 2002.

Coelho, Paulo. *The Alchemist*. HarperCollins Publishers, 1993.

Coelho, Paulo, and Margaret Jull Costa. *Warrior of the Light: A Manual*. HarperCollins, 2011.

"Du'aa of Light." *Authentic Dua and Dhikr*. authentic-dua.com/2011/12/10/duaa-of-light-noor, June 10, 2016.

Easwaran, Eknath. *The Bhagavad Gita*. 2nd ed., Nilgiri Press, 2007.

Easwaran, Eknath. *The Upanishads*. 2nd ed., Jaico Pub. House, 2010.

Fadiman, James, and Robert Frager. *Essential Sufism: Selections from the Saints and Sages*. Gulshan Books, 2009.

Freke, Timothy. *The Heart of Islam*. Godsfield, 2002.

Gibran, Khalil. *Prophet*. Arcturus Publishing LTD, 2017.

Glassel, Cyril. *The New Encyclopedia of Islam: A Revised Edition of the Concise Encyclopedia of Islam*. Altamira, 2002.

Goss, Phil. *Jung: A Complete Introduction: Teach Yourself*. Hodder and Stoughton General Div, 2015.

"Hadith Collection." Hadith Qudsi—Hadith Collection. www.hadithcollection.com/hadith-qudsi.html.

"Hadith of the Day." hadithoftheday.com.

Harvey, Andrew, and Eryk Hanut. *Perfume of the Desert: Inspirations from Sufi Wisdom*. Theosophical Publishing House, 1999.

Hawking, Stephen. *A Brief History of Time*. Bantam Books, 2017.

Hixon, Lex. *The Heart of the Qur'an: An Introduction to Islamic Spirituality*. 2nd ed., The Theosophical Publishing House, 2003.

*Holy Bible. New Living Translation*. Tyndale House, 2005.

"Humility in the Quran and Sunnah." *Faith in Allah*. abuaminaelias.com/humility-in-the-quran-and-sunnah/.

Ibn 'Ata Allah, Ahmad ibn Muhammad, et al. *Ibn 'Ata' Illah: The Book of Wisdom, and Kwaja Abdullah Ansari: Intimate Conversations*. Paulist Press, 1978.

Irving, Thomas Ballantine., et al. *The Qur'ān: Basic Teachings*. Da'awah Academy,

International Islamic University, 1994.

Jaffer, Tahir Ridha. "Ghurar Al-Hikam Wa Durar Al-Kalim, Exalted Aphorisms And Pearls Of Speech." *Al-Islam.org*. www.al-islam.org/ghurar-al-hikam-wa-durar-al-kalim-exalted-aphorisms-and-pearls-speech.

Khalil, Mohammad Hassan. *Islam and the Fate of Others the Salvation Question*. Oxford University Press, 2012.

Khan, Nouman Ali. *Revive Your Heart: Putting Life in Perspective*. Kube Publishing Ltd, 2017.

Khan, Nouman Ali, and Sharif Randhawa. *Divine Speech*. Bayyinah Publications, 2016.

Kidwai, Abdur Raheem. *Daily Wisdom: Sayings of the Prophet Muhammad*. Kube, 2010.

Kidwai, Abdur Raheem. *Daily Wisdom: Selections from the Holy Qur'an*. Kube, 2011.

Kidwai, Abdur Raheem. *The Qur'an: Essential Teachings*. Islamic Foundation Limited, 2015.

Ladinsky, Daniel James. *Love Poems from God: Twelve Sacred Voices from the East and West*. Penguin Compass, 2002.

Leaman, Oliver. *The Qur'an: An Encyclopedia*. Routledge, 2010.

Lewis, Clive S. *The Problem of Pain*. HarperCollins, 2014.

Lewis, C. S. *The Great Divorce*. Collins, 2012.

Lings, Martin. *Muhammad: His Life Based on the Earliest Sources*. Islamic Texts Society, 2007.

Mazrui, Shaykh al-Amin Ali. *The Content of Character: Ethical Sayings of the Prophet Muhammad*. Sandala, 2005.

Meyer, Wali Ali., and Bilal Hyde. *Physicians of the Heart: A Sufi View of the Ninety-Nine Names of Allah*. Sufi Ruhaniat International, 2012.

Mogahed, Yasmin. *Reclaim Your Heart: Personal Insights on Breaking Free from Life's Shackles*. FB Publishing, 2015.

Muhammad Ibn Talal Ghazi ibn, et al. *War and Peace in Islam: The Uses and Abuses of Jihad*. The Islamic Texts Society, 2013.

Murata, Sachiko, and William C. Chittick. *The Vision of Islam*. Gulshan Books Kashmir, 2015.

Nasr, Seyyed Hossein. *The Garden of Truth: The Vision and Promise of Sufism, Islam's Mystical Tradition*. HarperOne, 2008.

Nasr, Seyyed Hossein. *Islamic Spirituality: Foundations*. Crossroad, 1987.

Nasr, Seyyed Hossein. *The Study Quran: A New Translation and Commentary.* HarperOne, an Imprint of HarperCollins Publishers, 2017.

Nepo, Mark. *The Book of Awakening.* Conari Press, 2000.

Nguyen, Martin. *Modern Muslim Theology: Engaging God and the World with Faith and Imagination.* Rowman & Littlefield, 2019.

Nicholson, Reynold Alleyne. *The Mathnawi.* E.J. Brill Luzac & Co., 1925.

Peterson, Eugene H. *The Message: The Bible in Contemporary Language.* NavPress, 2017.

Power, Carla. *If the Oceans Were Ink: An Unlikely Friendship and a Journey to the Heart of the Qur'an.* Henry Holt and Company, 2015.

Rahman, Fazlur, and Ebrahim Moosa. *Major Themes of the Qur'ān.* The University of Chicago Press, 2013.

Rahman, Jamal. *The Fragrance of Faith: The Enlightened Heart of Islam.* Book Foundation, 2006.

Rahman, Jamal. *Spiritual Gems of Islam: Insights, Practices from the Qur'an, Hadith, Rumi, and Muslim Teaching Stories to Enlighten the Heart and Mind.* SkyLight Paths Publishing, 2014.

Rahman, Jamal, et al. *Out of Darkness into Light: Spiritual Guidance in the Quran with Reflections from Jewish and Christian Sources.* Morehouse Pub., 2009.

Ricard, Matthieu. *On the Path to Enlightenment: Heart Advice from the Great Tibetan Masters.* Shambhala, 2013.

Rifa'i, Muhammad al-Jamal. *Conversations in the Zawiyah.* Sidi Muhammad Press, 1999.

Rifa'i, Muhammad al-Jamal. *The Deeper Meaning behind the Pillars of Islam.* Sidi Muhammad Press, 1996.

Rifa'i, Muhammad al-Jamal. *He Who Knows Himself Knows His Lord.* Sidi Muhammad Press, 2007.

Rifa'i, Muhammad al-Jamal. *Music of the Soul: Sufi Teachings.* Sidi Muhammad Press, 1997.

Rifa'i, Muhammad al-Jamal. *The Path of Allah Most High.* Sidi Muhammad Press, 1997.

Rifa'i, Muhammad al-Jamal. *The Reality of Imagination.* Sidi Muhammad Press, 1999.

Robinson, Neal. *Discovering the Qur'an: A Contemporary Approach to a Veiled Text.* Georgetown University Press, 2004.

Rubin, David C. *Memory in Oral Traditions: The Cognitive Psychology of Epic, Ballads, and Counting-out Rhymes*. Oxford University Press, 1998.

Rumi Jalal al-Din, et al. *The Illustrated Rumi: A Treasury of Wisdom from the Poet of the Soul*. HarperOne, 2010.

Rumi Jalal al-Din, et al. *Jewels of Remembrance: A Daybook of Spiritual Guidance: Containing 365 Selections from the Wisdom of Rumi*. Shambhala, 2000.

Rumi Jalal al-Din, and Coleman Barks. *The Essential Rumi*. HarperOne, 2004.

Rumi Jalal al-Din, and Jonathan Star. *Rumi: In the Arms of the Beloved*. Jeremy P. Tarcher/Penguin, 2009.

Safi, Omid. *Radical Love: Teachings from the Islamic Mystical Tradition*. Yale University Press, 2018.

Shafak, Elif. *The Forty Rules of Love*. Penguin Books, 2015.

Shah, Idries. *The Pleasantries of the Incredible Mulla Nasrudin*. ISF Publishing, 2015.

Shah-Kazemi, Reza. *Common Ground between Islam and Buddhism*. Louisville, KY: Fons Vitae, 2011.

Shari'ati, Ali. *Hajj: Reflections on Its Rituals*. ABJAD, 1992.

Shari'ati, Ali. *On the Sociology of Islam*. Algorithm, 2017.

Sultan, Sohaib. *The Qur'an and Sayings of Prophet Muhammad: Selections Annotated and Explained*. SkyLight Paths Pub., 2012.

Tarsin, Asad, and Shaykh Hamza. Yusuf. *Being Muslim: A Practical Guide*. Sandala Inc., 2015.

"The Quranic Arabic Corpus - Word by Word Grammar, Syntax and Morphology of the Holy Quran." corpus.quran.com.

The University of Spiritual Healing and Sufism. *A Drop in the Ocean of Love: Ancient Wisdom for Living a Divinely-Guided Life*. DPWN Publishing, 2017.

Tolstoy, Leo. *War and Peace*. Walter Scott Pub. Co., 1920.

Vakil, Mohammed Ali, and Mohammed Arif Vakil. *40 Sufi Comics*. CreateSpace Independent Publishing Platform, 2011.

Walker, Brian Browne. *The Tao Te Ching of Lao Tzu*. St. Martin's Press, 1995.

Warren, Rick. *The Purpose Driven Life*. Zondervan, 2006.

Watts, Alan. *The Wisdom of Insecurity: A Message for an Age of Anxiety*. Vintage Books, 2011.

Wheeler, Brannon M. *Prophets in the Quran: An Introduction to the Quran and Muslim Exegesis*. Continuum, 2002.

X, Malcolm, et al. *The Autobiography of Malcolm X*. Ballantine Books, 1999.

Yusaf, Mamoon. *Inside the Soul of Islam: A Unique View into the love, Beauty, and Wisdom of Islam for Spiritual Seekers of All Faiths*. Hay House, Inc., 2017.

Zakariya, Abu. *The Eternal Challenge: A Journey through the Miraculous Qur'an*. One Reason, 2015.

# À PROPOS DE L'AUTEUR

A. HELWA croit que chaque personne sur Terre est profondément aimée par le Divin. L'écrivaine a inspiré des centaines de milliers de lecteurs par son approche de la spiritualité passionnée, poétique et fondée sur l'amour. Son célèbre blog, @authorahelwa, a été créé alors qu'elle obtenait son master en divinité, afin d'aider les autres à surmonter leurs difficultés personnelles et spirituelles sur le chemin de l'expérience de l'amour divin.

Avec plus de 15 ans d'expérience dans l'écriture et les conférences sur l'Islam et le développement spirituel, A. Helwa s'inspire de ses expériences personnelles et des sources plus traditionnelles pour aider ses lecteurs à accéder à « l'amour divin au quotidien ».

Quand A. Helwa ne lit pas dans les cafés, on peut la trouver en train de gravir des montagnes, de camper dans le désert, de faire des randonnées dans la jungle ou de lire à propos du phénomène des trous noirs. Pour en savoir plus sur son travail et sur la manière d'approcher le divin à travers l'amour, rendez-vous sur www.authorahelwa.com.